JN430232

교정승진

교정학(개론)+형사소송법

FINAL 400제

시대
에듀

끝까지 책임진다! 시대에듀!
QR코드를 통해 도서 출간 이후 발견된 오류나 개정법령, 변경된 시험 정보, 최신기출문제, 도서 업데이트 자료 등이 있는지 확인해 보세요!
시대에듀 합격 스마트 앱을 통해서도 알려 드리고 있으니 구글 플레이나 앱 스토어에서 다운받아 사용하세요.
또한, 파본 도서인 경우에는 구입하신 곳에서 교환해 드립니다.

편집진행 장민영 · 이수지 | **표지디자인** 김경모 | **본문디자인** 김예슬 · 이다희

시험안내 INFORMATION

❖ 시행처 사정에 따라 세부 사항이 변경될 수 있으니 시험 전 반드시 시행처 홈페이지를 확인하시기 바랍니다.

○ 시험방법

구분	시험과목	문항 수	제한시간	비고
6급	헌법, 교정학, 형사소송법	각 25문항	80분	• 1 · 2차 병합 • 4지 선택형 • 과목별 100점 만점
7급	헌법, 교정학, 형사소송법	각 20문항	60분	
8급	교정학개론, 형사소송법개론	각 25문항	50분	

○ 시험일정

구분	시험일정	비고
6급	2025년 8월 30일	170명 내외
7급	2025년 11월 1일	170명 내외
8급	2025년 11월 29일	240명 내외

○ 응시대상

승진소요 최저연수 경과자

구분	내용
7 · 8 · 9급	1년 이상
6급	2년 이상

○ 합격결정

승진 후보자 명부(40%) + 시험 점수(60%)

※ 3회 불합격자는 응시가 제한됨

이 책의 구성과 특징 STRUCTURES

실전 감각을 키우는 출제예상문제 구성

문제를 실제 시험과 동일한 난이도로 구성하여 실전처럼 문제를 풀어볼 수 있습니다!

정답의 이유 / 오답의 이유

각 문제마다 정답의 이유와 오답의 이유를 수록하여 혼자서도 학습이 가능합니다!

더 알아보기

이해도를 높일 수 있도록 문제와 관련된 핵심 이론과 개념을 알기 쉽게 정리했습니다!

이 책의 목차 CONTENTS

교정학(개론) 200문제

교정학개론 1회 · **002**

교정학개론 2회 · **015**

교정학개론 3회 · **028**

교정학개론 4회 · **041**

교정학개론 5회 · **054**

교정학개론 6회 · **068**

교정학개론 7회 · **080**

교정학개론 8회 · **093**

형사소송법 200문제

형사소송법 1회 · **108**

형사소송법 2회 · **124**

형사소송법 3회 · **140**

형사소송법 4회 · **157**

형사소송법 5회 · **175**

형사소송법 6회 · **191**

형사소송법 7회 · **208**

형사소송법 8회 · **226**

교정학(개론)

200문제

교정학개론 1회

01 다음 글에서 설명하는 것으로 옳은 것은?

20년 국가직 7급

> 재범위험성이 높다고 판단되는 상습범죄자를 장기간 구금한다면 사회 내의 많은 범죄를 줄일 수 있다.

① 다이버전
② 충격구금
③ 중간처우소
④ 선택적 무력화

정답 ④

영역 교정학의 의미 및 발전적 동향

[정답의 이유]

④ 선택적 무력화는 소수의 중·누범자 등 직업적 범죄자를 선별적으로 수용하여 이들의 범죄능력을 무력화시키자는 것이다. 이는 선별적 예측의 문제, 죄형법정주의, 형평성, 위헌성 논란 등의 문제와 교도소의 과밀 수용과 그로 인한 수용 관리의 어려움을 초래한다.

[오답의 이유]

① 다이버전은 특정한 사건을 공식적 사회통제 체계로부터 전환하거나 우회시켜 절차적으로 비범죄화시키는 것으로 법원의 판결이 내려지기 전에 형사사법 기관이 통상의 사법처리절차를 중지하는 조치를 의미한다.

② 충격구금이란 보호관찰에 앞서 통상 30~90일 사이에 범죄인을 구금함으로써 미래 범죄행위에 대한 억지(억제)력을 발휘할 것이라고 가정하는 처벌 형태를 말한다.

③ 중간처우소는 시설 수용 내지는 석방의 충격을 완화하는 완충지대 역할을 담당하는 시설로 1950년 최초로 미시간주와 콜로라도주의 교도소에서 채택되었다.

02 갑오개혁 이후의 행형제도에 대한 설명으로 옳지 않은 것은?

25년 국가직 9급

① 감옥규칙의 제정으로 사법권이 행정권으로부터 독립되었다.
② 형법대전은 근대 서구의 법체계를 모방한 법전이다.
③ 기유각서에 의해 통감부에서 감옥사무를 관장하였다.
④ 미군정기에 재소자석방청원제가 실시되었다.

정답 ①

영역 교정학 발전사

[정답의 이유]

① 1895년 갑오개혁 법령 중에서 법률 제1호인 재판소 구성법에 따라 재판 사무를 행정사무로부터 독립하여 재판 사무 전담 기관인 재판소를 창설하였다. 감옥규칙은 그 전인 1894년 12월 25일에 제정되었으며, 근대적 형집행법의 효시이다.

[오답의 이유]

② 일반 형법으로서의 『형법대전』은 1905년(광무 9년) 4월 29일 공포된 근대적 형식을 갖춘 최초의 형법전이다.

③ 기유각서(己酉覺書)는 1909년(융희 3년) 대한제국과 일본 제국이 체결한 조약으로, 대한제국의 사법권과 감옥 사무(교도행정)에 관한 업무를 일본 통감부에 넘겨준다는 내용을 담고 있다.

④ 미군정기(1945~1948년)에 재소자(수용자)석방청원제, 선시제도인 우량수형자 석방령 등이 실시되었다.

03 형의 집행 및 수용자의 처우에 관한 법령상 미결수용자 및 사형확정자의 처우에 대한 설명으로 옳지 않은 것은? 22년 국가직 9급

① 소장은 미결수용자로서 사건에 서로 관련이 있는 사람은 분리수용하고 서로 간의 접촉을 금지하여야 한다.

② 소장은 사형확정자와 수형자를 혼거수용할 수 있으나, 사형확정자와 미결수용자는 혼거수용할 수 없다.

③ 미결수용자의 접견 횟수는 매일 1회로 하되, 미결수용자와 변호인과의 접견은 그 횟수에 포함시키지 않는다.

④ 사형확정자의 접견 횟수는 매월 4회로 하되, 소장은 사형확정자의 교화나 심리적 안정을 도모하기 위하여 특히 필요하다고 인정하면 접견 횟수를 늘릴 수 있다.

정답 ②

영역 미결수용자 · 여성 수용자에 대한 처우 및 수요자 권리구제

[정답의 이유]

② 소장은 사형확정자의 자살 · 도주 등의 사고를 방지하기 위하여 필요한 경우에는 **사형확정자와 미결수용자를 혼거수용할 수 있고**, 사형확정자의 교육 · 교화프로그램, 작업 등의 적절한 처우를 위하여 필요한 경우에는 사형확정자와 수형자를 혼거수용할 수 있다(형의 집행 및 수용자의 처우에 관한 법률 시행규칙 제150조 제4항).

[오답의 이유]

① 형의 집행 및 수용자의 처우에 관한 법률 제81조

③ 형의 집행 및 수용자의 처우에 관한 법률 시행령 제101조

④ 형의 집행 및 수용자의 처우에 관한 법률 시행령 제109조, 제110조 참고

04 현행 법령상 〈보기 1〉의 위원회와 〈보기 2〉의 위원 수가 바르게 연결된 것은? 20년 국가직 5급 승진

— 〈보기 1〉 —

㉠ 보안관찰처분심의위원회

㉡ 분류처우위원회

㉢ 징벌위원회

㉣ 보호관찰심사위원회

㉤ 가석방심사위원회

— 〈보기 2〉 —

A. 위원장 포함 5인 이상 9인 이하

B. 위원장 1인과 6인의 위원

C. 위원장 포함 5인 이상 7인 이하

D. 위원장 포함 6인 이상 8인 이하

E. 위원장 1인 포함 7인 이상 9인 이하

① ㉠ − A

② ㉡ − C

③ ㉢ − E

④ ㉣ − B

정답 ②

영역 형집행 관련 법령상 위원회

[정답의 이유]

㉡ (분류처우위원회) − C(형의 집행 및 수용자의 처우에 관한 법률 제62조 제2항)

[오답의 이유]

㉠ (보호관찰처분심의위원회) − B(보안관찰법 제12조 제2항)

㉢ (징벌위원회) − C(형의 집행 및 수용사의 처우에 관한 법률 제111조 제2항)

㉣ (보호관찰심사위원회) − A(보호관찰 등에 관한 법률 제7조 제1항)

㉤ (가석방심사위원회) − A(형의 집행 및 수용자의 처우에 관한 법률 제119조, 제120조 제1항)

05 「형의 집행 및 수용자의 처우에 관한 법률 시행 규칙」상 수형자의 처우에 대한 설명으로 옳은 것은?

24년 국가직 9급

① 소장은 개방처우급 수형자에 대하여 월 3회 이내 에서 경기 또는 오락회를 개최하게 할 수 있다. 다만, 소년수형자에 대하여는 그 횟수를 늘릴 수 있다.

② 완화경비처우급 수형자에 대한 중간처우 대상자 의 선발절차는 법무부장관이 정한다.

③ 소장은 처우를 위하여 특히 필요한 경우에는 일반 경비처우급 수형자에 대하여도 가족 만남의 날 행 사 참여를 허가할 수 있다.

④ 중(重)경비처우급 수형자에 대해서는 교화 및 처우상 특히 필요한 경우 전화통화를 월 2회 이내 허용할 수 있다.

정답 ②

영역 수용자에 대한 처우 일반규정

정답의 이유

② 개방처우급 혹은 완화경비처우급 수형자에 대한 중간처우 대 상자의 선발절차, 교정시설 또는 지역사회에 설치하는 개방 시설의 종류 및 기준, 그 밖에 필요한 사항은 법무부장관이 정한다(형의 집행 및 수용자의 처우에 관한 법률 시행규칙 제 93조 제3항).

오답의 이유

① 소장은 개방처우급 · 완화경비처우급 또는 자치생활 수형자 에 대하여 월 2회 이내에서 경기 또는 오락회를 개최하게 할 수 있다. 다만, 소년수형자에 대하여는 그 횟수를 늘릴 수 있 다(형의 집행 및 수용자의 처우에 관한 법률 시행규칙 제91 조 제1항).

③ 소장은 교화를 위하여 특히 필요한 경우에는 일반경비처우급 수형자에 대하여도 가족 만남의 날 행사 참여 또는 가족 만남 의 집 이용을 허가할 수 있다(형의 집행 및 수용자의 처우에 관한 법률 시행규칙 제89조 제3항).

④ 중(重)경비처우급 수형자에 대해서는 처우상 특히 필요한 경 우 월 2회 이내 전화통화를 허용할 수 있다(형의 집행 및 수 용자의 처우에 관한 법률 시행규칙 제90조 제1항 제4호).

📡 **더 알아보기**

전화통화의 허용횟수(형의 집행 및 수용자의 처우에 관한 법률 시행규칙 제90조)

① 수형자의 경비처우급별 전화통화의 허용횟수는 다음과 같다.

1. 개방처우급 : 월 20회 이내
2. 완화경비처우급 : 월 10회 이내
3. 일반경비처우급 : 월 5회 이내
4. 중(重)경비처우급 : 처우상 특히 필요한 경우 월 2회 이내

---

06 「형의 집행 및 수용자의 처우에 관한 법률 시행 규칙」상 경비처우급에 대한 설명으로 옳은 것은?

23년 국가직 9급

① 개방시설에 수용되어 가장 낮은 수준의 처우가 필 요한 수형자는 개방처우급으로 구분한다.

② 완화경비시설에 수용되어 통상적인 수준보다 낮 은 수준의 처우가 필요한 수형자는 완화경비처우 급으로 구분한다.

③ 일반경비시설에 수용되어 통상적인 수준의 처우 가 필요한 수형자는 일반경비처우급으로 구분한다.

④ 중(重)경비시설에 수용되어 가장 높은 수준의 처우가 필요한 수형자는 중(重)경비처우급으로 구분한다.

정답 ③

영역 수용자에 대한 처우 일반규정

정답의 이유

③ 형의 집행 및 수용자의 처우에 관한 법률 시행규칙 제74조 제1항 제3호

오답의 이유

① 개방처우급 : 개방시설에 수용되어 가장 높은 수준의 처우가 필요한 수형자를 개방처우급으로 구분한다(형의 집행 및 수 용자의 처우에 관한 법률 시행규칙 제74조 제1항 제1호).

② 완화경비처우급 : 완화경비시설에 수용되어 통상적인 수준보 다 높은 수준의 처우가 필요한 수형자를 완화경비처우급으로 구분한다(형의 집행 및 수용자의 처우에 관한 법률 시행규칙 제74조 제1항 제2호).

---

④ 중(重)경비처우급 : 중(重)경비시설에 수용되어 **기본적인 처**우가 필요한 수형자를 중(重)경비처우급으로 구분한다(형의 집행 및 수용자의 처우에 관한 법률 시행규칙 제74조 제1항 제4호).

07 「형의 집행 및 수용자의 처우에 관한 법률 시행규칙」상 〈보기 1〉의 경비처우급과 〈보기 2〉의 작업기준을 바르게 연결한 것은?

18년 국가직 9급

〈보기 1〉

㉠ 개방처우급
㉡ 중(重)경비처우급
㉢ 완화경비처우급
㉣ 일반경비처우급

〈보기 2〉

Ⓐ 개방지역작업 및 필요시 외부통근작업 가능
Ⓑ 구내작업 및 필요시 개방지역작업 가능
Ⓒ 외부통근작업 및 개방지역작업 가능
Ⓓ 필요시 구내작업 가능

---

① ㉠ - Ⓐ   ② ㉡ - Ⓒ
③ ㉢ - Ⓓ   ④ ㉣ - Ⓑ

정답 ④
영역 수용자에 대한 처우 일반규정

[정답의 이유]

④ 일반경비처우급은 구내작업 및 필요시 개방지역작업이 가능하다(형의 집행 및 수용자의 처우에 관한 법률 시행규칙 제74조 제2항 제3호).

📡 더 알아보기

경비처우급에 따른 작업기준(형의 집행 및 수용자의 처우에 관한 법률 시행규칙 제74조 제2항)

개방처우급	외부통근작업 및 개방지역작업 가능
완화경비처우급	개방지역작업 및 필요시 외부통근작업 가능
일반경비처우급	구내작업 및 필요시 개방지역작업 가능
중(重)경비처우급	필요시 구내작업 가능

08 사회 내 처우에 대한 설명으로 옳지 않은 것은?

25년 국가직 9급

① 사회봉사명령은 유죄가 인정된 범죄자에게 일정 시간 보수를 책정하여 사회에 유익한 근로를 하도록 명하는 제도이다.
② 수강명령은 유죄가 인정된 범죄자에게 일정 시간 교육받도록 함으로써 교화개선을 도모하는 제도이다.
③ 배상명령은 범죄자가 피해자에게 금전적으로 배상하는 것으로 구금 대신 직업 활동에 전념할 수 있게 하는 제도이다.
④ 집중보호관찰은 일반보호관찰이 범죄자에게 지나치게 관대한 처분이라는 시민의 불만을 불식시키면서 교정시설의 과밀 수용을 해소할 수 있는 제도이다.

정답 ①
영역 수용자에 대한 처우 일반규정

[정답의 이유]

① 사회봉사명령이란 유죄가 인정된 범죄인이나 보호소년들을 교도소나 소년원에 구금하는 대신, 정상적인 사회생활을 유지하면서 일정한 기간 내 지정된 시간 동안 **무보수**로 근로하도록 명하는 것을 말한다.

09 형의 집행 및 수용자의 처우에 관한 법령상 금품관리에 대한 설명으로 옳은 것은? 24년 국가직 9급

① 소장은 수용자가 석방될 때 보관하고 있던 수용자의 휴대금품을 본인에게 돌려주어야 한다. 다만, 보관품을 한꺼번에 가져가기 어려운 경우 등 특별한 사정이 있어 수용자가 석방 시 소장에게 일정 기간동안(3개월 이내의 범위로 한정한다) 보관품을 보관하여 줄 것을 신청하는 경우에는 그러하지 아니하다.

② 소장은 사망자 또는 도주자가 남겨두고 간 금품이 있으면 사망자의 경우에는 그 상속인에게, 도주자의 경우에는 그 가족에게 그 내용 및 청구절차 등을 알려 주어야 한다. 다만, 썩거나 없어질 우려가 있는 것은 폐기할 수 있다.

③ 소장은 수용자 외의 사람이 신청한 수용자에 대한 금품의 전달을 허가한 경우 그 금품을 지체 없이 수용자에게 전달하여 사용하게 하여야 한다.

④ 소장은 사망자의 유류품을 건네받을 사람이 원거리에 있는 등 특별한 사정이 있는 경우에는 유류품을 팔아 그 대금을 보내야 한다.

정답 ②

영역 금품관리

[정답의 이유]

② 형의 집행 및 수용자의 처우에 관한 법률 제28조 제1항

[오답의 이유]

① 소장은 수용자가 석방될 때 보관하고 있던 수용자의 휴대금품을 본인에게 돌려주어야 한다. 다만, 보관품을 한꺼번에 가져가기 어려운 경우 등 특별한 사정이 있어 수용자가 석방 시 소장에게 일정 기간 동안(1개월 이내의 범위로 한정한다) 보관품을 보관하여 줄 것을 신청하는 경우에는 그러하지 아니하다(형의 집행 및 수용자의 처우에 관한 법률 제29조 제1항).

③ 소장은 법 제27조 제1항에 따라 수용자에 대한 금품의 전달을 허가한 경우에는 그 금품을 보관한 후 해당 수용자가 사용하게 할 수 있다(형의 집행 및 수용자의 처우에 관한 법률 시행령 제42조 제1항).

④ 소장은 사망자의 유류품을 건네받을 사람이 원거리에 있는 등 특별한 사정이 있는 경우에는 유류품을 받을 사람의 청구에 따라 유류품을 팔아 그 대금을 보낼 수 있다(형의 집행 및 수용자의 처우에 관한 법률 시행령 제45조 제1항).

10 「형의 집행 및 수용자의 처우에 관한 법률」상 수용자의 위생과 의료에 대한 내용으로 옳지 않은 것은? 21년 국가직 7급

① 수용자는 자신의 신체 및 의류를 청결히 하여야 하며, 자신이 사용하는 거실·작업장, 그 밖의 수용시설의 청결유지에 협력하여야 하며, 위생을 위하여 머리카락과 수염을 단정하게 유지하여야 한다.

② 소장은 수용자가 외부의료시설에서 진료받거나 치료감호시설로 이송되면 그 사실을 그 가족(가족이 없는 경우에는 수용자가 지정하는 사람)에게 지체없이 알려야 한다. 다만, 수용자가 알리는 것을 원하지 아니하면 그러하지 아니하다.

③ 소장은 감염병이나 그 밖에 감염의 우려가 있는 질병의 발생과 확산을 방지하기 위하여 필요한 경우 수용자에 대하여 예방접종·격리수용·이송, 그 밖에 필요한 조치를 하여야 한다.

④ 소장은 수용자의 정신질환 치료를 위하여 필요하다고 인정하면 직권으로 치료감호시설로 이송할 수 있다.

정답 ④

영역 의료

[정답의 이유]

④ 소장은 수용자의 정신질환 치료를 위하여 필요하다고 인정하면 법무부장관의 승인을 받아 치료감호시설로 이송할 수 있다(형의 집행 및 수용자의 처우에 관한 법률 제37조 제2항).

[오답의 이유]

① 형의 집행 및 수용자의 처우에 관한 법률 제32조

② 형의 집행 및 수용자의 처우에 관한 법률 제37조 제4항

③ 형의 집행 및 수용자의 처우에 관한 법률 제35조

11 형의 집행 및 수용자의 처우에 관한 법령상 편지수수와 전화통화에 대한 설명으로 옳은 것은?

① 소장은 처우 등급이 중(重)경비시설 수용대상인 수형자가 변호인 외의 자에게 편지를 보내려는 경우 법령에 따라 금지된 물품이 들어있는지 확인을 위하여 필요한 경우에는 편지를 봉함하지 않은 상태로 제출하게 할 수 있다.

② 소장은 「형의 집행 및 수용자의 처우에 관한 법률」에 의하여 발신 또는 수신이 금지된 편지는 수용자에게 그 사유를 알린 후 즉시 폐기하여야 한다.

③ 수용자가 허가를 받아 교정시설의 외부에 있는 사람과 전화통화를 하는 경우 소장은 통화내용을 청취 또는 녹음을 하여야 한다.

④ 수용자가 외부에 있는 사람과 전화통화를 하는 경우 전화통화요금은 소장이 예산의 범위에서 부담하되, 국제통화요금은 수용자가 부담한다.

정답 ①

영역 시설 내 처우

정답의 이유

① 형의 집행 및 수용자의 처우에 관한 법률 시행령 제65조 제1항 제1호 니목

오답의 이유

② 소장은 발신 또는 수신이 금지된 편지는 그 구체적인 사유를 서면으로 작성해 관리하고, 수용자에게 그 사유를 알린 후 교정시설에 보관한다. 다만, 수용자가 동의하면 폐기할 수 있다(형의 집행 및 수용자의 처우에 관한 법률 제43조 제7항).

③ 수용자는 소장의 허가를 받아 교정시설의 외부에 있는 사람과 전화통화를 할 수 있다. 허가에는 통화내용의 청취 또는 녹음을 조건으로 붙일 수 있다(형의 집행 및 수용자의 처우에 관한 법률 제44조 제1항·제2항).

④ 수용자의 전화통화 요금은 수용자가 부담한다. 소장은 교정성적이 양호한 수형자 또는 보관금이 없는 수용자 등에 대하여는 예산의 범위에서 요금을 부담할 수 있다(형의 집행 및 수용자의 처우에 관한 법률 시행규칙 제29조).

12 「형의 집행 및 수용자의 처우에 관한 법률」과 동법 시행규칙상 수용자의 교정시설 외부에 있는 사람(변호인 제외)과의 접견에 대한 설명으로 옳지 않은 것은?

① 시설의 안전 또는 질서를 해칠 우려가 있는 때에는 수용자는 교정시설의 외부에 있는 사람과 접견할 수 없다.

② 일반경비처우급 수형자의 접견 허용횟수는 월 6회로 하되, 1일 1회만 허용한다.

③ 접견 중인 수용자가 수용자의 처우 또는 교정시설의 운영에 관한 거짓 사실을 유포하는 때에는 교도관은 접견을 중지할 수 있다.

④ 소장은 교화 및 처우상 특히 필요한 경우에는 수용자가 다른 교정시설의 수용자와 통신망을 이용하여 화상으로 접견하는 것을 허가할 수 있다.

정답 ②

영역 시설 내 처우

정답의 이유

② 일반경비처우급 수형자의 접견 허용횟수는 월 5회, 1일 1회만 허용한다(형의 집행 및 수용자의 처우에 관한 법률 시행규칙 제87조 제1항, 제2항).

오답의 이유

① 형의 집행 및 수용자의 처우에 관한 법률 제42조 제6호

③ 형의 집행 및 수용자의 처우에 관한 법률 제42조 제4호

④ 소장은 교화 및 처우상 특히 필요한 경우에는 수용자가 다른 교정시설의 수용자와 통신망을 이용하여 화상으로 접견하는 것(이하 "화상접견"이라 한다)을 허가할 수 있다. 이 경우 화상접견은 제1항의 접견 허용횟수에 포함한다(형의 집행 및 수용자의 처우에 관한 법률 시행규칙 제87조 제3항).

((•)) 더 알아보기

접견(형의 집행 및 수용자의 처우에 관한 법률 시행규칙 제87조)

① 수형자의 경비처우급별 접견의 허용횟수는 다음과 같다.
   1. 개방처우급 : 1일 1회
   2. 완화경비처우급 : 월 6회
   3. 일반경비처우급 : 월 5회
   4. 중(重)경비처우급 : 월 4회

② 제1항 제2호부터 제4호까지의 경우 접견은 1일 1회만 허용한다. 다만, 처우상 특히 필요한 경우에는 그러하지 아니하다.

13 「형의 집행 및 수용자의 처우에 관한 법률」상 수용을 위한 체포에 대한 설명으로 옳지 않은 것은?

24년 국가직 9급

① 천재지변으로 일시 석방된 수용자는 정당한 사유가 없는 한 출석요구를 받은 후 24시간 이내에 교정시설 또는 경찰관서에 출석하여야 한다.
② 교도관은 수용자가 도주한 경우 도주 후 72시간 이내에만 그를 체포할 수 있다.
③ 교도관은 도주한 수용자의 체포를 위하여 긴급히 필요하면 도주를 한 사람의 이동경로나 소재를 안다고 인정되는 사람을 정지시켜 질문할 수 있다.
④ 교도관은 도주한 수용자의 체포를 위하여 영업시간 내에 공연장·여관·음식점·역, 그 밖에 다수인이 출입하는 장소의 관리자 또는 관계인에게 그 장소의 출입이나 그 밖에 특히 필요한 사항에 관하여 협조를 요구할 수 있다.

정답 ①

영역 안전과 질서 일반

[정답의 이유]

① 천재지변 등에 의해 일시 석방된 사람은 **석방 후** 24시간 이내에 교정시설 또는 경찰관서에 출석하여야 한다(형의 집행 및 수용자의 처우에 관한 법률 제102조 제4항).

[오답의 이유]

② 형의 집행 및 수용자의 처우에 관한 법률 제103조 제1항
③ 형의 집행 및 수용자의 처우에 관한 법률 제103조 제2항
④ 형의 집행 및 수용자의 처우에 관한 법률 제103조 제4항

🎙️ **더 알아보기**

수용을 위한 체포(형의 집행 및 수용자의 처우에 관한 법률 제103조)

① 교도관은 수용자가 도주 또는 제134조 각 호의 어느 하나에 해당하는 행위(이하 "도주 등"이라 한다)를 한 경우에는 도주 후 또는 출석기한이 지난 후 72시간 이내에만 그를 체포할 수 있다.
② 교도관은 제1항에 따른 체포를 위하여 긴급히 필요하면 도주 등을 하였다고 의심할 만한 상당한 이유가 있는 사람 또는 도주 등을 한 사람의 이동경로나 소재를 안다고 인정되는 사람을 정지시켜 질문할 수 있다.
③ 교도관은 제2항에 따라 질문을 할 때에는 그 신분을 표시하는 증표를 제시하고 질문의 목적과 이유를 설명하여야 한다.
④ 교도관은 제1항에 따른 체포를 위하여 영업시간 내에 공연장·여관·음식점·역, 그 밖에 다수인이 출입하는 장소의 관리자 또는 관계인에게 그 장소의 출입이나 그 밖에 특히 필요한 사항에 관하여 협조를 요구할 수 있다.
⑤ 교도관은 제4항에 따라 필요한 장소에 출입하는 경우에는 그 신분을 표시하는 증표를 제시하여야 하며, 그 장소의 관리자 또는 관계인의 정당한 업무를 방해하여서는 아니 된다.

---

14 「형의 집행 및 수용자의 처우에 관한 법률」상 수용자의 보호실 및 진정실 수용에 대한 설명으로 옳은 것은?

16년 국가직 9급

① 소장은 수용자가 신체적·정신적 질병으로 인하여 특별한 보호가 필요한 때 진정실에 수용할 수 있다.
② 소장은 수용자를 보호실 또는 진정실에 수용할 경우에는 변호인의 의견을 고려하여야 한다.
③ 소장은 수용자를 보호실 또는 진정실에 수용하거나 수용기간을 연장하는 경우에는 그 사유를 본인과 가족에게 알려 주어야 한다.
④ 수용자의 보호실 수용기간은 15일 이내, 진정실 수용기간은 24시간 이내로 하되, 소장은 특히 계속하여 수용할 필요가 있으면 의무관의 의견을 고려하여 연장할 수 있다.

정답 ④

영역 보호실과 진정실 수용

[정답의 이유]

④ 형의 집행 및 수용자의 처우에 관한 법률 제95조 제2항·제96조 제2항

[오답의 이유]

① 소장은 수용자가 자살 또는 자해의 우려가 있는 때 혹은 신체적·정신적 질병으로 인하여 특별한 보호가 필요한 때에 해당하면 의무관의 의견을 고려하여 **보호실**에 수용할 수 있다(형의 집행 및 수용자의 처우에 관한 법률 제95조 제1항).
② 현행법상 소장이 수용자를 보호실 또는 진정실에 수용할 경우 **변호인의 의견**을 고려해야 한다는 규정은 없다.

③ 소장은 수용자를 보호실에 수용하거나 수용기간을 연장하는 경우에는 그 사유를 본인에게 알려 주어야 한다(형의 집행 및 수용자의 처우에 관한 법률 제95조 제4항).

15 형의 집행 및 수용자의 처우에 관한 법령상 교도관의 보호장비 및 무기의 사용에 대한 설명으로 옳지 않은 것은? 16년 국가직 9급

① 보호장비를 사용하는 경우에는 수용자에게 그 사유를 알려 주어야 한다.
② 수용자가 위력으로 교도관 등의 정당한 직무집행을 방해하는 때에는 보호장비를 사용할 수 있다.
③ 수갑, 포승, 발목보호장비는 이송·출정, 그 밖에 교정시설 밖의 장소로 수용자를 호송하는 때 사용할 수 있다.
④ 교정시설 안에서 자기 또는 타인의 생명·신체를 보호하기 위하여 급박하다고 인정되는 상당한 이유가 있으면 수용자 외의 사람에 대하여도 무기를 사용할 수 있다.

정답 ③

영역 교정장비 사용

【 정답의 이유 】
③ 이송·출정, 그 밖에 교정시설 밖의 장소로 수용자를 호송하는 때에는 수갑·포승은 사용할 수 있으나 발목보호장비는 사용할 수 없다(형의 집행 및 수용자의 처우에 관한 법률 제98조 제2항).

【 오답의 이유 】
① 형의 집행 및 수용자의 처우에 관한 법률 시행령 제122조
② 형의 집행 및 수용자의 처우에 관한 법률 제97조 제1항 제3호
④ 형의 집행 및 수용자의 처우에 관한 법률 제101조 제2항

16 「형의 집행 및 수용자의 처우에 관한 법률」에 있어서 수용자의 징벌에 대한 설명으로 옳지 않은 것은? 13년 국가직 9급

① 교도소장은 수용자가 수용생활의 편의 등 자신의 요구를 관철할 목적으로 자해하는 경우에 징벌위원회의 의결에 따라 수용자에게 징벌을 부과할 수 있다.
② 수용자에게 부과되는 징벌의 종류에는 30일 이내의 실외운동 정지와 30일 이내의 금치가 포함된다.
③ 징벌위원회에서 수용자에 대하여 징벌이 의결되더라도 행위의 동기 및 정황, 교정성적, 뉘우치는 정도 등 그 사정을 고려할 만한 사유가 있는 수용자에 대하여 교도소장은 2개월 이상 6개월 이하의 기간 내에서 징벌의 집행을 유예할 수 있다.
④ 교도소장은 징벌의 집행이 종료되거나 집행이 면제된 수용자가 교정성적이 양호하고 법무부령으로 정하는 기간 동안 징벌을 받지 아니하면 징벌을 실효시킬 수 있다.

정답 ③

영역 징벌·상벌(포상)·형벌

【 정답의 이유 】
③ 징벌위원회는 징벌을 의결하는 때에 행위의 동기 및 정황, 교정성적, 뉘우치는 정도 등 그 사정을 고려할 만한 사유가 있는 수용자에 대하여 2개월 이상 6개월 이하의 기간 내에서 징벌의 집행을 유예할 것을 의결할 수 있다(형의 집행 및 수용자의 처우에 관한 법률 제114조 제1항).

【 오답의 이유 】
① 형의 집행 및 수용자의 처우에 관한 법률 제107조 제2호
② 형의 집행 및 수용자의 처우에 관한 법률 제108조 제13호·제14호
④ 형의 집행 및 수용자의 처우에 관한 법률 제115조 제1항

17 형의 집행 및 수용자의 처우에 관한 법령상 분류심사에 대한 설명으로 옳은 것만을 모두 고른 것은? 18년 국가직 9급

> ㉠ 교정시설의 장은 분류심사를 위하여 수형자를 대상으로 상담 등을 통한 신상에 관한 개별사안의 조사, 심리·지능·적성 검사, 그 밖에 필요한 검사를 할 수 있다.
> ㉡ 개별처우계획을 조정할 것인지를 결정하기 위한 분류심사는 정기재심사, 부정기재심사, 특별재심사로 구분된다.
> ㉢ 경비처우급의 조정을 위한 평정소득점수 기준은 수용 및 처우를 위하여 필요한 경우 법무부장관이 달리 정할 수 있다.
> ㉣ 교정시설의 장은 수형자가 부상이나 질병, 그 밖의 부득이한 사유로 작업 또는 교육을 받지 못한 경우에는 3점 이내의 범위에서 작업 또는 교육 성적을 부여할 수 있다.
> ㉤ 조정된 처우등급에 따른 처우는 그 조정이 확정된 다음 날부터 한다. 이 경우 조정된 처우등급은 조정이 확정된 날부터 적용된 것으로 본다.

① ㉠, ㉡, ㉢
② ㉠, ㉢, ㉣
③ ㉡, ㉢, ㉤
④ ㉡, ㉣, ㉤

정답 ②

영역 분류심사

[정답의 이유]
㉠ 형의 집행 및 수용자의 처우에 관한 법률 제59조 제3항
㉢ 형의 집행 및 수용자의 처우에 관한 법률 시행규칙 제81조
㉣ 형의 집행 및 수용자의 처우에 관한 법률 시행규칙 제79조 제3항

[오답의 이유]
㉡ 개별처우계획을 조정할 것인지를 결정하기 위한 분류심사(재심사)는 정기재심사(일정한 형기가 도달한 때 하는 재심사), 부정기재심사(상벌 또는 그 밖의 사유가 발생한 경우에 하는 재심사)로 구분한다(형의 집행 및 수용자의 처우에 관한 법률 시행규칙 제65조).
㉤ 조정된 처우등급에 따른 처우는 그 조정이 확정된 다음 날부터 한다. 이 경우 조정된 처우등급은 그 달 초일부터 적용된 것으로 본다(형의 집행 및 수용자의 처우에 관한 법률 시행규칙 제82조 제1항).

---

18 「형의 집행 및 수용자의 처우에 관한 법률 시행규칙」상 부정기재심사를 실시할 수 있는 경우에 해당하는 것만을 모두 고르면? 19년 국가직 5급 승진

> ㉠ 수형자를 징벌하기로 의결한 때
> ㉡ 수형자가 학사 학위를 취득한 때
> ㉢ 수형자가 지방기능경기대회에서 입상한 때
> ㉣ 수형자가 기능사 자격을 취득한 때
> ㉤ 수형자가 교정사고의 예방에 뚜렷한 공로가 있는 때
> ㉥ 수형자가 추가사건으로 벌금형이 확정된 때

① ㉠, ㉢
② ㉠, ㉡, ㉤
③ ㉡, ㉣, ㉤
④ ㉠, ㉡, ㉣, ㉥

정답 ②

영역 정기 및 부정기재심사

[정답의 이유]
㉠·㉡·㉤ 형의 집행 및 수용자의 처우에 관한 법률 시행규칙 제67조 제3호·제5호·제2호

[오답의 이유]
㉢ 수형자가 전국기능경기대회 입상한 때 가능(형의 집행 및 수용자의 처우에 관한 법률 시행규칙 제67조 제5호)
㉣ 수형자가 기사 이상의 자격취득한 때 가능(형의 집행 및 수용자의 처우에 관한 법률 시행규칙 제67조 제5호)
㉥ 수형자가 추가사건으로 금고 이상의 형이 확정된 때 가능(형의 집행 및 수용자의 처우에 관한 법률 시행규칙 제67조 제4호)

📡 더 알아보기

부정기재심사(형의 집행 및 수용자의 처우에 관한 법률 시행규칙 제67조)
부정기재심사는 다음의 어느 하나에 해당하는 경우에 할 수 있다.
1. 분류심사에 오류가 있음이 발견된 때
2. 수형자가 교정사고(교정시설에서 발생하는 화재, 수용자의 자살·도주·폭행·소란, 그 밖에 사람의 생명·신체를 해하거나 교정시설의 안전과 질서를 위태롭게 하는 사고를 말한다. 이하 같다)의 예방에 뚜렷한 공로가 있는 때
3. 수형자를 징벌하기로 의결한 때
4. 수형자가 집행유예의 실효 또는 추가사건(현재 수용의 근거가 된 사건 외의 형사사건을 말한다. 이하 같다)으로 금고이상의 형이 확정된 때

5. 수형자가 「숙련기술장려법」 제20조 제2항에 따른 전국기능경기대회 입상, 기사 이상의 자격취득, 학사 이상의 학위를 취득한 때
6. 삭제
7. 그 밖에 수형자의 수용 또는 처우의 조정이 필요한 때

19 외국인수용자의 처우에 대한 설명으로 옳은 것은?
20년 국가직 7급

① 외국인수용자 전담요원은 외국인 미결수용자에게 소송 진행에 필요한 법률지식을 제공하는 조력을 하여야 한다.
② 외국인수용자를 수용하는 소장은 외국어 통역사 자격자를 전담요원으로 지정하여 외교공관 및 영사관 등 관계기관과의 연락업무를 수행하게 하여야 한다.
③ 소장은 외국인수용자의 수용거실을 지정하는 경우에는 반드시 분리수용하도록 하고, 그 생활양식을 고려하여 필요한 설비를 제공하여야 한다.
④ 외국인수용자에 대하여 소속 국가의 음식문화를 고려할 필요는 없지만, 외국인수용자의 체격 등을 고려하여 지급하는 음식물의 총열량을 조정할 수 있다.

정답 ①

영역 외국인수용자

[정답의 이유]
① 형의 집행 및 수용자의 처우에 관한 법률 시행규칙 제56조 제2항

[오답의 이유]
② 외국인수용자를 수용하는 소장은 외국어에 능통한 소속 교도관을 전담요원으로 지정하여 일상적인 개별상담, 고충해소, 통역·번역 및 외교공관 또는 영사관 등 관계기관과의 연락 등의 업무를 수행하게 하여야 한다(형의 집행 및 수용자의 처우에 관한 법률 시행규칙 제56조 제1항).

③ 소장은 외국인수용자의 수용거실을 지정하는 경우에는 종교 또는 생활관습이 다르거나 민족감정 등으로 인하여 분쟁의 소지가 있는 외국인수용자는 거실을 분리하여 수용하도록 하고, 그 생활양식을 고려하여 필요한 수용설비를 제공하도록 노력하여야 한다(형의 집행 및 수용자의 처우에 관한 법률 시행규칙 제57조).
④ 외국인수용자에게 지급하는 음식물의 총열량은 소속 국가의 음식문화, 체격 등을 고려하여 조정할 수 있다(형의 집행 및 수용자의 처우에 관한 법률 시행규칙 제58조 제1항).

20 「교도작업의 운영 및 특별회계에 관한 법률」상 교도작업에 대한 설명으로 옳은 것은?
25년 국가직 9급

① 특별회계는 교도소장이 운용·관리한다.
② 특별회계의 결산상 잉여금은 다음 연도의 세입에 이입한다.
③ 교도작업으로 생산된 제품은 민간기업 등에 직접 판매할 수 없다.
④ 법무부장관은 교도작업으로 생산되는 제품의 종류와 수량을 회계연도 개시 2개월 전까지 공고하여야 한다.

정답 ②

영역 교도작업

[정답의 이유]
② 특별회계의 결산상 잉여금은 다음 연도의 세입에 이입한다(교도작업의 운영 및 특별회계에 관한 법률 제11조의2).

[오답의 이유]
① 특별회계는 법무부장관이 운용·관리한다(교도작업의 운영 및 특별회계에 관한 법률 제8조 제2항).
③ 교도작업으로 생산된 제품은 민간기업 등에 직접 판매하거나 위탁하여 판매할 수 있다(교도작업의 운영 및 특별회계에 관한 법률 제7조).
④ 법무부장관은 교도작업으로 생산되는 제품의 종류와 수량을 회계연도 개시 1개월 전까지 공고하여야 한다(교도작업의 운영 및 특별회계에 관한 법률 제4조).

21 「형의 집행 및 수용자의 처우에 관한 법률」상 수형자 외부통근 작업에 대한 설명으로 옳지 않은 것은?
22년 국가직 9급

① 소장은 외부통근자에게 수형자 자치에 의한 활동을 허가할 수 있다.

② 소장은 수형자의 건전한 사회복귀와 기술습득을 촉진하기 위하여 필요하면 수형자에게 외부통근 작업을 하게 할 수 있다.

③ 소장은 외부통근자가 법령에 위반되는 행위를 하거나 법무부장관 또는 소장이 정하는 지켜야 할 사항을 위반한 경우에는 외부통근자 선정을 취소할 수 있다.

④ 소장은 일반경비처우급에 해당하는 수형자를 외부기업체에 통근하며 작업하는 대상자로 선정할 수 없다.

정답 ④

영역 외부통근작업

[정답의 이유]

④ 소장은 교정시설 안에 설치된 외부기업체 작업장에 통근하며 작업하는 대상자를 선정할 때, 개방처우급·완화경비처우급을 비롯해 일반경비처우급에 해당하는 수형자도 포함할 수 있다(형의 집행 및 수용자의 처우에 관한 법률 시행규칙 제120조 제2항).

[오답의 이유]

① 형의 집행 및 수용자의 처우에 관한 법률 시행규칙 제123조

② 형의 집행 및 수용자의 처우에 관한 법률 제68조

③ 형의 집행 및 수용자의 처우에 관한 법률 시행규칙 제121조

((•)) 더 알아보기

선정기준(형의 집행 및 수용자의 처우에 관한 법률 시행규칙 제120조)

① 외부기업체에 통근하며 작업하는 수형자는 다음의 요건을 갖춘 수형자 중에서 선정한다.

1. 18세 이상 65세 미만일 것
2. 해당 작업 수행에 건강상 장애가 없을 것
3. 개방처우급·완화경비처우급에 해당할 것
4. 가족·친지 또는 법 제130조의 교정위원(이하 "교정위원"이라 한다) 등과 접견·편지수수·전화통화 등으로 연락하고 있을 것
5. 집행할 형기가 7년 미만이고 가석방이 제한되지 아니할 것

② 교정시설 안에 설치된 외부기업체의 작업장에 통근하며 작업하는 수형자는 제1항 제1호부터 제4호까지의 요건(같은 항 제3호의 요건의 경우에는 일반경비처우급에 해당하는 수형자도 포함한다)을 갖춘 수형자로서 집행할 형기가 10년 미만이거나 형기기산일부터 10년 이상이 지난 수형자 중에서 선정한다.

---

22 형의 집행 및 수용자의 처우에 관한 법령상 작업 및 직업훈련과 관련하여 교정시설의 장이 취할 수 없는 조치는?
22년 국가직 9급

① 일반경비처우급의 수형자에 대하여 직업능력의 향상을 위하여 특히 필요하다고 인정되어 교정시설 외부의 기업체에서 운영하는 직업훈련을 받게 하였다.

② 장인(丈人)이 사망하였다는 소식을 접한 수형자에 대하여, 본인이 작업을 계속하기를 원하지 않는 것을 확인하고 2일간 작업을 면제하였다.

③ 수형자에 대하여 교화목적상 특별히 필요하다고 판단되어, 작업장려금을 석방 전에 전액 지급하였다.

④ 법무부장관의 승인을 받아 직업훈련의 직종과 훈련과정별 인원을 정하였다.

정답 ①

영역 직업훈련

[정답의 이유]

① 개방처우급 또는 완화경비처우급의 수형자에 대하여 직업능력 향상을 위하여 특히 필요하다고 인정되는 경우에는 교정시설 외부의 공공기관 또는 기업체 등에서 운영하는 직업훈련을 받게 할 수 있다(형의 집행 및 수용자의 처우에 관한 법률 시행규칙 제96조 제1항).

[오답의 이유]

② 소장은 수형자의 가족 또는 배우자의 직계존속이 사망하면 2일간, 부모 또는 배우자의 제삿날에는 1일간 해당 수형자의 작업을 면제한다(형의 집행 및 수용자의 처우에 관한 법률 제72조 제1항).

③ 형의 집행 및 수용자의 처우에 관한 법률 제73조 제3항

④ 소장은 직업훈련 직종 선정 및 훈련과정별 인원을 법무부장관의 승인을 받아 정한다(형의 집행 및 수용자의 처우에 관한 법률 시행규칙 제124조 제1항).

23 형의 집행 및 수용자의 처우에 관한 법령상 수형자 교육과 교화프로그램에 대한 설명으로 옳지 않은 것은? 20년 국가직 9급

① 소장은 「교육기본법」 제8조의 의무교육을 받지 못한 수형자의 교육을 위하여 필요하면 수형자를 중간처우를 위한 전담교정 시설에 수용하여 외부 교육기관에의 통학, 외부 교육기관에서의 위탁교육을 받도록 할 수 있다.

② 소장은 수형자의 교정교화를 위하여 상담·심리치료, 그 밖의 교화프로그램을 실시하여야 하며, 수형자의 정서 함양을 위하여 필요하다고 인정하면 연극·영화관람, 체육행사, 그 밖의 문화예술활동을 하게 할 수 있다.

③ 소장은 특별한 사유가 없으면 교육기간 동안에는 교육대상자를 다른 기관으로 이송할 수 없다.

④ 소장은 수형자에게 학위취득 기회를 부여하기 위하여 독학에 의한 학사학위 취득과정을 설치·운영할 수 있다. 이 교육을 실시하는 경우 소요되는 비용은 특별한 사정이 없으면 국가의 부담으로 한다.

정답 ④

영역 교정교육

[정답의 이유]

④ 독학에 의한 학위 취득과정, 방송통신대학과정, 전문대학 위탁교육과정, 정보화 및 외국어 교육과정에 따른 교육을 실시하는 경우 소요되는 비용은 특별한 사정이 없으면 **교육대상자**의 부담으로 한다(형의 집행 및 수용자의 처우에 관한 법률 시행규칙 제102조 제2항).

[오답의 이유]

① 형의 집행 및 수용자의 처우에 관한 법률 제63조 제3항

② 형의 집행 및 수용자의 처우에 관한 법률 제64조 제1항·동법 시행령 제88조

③ 형의 집행 및 수용자의 처우에 관한 법률 시행규칙 제106조 제1항

---

24 「형의 집행 및 수용자의 처우에 관한 법률」상 귀휴에 대한 설명으로 옳지 않은 것은? 14년 국가직 7급

① 소장은 6개월 이상 복역한 수형자로서 그 형기의 3분의 1이 지나고 교정성적이 우수한 사람의 가족 또는 배우자의 직계존속이 질병이나 사고로 위독한 때에는 형기 중 20일 이내의 귀휴를 허가할 수 있다.

② 소장은 직계비속의 혼례가 있는 때에 수형자에게 5일 이내의 특별귀휴를 허가할 수 있다.

③ 특별귀휴는 교정성적이 우수하지 않아도 그 요건에 해당하면 허가할 수 있다.

④ 소장은 귀휴 중인 수형자가 거소의 제한이나 그 밖에 귀휴허가에 붙인 조건을 위반한 때에는 그 귀휴를 취소할 수 있다.

정답 ①

영역 귀휴

[정답의 이유]

① 소장은 6개월 이상 형을 집행받은 수형자로서 그 형기의 3분의 1(21년 이상의 유기형 또는 무기형의 경우에는 7년)이 지나고 교정성적이 우수한 사람의 가족 또는 배우자의 직계존속이 질병이나 사고로 위독한 때에는 **1년 중 20일 이내의 귀휴**를 허가할 수 있다(형의 집행 및 수용자의 처우에 관한 법률 제77조 제1항).

[오답의 이유]

② 형의 집행 및 수용자의 처우에 관한 법률 제77조 제2항 제2호

③ 형의 집행 및 수용자의 처우에 관한 법률 제77조 제2항

④ 형의 집행 및 수용자의 처우에 관한 법률 제78조 제2호

25 형의 집행 및 수용자의 처우에 관한 법령상 조직폭력수용자에 대한 설명으로 옳지 않은 것은?

20년 국가직 9급 4번

① 소장은 공범·피해자 등의 체포영장, 구속영장, 공소장 또는 재판서에 조직폭력사범으로 명시된 수용자에 대하여는 조직폭력수용자로 지정한다.

② 소장은 조직폭력수용자에게 거실 및 작업장 등의 봉사원, 반장, 조장, 분임장, 그 밖에 수용자를 대표하는 직책을 부여해서는 아니 된다.

③ 소장은 조직폭력수용자로 지정된 사람이 공소장 변경 또는 재판 확정에 따라 지정사유가 해소되었다고 인정되는 경우에는 교도관회의의 심의 또는 교정자문위원회의 의결을 거쳐 지정을 해제한다.

④ 소장은 조직폭력수형자가 작업장 등에서 다른 수형자와 음성적으로 세력을 형성하는 등 집단화할 우려가 있다고 인정하는 경우에는 법무부장관에게 해당 조직폭력수형자의 이송을 지체 없이 신청하여야 한다.

정답 ③

영역 수용자에 대한 특별 교도행정과 처우

[정답의 이유]

③ 소장은 조직폭력수용자로 지정된 사람에 대하여는 석방할 때까지 지정을 해제할 수 없다. 다만, 공소장변경 또는 재판 확정에 따라 지정사유가 해소되었다고 인정되는 경우에는 교도관회의의 심의 또는 분류처우위원회의 의결을 거쳐 지정을 해제한다(형의 집행 및 처우에 관한 법률 시행규칙 제199조 제2항).

[오답의 이유]

① 형의 집행 및 처우에 관한 법률 시행규칙 제198조 제3호·제199조 제1항 전단

② 형의 집행 및 처우에 관한 법률 시행규칙 제200조

④ 형의 집행 및 처우에 관한 법률 시행규칙 제201조

🔊 더 알아보기

조직폭력수용자의 지정대상(형의 집행 및 처우에 관한 법률 시행규칙 제198조)

1. 체포영장, 구속영장, 공소장 또는 재판서에 조직폭력사범으로 명시된 수용자

2. 공소장 또는 재판서에 조직폭력사범으로 명시되어 있지는 아니하나 「폭력행위 등 처벌에 관한 법률」 제4조·제5조 또는 「형법」 제114조가 적용된 수용자

3. 공범·피해자 등의 체포영장·구속영장·공소장 또는 재판서에 조직폭력사범으로 명시된 수용자

교정학개론 2회

01 교정의 이념에 대한 설명으로 옳지 않은 것은?

21년 국가직 7급

① 집합적 무력화(Collective Incapacitation)는 과학적 방법을 활용하여 재범의 위험성이 높은 것으로 판단되는 개인을 구금하기 위해서 활용되고 있다.
② 범죄자를 건설적이고 법을 준수하는 방향으로 전환시키기 위해 범죄자를 구금하는 것을 교정의 교화개선(Rehabilitation)적 목적이라고 할 수 있다.
③ 무력화(Incapacitation)는 범죄자가 구금기간 동안 범행할 수 없도록 범행의 능력을 무력화시키는 것을 의미한다.
④ 형벌의 억제(Deterrence)효과는 처벌의 확실성, 엄중성 그리고 신속성의 세 가지 차원에 의해 결정된다.

정답 ①

영역 교정학의 의미 및 발전적 동향

정답의 이유

① 과학적 방법을 활용하여 재범의 위험성이 높은 것으로 판단되는 개인을 구금하기 위해서 활용되고 있는 것은 선별적 무(능)력화(Selective Incapacitation)이고 집합적 무력화(Collective Incapacitation)는 유죄로 확정된 모든 강력범죄자에 대한 장기형 선고를 권장한다.

오답의 이유

② 교화 개선이 범죄인의 개선 의도를 가지고 있다면 무력화는 범죄자의 개선보다는 사회방위에 목적이 있다.
③ 무력화는 범죄자와 잠재적 범죄자를, 범죄를 행할 수 없는 처치로 만드는 것으로 범죄자를 추방하거나 구금, 사형함으로써 그 범죄자가 사회에 그대로 있었다면 저지를 수 있는 범죄를 행하지 못하게 범죄의 능력을 무력화시키는 것이다.
④ 형벌의 억제 요소에는 처벌의 확실성, 엄중성, 신속성이 있다.

02 구금 및 교정처우제도에 대한 설명으로 옳지 않은 것은?

24년 국가직 7급

① 펜실베이니아제(Pennsylvania System)는 혼거구금을 통해 상호 간의 대화를 장려하여 자신의 범죄에 대해 반성하고 속죄케 하는 정신적 개선에 중점을 둔 구금제도이다.
② 오번제(Auburn System)는 주간에는 대화를 엄격히 금지한 가운데 수형자들을 공장에 혼거 취업하게 하고, 야간에는 독방에 구금하여 취침하게 하는 제도이다.
③ 보스탈제(Borstal System)는 주로 16세에서 21세까지의 범죄소년을 수용하여 직업훈련 및 학과교육 등을 실시함으로써 교정·교화하려는 제도이다.
④ 아일랜드제(Irish System)는 단계별 진급에 따라 수용자들을 관리하고 석방이나 조건부 석방이 가능한 제도이다.

정답 ①

영역 교정학 발전사

정답의 이유

① 하빌랜드의 설계로 현대적 교도소의 원형이 된 피츠버그의 동부교도소(1826년)와 필라델피아의 서부교도소(1829년)가 설립되며 펜실베니아제가 확립되었다. 절대 침묵과 정숙을 유지하며 주야간 구분 없이 엄정한 독거수용을 통해 반성을 목적으로 한 구금 방식으로 모든 수용자가 모든 활동을 각자 자신의 거실에서 함으로써 수용자 상호 간에 철저한 격리를 요구하며 엄정 독거제, 분방제, 필라델피아제로 불리기도 한다.

오답의 이유

② 오번제는 1823년에 미국 뉴욕주(州) 오번시(市)에서 최초로 실시되었으며 주간에는 작업에 종사하게 하고 야간에는 독방에 수용하여 교화 개선을 시도하는 야간 독거제의 교도소 구금제이다.

③ 보스탈제는 주로 16세에서 21세까지의 범죄소년을 수용하여 직업훈련 및 학과 교육 등을 실시함으로써 교정, 교화하려는 제도로 오늘날 소년원의 대명사로 사용되곤 한다.

④ 아일랜드제는 마코노키의 점수제를 응용하여 1854년부터 1862년 사이 아일랜드의 교정국장을 지냈던 월터 크로프톤이 창안한 제도이다. 수형자를 점차 자유로운 상태에 근접하게 하며, 마지막 단계에 가까울수록 규제는 최소화하고, 자유는 확대하였고 석방 이후 엄격한 감시를 받게 되며, 재범의 우려가 크면 석방허가증이 철회되었다.

03 「형의 집행 및 수용자의 처우에 관한 법률」상 여성수용자의 처우에 대한 설명으로 옳지 않은 것은?

18년 국가직 9급

① 교정시설의 장은 여성수용자에 대하여 건강검진을 실시하는 경우에는 나이 · 건강 등을 고려하여 부인과질환에 관한 검사를 포함시켜야 한다.

② 교정시설의 장은 수용자가 미성년자인 자녀와 접견하는 경우 접촉차단시설이 없는 장소에서 접견하게 할 수 있다.

③ 교정시설의 장은 여성수용자에 대하여 상담 · 교육 · 작업 등을 실시하는 때에는 여성교도관이 담당하도록 하여야 한다. 다만, 여성교도관이 부족하거나 그 밖의 부득이한 사정이 있으면 그러하지 아니하다.

④ 교정시설의 장은 수용자가 임신 중이거나 출산(유산 · 사산은 포함되지 않음)한 경우에는 모성보호 및 건강유지를 위하여 정기적인 검진 등 적절한 조치를 하여야 한다.

정답 ④

영역 미결수용자 · 여성 수용자에 대한 처우 및 수요자 권리구제

정답의 이유

④ 소장은 수용자가 임신 중이거나 출산(유산 · 사산을 포함한다)한 경우에는 모성보호 및 건강유지를 위하여 정기적인 검진 등 적절한 조치를 하여야 한다(형의 집행 및 수용자의 처우에 관한 법률 제52조 제1항).

오답의 이유

① 형의 집행 및 수용자의 처우에 관한 법률 제50조 제2항

② 형의 집행 및 수용자의 처우에 관한 법률 제41조 제3항 제1호

③ 형의 집행 및 수용자의 처우에 관한 법률 제51조 제1항

04 「형의 집행 및 수용자의 처우에 관한 법률」상 가석방심사위원회에 대한 설명으로 옳지 않은 것은?

23년 국가직 9급

① 가석방의 적격 여부를 심사하기 위하여 법무부장관 소속으로 가석방심사위원회를 둔다.

② 가석방심사위원회는 위원장을 포함한 5명 이상 9명 이하의 위원으로 구성하며, 위원장은 법무부차관이 된다.

③ 가석방심사위원회는 가석방 적격결정을 하였으면 5일 이내에 법무부장관에게 가석방 허가를 신청하여야 한다.

④ 가석방심사위원회의 심사와 관련하여 심의서와 회의록은 해당 가석방 결정 등을 한 후 5년이 경과한 때부터 공개한다.

정답 ④

영역 형집행 관련 법령상 위원회

정답의 이유

④ 회의록은 해당 가석방 결정 등을 한 후 5년이 경과한 때부터 공개하나, 심의서는 해당 가석방 결정 등을 한 후부터 즉시 공개한다(형의 집행 및 수용자의 처우에 관한 법률 제120조 제3항 제2호 · 제3호).

오답의 이유

① 형의 집행 및 수용자의 처우에 관한 법률 제119조

② 형의 집행 및 수용자의 처우에 관한 법률 제120조 제1항 · 제2항 전단

③ 형의 집행 및 수용자의 처우에 관한 법률 제122조 제1항

05 「형의 집행 및 수용자의 처우에 관한 법률 시행규칙」상 수용자의 처우에 대한 설명으로 옳은 것은?

19년 국가직 7급

① 소장은 수형자가 완화경비처우급 또는 일반경비처우급으로서 작업·교육 등의 성적이 우수하고 관련 기술이 있는 경우에는 교도관의 작업지도를 보조하게 할 수 있다.

② 소장은 형집행정지 중인 사람이 기간만료로 재수용된 경우에는 석방 당시와 동일한 처우등급을 부여한다.

③ 분류심사에 있어서 무기형과 20년을 초과하는 징역형·금고형의 정기재심사 시기를 산정하는 경우에는 그 형기를 20년으로 본다.

④ 소장은 수형자의 경비처우급에 따라 부식, 음료, 그 밖에 건강유지에 필요한 물품에 차이를 두어 지급할 수 있다.

정답 ③

영역 수용자에 대한 처우 일반규정

정답의 이유

③ 형의 집행 및 수용자의 처우에 관한 법률 시행규칙 제66조 제3항

오답의 이유

① 소장은 수형자가 **개방처우급** 또는 완화경비처우급으로서 작업·교육 등의 성적이 우수하고 관련 기술이 있는 경우에는 교도관의 작업지도를 보조하게 할 수 있나(형의 집행 및 수용자의 처우에 관한 법률 시행규칙 제94조).

② 소장은 형집행정지 중에 있는 사람이 기간만료 또는 그 밖의 정지사유가 없어져 재수용된 경우에는 석방 당시와 동일한 처우등급을 **부여할 수 있다**(형의 집행 및 수용자의 처우에 관한 법률 시행규칙 제60조 제2항).

④ 소장은 수형자의 경비처우급에 따라 물품에 차이를 두어 지급할 수 있다. 다만, 주·**부식, 음료, 그 밖에 건강유지에 필요한 물품은 그러하지 아니하다**(형의 집행 및 수용자의 처우에 관한 법률 시행규칙 제84조 제1항).

---

06 「형의 집행 및 수용자의 처우에 관한 법률 시행규칙」상 수용자의 처우에 대한 설명으로 옳은 것은?

21년 국가직 9급

① 소장은 임산부인 수용자에 대하여 필요하다고 인정하는 경우에는 교정시설에 근무하는 교도관의 의견을 들어 필요한 양의 죽 등의 주식과 별도로 마련된 부식을 지급할 수 있다.

② 소장은 소년수형자의 나이·적성 등을 고려하여 필요하다고 인정하면 전화통화 횟수를 늘릴 수 있으나 접견 횟수를 늘릴 수는 없다.

③ 소장은 외국인수용자가 질병 등으로 위독하거나 사망한 경우에는 그의 국적이나 시민권이 속하는 나라의 외교공관 또는 영사관의 장이나 그 관원 또는 가족에게 이를 10일 이내에 통지하여야 한다.

④ 소장은 노인수용자가 거동이 불편하여 혼자서 목욕하기 어려운 경우에는 교도관, 자원봉사자 또는 다른 수용자로 하여금 목욕을 보조하게 할 수 있다.

정답 ④

영역 수용자에 대한 처우 일반규정

정답의 이유

④ 형의 집행 및 수용자의 처우에 관한 법률 시행규칙 제46조 제2항

오답의 이유

① 소장은 임산부인 수용자에 대하여 **교정시설에 근무하는 의사**(공중보건의사를 포함한다. 이하 "의무관"이라 한다)의 의견을 들어 필요한 양의 죽 등의 주식과 별도로 마련된 부식을 지급할 수 있으며, 양육유아에 대하여는 분유 등의 대체식품을 지급할 수 있다(형의 집행 및 수용자의 처우에 관한 법률 시행규칙 제42조).

② 소장은 소년수형자등의 나이·적성 등을 고려하여 필요하다고 인정하면 제87조 및 제90조에 따른 **접견 및 전화통화 횟수를 늘릴 수 있다**(형의 집행 및 수용자의 처우에 관한 법률 시행규칙 제59조의5).

③ 소장은 외국인수용자가 질병 등으로 위독하거나 사망한 경우에는 그의 국적이나 시민권이 속하는 나라의 외교공관 또는 영사관의 장이나 그 관원 또는 가족에게 이를 **즉시 알려야** 한다(형의 집행 및 수용자의 처우에 관한 법률 시행규칙 제59조).

07 「형의 집행 및 수용자의 처우에 관한 법률 시행령」상 수용자의 독거수용에 대한 설명으로 옳지 않은 것은? 24년 국가직 9급

① 처우상 독거수용이란 주간에는 교육 · 작업 등의 처우를 위하여 일과(日課)에 따른 공동생활을 하게 하고, 휴일과 야간에만 독거수용하는 것을 말한다.

② 계호상 독거수용이란 사람의 생명 · 신체의 보호 또는 교정시설의 안전과 질서유지를 위하여 항상 독거수용하고 다른 수용자와의 접촉을 금지하는 것을 말한다. 다만, 수사 · 재판 · 실외운동 · 목욕 · 접견 · 진료 등을 위하여 필요한 경우에는 그러하지 아니하다.

③ 교도관은 계호상 독거수용자를 수시로 시찰하여 건강상 또는 교화상 이상이 없는지 살펴야 하며, 시찰 결과 계호상 독거수용자가 건강상 이상이 있는 것으로 보이는 경우에는 교정시설에 근무하는 의사(공중보건의사를 포함한다)에게 즉시 알려야 하고, 교화상 문제가 있다고 인정하는 경우에는 소장에게 지체 없이 보고하여야 한다.

④ 소장은 계호상 독거수용자를 계속하여 독거수용하는 것이 건강상 또는 교화상 해롭다고 인정하는 경우에는 이를 즉시 중단하여야 한다.

정답 ①

영역 수용자에 대한 처우 일반규정

[정답의 이유]

① 처우상 독거수용이란 주간에는 교육 · 작업 등의 처우를 위하여 일과(日課)에 따른 공동생활을 하게 하고 **휴업일**과 야간에만 독거수용하는 것을 말한다(형의 집행 및 수용자의 처우에 관한 법률 시행령 제5조 제1호).

[오답의 이유]

② 형의 집행 및 수용자의 처우에 관한 법률 시행령 제5조 제2호

③ 형의 집행 및 수용자의 처우에 관한 법률 시행령 제6조 제1항 · 제2항

④ 형의 집행 및 수용자의 처우에 관한 법률 시행령 제6조 제4항

08 형의 집행 및 수용자의 처우에 관한 법령상 수용시설 내 감염병 관련 조치에 대한 설명으로 옳지 않은 것은? 23년 국가직 9급

① 소장은 감염병이 유행하는 경우 수용자가 자비로 구매하는 음식물의 공급을 중지하여야 한다.

② 소장은 수용자가 감염병에 걸렸다고 의심되는 경우에는 1주 이상 격리수용하고 그 수용자의 휴대품을 소독하여야 한다.

③ 소장은 감염병이나 그 밖에 감염의 우려가 있는 질병의 발생과 확산을 방지하기 위하여 필요한 경우 수용자에 대하여 예방접종 · 격리수용 · 이송, 그 밖에 필요한 조치를 하여야 한다.

④ 소장은 수용자가 감염병에 걸린 경우에는 즉시 격리수용하고 그 수용자가 사용한 물품 및 설비를 철저히 소독해야 한다. 또한 이 사실을 지체없이 법무부장관에게 보고하고 관할 보건기관의 장에게 알려야 한다.

정답 ①

영역 의료

[정답의 이유]

① 소장은 감염병이 유행하는 경우에는 수용자가 자비로 구매하는 음식물의 공급을 **중지할 수 있다**(형의 집행 및 수용자의 처우에 관한 법률 시행령 제53조 제2항).

[오답의 이유]

② 형의 집행 및 수용자의 처우에 관한 법률 시행령 제53조 제1항

③ 형의 집행 및 수용자의 처우에 관한 법률 제35조

④ 형의 집행 및 수용자의 처우에 관한 법률 시행령 제53조 제3항 · 제4항

09 형의 집행 및 수용자의 처우에 관한 법령상 수용자에게 지급하는 물품에 대한 설명으로 옳은 것으로만 묶은 것은? 17년 국가직 7급

> ㉠ 소장은 작업시간을 2시간 이상 연장하는 경우에는 수용자에게 주·부식 또는 대용식 1회분을 간식으로 지급할 수 있다.
> ㉡ 소장은 수용자의 기호 등을 고려하여 주식으로 빵이나 국수 등을 지급할 수 있다.
> ㉢ 소장은 쌀 수급이 곤란하거나 그 밖에 필요하다고 인정하면 주식을 쌀과 보리 등 잡곡의 혼합곡으로 하거나 대용식을 지급할 수 있다.
> ㉣ 소장은 수용자에게 건강상태, 나이, 부과된 작업의 종류, 그 밖의 개인적 특성을 고려하여 건강 및 체력을 유지하는 데에 필요한 음식물을 지급한다.

① ㉠, ㉡, ㉢
② ㉠, ㉡, ㉣
③ ㉠, ㉢, ㉣
④ ㉡, ㉢, ㉣

정답 ④

영역 물품지급

[정답의 이유]
㉡ 형의 집행 및 수용자의 처우에 관한 법률 시행규칙 제11조 제3항
㉢ 형의 집행 및 수용자의 처우에 관한 법률 제28조 제2항
㉣ 형의 집행 및 수용자의 처우에 관한 법률 제23조 제1항

[오답의 이유]
㉠ 소장은 작업시간을 3시간 이상 연장하는 경우에는 수용자에게 주·부식 또는 대용식 1회분을 간식으로 지급할 수 있다(형의 집행 및 수용자의 처우에 관한 법률 시행규칙 제15조 제2항).

10 「형의 집행 및 수용자의 처우에 관한 법률 시행규칙」상 자비구매물품 등에 대한 설명으로 옳은 것은? 25년 국가직 9급

① 소장은 감염병의 유행 등으로 자비구매물품의 사용이 중지된 경우에는 구매신청을 제한하여야 한다.
② 소장은 교도작업제품으로서 자비구매물품으로 적합한 것은 법무부장관으로부터 지정받은 자비구매물품 공급자를 거쳐 우선하여 공급할 수 있다.
③ 교정본부장은 자비구매물품 공급의 교정시설 간 균형 및 교정시설의 안전과 질서유지를 위하여 공급물품의 품목 및 규격 등에 대한 통일된 기준을 제시할 수 있다.
④ 소장은 공급제품이 부패, 파손, 규격미달, 그 밖의 사유로 수용자에게 공급하기에 부적당하다고 인정하는 경우에는 교정본부장에게 이를 보고하고 필요한 조치를 하여야 한다.

정답 ②

영역 물품지급

[정답의 이유]
② 형의 집행 및 수용자의 처우에 관한 법률 시행규칙 제18조

[오답의 이유]
① 소장은 감염병(감염병의 예방 및 관리에 관한 법률에 따른 감염병)의 유행 또는 수용자의 징벌 집행 등으로 자비 구매 물품의 사용이 중지된 경우에는 구매신청을 제한할 수 있다(형의 집행 및 수용자의 처우에 관한 법률 시행규칙 제17조 제2항).
③ 법무부장관은 자비구매물품 공급의 교정시설 간 균형 및 교정시설의 안전과 질서유지를 위하여 공급물품의 품목 및 규격 등에 대한 통일된 기준을 제시할 수 있다(형의 집행 및 수용자의 처우에 관한 법률 시행규칙 제16조 제3항).
④ 검수관은 공급제품이 부패, 파손, 규격미달, 그 밖의 사유로 수용자에게 공급하기에 부적당하다고 인정하는 경우에는 소장에게 이를 보고하고 필요한 조치를 하여야 한다(형의 집행 및 수용자의 처우에 관한 법률 시행규칙 제19조 제2항).

11 형의 집행 및 수용자 처우에 관한 법령상 접견에 대한 설명으로 옳지 않은 것은? 21년 국가직 9급

① 수용자가 소송사건의 대리인인 변호사와 접견하는 경우로서 교정시설의 안전 또는 질서를 해칠 우려가 없는 경우에는 접촉차단시설이 설치되지 아니한 장소에서 접견하게 한다.

② 수용자가 「형사소송법」에 따른 상소권회복 또는 재심 청구사건의 대리인이 되려는 변호사와 접견할 수 있는 횟수는 월 4회이다.

③ 소장은 범죄의 증거를 인멸하거나 형사 법령에 저촉되는 행위를 할 우려가 있는 때에는 교도관으로 하여금 수용자의 접견내용을 청취·기록·녹음 또는 녹화하게 할 수 있다.

④ 수용자가 미성년자인 자녀와 접견하는 경우에는 접촉차단시설이 설치되지 아니한 장소에서 접견하게 할 수 있다.

정답 ②

영역 시설 내 처우

[정답의 이유]

② 상소권회복 또는 재심 청구사건의 대리인이 되려는 변호사와의 접견 가능 횟수는 사건당 2회이다(형의 집행 및 수용자의 처우에 관한 법률 시행령 제59조의2 제2항 제2호).

[오답의 이유]

① 형의 집행 및 수용자의 처우에 관한 법률 제41조 제2항 제2호

③ 형의 집행 및 수용자의 처우에 관한 법률 제41조 제4항 제1호

④ 형의 집행 및 수용자의 처우에 관한 법률 제41조 제3항 제1호

12 「형의 집행 및 수용자의 처우에 관한 법률 시행규칙」상 수형자의 가족 만남의 날 행사 등에 대한 설명으로 옳지 않은 것은? 16년 국가직 7급

① 소장은 개방처우급·완화경비처우급 수형자에 대하여 가족 만남의 날 행사에 참여하게 하거나 가족 만남의 집을 이용하게 할 수 있다.

② 소장은 가족이 없는 수형자에 대하여는 결연을 맺었거나 그 밖에 가족에 준하는 사람으로 하여금 그 가족을 대신하게 할 수 있다.

③ 수형자가 가족 만남의 날 행사에 참여하거나 가족 만남의 집을 이용하는 경우 「형의 집행 및 수용자의 처우에 관한 법률 시행규칙」 제87조에서 정한 접견 허용횟수에 포함된다.

④ 소장은 교화를 위하여 특히 필요한 경우에는 일반경비처우급 수형자에 대하여도 가족 만남의 날 행사 참여 또는 가족 만남의 집 이용을 허가할 수 있다.

정답 ③

영역 수용자의 법적 지위와 처우

[정답의 이유]

③ 소장은 개방처우급·완화경비처우급 수형자에 대하여 가족 만남의 날 행사에 참여하게 하거나 가족 만남의 집을 이용하게 할 수 있다. 이 경우 제87조의 접견 허용횟수에는 **포함되지 아니한다**(형의 집행 및 수용자의 처우에 관한 법률 시행규칙 제89조 제1항).

[오답의 이유]

① 형의 집행 및 수용자의 처우에 관한 법률 시행규칙 제89조 제1항 전단

② 형의 집행 및 수용자의 처우에 관한 법률 시행규칙 제89조 제2항

④ 형의 집행 및 수용자의 처우에 관한 법률 시행규칙 제89조 제3항

13 「형의 집행 및 수용자의 처우에 관한 법률」상 안전과 질서에 대한 설명으로 옳은 것만을 모두 고르면? (다툼이 있는 경우 판례에 의함) 20년 국가직 5급 승진

> ㉠ 검사는 조사실에서 피의자를 신문할 때 해당 피의자에게 「형의 집행 및 수용자의 처우에 관한 법률」 제97조 제1항 각호에 규정된 사유에 해당하지 않는 이상 교도관에게 보호장비의 해제를 요청할 의무가 있고, 교도관은 이에 응하여야 한다.
>
> ㉡ 보호장비는 징벌의 수단으로 사용되어서는 아니 된다.
>
> ㉢ 교도관은 시설의 안전과 질서유지를 위하여 필요하더라도 교정시설을 출입하는 수용자 외의 사람에 대하여 의류와 휴대품을 검사할 수는 없다.
>
> ㉣ 수용자의 보호실 수용기간은 15일 이내로 하되, 소장은 특히 계속하여 수용할 필요가 있으면 의무관의 의견을 고려하여 1회당 10일의 범위에서 기간을 연장할 수 있다.
>
> ㉤ 수용자의 진정실 수용기간은 24시간 이내로 하되, 소장은 특히 계속하여 수용할 필요가 있으면 의무관의 의견을 고려하여 1회당 12시간의 범위에서 기간을 연장할 수 있으나 수용자를 진정실에 수용할 수 있는 기간은 계속하여 3일을 초과할 수 없다.

① ㉠, ㉡, ㉢
② ㉠, ㉡, ㉤
③ ㉠, ㉢, ㉣
④ ㉡, ㉣, ㉤

정답 ②

영역 안전과 질서 일반

[정답의 이유]

㉠ 검사는 조사실에서 피의자를 신문할 때 해당 피의자에게 그러한 특별한 사정이 없는 이상 교도관에게 보호장비의 해제를 요청할 의무가 있고, 교도관은 이에 응하여야 한다(대결 2020.3.17., 2015모2357).

㉡ 형의 집행 및 수용자의 처우에 관한 법률 제99조 제2항

㉤ 형의 집행 및 수용자의 처우에 관한 법률 제96조 제2항·제3항

[오답의 이유]

㉢ 교도관은 시설의 안전과 질서유지를 위하여 필요하면 교정시설을 출입하는 수용자 외의 사람에 대하여 의류와 휴대품을 검사할 수 있다(형의 집행 및 수용자의 처우에 관한 법률 제93조 제3항 전단).

㉣ 수용자의 보호실 수용기간은 15일 이내로 한다. 다만, 소장은 특히 계속하여 수용할 필요가 있으면 의무관의 의견을 고려하여 1회당 7일의 범위에서 기간을 연장할 수 있다(형의 집행 및 수용자의 처우에 관한 법률 제95조 제2항).

14 교도소 내에서 수용자에게 무기를 사용할 수 있는 경우로만 묶인 것은? 13년 국가직 7급

> ㉠ 수용자가 다른 사람에게 중대한 위해를 끼치거나 끼치려고 하여 그 사태가 위급한 때
>
> ㉡ 수용자가 자살하려고 한 때
>
> ㉢ 위력으로 교도관 등의 정당한 직무집행을 방해하는 때
>
> ㉣ 수용자가 폭동을 일으키려고 하여 신속하게 제지하지 아니하면 그 확산을 방지하기 어렵다고 인정되는 때
>
> ㉤ 도주하는 수용자에게 교도관 등이 정지할 것을 명령하였음에도 계속 도주하려고 하는 때

① ㉠, ㉡, ㉢
② ㉠, ㉣, ㉤
③ ㉡, ㉢, ㉣
④ ㉢, ㉣, ㉤

정답 ②

영역 무기 사용

[정답의 이유]

㉠ 형의 집행 및 수용자의 처우에 관한 법률 제101조 제1항 제1호

㉣ 형의 집행 및 수용자의 처우에 관한 법률 제101조 제1항 제3호

㉤ 형의 집행 및 수용자의 처우에 관한 법률 제101조 제1항 제4호

[오답의 이유]

㉡ 수용자가 자살하려고 한 때 – 보안장비 사용 가능(형의 집행 및 수용자의 처우에 관한 법률 제100조 제1항 제2호·제3항)

㉢ 위력으로 교도관 등의 정당한 직무집행을 방해하는 때 – 보호장비, 보안장비 사용 가능(형의 집행 및 수용자의 처우에 관한 법률 제97조 제1항 제3호, 제100조 제1항 제5호·제3항)

15 「형의 집행 및 수용자의 처우에 관한 법률」에 규정된 보호장비가 아닌 것은 몇 개인가? 11년 국가직 9급

• 수갑	• 머리보호장비
• 발목보호장비	• 보호대
• 교도봉	• 보호의자
• 보호침대	• 안면보호구
• 포승	• 손목보호장비
• 보호복	• 휴대식 금속탐지기

① 2개

② 3개

③ 4개

④ 5개

정답 ③

영역 교정장비 사용

정답의 이유

1. 교도봉, 2. 안면보호구, 3. 손목보호장비, 4. 휴대식 금속탐지기는 보호장비에 해당하지 않는다.

((•)) 더 알아보기

보호장비의 종류(형의 집행 및 수용자의 처우에 관한 법률 제98조)

① 보호장비의 종류는 다음과 같다.

   1. 수갑
   2. 머리보호장비
   3. 발목보호장비
   4. 보호대(帶)
   5. 보호의자
   6. 보호침대
   7. 보호복
   8. 포승

16 「형법」상 형의 집행에 대한 설명으로 옳지 않은 것은? 24년 국가직 9급

① 징역은 교정시설에 수용하여 집행하며, 정해진 노역(勞役)에 복무하게 한다.

② 유기징역 또는 유기금고에 자격정지를 병과한 때에는 징역 또는 금고의 집행을 종료하거나 면제된 날로부터 정지기간을 기산한다.

③ 벌금과 과료는 판결확정일로부터 30일 내에 납입하여야 한다. 다만, 벌금을 선고할 때에는 동시에 그 금액을 완납할 때까지 노역장에 유치할 것을 명하여야 한다.

④ 벌금이나 과료의 선고를 받은 사람이 그 금액의 일부를 납입한 경우에는 벌금 또는 과료액과 노역장 유치기간의 일수(日數)에 비례하여 납입금액에 해당하는 일수를 노역장 유치일수에서 뺀다.

정답 ③

영역 징벌 · 상벌(포상) · 형벌

정답의 이유

③ 벌금과 과료는 판결확정일로부터 30일 내에 납입하여야 한다. 단, 벌금을 선고할 때에는 동시에 그 금액을 완납할 때까지 노역장에 유치할 것을 명할 수 있다(형법 제69조 제1항).

오답의 이유

① 형법 제67조

② 형법 제44조 제2항

④ 형법 제71조

17 다음 수형자 중 「형의 집행 및 수용자의 처우에 관한 법률 시행규칙」상 분류심사 제외 대상에 해당하지 않는 것은? 16년 국가직 7급

① 징역형이 확정된 사람으로서 집행할 형기가 형집행지휘서 접수일부터 3개월 미만인 사람

② 구류형이 확정된 사람

③ 금고형이 확정된 사람으로서 집행할 형기가 형집행지휘서 접수일부터 3개월 미만인 사람

④ 질병 등으로 분류심사가 곤란한 사람

정답 ④

영역 분류심사 일반이론 및 규정

[정답의 이유]

④ 질병 등으로 분류심사가 곤란한 사람은 분류심사 유예 대상에 해당한다(형의 집행 및 수용자의 처우에 관한 법률 시행규칙 제62조 제2항 제1호).

[오답의 이유]

① 형의 집행 및 수용자의 처우에 관한 법률 시행규칙 제62조 제1항 제1호

② 형의 집행 및 수용자의 처우에 관한 법률 시행규칙 제62조 제1항 제2호

③ 형의 집행 및 수용자의 처우에 관한 법률 시행규칙 제62조 제1항 제1호

((•)) 더 알아보기

분류심사 제외 및 유예(형의 집행 및 수용자의 처우에 관한 법률 시행규칙 제62조 제1항 · 제2항)

① 다음의 사람에 대해서는 분류심사를 하지 아니한다.

　1. 징역형 · 금고형이 확정된 사람으로서 집행할 형기가 형집행지휘서 접수일부터 3개월 미만인 사람

　2. 구류형이 확정된 사람

　3. 삭제

② 소장은 수형자가 다음의 어느 하나에 해당하는 사유가 있으면 분류심사를 유예한다.

　1. 질병 등으로 분류심사가 곤란한 때

　2. 법 제107조 제1호부터 제5호까지의 규정에 해당하는 행위 및 이 규칙 제214조 각 호에 해당하는 행위(이하 "징벌대상행위"라 한다)의 혐의가 있어 조사 중이거나 징벌집행 중인 때

　3. 그 밖의 사유로 분류심사가 특히 곤란하다고 인정하는 때

---

18 형의 집행 및 수용자의 처우에 관한 법령상 정기재심사에 대한 내용으로 옳은 것은? 17년 국가직 7급

① 부정기형의 재심사 시기는 장기형을 기준으로 한다.

② 소장은 재심사를 할 때는 그 사유가 발생한 달로부터 2월 이내까지 완료하여야 한다.

③ 무기형과 20년을 초과하는 징역형 · 금고형의 재심사 시기를 산정하는 경우에는 그 형기를 20년으로 본다.

④ 합산형기가 20년을 초과하는 경우에도 2개 이상의 징역형을 집행하는 수형자의 재심사 시기 산정은 그 형기를 합산한다.

정답 ③

영역 정기 및 부정기재심사

[정답의 이유]

③ 형의 집행 및 수용자의 처우에 관한 법률 시행규칙 제66조 제3항

[오답의 이유]

① 부정기형의 재심사 시기는 단기형을 기준으로 한다(형의 집행 및 수용자의 처우에 관한 법률 시행규칙 제66조 제2항).

② 소장은 재심사를 할 때에는 그 사유가 발생한 달의 다음 달까지 완료하여야 한다(형의 집행 및 수용자의 처우에 관한 법률 시행규칙 제68조 제1항).

④ 2개 이상의 징역형 또는 금고형을 집행하는 수형자의 재심사 시기를 산정하는 경우에는 그 형기를 합산한다. 다만, 합산한 형기가 20년을 초과하는 경우에는 그 형기를 20년으로 본다(형의 집행 및 수용자의 처우에 관한 법률 시행규칙 제66조 제4항).

19 형의 집행 및 수용자의 처우에 관한 법령상 교도작업에 대한 설명 중 옳은 것(○)과 옳지 않은 것(×)을 바르게 표시한 것은? 18년 국가직 5급 승진

> ㉠ 소장은 법무부장관의 승인을 받아 수형자에게 부과하는 작업의 종류를 정한다.
> ㉡ 소장은 수형자의 근로의욕을 고취하고 건전한 사회복귀를 지원하기 위하여 법무부장관이 정하는 바에 따라 작업의 종류, 작업성적, 교정성적, 그 밖의 사정을 고려하여 수형자에게 작업장려금을 지급하여야 한다.
> ㉢ 소장은 미결수용자의 신청에 따라 작업을 부과하는 경우 교정시설 밖에서 작업하게 할 수 있다.
> ㉣ 소장은 교도관에게 매일 수형자의 작업실적을 확인하게 하여야 한다.
> ㉤ 공휴일·토요일과 그 밖의 휴일에는 취사·청소·간호를 제외한 작업은 부과할 수 없다.

	㉠	㉡	㉢	㉣	㉤
①	○	×	×	○	×
②	○	×	×	×	×
③	×	×	○	×	○
④	○	×	○	○	○

정답 ①

영역 교도작업

[정답의 이유]
㉠ 형의 집행 및 수용자의 처우에 관한 법률 시행령 제89조
㉣ 형의 집행 및 수용자의 처우에 관한 법률 시행령 제92조

[오답의 이유]
㉡ 소장은 수형자의 근로의욕을 고취하고 건전한 사회복귀를 지원하기 위하여 법무부장관이 정하는 바에 따라 작업의 종류, 작업성적, 교정성적, 그 밖의 사정을 고려하여 수형자에게 작업장려금을 지급할 수 있다(형의 집행 및 수용자의 처우에 관한 법률 제73조 제2항).
㉢ 미결수용자에 대한 교육·교화프로그램 또는 작업은 교정시설 밖에서 행하는 것은 포함하지 아니한다(형의 집행 및 수용자의 처우에 관한 법률 시행령 제103조 제1항).
㉤ 공휴일·토요일과 대통령령으로 정하는 휴일에는 작업을 부과하지 아니한다. 다만, 다음의 어느 하나에 해당하는 경우에는 작업을 부과할 수 있다(형의 집행 및 수용자의 처우에 관한 법률 제71조 제5항 전단).

1. 취사·청소·간병 등 교정시설의 운영과 관리에 필요한 작업을 하는 경우
2. 작업장의 운영을 위하여 불가피한 경우
3. 공공의 안전이나 공공의 이익을 위하여 긴급히 필요한 경우
4. 수형자가 신청하는 경우

20 「형의 집행 및 수용자의 처우에 관한 법률 시행규칙」상 마약류수용자의 처우에 대한 설명으로 옳은 것만을 모두 고르면? 24년 국가직 7급

> ㉠ 소장은 체포영장·구속영장·공소장 또는 재판서에 마약류 관리에 관한 법률, 마약류 불법거래 방지에 관한 특례법, 그 밖에 마약류에 관한 형사 법률이 적용된 수용자에 대하여는 마약류수용자로 지정하여야 한다.
> ㉡ 소장은 마약류수용자로 지정 후 5년이 지난 수용자(마약류에 관한 형사 법률 외의 법률이 같이 적용된 마약류수용자로 한정함)로서 수용생활태도, 교정성적 등이 양호한 경우에는 교도관회의의 심의 또는 분류처우위원회의 의결을 거쳐 지정을 해제할 수 있다.
> ㉢ 소장은 교정시설에 마약류를 반입하는 것을 방지하기 위하여 필요하면 강제적으로 수용자의 소변을 채취하여 마약반응 검사를 할 수 있다.
> ㉣ 담당교도관은 마약류수용자의 보관품 및 지니는 물건의 변동 상황을 수시로 점검하고, 특이사항이 있는 경우에는 감독교도관에게 보고해야 한다.

① ㉠, ㉢   ② ㉡, ㉣
③ ㉠, ㉡, ㉢   ④ ㉠, ㉡, ㉣

정답 ④

영역 수용자에 대한 특별 교도행정과 처우

[정답의 이유]
㉠ 형의 집행 및 수용자의 처우에 관한 법률 시행규칙 제204조 제1호
㉡ 형의 집행 및 수용자의 처우에 관한 법률 시행규칙 제205조 제2항 제2호
㉣ 형의 집행 및 수용자의 처우에 관한 법률 시행규칙 제208조

© 소장은 교정시설에 마약류를 반입하는 것을 방지하기 위하여 필요하면 강제에 의하지 아니하는 범위에서 수용자의 소변을 채취하여 마약반응검사를 할 수 있다(형의 집행 및 수용자의 처우에 관한 법률 시행규칙 제206조 제2항).

21 「형의 집행 및 수용자의 처우에 관한 법률 시행규칙」상 외부기업체에 통근하며 작업하는 수형자의 선정 기준으로 옳은 것만을 모두 고르면?

21년 국가직 9급

㉠ 19세 이상 65세 미만일 것
㉡ 해당 작업 수행에 건강상 장애가 없을 것
㉢ 일반경비처우급에 해당할 것
㉣ 가족·친지 또는 교정위원 등과 접견·편지수수·전화통화 등으로 연락하고 있을 것
㉤ 집행할 형기가 7년 미만이고 직업훈련이 제한되지 아니할 것

---

① ㉡, ㉣
② ㉠, ㉢, ㉤
③ ㉡, ㉣, ㉤
④ ㉠, ㉡, ㉣, ㉤

정답 ①
영역 외부통근작업

오답의 이유
㉡·㉣ 형의 집행 및 수용자의 처우에 관한 법률 시행규칙 제120조 제1항 제2호, 제4호

오답의 이유
㉠ 19세 이상 65세 미만이 아니라 18세 이상 65세 미만이다. 동법 시행규칙 제120조 제1항 제1호
㉢ 일반경비처우급이 아니라 개방처우급·완화경비처우급이다. 동법 시행규칙 제120조 제1항 제3호
㉤ 직업훈련이 아니라 가석방에 제한되지 아니할 것이다. 동법 시행규칙 제120조 제1항 제5호

22 형의 집행 및 수용자의 처우에 관한 법령상 작업과 직업훈련에 대한 설명으로 옳지 않은 것은?

22년 국가직 9급

① 소장은 금고형 또는 구류형의 집행 중에 있는 사람에 대하여 신청 여부와 관계없이 작업을 부과할 수 있다.
② 소장은 수형자가 15세 미만인 경우에는 직업훈련 대상자로 선정해서는 아니 된다.
③ 소장은 직업훈련 대상자가 심신이 허약하거나 질병 등으로 훈련을 감당할 수 없는 경우에는 직업훈련을 보류할 수 있다.
④ 법무부장관은 직업훈련을 위하여 필요한 경우에는 수형자를 다른 교정시설로 이송할 수 있다.

정답 ①
영역 직업훈련

정답의 이유
① 소장은 금고형 또는 구류형의 집행 중에 있는 사람에 대하여는 신청에 따라 작업을 부과할 수 있다(형의 집행 및 수용자의 처우에 관한 법률 제67조).

오답의 이유
② 형의 집행 및 수용자의 처우에 관한 법률 시행규칙 제126조 제1호
③ 형의 집행 및 수용자의 처우에 관한 법률 시행규칙 제128조 제1항 제2호
④ 형의 집행 및 수용자의 처우에 관한 법률 시행규칙 제127조 제1항

23 「형의 집행 및 수용자의 처우에 관한 법률」상 5일 이내의 특별귀휴를 허가할 수 있는 경우로만 묶은 것은? 14년 국가직 9급

> ㉠ 출석 수업을 위하여 필요한 때
> ㉡ 가족 또는 배우자의 직계존속이 사망한 때
> ㉢ 본인 또는 형제자매의 혼례가 있는 때
> ㉣ 직계비속의 혼례가 있는 때
> ㉤ 직업훈련을 위하여 필요한 때

① ㉠, ㉡   ② ㉡, ㉣
③ ㉢, ㉤   ④ ㉣, ㉤

정답 ②

영역 귀휴

정답의 이유

㉡ 형의 집행 및 수용자의 처우에 관한 법률 제77조 제2항 제1호
㉣ 형의 집행 및 수용자의 처우에 관한 법률 제77조 제2항 제2호

오답의 이유

㉠·㉢·㉤은 일반귀휴 사유에 해당한다.

㉠ 형의 집행 및 수용자의 처우에 관한 법률 제77조 제1항 제4호·동법 시행규칙 제129조 제3항 제8호
㉢ 형의 집행 및 수용자의 처우에 관한 법률 제77조 제1항 제4호·동법 시행규칙 제129조 제3항 제2호
㉤ 형의 집행 및 수용자의 처우에 관한 법률 제77조 제1항 제4호·동법 시행규칙 제129조 제3항 제4호

📡 더 알아보기

귀휴(형의 집행 및 수용자의 처우에 관한 법률 제77조)

① 소장은 6개월 이상 형을 집행받은 수형자로서 그 형기의 3분의 1(21년 이상의 유기형 또는 무기형의 경우에는 7년)이 지나고 교정성적이 우수한 사람이 다음의 어느 하나에 해당하면 1년 중 20일 이내의 귀휴를 허가할 수 있다.

  1. 가족 또는 배우자의 직계존속이 위독한 때
  2. 질병이나 사고로 외부의료시설에의 입원이 필요한 때
  3. 천재지변이나 그 밖의 재해로 가족, 배우자의 직계존속 또는 수형자 본인에게 회복할 수 없는 중대한 재산상의 손해가 발생하였거나 발생할 우려가 있는 때
  4. 그 밖에 교화 또는 건전한 사회복귀를 위하여 법무부령으로 정하는 사유가 있는 때

② 소장은 다음의 어느 하나에 해당하는 사유가 있는 수형자에 대하여는 제1항에도 불구하고 5일 이내의 특별귀휴를 허가할 수 있다.

  1. 가족 또는 배우자의 직계존속이 사망한 때
  2. 직계비속의 혼례가 있는 때

③ 소장은 귀휴를 허가하는 경우에 법무부령으로 정하는 바에 따라 거소의 제한이나 그 밖에 필요한 조건을 붙일 수 있다.

④ 제1항 및 제2항의 귀휴기간은 형 집행기간에 포함한다.

---

24 「형의 집행 및 수용자의 처우에 관한 법률」상 수용자 사망 시 조치에 대한 설명으로 옳지 않은 것은? 16년 국가직 7급 변형

① 소장은 수용자가 사망한 경우에는 그 사실을 즉시 그 가족(가족이 없는 경우에는 다른 친족)에게 알려야 한다.

② 소장은 병원이나 그 밖의 연구기관이 학술연구상의 필요에 따라 수용자의 시신인도를 신청하면 본인의 유언 또는 상속인의 승낙이 있는 경우에 한하여 인도할 수 있다.

③ 소장은 가족 등 수용자가 사망한 사실을 알게 된 사람이, 사망한 사실을 알게 된 날로부터 법률이 정하는 소정의 기간 내에 그 시신을 인수하지 아니하거나 시신을 인수할 사람이 없으면 임시로 매장하거나 화장(火葬) 후 봉안하여야 한다. 다만, 감염병 예방 등을 위하여 필요하면 즉시 화장하여야 하며, 그 밖에 필요한 조치를 할 수 있다.

④ 소장은 수용자가 사망하면 법무부장관이 정하는 범위에서 화장·시신인도 등에 필요한 비용을 인수자에게 지급하여야 한다.

정답 ④

영역 사형확정자·사망자에 대한 처우

정답의 이유

④ 소장은 수용자가 사망하면 법무부장관이 정하는 범위에서 화장·시신인도 등에 필요한 비용을 인수자에게 지급할 수 있다(형의 집행 및 수용자의 처우에 관한 법률 제128조 제5항).

오답의 이유

① 형의 집행 및 수용자의 처우에 관한 법률 제127조
② 형의 집행 및 수용자의 처우에 관한 법률 제128조 제4항
③ 형의 집행 및 수용자의 처우에 관한 법률 제128조 제2항

25 「형의 집행 및 수용자의 처우에 관한 법률 시행규칙」상 수형자의 가석방 적격심사신청을 위하여 교정시설의 장이 사전에 조사하여야 할 사항으로 옳은 항목의 개수는? 14년 국가직 7급 변형

- 작업장려금 및 작업상태
- 석방 후의 생활계획
- 범죄 후의 정황
- 책임감 및 협동심
- 접견 및 전화통화 내역

---

① 2개
② 3개
③ 4개
④ 5개

정답 ④

영역 수형자에 대한 가석방(석방)

[정답의 이유]

④ 옳은 것은 5개로, 모두 사전에 조사하여야 할 사항에 해당된다.

- 작업장려금 및 작업상태(형의 집행 및 수용자의 처우에 관한 법률 시행규칙 제246조 제1호 사목)
- 석방 후의 생활계획(형의 집행 및 수용자의 처우에 관한 법률 시행규칙 제246조 제3호 바목)
- 범죄 후의 정황(형의 집행 및 수용자의 처우에 관한 법률 시행규칙 제246조 제2호 마목)
- 책임감 및 협동심(형의 집행 및 수용자의 처우에 관한 법률 시행규칙 제246조 제1호 다목)
- 접견 및 전화통화 내역(형의 집행 및 수용자의 처우에 관한 법률 시행규칙 제246조 제3호 다목)

교정학개론 3회

01 전환제도(Diversion)의 장점이 아닌 것은?

21년 국가직 7급

① 형사사법대상자 확대 및 형벌 이외의 비공식적 사회통제망 확대
② 구금의 비생산성에 대한 대안적 분쟁해결방식 제공
③ 법원의 업무경감으로 형사사법제도의 능률성 및 신축성 부여
④ 범죄적 낙인과 수용자 간의 접촉으로 인한 부정적 위험 회피

정답 ①

영역 교정학의 의미 및 발전적 동향

정답의 이유

① 형사사법 대상자 확대 및 형벌 이외의 비공식적 사회통제망 확대는 전환제도의 단점이다.

(( )) 더 알아보기

전환제도의 장단점

장점	• 범죄적 낙인과 접촉으로 인한 부정적 위험을 피함으로써 2차적 일탈 방지 • 구금의 비생산성에 대한 대안적 분쟁 해결 방식 제공 • 법원의 업무 경감으로 형사사법제도에 능률성 및 신축성 부여 • 공식적 환경을 비공식적 환경으로 대체 가능 • 공식적인 형사절차가 교도소 건축비, 시설 유지비 등의 막대한 비용이 필요한 데 비해 비용이 절감됨 • 개선 가능성이 큰 청소년 범죄자에게 더욱 효과적
단점	• 형사사법 대상자 확대 및 형벌 이외의 비공식적 사회통제망 확대 • 범죄자에 대한 가벼운 처벌로 형벌 제지 효과 감소 및 재범 가능성 증가

• 형사사법 기관의 전환 재량권 남용으로 인한 형사사법의 불평 등 유발의 가능성과 적법절차 위배로 인한 대상자의 인권침해 우려
• 범죄자 부조나 사회 보호 때문이 아니라 자원 부족 해결을 위한 것이기 때문에 강제적 참여를 요구하게 되었고, 이는 결국 범죄 원인 제거와는 무관하다는 비판

02 우리나라 교정역사에 대한 설명으로 옳지 않은 것은?

22년 국가직 7급

① 고려와 조선시대에는 일정한 조건 아래 형을 대신하여 속전을 받는 제도가 있었다.
② 조선시대 죄인의 수감을 담당하던 전옥서는 갑오개혁 이후 경무청 감옥서로 변경되었다.
③ 갑오개혁 시 근대적 행형제도의 도입으로 '간수교습규정'이 제정되어 교도관학교를 설치 · 운영할 근거가 마련되었다.
④ 광무시대에 제정된 감옥규칙의 징역수형자 누진처우를 규정한 징역표는 범죄인의 개과촉진을 목적으로 수용자를 4종으로 분류하였다.

정답 ③

영역 교정학 발전사

정답의 이유

③ 간수교습규정은 갑오개혁 시(1894년)가 아닌 일제 강점기인 1917년에 간수를 채용하고 교육하기 위하여 둔 규정이다.

03 「형의 집행 및 수용자의 처우에 관한 법률」상 ㉠~㉢에 들어갈 단어를 바르게 나열한 것은?

17년 국가직 5급 승진

> • 법무부장관은 교정시설의 운영, 교도관의 복무, 수용자의 처우 및 인권실태 등을 파악하기 위하여 매년 1회 이상 교정시설을 (㉠)하거나 소속 공무원으로 하여금 (㉠)하게 하여야 한다.
> • 판사와 검사는 직무상 필요하면 교정시설을 (㉡)할 수 있다.
> • 판사와 검사 외의 사람은 교정시설을 (㉢)하려면 학술연구 등 정당한 이유를 명시하여 교정시설의 장의 허가를 받아야 한다.

	㉠	㉡	㉢
①	순회점검	시찰	참관
②	순회감찰	감독순시	견학
③	순회점검	시찰	견학
④	순회감찰	감독순시	참관

정답 ①

영역 미결수용자 · 여성 수용자에 대한 처우 및 수요자 권리구제

정답의 이유

㉠ 순회점검(형의 집행 및 수용자의 처우에 관한 법률 제8조)
㉡ 시찰(형의 집행 및 수용자의 처우에 관한 법률 제9조 제1항)
㉢ 참관(형의 집행 및 수용자의 처우에 관한 법률 제9조 제2항)

04 형의 집행 및 수용자의 처우에 관한 법령상 각종 위원회의 구성에 대한 설명으로 옳지 않은 것은?

19년 국가직 7급

① 귀휴심사위원회의 위원장은 소장의 바로 다음 순위자가 되고, 위원은 소장이 소속 기관의 과장(지소의 경우에는 7급 이상의 교도관) 및 교정에 관한 학식과 경험이 풍부한 외부인사 중에서 임명 또는 위촉한다.

② 분류처우위원회의 위원장은 소장이 되고, 위원은 위원장이 소속 기관의 부소장 및 과장(지소의 경우에는 7급 이상의 교도관) 중에서 임명한다.

③ 징벌위원회의 위원장은 소장의 바로 다음 순위자가 되고, 위원은 소장이 소속 기관의 과장(지소의 경우에는 7급 이상의 교도관) 및 교정에 관한 학식과 경험이 풍부한 외부인사 중에서 임명 또는 위촉한다.

④ 가석방심사위원회의 위원장은 법무부차관이 되고, 위원은 판사, 검사, 변호사, 법무부 소속 공무원, 교정에 관한 학식과 경험이 풍부한 사람 중에서 법무부장관이 임명 또는 위촉한다.

정답 ①

영역 형집행 관련 법령상 위원회

정답의 이유

① 귀휴심사위원회의 위원장은 **소장**이 되며, 위원은 소장이 소속 기관의 부소장 · 과장(지소의 경우에는 7급 이상의 교도관) 및 교정에 관한 학식과 경험이 풍부한 외부 인사 중에서 임명 또는 위촉한다. 이 경우 외부 위원은 2명 이상으로 한다(형의 집행 및 수용자의 처우에 관한 법률 시행규칙 제131조 제3항).

오답의 이유

② 형의 집행 및 수용자의 처우에 관한 법률 제62조 제2항 하단
③ 형의 집행 및 수용자의 처우에 관한 법률 제111조 제2항
④ 형의 집행 및 수용자의 처우에 관한 법률 제120조 제2항

05 형의 집행 및 수용자의 처우에 관한 법령상 수용자의 처우에 대한 설명으로 옳지 않은 것은?

24년 국가직 7급

① 노인수용자 또는 장애인수용자의 거실은 시설부족 또는 그 밖의 부득이한 사정이 없는 한 건물 1층에 설치하여야 한다.
② 외국인수용자의 수용거실을 지정하는 경우, 종교 또는 생활관습이 다르거나 민족감정 등으로 인하여 분쟁의 소지가 있는 외국인수용자는 거실을 분리하여 수용하여야 한다.
③ 노인수형자 전담교정시설이 아닌 교정시설에서도 별도의 공동휴게실을 마련하고 노인이 선호하는 오락용품 등을 갖추어야 한다.
④ 소장은 19세 미만의 소년수용자에 대하여 6개월에 1회 이상 건강검진을 하여야 한다.

정답 ③

영역 수용자에 대한 처우 일반규정

[정답의 이유]
③ 노인수형자 전담교정시설에는 별도의 공동휴게실을 마련하고 노인이 선호하는 오락용품 등을 갖춰두어야 한다(형의 집행 및 수용자의 처우에 관한 법률 시행규칙 제43조 제2항).

[오답의 이유]
① 형의 집행 및 수용자의 처우에 관한 법률 시행규칙 제44조 제2항 및 제51조 제2항
② 형의 집행 및 수용자의 처우에 관한 법률 시행규칙 제57조 제1항
④ 형의 집행 및 수용자의 처우에 관한 법률 시행령 제51조 제1항

06 ㉠~㉢에 들어갈 숫자를 바르게 연결한 것은?

24년 국가직 7급

> 「형의 집행 및 수용자의 처우에 관한 법률 시행규칙」상 기본수용급은 여성수형자, 외국인수형자, 금고형수형자, (㉠)세 미만의 소년수형자, (㉡)세 미만의 청년수형자, (㉢)세 이상의 노인수형자, 형기가 (㉣)년 이상인 장기수형자, 정신질환 또는 장애가 있는 수형자, 신체질환 또는 장애가 있는 수형자로 구분한다.

	㉠	㉡	㉢	㉣
①	18	23	65	15
②	18	25	70	10
③	19	23	65	10
④	19	25	70	15

정답 ③

영역 수용자에 대한 처우 일반규정

[정답의 이유]
형의 집행 및 수용자의 처우에 관한 법률 시행규칙 제73조(기본수용급)

기본수용급은 다음과 같이 구분한다.
1. 여성수형자
2. 외국인수형자
3. 금고형수형자
4. 19세 미만의 소년수형자
5. 23세 미만의 청년수형자
6. 65세 이상의 노인수형자
7. 형기가 10년 이상인 장기수형자
8. 정신질환 또는 장애가 있는 수형자
9. 신체질환 또는 장애가 있는 수형자

07 「형의 집행 및 수용자의 처우에 관한 법률」상 수용에 대한 설명으로 옳지 않은 것은?　23년 국가직 9급

① 독거수용이 원칙이지만 수용자의 생명 또는 신체의 보호, 정서적 안정을 위하여 필요한 때에는 혼거수용할 수 있다.

② 구치소의 수용인원이 정원을 훨씬 초과하여 정상적인 운영이 곤란한 때에는 교도소에 미결수용자를 수용할 수 있다.

③ 수형자가 소년교도소에 수용 중에 19세가 된 경우에도 교육·교화프로그램, 작업, 직업훈련 등을 실시하기 위하여 특히 필요하다고 인정되면 23세가 되기 전까지는 계속하여 수용할 수 있다.

④ 소장은 특별한 사정이 있으면 「형의 집행 및 수용자의 처우에 관한 법률」 제11조의 구분수용 기준에 따라 다른 교정시설로 이송하여야 할 수형자를 9개월을 초과하지 아니하는 기간 동안 계속하여 수용할 수 있다.

정답 ④

영역 수용자에 대한 처우 일반규정

정답의 이유

④ 소장은 특별한 사정이 있으면 제11조의 구분수용 기준에 따라 다른 교정시설로 이송하여야 할 수형자를 6개월을 초과하지 아니하는 기간 동안 계속하여 수용할 수 있다(형의 집행 및 수용자의 처우에 관한 법률 제12조 제4항).

오답의 이유

① 형의 집행 및 수용자의 처우에 관한 법률 제14조 제2호

② 형의 집행 및 수용자의 처우에 관한 법률 제12조 제1항 제2호

③ 형의 집행 및 수용자의 처우에 관한 법률 제12조 제3항

구분수용의 예외(형의 집행 및 수용자의 처우에 관한 법률 제12조)

① 다음의 어느 하나에 해당하는 사유가 있으면 교도소에 미결수용자를 수용할 수 있다.

　1. 관할 법원 및 검찰청 소재지에 구치소가 없는 때

　2. 구치소의 수용인원이 정원을 훨씬 초과하여 정상적인 운영이 곤란한 때

　3. 범죄의 증거인멸을 방지하기 위하여 필요하거나 그 밖에 특별한 사정이 있는 때

② 취사 등의 작업을 위하여 필요하거나 그 밖에 특별한 사정이 있으면 구치소에 수형자를 수용할 수 있다.

③ 수형자가 소년교도소에 수용 중에 19세가 된 경우에도 교육·교화 프로그램, 작업, 직업훈련 등을 실시하기 위하여 특히 필요하다고 인정되면 23세가 되기 전까지는 계속하여 수용할 수 있다.

④ 소장은 특별한 사정이 있으면 제11조의 구분수용 기준에 따라 다른 교정시설로 이송하여야 할 수형자를 6개월을 초과하지 아니하는 기간 동안 계속하여 수용할 수 있다.

---

08 「형의 집행 및 수용자의 처우에 관한 법률 시행규칙」상 경비처우급에 따른 처우내용에 대한 설명으로 옳지 않은 것은?　16년 국가직 5급 승진

① 완화경비처우급은 개방지역작업 및 필요시 외부통근작업이 가능하다.

② 소장은 개방처우급·완화경비처우급·일반경비처우급 수형자에게 자치생활을 허가할 수 있다.

③ 중(重)경비처우급 수형자의 접견의 허용횟수는 월 4회이다.

④ 개방처우급수형자에게 지급하는 의류는 그 색상과 디자인을 다르게 할 수 있다.

정답 ②

영역 수용자에 대한 처우 일반규정

정답의 이유

② 소장은 개방처우급·완화경비처우급 수형자에게 자치생활을 허가할 수 있다(형의 집행 및 수용자의 처우에 관한 법률 시행규칙 제86조 제1항).

오답의 이유

① 완화경비처우급은 개방지역작업 및 필요시 외부통근작업이 가능하다(형의 집행 및 수용자의 처우에 관한 법률 시행규칙 제74조 제2항 제2호).

③ 중(重)경비처우급 수형자의 접견의 허용횟수는 월 4회이다(형의 집행 및 수용자의 처우에 관한 법률 시행규칙 제87조 제1항 제4호).

④ 개방처우급수형자에게 의류를 지급하는 경우에는 색상, 디자인 등을 다르게 할 수 있다(형의 집행 및 수용자의 처우에 관한 법률 시행규칙 제84조 제2항).

09 형의 집행 및 수용자의 처우에 관한 법령상 수용자의 금품관리에 대한 설명으로 옳지 않은 것은?

17년 국가직 9급

① 소장은 수용자의 휴대금품을 교정시설에 보관한다. 다만, 휴대품이 썩거나 없어질 우려가 있는 것이면 수용자로 하여금 자신이 지정하는 사람에게 보내게 하거나 그 밖에 적당한 방법으로 처분하게 할 수 있다.
② 소장은 신입자의 휴대품을 팔 경우에는 그 비용을 제외한 나머지 대금을 보관할 수 있다.
③ 소장은 수용자의 보관품이 인장인 경우에는 잠금장치가 되어 있는 견고한 용기에 넣어 보관해야 한다.
④ 소장은 수용자 이외의 사람의 신청에 따라 수용자에게 건네줄 것을 허가한 물품은 교도관으로 하여금 검사하게 할 필요가 없으나, 그 물품이 의약품인 경우에는 의무관으로 하여금 검사하게 해야 한다.

정답 ④

영역 금품관리

[정답의 이유]

④ 소장은 수용자 이외의 사람의 신청에 따라 수용자에게 건네줄 것을 허가한 물품은 검사할 필요가 없다고 인정되는 경우가 아니면 교도관으로 하여금 검사하게 해야 한다. 이 경우 그 물품이 의약품인 경우에는 의무관으로 하여금 검사하게 해야 한다(형의 집행 및 수용자의 처우에 관한 법률 시행령 제43조).

[오답의 이유]

① 형의 집행 및 수용자의 처우에 관한 법률 제25조 제1항 제1호
② 형의 집행 및 수용자의 처우에 관한 법률 시행령 제34조 제3항
③ 형의 집행 및 수용자의 처우에 관한 법률 시행령 제36조

10 형의 집행 및 수용자의 처우에 관한 법령상 감염성 질병에 관한 조치에 대한 내용으로 옳지 않은 것은?

20년 국가직 7급

① 소장은 수용자가 감염병에 걸렸다고 의심되는 경우에는 2주 이상 격리수용하고 그 수용자의 휴대품을 소독하여야 한다.
② 소장은 감염병이 유행하는 경우에는 수용자가 자비로 구매하는 음식물의 공급을 중지할 수 있다.
③ 소장은 수용자가 감염병에 걸린 경우 지체 없이 법무부장관에게 보고하고 관할 보건기관의 장에게 알려야 한다.
④ 소장은 감염병의 유행으로 자비구매물품의 사용이 중지된 경우에는 구매신청을 제한할 수 있다.

정답 ①

영역 의료

[정답의 이유]

① 소장은 수용자가 감염병에 걸렸다고 의심되는 경우에는 1주 이상 격리수용하고 그 수용자의 휴대품을 소독하여야 한다(형의 집행 및 수용자의 처우에 관한 법률 시행령 제53조 제1항).

[오답의 이유]

② 형의 집행 및 수용자의 처우에 관한 법률 시행령 제53조 제2항
③ 형의 집행 및 수용자의 처우에 관한 법률 시행령 제53조 제4항
④ 소장은 감염병(감염병의 예방 및 관리에 관한 법률에 따른 감염병을 말한다)의 유행 또는 수용자의 징벌집행 등으로 자비구매물품의 사용이 중지된 경우에는 구매신청을 제한할 수 있다(형의 집행 및 수용자의 처우에 관한 법률 시행규칙 제17조 제2항).

11 형의 집행 및 수용자의 처우에 관한 법령상 수용자의 편지수수 등에 대한 설명으로 옳지 않은 것은? 24년 국가직 9급

① 수용자는 시설의 안전 또는 질서를 해칠 우려가 있는 때에는 다른 사람과 편지를 주고받을 수 없다.

② 수용자가 보내거나 받는 편지는 법령에 어긋나지 않으면 횟수를 제한하지 않는다.

③ 소장은 규율위반으로 징벌집행 중인 수용자가 다른 수용자와 편지를 주고받는 때에는 그 내용을 검열하여야 한다.

④ 소장은 법원·경찰관서, 그 밖의 관계기관에서 수용자에게 보내온 문서는 다른 법령에 특별한 규정이 없으면 열람한 후 본인에게 전달하여야 한다.

정답 ③

영역 시설 내 처우

[정답의 이유]

③ 소장은 규율위반으로 조사 중이거나 징벌집행 중인 때 수용자가 다른 수용자와 편지를 주고받는 때에는 그 내용을 검열할 수 있다(형의 집행 및 수용자의 처우에 관한 법률 시행령 제66조 제1항 제3호).

[오답의 이유]

① 형의 집행 및 수용자의 처우에 관한 법률 제43조 제1항 제3호
② 형의 집행 및 수용자의 처우에 관한 법률 시행령 제64조
④ 형의 집행 및 수용자의 처우에 관한 법률 시행령 제67조

📡 더 알아보기

편지 내용의 검열(형의 집행 및 수용자의 처우에 관한 법률 시행령 제66조)

① 소장은 법 제43조 제4항 제4호에 따라 다음의 어느 하나에 해당하는 수용자가 다른 수용자와 편지를 주고받는 때에는 그 내용을 검열할 수 있다.

1. 법 제104조 제1항에 따른 마약류사범·조직폭력사범 등 법무부령으로 정하는 수용자인 때
2. 편지를 주고받으려는 수용자와 같은 교정시설에 수용 중인 때
3. 규율위반으로 조사 중이거나 징벌집행 중인 때
4. 범죄의 증거를 인멸할 우려가 있는 때

---

12 수용자의 처우 및 권리에 대한 헌법재판소의 판례 중 옳지 않은 것만을 모두 고른 것은? 17년 국가직 5급 승진

ⓐ 교정시설의 1인당 수용면적이 수형자의 인간으로서의 기본욕구에 따른 생활조차 어렵게 할만큼 지나치게 협소하다면, 이는 그 자체로 국가형벌권 행사의 한계를 넘어 수형자의 인간의 존엄과 가치를 침해하는 것이다.

ⓑ 교도소 수용자의 동절기 취침시간을 21:00로 정한 행위는 수용자의 일반적 행동자유권을 침해하지 않는다.

ⓒ 금치기간 중 수용자의 실외운동을 원칙적으로 금지하는 것은 수용자 신체의 자유를 침해하지 않는다.

ⓓ 구치소장이 변호인 접견실에 CCTV를 설치하여 미결 수용자와 변호인 간의 접견을 관찰한 행위는 법률유보원칙에 위배된다.

ⓔ 징벌 혐의의 조사를 받고 있는 수용자가 변호인 아닌 자와 접견할 당시 교도관이 참여하여 대화 내용을 기록하게 한 행위는 수용자의 사생활의 비밀과 자유를 침해하지 않는다.

---

① ⓐ, ⓑ   ② ⓑ, ⓔ

③ ⓒ, ⓓ   ④ ⓐ, ⓒ, ⓓ

정답 ③

영역 수용자의 처우 및 권리

[정답의 이유]

ⓒ 형집행법 제112조 제3항 본문 중 제108조 제13호에 관한 부분은 금치의 징벌을 받은 사람에 대해 금치기간 동안 실외운동을 원칙적으로 정지하는 불이익을 가함으로써, 규율의 준수를 강제하여 수용시설 내의 안전과 질서를 유지하기 위한 것으로서 목적의 정당성 및 수단의 적합성이 인정된다. … 위 조항은 금치처분을 받은 사람에 대하여 실외운동을 원칙적으로 금지하고, 다만 소장의 재량에 의하여 이를 예외적으로 허용하고 있다. 그러나 소란, 난동을 피우거나 다른 사람을 해할 위험이 있어 실외운동을 허용할 경우 금치처분의 목적 달성이 어려운 예외적인 경우에 한하여 실외운동을 제한하는 덜 침해적인 수단이 있음에도 불구하고, 위 조항은 금치처분을 받은 사람에게 원칙적으로 실외운동을 금지한다. 나아가 위 조항은 예외적으로 실외운동을 허용하는 경우에도, 실외운동의 기회가 부여되어야 하는 최저기준을 법령에서 명시하

고 있지 않으므로, 침해의 최소성 원칙에 위배된다. 위 조항은 수용자의 정신적·신체적 건강에 필요 이상의 불이익을 가하고 있고, 이는 공익에 비하여 큰 것이므로 위 조항은 법익의 균형성 요건도 갖추지 못하였다. 따라서 위 조항은 **청구인의 신체의 자유를 침해한다**(헌재결 2016.5.26., 2014헌마45).

㉣ '형의 집행 및 수용자의 처우에 관한 법률' 제94조는 자살·자해·도주·폭행·손괴, 그 밖에 수용자의 생명·신체를 해하거나 시설의 안전 또는 질서를 해하는 행위를 방지하기 위하여 필요한 범위에서 교도관이 전자장비를 이용하여 수용자 또는 시설을 계호할 수 있도록 하고(제1항), 전자장비의 종류·설치장소·사용방법 및 녹화기록물의 관리 등에 관하여 필요한 사항은 법무부령으로 정하도록 하고 있다(제4항). 이에 따라 형집행법 시행규칙 제160조 제1호 및 제162조 제1항은 영상정보처리기기인 CCTV를 변호인접견실에 설치할 수 있도록 하였다. 이와 같이 이 사건 CCTV 관찰행위는 형집행법 제94조 제1항과 제4항에 근거를 두고 이루어진 것이므로 **법률유보원칙에 위배되지 않는다**(헌재결 2016.4.28., 2015헌마243).

오답의 이유

㉠ 헌재결 2016.12.29., 2013헌마142

㉡ 이 사건 취침시간은 '형의 집행 및 수용자의 처우에 관한 법률' 제105조 제2항의 위임에 따라 피청구인이 ○○교도소의 원활한 운영과 수용자의 안전 및 질서유지를 위하여 정한 것이다. 교도소는 수용자가 공동생활을 영위하는 장소이므로 질서유지를 위하여 취침시간의 일괄처우가 불가피한 바, 피청구인은 취침시간을 21:00로 정하되 기상시간을 06:20으로 정함으로써 동절기 일조시간의 특성을 수면시간에 반영하였고, 이에 따른 수면시간은 9시간 20분으로 성인의 적정 수면시간 이상을 보장하고 있다. 나아가 21:00 취침은 전국 교도소의 보편적 기준에도 부합하고, 특별한 사정이 있거나 수용자가 부상·질병으로 적절한 치료를 받아야 할 경우에는 관련 규정에 따라 21:00 취침의 예외가 인정될 수 있으므로, 이 사건 취침시간은 청구인의 일반적 행동자유권을 침해하지 아니한다(헌재결 2016.6.30., 2015헌마36).

㉢ 접견내용을 녹음·녹화하는 경우 수용자 및 그 상대방에게 그 사실을 말이나 서면 등으로 알려주어야 하고 취득된 접견기록물은 법령에 의해 보호·관리되고 있으므로 사생활의 비밀과 자유에 대한 침해를 최소화하는 수단이 마련되어 있다는 점, 청구인이 나눈 접견내용에 대한 사생활의 비밀로서의 보호가치에 비해 증거인멸의 위험을 방지하고 교정시설 내의 안전과 질서유지에 기여하려는 공익이 크고 중요하다는 점에 비추어 볼 때, 이 사건 접견참여·기록이 청구인의 사생활의 비밀과 자유를 침해하였다고 볼 수 없다(헌재 2014.9.25., 2012헌마523 전원).

---

13 「형의 집행 및 수용자의 처우에 관한 법률」상 안전과 질서에 대한 설명으로 옳은 것만을 모두 고르면? 19년 국가직 9급

㉠ 소장은 수용자가 자살 또는 자해의 우려가 있는 때에는 의무관의 의견을 고려하여 진정실에 수용할 수 있다.

㉡ 교도관은 자살·자해·도주·폭행·손괴, 그 밖에 수용자의 생명·신체를 해하거나 시설의 안전 또는 질서를 해하는 행위(이하 "자살 등"이라 한다)를 방지하기 위하여 필요한 범위에서 전자장비를 이용하여 수용자 또는 시설을 계호할 수 있다. 다만, 전자영상장비로 거실에 있는 수용자를 계호하는 것은 자살 등의 우려가 큰 때에만 할 수 있다.

㉢ 교도관은 수용자가 위력으로 교도관의 정당한 직무집행을 방해하는 때에는 수갑·포승을 사용할 수 있다.

㉣ 교도관은 수용자가 다른 사람에게 위해를 끼치거나 끼치려고 하는 때에는 무기를 사용할 수 있다.

① ㉠, ㉢   ② ㉠, ㉣
③ ㉡, ㉢   ④ ㉡, ㉣

정답 ③

영역 안전과 질서 일반

정답의 이유

㉡ 형의 집행과 수용자의 처우에 관한 법률 제94조 제1항

㉢ 형의 집행과 수용자의 처우에 관한 법률 제97조 제1항 제3호·제98조 제2항 제1호

오답의 이유

㉠ 소장은 수용자가 자살 또는 자해의 우려가 있는 때에는 의무관의 의견을 고려하여 보호실(자살 및 자해 방지 등의 설비를 갖춘 거실)에 수용할 수 있다(형의 집행과 수용자의 처우에 관한 법률 제95조 제1항 제1호).

㉣ 교도관은 수용자가 다른 사람에게 위해를 끼치거나 끼치려고 하는 때에는 **강제력을 행사할 수 있고**(형의 집행과 수용자의 처우에 관한 법률 제100조 제1항 제4호), 수용자가 다른 사람에게 중대한 위해를 끼치거나 끼치려고 하여 그 사태가 위급한 때에는 무기를 사용할 수 있다(형의 집행과 수용자의 처우에 관한 법률 제101조 제1항 제1호).

14 「형의 집행 및 수용자의 처우에 관한 법률」상 교도관이 수용자에 대하여 무기를 사용할 수 있는 경우는? 　　　　　　　　　　　22년 국가직 9급

① 수용자가 위력으로 교도관의 정당한 직무집행을 방해하는 때
② 수용자가 자살하려고 하는 때
③ 수용자가 교정시설의 설비 · 기구 등을 손괴하거나 손괴하려고 하는 때
④ 도주하는 수용자에게 교도관이 정지할 것을 명령하였음에도 계속하여 도주하는 때

정답 ④

영역 무기 사용

정답의 이유

④ 형의 집행 및 수용자의 처우에 관한 법률 제101조 제1항 제4호

오답의 이유

① 수용자가 위력으로 교도관의 정당한 직무집행을 방해하는 때 – **보호장비, 보안장비 사용 가능**(형의 집행 및 수용자의 처우에 관한 법률 제97조 제1항 제3호, 제100조 제1항 제5호 · 제3항)

② 수용자가 자살하려고 하는 때 – **보안장비** 사용 가능(형의 집행 및 수용자의 처우에 관한 법률 제100조 제1항 제2호 · 제3항)

③ 수용자가 교정시설의 설비 · 기구 등을 손괴하거나 손괴하려고 하는 때 – **보안장비** 사용 가능(형의 집행 및 수용자의 처우에 관한 법률 제100조 제1항 제6호 · 제3항)

15 형의 집행 및 수용자의 처우에 관한 법령상 징벌집행에 대한 설명으로 옳지 않은 것은? 　　　　　　　　　24년 국가직 9급

① 소장은 30일 이내의 금치(禁置)처분을 받은 수용자에게 실외운동을 제한하는 경우라도 매주 1회 이상 실외운동을 할 수 있도록 하여야 한다.
② 수용자의 징벌대상행위에 대한 조사기간(조사를 시작한 날부터 징벌위원회의 의결이 있는 날까지를 말한다)은 10일 이내로 한다. 다만, 특히 필요하다고 인정하는 경우에는 1회에 한하여 7일을 초과하지 아니하는 범위에서 그 기간을 연장할 수 있다.
③ 소장은 징벌대상자의 질병이나 그 밖의 특별한 사정으로 인하여 조사를 계속하기 어려운 경우에는 조사를 일시 정지할 수 있다. 이 경우 조사가 정지된 다음 날부터 정지사유가 소멸한 날까지의 기간은 조사기간에 포함되지 아니한다.
④ 소장은 수용자가 교정사고 방지에 뚜렷한 공로가 있다고 인정되면 분류처우위원회의 의결을 거친 후 법무부장관의 승인을 받아 징벌을 실효시킬 수 있다.

정답 ③

영역 징벌 · 상벌(포상) · 형벌 등

정답의 이유

③ 소장은 징벌대상자의 질병이나 그 밖의 특별한 사정으로 인하여 조사를 계속하기 어려운 경우에는 조사를 일시 정지할 수 있다. 정지된 조사기간은 그 사유가 해소된 때부터 다시 진행한다. 이 경우 조사가 정지된 다음 날부터 정지사유가 소멸한 **전날까지의 기간은 조사기간에 포함되지 아니한다**(형의 집행 및 수용자의 처우에 관한 법률 시행규칙 제221조).

오답의 이유

① 형의 집행 및 수용자의 처우에 관한 법률 제112조 제5항
② 형의 집행 및 수용자의 처우에 관한 법률 시행규칙 제220조 제1항
④ 형의 집행 및 수용자의 처우에 관한 법률 제115조 제2항

16 형의 집행 및 수용자의 처우에 관한 법령상 금치처분에 대한 설명으로 옳지 않은 것은?

18년 국가직 7급

① 금치처분을 받은 자에게는 그 기간 중 전화통화 제한이 함께 부과된다.
② 소장은 금치처분을 받은 자에게 자해의 우려가 있고 필요성을 인정하는 경우 실외운동을 전면 금지할 수 있다.
③ 소장은 금치를 집행하는 경우 의무관으로 하여금 사전에 수용자의 건강을 확인하도록 하여야 한다.
④ 소장은 금치를 집행하는 경우 징벌집행을 위하여 별도로 지정한 거실에 해당 수용자를 수용하여야 한다.

정답 ②

영역 징벌 · 상벌(포상) · 형벌

[정답의 이유]
② 소장은 30일 이내의 금치처분을 받은 자에게 자해의 우려가 있어 필요하다고 인정하는 경우에는 건강유지에 지장을 초래하지 아니하는 범위에서 실외운동을 제한할 수 있다. 다만, 매주 1회 이상은 실외운동을 할 수 있도록 하여야 한다(형의 집행 및 수용자의 처우에 관한 법률 제112조 제4항 제2호 · 제5항).

[오답의 이유]
① 형집행법 제108조 제14호(30일 이내의 금치)의 처분을 받은 사람에게는 그 기간 중 같은 조 제4호부터 제12호까지의 처우제한이 함께 부과된다. 다만, 소장은 수용자의 권리구제, 수형자의 교화 또는 건전한 사회복귀를 위하여 특히 필요하다고 인정하면 집필 · 편지수수 또는 접견을 허가할 수 있다(형의 집행 및 수용자의 처우에 관한 법률 제112조 제3항).
③ 소장은 제108조 제13호(30일 이내의 실외운동 정지) 또는 제14호(30일 이내의 금치)의 처분을 집행하는 경우에는 의무관으로 하여금 사전에 수용자의 건강을 확인하도록 하여야 하며, 집행 중인 경우에도 수시로 건강상태를 확인하여야 한다(형의 집행 및 수용자의 처우에 관한 법률 제112조 제6항).
④ 형의 집행 및 수용자의 처우에 관한 법률 시행규칙 제231조 제2항

17 「형의 집행 및 수용자의 처우에 관한 법률」상 수형자의 분류심사에 대한 설명으로 옳지 않은 것은?

15년 국가직 9급

① 수형자의 분류심사는 형이 확정된 경우에 개별처우계획을 수립하기 위하여 하는 심사와 일정한 형기가 지나거나 상벌 또는 그 밖의 사유가 발생한 경우에 개별처우계획을 조정하기 위하여 하는 심사로 구분한다.
② 분류처우위원회는 위원장을 포함한 5인 이상 7인 이하의 위원으로 구성하고, 위원장은 소장이 된다.
③ 법무부장관은 수형자를 과학적으로 분류하기 위하여 분류심사를 전담하는 교정시설을 지정 · 운영할 수 있다.
④ 법무부장관은 수형자에 대한 개별처우계획을 합리적으로 수립하고 조정하기 위하여 수형자의 인성, 행동특성 및 자질 등을 과학적으로 조사 · 측정 · 평가하여야 한다.

정답 ④

영역 분류심사 일반이론 및 규정

[정답의 이유]
④ 소장은 수형자에 대한 개별처우계획을 합리적으로 수립하고 조정하기 위하여 수형자의 인성, 행동특성 및 자질 등을 과학적으로 조사 · 측정 · 평가하여야 한다. 다만, 집행할 형기가 짧거나 그 밖의 특별한 사정이 있는 경우에는 예외로 할 수 있다(형의 집행 및 수용자의 처우에 관한 법률 제59조 제1항).

[오답의 이유]
① 형의 집행 및 수용자의 처우에 관한 법률 제59조 제2항
② 형의 집행 및 수용자의 처우에 관한 법률 제62조 제2항 전단
③ 형의 집행 및 수용자의 처우에 관한 법률 제61조

18 「형의 집행 및 수용자의 처우에 관한 법률 시행 규칙」의 부정기재심사를 실시하는 경우에 해당하지 않는 것은? 　　　　　13년 국가직 9급

① 수형자가 집행유예의 실효 또는 추가사건으로 벌금 이상의 형이 확정된 때
② 수형자가 교정사고의 예방에 뚜렷한 공로가 있는 때
③ 수형자가 전국기능경기대회 입상, 기사 이상의 자격취득, 학사이상의 학위를 취득한 때
④ 수형자를 징벌하기로 의결한 때

정답 ①
영역 정기 및 부정기재검사

[정답의 이유]
① 수형자가 집행유예의 실효 또는 추가사건으로 금고 이상의 형이 확정된 때이다(형의 집행 및 수용자의 처우에 관한 법률 시행규칙 제67조 제4호).

[오답의 이유]
② 형의 집행 및 수용자의 처우에 관한 법률 시행규칙 제67조 제2호
③ 형의 집행 및 수용자의 처우에 관한 법률 시행규칙 제67조 제5호
④ 형의 집행 및 수용자의 처우에 관한 법률 시행규칙 제67조 제3호

19 「형의 집행 및 수용자의 처우에 관한 법률 시행 규칙」상 수형자의 외부통근작업에 대한 설명으로 옳은 것은? 　　　　　19년 국가직 7급

① 외부통근자는 개방처우급 · 완화경비처우급에 해당하고, 연령은 18세 이상 60세 미만이어야 한다.
② 소장은 외부통근자가 법령에 위반되는 행위를 하거나 법무부장관 또는 소장이 정하는 준수사항을 위반한 경우에는 외부통근자 선정을 취소하여야 한다.
③ 소장은 외부통근자로 선정된 수형자에 대하여는 자치활동 · 행동수칙 · 안전수칙 · 작업기술 및 현장적응훈련에 대한 교육을 하여야 한다.
④ 소장은 외부통근자의 사회적응능력을 기르고 원활한 사회복귀를 촉진하기 위하여 필요하다고 인정하는 경우에는 수형자 자치에 의한 활동을 허가하여야 한다.

정답 ③
영역 외부통근작업

[정답의 이유]
③ 형의 집행 및 수용자의 처우에 관한 법률 시행규칙 제122조

[오답의 이유]
① 외부통근자는 개방처우급 · 완화경비처우급에 해당하고, 연령은 18세 이상 65세 미만이어야 한다(형의 집행 및 수용자의 처우에 관한 법률 시행규칙 제120조 제1항).
② 소장은 외부통근자가 법령에 위반되는 행위를 하거나 법무부장관 또는 소장이 정하는 지켜야 할 사항을 위반한 경우에는 외부통근자 선정을 취소할 수 있다(형의 집행 및 수용자의 처우에 관한 법률 시행규칙 제121조).
④ 소장은 외부통근자의 사회적응능력을 기르고 원활한 사회복귀를 촉진하기 위하여 필요하다고 인정하는 경우에는 수형자 자치에 의한 활동을 허가할 수 있다(형의 집행 및 수용자의 처우에 관한 법률 시행규칙 제123조).

20 형의 집행 및 수용자의 처우에 관한 법령상 교도작업에 대한 설명으로 옳지 않은 것은?

19년 국가직 7급

① 소장은 수형자에게 공휴일·토요일과 그 밖의 휴일에는 작업을 부과하지 아니한다. 여기서 "그 밖의 휴일"이란 「각종 기념일 등에 관한 규정」에 따른 교정의 날 및 소장이 특히 지정하는 날을 말한다.

② 작업장려금은 석방할 때에 본인에게 지급한다. 다만, 본인의 가족생활 부조, 교화 또는 건전한 사회복귀를 위하여 특히 필요하면 석방 전이라도 그 전부를 지급할 수 있다.

③ 소장은 금고형 또는 구류형의 집행 중에 있는 사람에 대하여는 신청에 따라 작업을 부과할 수 있다.

④ 소장은 수형자의 부모 또는 배우자의 직계존속의 제삿날에는 1일간 해당 수형자의 작업을 면제한다.

정답 ④

영역 교도작업

정답의 이유

④ 소장은 수형자의 가족 또는 배우자의 직계존속이 사망하면 2일간, **부모 또는 배우자의 제삿날**에는 1일간 해당 수형자의 작업을 면제한다. 다만, 수형자가 작업을 계속하기를 원하는 경우는 예외로 한다(형의 집행 및 수용자의 처우에 관한 법률 제72조 제1항).

오답의 이유

① 형의 집행 및 수용자의 처우에 관한 법률 제71조 제5항, 동법 시행령 제96조

② 형의 집행 및 수용자의 처우에 관한 법률 제73조 제3항

③ 형의 집행 및 수용자의 처우에 관한 법률 제67조

---

21 형의 집행 및 수용자의 처우에 관한 법령상 수형자의 교육에 대한 설명으로 옳은 것은?

24년 국가직 7급

① 소장은 교육의 효과를 거두지 못하였다고 인정하는 교육대상자에 대하여 다시 교육을 할 수 있다.

② 소장은 교육대상자가 징벌을 받고 교육 부적격자로 판단되는 때에는 교육대상자 선발을 취소하여야 한다.

③ 교육기본법상 의무교육 대상인 수형자에 한하여 작업·직업훈련 등을 면제한다.

④ 소장은 집행할 형기가 1년인 수형자가 학사고시반 교육을 신청하는 경우에도 교육대상자로 선발할 수 있다.

정답 ①

영역 교정교육

정답의 이유

① 형의 집행 및 수용자의 처우에 관한 법률 시행규칙 제101조 제4항

오답의 이유

② 소장은 교육대상자가 징벌을 받고 교육 부적격자로 판단되는 때에는 **교육대상자 선발을 취소할 수 있다**(형의 집행 및 수용자의 처우에 관한 법률 시행규칙 제105조 제1항 제3호).

③ **교육대상자에게는** 작업·직업훈련 등을 면제한다(형의 집행 및 수용자의 처우에 관한 법률 시행규칙 제107조 제1항).

④ 소장은 **집행할 형기가 2년 이상인** 수형자가 학사고시반 교육을 신청하는 경우에는 교육대상자로 선발할 수 있다(형의 집행 및 수용자의 처우에 관한 법률 시행규칙 제110조 제2항 제3호).

22 「형의 집행 및 수용자의 처우에 관한 법률 시행규칙」상 엄중관리대상자에 대한 설명으로 옳은 것은?

22년 국가직 9급

① 소장은 교정시설에 마약류를 반입하는 것을 방지하기 위하여 필요하면 강제로 수용자의 소변을 채취하여 마약반응검사를 할 수 있다.

② 소장은 엄중관리대상자 중 지속적인 상담이 필요하다고 인정되는 사람에 대하여는 상담책임자를 지정하는데, 상담대상자는 상담책임자 1명당 20명 이내로 하여야 한다.

③ 소장은 관심대상수용자로 지정할 필요가 있다고 인정되는 미결수용자에 대하여는 교도관회의의 심의를 거쳐 관심대상수용자로 지정할 수 있다.

④ 소장은 조직폭력수용자에게 거실 및 작업장 등의 수용자를 대표하는 직책을 부여할 수 있다.

정답 ③

영역 수용자에 대한 특별 교도행정과 처우

[정답의 이유]

③ 소장은 제210조 각 호의 어느 하나에 해당하는 수용자에 대하여는 분류처우위원회의 의결을 거쳐 관심대상수용자로 지정한다. 다만, 미결수용자 등 분류처우위원회의 의결 대상자가 아닌 경우에도 관심대상수용자로 지정할 필요가 있다고 인정되는 수용자에 대하여는 교도관회의의 심의를 거쳐 관심대상수용자로 지정할 수 있다(형의 집행 및 수용자의 처우에 관한 법률 시행규칙 제211조 제1항).

[오답의 이유]

① 소장은 교정시설에 마약류를 반입하는 것을 방지하기 위하여 **필요하면 강제에 의하지 아니하는 범위에서** 수용자의 소변을 채취하여 마약반응검사를 할 수 있다(형의 집행 및 수용자의 처우에 관한 법률 시행규칙 제206조 제2항).

② 소장은 엄중관리대상자 중 지속적인 상담이 필요하다고 인정되는 사람에 대하여는 상담책임자를 지정하는데, **상담대상자는 상담책임자 1명당 10명 이내**로 하여야 한다(형의 집행 및 수용자의 처우에 관한 법률 시행규칙 제196조 제1항 · 제2항 후단).

④ 소장은 조직폭력수용자에게 거실 및 작업장 등의 봉사원, 반장, 조장, 분임장, 그 밖에 **수용자를 대표하는 직책을 부여해서는 아니 된다**(형의 집행 및 수용자의 처우에 관한 법률 시행규칙 제200조).

---

23 형의 집행 및 수용자의 처우에 관한 법령상 수용자의 석방에 대한 설명으로 옳지 않은 것은?

18년 국가직 7급

① 권한이 있는 자의 명령에 따른 석방은 서류 도달 후 5시간 이내에 행하여야 한다.

② 소장은 형기 종료로 석방될 수형자에 대하여는 석방 10일 전까지 석방 후의 보호에 관한 사항을 조사하여야 한다.

③ 소장은 피석방자가 질병이나 그 밖에 피할 수 없는 사정으로 귀가하기 곤란한 경우에 본인의 신청이 있으면 일시적으로 교정시설에 수용할 수 있다.

④ 소장은 수형자의 보호를 위하여 필요하다고 인정하면 석방 전 5일 이내의 범위에서 석방예정자를 별도의 거실에 수용하여 장래에 관한 상담과 지도를 할 수 있다.

정답 ④

영역 수형자에 대한 가석방(석방)

[정답의 이유]

④ 소장은 수형자의 건전한 사회복귀를 위하여 필요하다고 인정하면 석방 전 **3일 이내**의 범위에서 석방예정자를 별도의 거실에 수용하여 장래에 관한 상담과 지도를 할 수 있다(형의 집행 및 수용자의 처우에 관한 법률 시행령 제141조).

[오답의 이유]

① 형의 집행 및 수용자의 처우에 관한 법률 제124조 제3항

② 형의 집행 및 수용자의 처우에 관한 법률 시행령 제142조

③ 형의 집행 및 수용자의 처우에 관한 법률 제125조

24 작업장려금에 대한 설명으로 옳은 것은?

11년 국가직 9급

① 작업장려금은 본인이 신청하면 석방 전이라도 그 전부 또는 일부를 지급하여야 한다.
② 수형자에 대한 작업장려금은 대통령령으로 정한다.
③ 작업장려금은 귀휴비용으로 사용할 수 없다.
④ 작업장려금은 징벌로서 삭감할 수 있다.

정답 ④

영역 작업장려금, 작업수입, 위로금

[정답의 이유]

④ 징벌의 종류로 3개월 이내의 작업장려금 삭감을 할 수 있다(형의 집행 및 수용자의 처우에 관한 법률 제108조 제3호).

[오답의 이유]

① 작업장려금은 석방할 때에 본인에게 지급한다. 다만, 본인의 가족생활 부조, 교화 또는 건전한 사회복귀를 위하여 특히 필요하면 석방 전이라도 그 전부 또는 일부를 **지급할 수 있다**(형의 집행 및 수용자의 처우에 관한 법률 제73조 제3항).
② 소장은 수형자의 근로의욕을 고취하고 건전한 사회복귀를 지원하기 위하여 **법무부장관**이 정하는 바에 따라 작업의 종류, 작업성적, 교정성적, 그 밖의 사정을 고려하여 수형자에게 작업장려금을 지급할 수 있다(형의 집행 및 수용자의 처우에 관한 법률 제73조 제2항).
③ 소장은 귀휴자가 신청할 경우 작업장려금의 전부 또는 일부를 귀휴비용으로 사용하게 할 수 **있다**(형의 집행 및 수용자의 처우에 관한 법률 시행규칙 제142조 제2항).

25 「형의 집행 및 수용자의 처우에 관한 법률 시행규칙」상 직업훈련에 대한 설명으로 옳지 않은 것은?

18년 국가직 9급

① 직업훈련의 직종 선정 및 훈련과정별 인원은 지방교정청장의 승인을 받아 교정시설의 장이 정한다.
② 교정시설의 장은 소년수형자의 선도를 위하여 필요한 경우에는 직업훈련에 필요한 기본소양을 갖추었다고 인정할 수 없더라도 직업훈련 대상자로 선정하여 교육할 수 있다.
③ 교정시설의 장은 15세 미만의 수형자를 직업훈련 대상자로 선정해서는 아니 된다.
④ 교정시설의 장은 직업훈련 대상자가 징벌대상행위의 혐의가 있어 조사를 받게 된 경우 직업훈련을 보류할 수 있다.

정답 ①

영역 직업훈련

[정답의 이유]

① 직업훈련직종 선정 및 훈련과정별 인원은 **법무부장관**의 승인을 받아 소장이 정한다(형의 집행 및 수용자의 처우에 관한 법률 시행규칙 제124조 제1항).

[오답의 이유]

② 형의 집행 및 수용자의 처우에 관한 법률 시행규칙 제125조 제2항
③ 형의 집행 및 수용자의 처우에 관한 법률 시행규칙 제126조 제1호
④ 형의 집행 및 수용자의 처우에 관한 법률 시행규칙 제128조 제1항 제1호

교정학개론 4회

01
교정의 이념으로서 재통합(Reintegration)을 채택할 때 가장 가능성이 높을 것으로 예상되는 교도행정의 변화는?

20년 국가직 5급 승진

① 중간처우소 신설
② 교도소에서의 엄격한 질서유지 강조
③ 보호감호제도 신설
④ 가석방 및 부정기형 폐지

정답 ①

영역 교정학의 의미 및 발전적 동향

정답의 이유

① 중간처우소(Halfway House)는 수형자가 교도소에서 사회로 나가는 과정에서 단계적으로 사회에 적응할 수 있도록 돕는 다리 역할로 재통합 이념의 핵심적인 실천 방안 중 하나이다.

📶 **더 알아보기**

교회 개선(Rehabilitation)의 유형

재통합모형 (Reintegration Model, 재사회화모델)	범죄인의 개별적 특성뿐만 아니라 사회 환경을 동시에 중시하는 모델로서, 개방교도소, 중간처우소, 외부통근제 등이 이 모델에서 출현한 프로그램으로, 중간처우소는 교도소에서 석방 후에 사회 적응을 위해 사회 적응 훈련을 하는 곳을 의미한다.
의료모형 (Medical Model, 치료모델)	결정론적 시각에서 범죄자를 사회 적응에 결함이 있는 환자로 보고 치료가 되었다면 형기와 관계없이 석방될 수 있도록 하는 가석방 제도나 부정기형 제도의 필요성을 강조한다.
적응모형 (Adjustment Model, 개선모델)	범죄는 사회부적응 등으로 발생하기에 사회에 잘 적응하도록 도울 수 있다면 범죄는 사라질 것이라고 보는 모형으로 현실 요법과 교류 분석을 중요시한다.

02
다음에서 설명하는 수용자 구금 제도는?

20년 국가직 9급

> 이 제도는 '보호' 또는 '피난시설'이란 뜻을 갖고 있으며, 영국 켄트지방의 지역 이름을 따 시설을 운영했던 것에서 일반화되어 오늘날 소년원의 대명사로 사용되곤 한다. 주로 16세에서 21세까지의 범죄소년을 수용하여 직업훈련 및 학과교육 등을 실시함으로써 교정, 교화하려는 제도이다.

① 오번 제도(Auburn System)
② 보스탈 제도(Borstal System)
③ 카티지 제도(Cottage System)
④ 펜실베니아 제도(Pennsylvania System)

정답 ②

영역 교정학 발전사

정답의 이유

② 보스탈은 보호나 피난시설이란 뜻으로 영국 켄트지방의 보스탈(Borstal)에 있었던 시설에서 일반화되었다. 주로 16세부터 21세까지의 범죄소년을 1년 이상 3년 이하의 부정 기간 수용하고 직업훈련·학과 교육 등을 실시하여 교정·교화하려는 것이며 1897년 브라이어스에 의해 창안되었다.

오답의 이유

① 오번 제도(Auburn System)는 주간에는 침묵을 지키게 하면서 공장에서 작업을 시키는 주간 혼거제(混居制)와 야간에는 독방에 수용하는 야간 독거제의 교도소 구금제로, 1823년 미국 오번 교도소에서 처음으로 시행하였다.

③ 카티지 제도(Cottage System)는 수형자를 개인적 적성에 따라 여러 개의 소규모 카티지로 분류하여 수용한 후 카티지별로 가족적인 분위기에서 단위별 특성에 적합한 처우를 행하는 제도로, 대규모 시설에서 획일적 처우를 하는 것에 따르는 부작용을 보완하기 위한 차원에서 시도된 소규모 처우 제도이다. 기존의 대형화·집단화 행형에 대한 반성에서 비롯되었으며 1854년 미국 오하이오주 랭커스터의 오하이오 학교

에서 최초 시행하던 것을 행형제도에 도입한 것으로, 1904년 뉴욕주의 청소년보호 수용소에서 이를 채택한 이래 여자교도소와 소년교도소 및 성인교도소까지 확대 시행되었다.

④ 펜실베니아 제도(Pennsylvania System)는 절대 침묵과 정숙을 유지하며 주야간 구분 없이 엄정한 독거 수용을 통해 반성을 목적으로 한 구금 방식으로 모든 수용자가 모든 활동을 각자 자신의 거실에서 함으로써 수용자 상호 간에 철저한 격리를 요구하며 엄정 독거제, 분방제, 필라델피아제로 불리기도 한다.

03 현행법상 미결구금(수용)제도에 대한 설명으로 옳은 것은? (다툼이 있는 경우 판례에 의함)

17년 국가직 9급

① 소장은 미결수용자에 대하여는 직권 또는 신청에 따라 교육 또는 교화프로그램을 실시하거나 작업을 부과할 수 있다.

② 판결선고 전 미결구금일수는 그 전부가 법률상 당연히 본형에 산입하게 되므로 판결에서 별도로 미결구금일수 산입에 관한 사항을 판단할 필요는 없다.

③ 미결수용자의 변호인과의 접견교통권은 질서유지 또는 공공복리를 위한 이유가 있는 때에도 법률로써 제한할 수 없다.

④ 미결수용자가 징벌대상자로서 조사받고 있거나 징벌집행 중인 경우에는 소송서류의 작성 등 수사 과정에서의 권리행사가 제한된다.

정답 ②

영역 미결수용자 · 여성 수용자에 대한 처우 및 수요자 권리구제

정답의 이유

② 대판 2009.12.10., 2009도11448

오답의 이유

① 소장은 미결수용자에 대하여는 **신청에 따라** 교육 또는 교화프로그램을 실시하거나 작업을 부과할 수 있다(형의 집행 및 수용자의 처우에 관한 법률 제86조 제1항).

③ 헌법재판소가 미결수용자와 변호인과의 접견에 대해 어떠한 명분으로도 제한할 수 없다고 한 것은 구속된 자와 변호인 간의 자유로운 접견, 즉 대화 내용에 대하여 비밀이 완전히 보장되고, 부당한 간섭 없이 자유롭게 대화할 수 있는 접견을 제한할 수 없다는 것이지, 변호인과의 접견 자체에 대해 아무런 제한도 가할 수 없다는 것을 의미하는 것이 아니므로 미결수용자의 변호인 접견권 역시 국가안전보장 · 질서유지 또는 공공 복리를 위해 필요한 경우에는 법률로써 제한될 수 **있다**(헌재 2011. 5. 26., 2009헌마341).

④ 소장은 미결수용자가 징벌 대상자로서 조사받고 있거나 징벌 집행 중인 경우에도 소송서류의 작성, 변호인과의 접견 · 편지 수수, 그 밖의 수사 및 재판 과정에서 권리행사를 **보장하여야 한다**(형의 집행 및 수용자의 처우에 관한 법률 제85조).

04 「형의 집행 및 수용자의 처우에 관한 법률」상 분류처우위원회에 대한 설명으로 옳지 않은 것은?

23년 국가직 9급

① 분류처우위원회는 심의 · 의결을 위하여 외부전문가로부터 의견을 들을 수 있다.

② 분류처우위원회는 위원장을 포함한 5명 이상 9명 이하의 위원으로 구성하고, 위원장은 소장이 된다.

③ 분류처우위원회의 위원은 위원장이 소속 기관의 부소장 및 과장(지소의 경우에는 7급 이상의 교도관) 중에서 임명한다.

④ 수형자의 개별처우계획, 가석방심사신청 대상자 선정, 그밖에 수형자의 분류처우에 관한 중요 사항을 심의 · 의결하기 위하여 교정시설에 분류처우위원회를 둔다.

정답 ②

영역 형집행 관련 법령상 위원회

정답의 이유

② 분류처우위원회는 위원장을 포함한 **5명 이상 7명 이하의** 위원으로 구성하고, 위원장은 소장이 된다(형의 집행 및 수용자의 처우에 관한 법률 제62조 제2항 전단).

오답의 이유

① 형의 집행 및 수용자의 처우에 관한 법률 제62조 제3항

③ 형의 집행 및 수용자의 처우에 관한 법률 제62조 제2항 후단

④ 형의 집행 및 수용자의 처우에 관한 법률 제62조 제1항

05 「형의 집행 및 수용자의 처우에 관한 법률 시행규칙」상 경비등급별 처우수준에 대한 설명으로 옳은 것은? 25년 국가직 9급

① 중경비처우급 수형자는 가족 만남의 집을 이용할 수 없다.
② 일반경비처우급 수형자는 월 2회 이내의 경기 또는 오락회에 참여할 수 있다.
③ 완화경비처우급 수형자는 교정시설 밖에서 이루어지는 종교행사에 참석할 수 없다.
④ 개방처우급 수형자는 교정시설 밖에서 이루어지는 사회견학에 참석할 수 없다.

정답 ①

영역 수용자에 대한 처우 일반규정

[정답의 이유]

① 소장은 개방처우급 · 완화경비처우급 수형자에 대하여 가족 만남의 날 행사에 참여하게 하거나 가족 만남의 집을 이용하게 할 수 있다(형의 집행 및 수용자의 처우에 관한 법률 시행규칙 제89조 제1항). 따라서 중경비처우급 수형자는 가족 만남의 집을 이용할 수 없다.

[오답의 이유]

② 소장은 개방처우급 · 완화경비처우급 또는 자치생활 수형자에 대하여 월 2회 이내에서 경기 또는 오락회를 개최하게 할 수 있다(형의 집행 및 수용자의 처우에 관한 법률 시행규칙 제91조 제1항). 따라서 일반경비처우급 수형자는 경기 또는 오락회에 참여할 수 없다.

③ · ④ 소장은 개방처우급 · 완화경비처우급 수형자에 대하여 교정시설 밖에서 이루어지는 사회견학, 사회봉사, 자신이 신봉하는 종교행사 참석, 연극 · 영화 · 그 밖의 문화 공연 관람에 해당하는 활동을 허가할 수 있다. 다만, 처우상 특히 필요한 경우에는 일반경비처우급 수형자에게도 이를 허가할 수 있다(형의 집행 및 수용자의 처우에 관한 법률 시행규칙 제92조 제1항).

06 형의 집행 및 수용자의 처우에 관한 법령상 수용에 대한 설명으로 옳지 않은 것은? 19년 국가직 9급

① 수형자의 교화 또는 건전한 사회복귀를 위하여 필요한 때에는 혼거수용을 할 수 있다.
② 처우상 독거수용의 경우에는 주간에는 교육 · 작업 등의 처우를 위하여 일과에 따른 공동생활을 하게 하고, 휴업일과 야간에만 독거수용을 한다.
③ 계호상 독거수용의 경우에는 사람의 생명 · 신체의 보호 또는 교정시설의 안전과 질서유지를 위하여 항상 독거수용하고 다른 수용자와의 접촉을 금지한다. 다만, 수사 · 재판 · 실외운동 · 목욕 · 접견 · 진료 등을 위하여 필요한 경우에는 그러하지 아니하다.
④ 교도관은 모든 독거수용자를 수시로 시찰하여 건강상 또는 교화상 이상이 없는지 살펴야 한다.

정답 ④

영역 수용자에 대한 처우 일반규정

[정답의 이유]

④ 교도관은 계호상 독거수용자를 수시로 시찰하여 건강상 또는 교화상 이상이 없는지 살펴야 한다(형의 집행 및 수용자의 처우에 관한 법률 시행령 제6조 제1항).

[오답의 이유]

① 형의 집행 및 수용자의 처우에 관한 법률 제14조 제3호
② 형의 집행 및 수용자의 처우에 관한 법률 시행령 제5조 제1호
③ 형의 집행 및 수용자의 처우에 관한 법률 시행령 제5조 제2호

07 형의 집행 및 수용자의 처우에 관한 법령상 수용자의 처우에 대한 설명으로 옳은 것은?

19년 국가직 7급

① 소장은 징역형·금고형이 확정된 사람으로서 집행할 형기가 형집행지휘서 접수일부터 3개월 미만인 사람, 노역장 유치명령을 받은 사람, 구류형이 확정된 사람에 대해서는 분류심사를 하지 아니한다.

② 소장은 공범·피해자 등의 체포영장·구속영장·공소장 또는 재판서에 마약사범으로 명시된 수용자는 마약류수용자로 지정한다.

③ 소장은 미결수용자 등 분류처우위원회의 의결 대상자가 아닌 경우에도 관심대상수용자로 지정할 필요가 있다고 인정되는 수용자에 대하여는 교도관회의의 심의를 거쳐 관심대상수용자로 지정할 수 있다.

④ 소장은 신입자에 대하여 시설 내의 안전과 질서유지를 위하여 특히 필요하다고 인정하면 번호표를 붙이지 아니할 수 있다.

정답 ③

영역 수용자에 대한 처우 일반규정

[정답의 이유]

③ 형의 집행 및 수용자의 처우에 관한 법률 시행규칙 제211조 제1항

[오답의 이유]

① 징역형·금고형이 확정된 사람으로서 집행할 형기가 형집행지휘서 접수일부터 3개월 미만인 사람, 구류형이 확정된 사람에 대해서는 분류심사를 하지 아니한다(형의 집행 및 수용자의 처우에 관한 법률 시행규칙 제62조 제1항).

② 소장은 체포영장·구속영장·공소장 또는 재판서에 마약류 관리에 관한 법률, 마약류 불법거래방지에 관한 특례법, 그 밖에 마약류에 관한 **형사 법률이 적용된 수용자** 또는 마약류에 관한 형사 법률을 적용받아 집행유예가 선고되어 그 집행유예 기간 중에 별건으로 **수용된 수용자**에 대하여는 마약류수용자로 지정하여야 한다(형의 집행 및 수용자의 처우에 관한 법률 시행규칙 제204조·제205조 제1항).

④ 소장은 신입자 및 다른 교정시설로부터 이송되어 온 사람에 대하여 수용자 번호를 지정하고 수용 중 번호표를 상의의 왼쪽 가슴에 붙이게 하여야 한다. 다만, **수용자의 교화 또는 건전한 사회복귀를 위하여** 특히 필요하다고 인정하면 번호표를 붙이지 아니할 수 있다(형의 집행 및 수용자의 처우에 관한 법률 시행령 제17조 제2항).

---

08 「형의 집행 및 수용자의 처우에 관한 법률」상 용어에 대한 설명으로 옳지 않은 것은? 18년 국가직 9급

① '수용자'란 법률과 적법한 절차에 따라 교정시설에 수용된 사람으로서 수형자 및 미결수용자는 물론이고 사형확정자까지도 포함한다.

② '수형자'란 징역형·금고형 또는 구류형의 선고를 받아 그 형이 확정되어 교정시설에 수용된 사람을 말하며, 벌금 또는 과료를 완납하지 아니하여 노역장 유치명령을 받아 교정시설에 수용된 사람은 제외한다.

③ '미결수용자'란 형사피고인 또는 형사피의자로서 체포되거나 구속영장의 집행을 받아 교정시설에 수용된 사람을 말한다.

④ '사형확정자'란 사형의 선고를 받아 그 형이 확정되어 교정시설에 수용된 사람을 말한다.

정답 ②

영역 수용자에 대한 처우 일반규정

[정답의 이유]

② '수형자'란 징역형·금고형 또는 구류형의 선고를 받아 그 형이 확정되어 교정시설에 수용된 사람과 **벌금 또는 과료를 완납하지 아니하여 노역장 유치명령을 받아 교정시설에 수용된 사람**을 말한다(형의 집행 및 수용자의 처우에 관한 법률 제2조 제2호).

[오답의 이유]

① 형의 집행 및 수용자의 처우에 관한 법률 제2조 제1호
③ 형의 집행 및 수용자의 처우에 관한 법률 제2조 제3호
④ 형의 집행 및 수용자의 처우에 관한 법률 제2조 제4호

09 「형의 집행 및 수용자의 처우에 관한 법률 시행규칙」상 수용자의 처우에 대한 설명으로 옳지 않은 것은? 20년 국가직 5급 승진

① 조정된 처우등급에 따른 처우는 그 조정이 확정된 다음 날부터 하며, 이 경우 조정된 처우등급은 그 달 초일부터 적용된 것으로 본다.

② 소장은 수형자의 경비처우급에 따라 물품에 차이를 두어 지급할 수 있으나, 주·부식, 음료, 그 밖에 건강유지에 필요한 물품은 그러하지 아니하다.

③ 소장은 수용자의 신앙생활에 필요하다고 인정하는 경우에는 외부에서 제작된 휴대용 종교도서 및 성물을 수용자가 지니게 할 수 있다.

④ 소장은 노인수용자가 거동이 불편하여 혼자서 목욕하기 어려운 경우에는 교도관 또는 자원봉사자로 하여금 목욕을 보조하게 할 수 있으나 다른 수용자로 하여금 목욕을 보조하게 할 수는 없다.

정답 ④

영역 수용자에 대한 처우 일반규정

정답의 이유

④ 소장은 노인수용자가 거동이 불편하여 혼자서 목욕하기 어려운 경우에는 교도관, 자원봉사자 또는 다른 수용자로 하여금 목욕을 보조하게 할 수 있다(형의 집행 및 수용자의 처우에 관한 법률 시행규칙 제46조 제2항).

오답의 이유

① 형의 집행 및 수용자의 처우에 관한 법률 시행규칙 제82조 제1항

② 형의 집행 및 수용자의 처우에 관한 법률 시행규칙 제84조 제1항

③ 형의 집행 및 수용자의 처우에 관한 법률 시행규칙 제34조 제1항

---

10 형의 집행 및 수용자의 처우에 관한 법령상 수용자의 위생과 의료에 대한 설명으로 옳은 것으로만 묶은 것은? 17년 국가직 7급

㉠ 소장은 저수조 등 급수시설을 1년에 1회 이상 청소·소독하여야 한다.

㉡ 소장은 수용자가 위독한 경우에는 그 사실을 가족에게 지체없이 알려야 한다.

㉢ 교정시설에 근무하는 간호사는 야간 또는 공휴일 등에 응급을 요하는 수용자에 대한 응급처치를 할 수 있다.

㉣ 소장은 19세 미만의 수용자와 계호상 독거수용자에 대하여는 1년에 1회 이상 건강검진을 하여야 한다.

㉤ 소장은 수용자를 외부 의료시설에 입원시키거나 입원 중인 수용자를 교정시설로 데려온 경우에는 그 사실을 법무부장관에게 지체 없이 보고하여야 한다.

① ㉠, ㉡, ㉢

② ㉡, ㉢, ㉣

③ ㉡, ㉢, ㉤

④ ㉢, ㉣, ㉤

정답 ③

영역 의료

정답의 이유

㉡ 형의 집행 및 수용자의 처우에 관한 법률 시행령 제56조

㉢ 형의 집행 및 수용자의 처우에 관한 법률 시행령 제54조의2 제2호

㉤ 형의 집행 및 수용자의 처우에 관한 법률 시행령 제57조

오답의 이유

㉠ 소장은 저수조 등 급수시설을 6개월에 1회 이상 청소·소독하여야 한다(형의 집행 및 수용자의 처우에 관한 법률 시행령 제47조 제2항).

㉣ 소장은 수용자에 대하여 1년에 1회 이상 건강검진을 하여야 한다. 다만, 19세 미만의 수용자와 계호상 독거수용자에 대하여는 6개월에 1회 이상 하여야 한다(형의 집행 및 수용자의 처우에 관한 법률 시행령 제51조 제1항).

간호사의 의료행위(형의 집행 및 수용자의 처우에 관한 법률 시행령 제54조의2)

법 제36조 제2항에서 "대통령령으로 정하는 경미한 의료행위"란 다음의 의료행위를 말한다.

1. 외상 등 흔히 볼 수 있는 상처의 치료
2. 응급을 요하는 수용자에 대한 응급처치
3. 부상과 질병의 악화방지를 위한 처치
4. 환자의 요양지도 및 관리
5. 제1호부터 제4호까지의 의료행위에 따르는 의약품의 투여

11 형의 집행 및 수용자의 처우에 관한 법령상 수용자의 전화통화(발신하는 것만을 말한다) 및 접견에 대한 설명으로 옳지 <u>않은</u> 것은? 20년 국가직 5급 승진 변형

① 교도관은 수용자의 접견, 편지수수, 전화통화 등의 과정에서 수용자의 처우에 특히 참고할 사항을 알게 된 경우에는 그 요지를 수용기록부에 기록해야 한다.

② 전화통화의 통화시간은 특별한 사정이 없으면 5분 이내로 한다.

③ 소장은 수용자 또는 수신자가 서로의 관계 등에 대한 확인 요청에 따르지 아니하거나 거짓으로 대답할 때에는 전화통화의 허가를 취소하여야 한다.

④ 수용자의 전화통화는 매일(공휴일 및 법무부장관이 정한 날은 제외한다) 「국가 공무원 복무규정」 제9조에 따른 근무시간 내에서 실시하되, 소장은 평일에 전화를 이용하기 곤란한 특별한 사유가 있는 수용자에 대해서는 전화이용시간을 따로 정할 수 있다.

정답 ③

영역 시설 내 처우

③ 소장은 수용자 또는 수신자가 전화통화 내용의 청취·녹음에 동의하지 아니할 때나 수신자가 수용자와의 관계 등에 대한 확인 요청에 따르지 아니하거나 거짓으로 대답할 때에는 전화통화의 허가를 **취소할 수 있다**(형의 집행 및 수용자의 처우에 관한 법률 시행규칙 제27조).

① 형의 집행 및 수용자의 처우에 관한 법률 시행령 제71조
② 형의 집행 및 수용자의 처우에 관한 법률 시행규칙 제25조 제3항
④ 형의 집행 및 수용자의 처우에 관한 법률 시행규칙 제26조

전화통화의 허가(형의 집행 및 수용자의 처우에 관한 법률 시행규칙 제25조)

① 소장은 전화통화(발신하는 것만을 말한다. 이하 같다)를 신청한 수용자에 대하여 다음 의 어느 하나에 해당하는 사유가 없으면 전화통화를 허가할 수 있다. 다만, 미결수용자에게 전화통화를 허가할 경우 그 허용횟수는 월 2회 이내로 한다.

1. 범죄의 증거를 인멸할 우려가 있을 때
2. 형사법령에 저촉되는 행위를 할 우려가 있을 때
3. 「형사소송법」 제91조 및 같은 법 제209조에 따라 접견·편지수수 금지결정을 하였을 때
4. 교정시설의 안전 또는 질서를 해칠 우려가 있을 때
5. 수형자의 교화 또는 건전한 사회복귀를 해칠 우려가 있을 때

통화허가의 취소(형의 집행 및 수용자의 처우에 관한 법률 시행규칙 제27조)

소장은 다음의 어느 하나에 해당할 때에는 전화통화의 허가를 취소할 수 있다.

1. 수용자 또는 수신자가 전화통화 내용의 청취·녹음에 동의하지 아니할 때
2. 수신자가 수용자와의 관계 등에 대한 확인 요청에 따르지 아니하거나 거짓으로 대답할 때
3. 전화통화 허가 후 제25조 제1항 각 호의 어느 하나에 해당되는 사유가 발견되거나 발생하였을 때

12 「형의 집행 및 수용자의 처우에 관한 법률」상 미결수용자의 처우에 대한 설명으로 옳지 않은 것은?

25년 국가직 9급

① 소장은 미결수용자가 징벌집행 중인 경우 변호인과의 접견 시간과 횟수를 제한할 수 있다.

② 소장은 도주우려가 크거나 특히 부적당한 사유가 있다고 인정하면 미결수용자의 재판 참석 시 교정시설에서 지급하는 의류를 입게 할 수 있다.

③ 미결수용자의 머리카락과 수염은 특히 필요한 경우가 아니면 본인의 의사에 반하여 짧게 깎지 못한다.

④ 미결수용자와 변호인과의 접견에는 교도관이 참여하지 못하지만 보이는 거리에서 미결수용자를 관찰할 수 있다.

정답 ①

영역 수용자의 처우 및 권리

[정답의 이유]

① 미결수용자와 변호인 간의 접견은 시간과 횟수를 제한하지 아니한다(형의 집행 및 수용자의 처우에 관한 법률 제84조 제2항).

[오답의 이유]

② 형의 집행 및 수용자의 처우에 관한 법률 제82조
③ 형의 집행 및 수용자의 처우에 관한 법률 제83조
④ 형의 집행 및 수용자의 처우에 관한 법률 제84조 제1항

13 형의 집행 및 수용자의 처우에 관한 법령상 교도관의 강제력 행사에 대한 설명으로 옳지 않은 것은?

17년 국가직 9급

① 교도관은 수용자가 위계 또는 위력으로 교도관의 정당한 직무집행을 방해하는 때에 강제력을 행사할 수 있다.

② 교도관은 수용자 이외의 사람이 교도관 또는 수용자에게 위해를 끼치거나 끼치려고 하는 때에 강제력을 행사할 수 있다.

③ 교도관이 수용자 등에게 강제력을 행사하려면 사전에 상대방에게 이를 경고하여야 한다. 다만, 상황이 급박하여 경고할 시간적인 여유가 없는 때에는 그러하지 아니하다.

④ 교도관은 수용자 등에게 소장의 명령 없이 강제력을 행사해서는 아니 된다. 다만, 그 명령을 받을 시간적 여유가 없는 경우에는 강제력을 행사한 후 소장에게 즉시 보고하여야 한다.

정답 ①

영역 안전과 질서 일반

[정답의 이유]

① 교도관은 수용자가 위력으로 교도관의 정당한 직무집행을 방해하는 때에 강제력을 행사할 수 있다(형의 집행 및 수용자의 처우에 관한 법률 제100조 제1항 제5호). 위계는 강제력의 행사 요건이 아니다.

[오답의 이유]

② 형의 집행 및 수용자의 처우에 관한 법률 제100조 제2항 제2호
③ 형의 집행 및 수용자의 처우에 관한 법률 제100조 제5항
④ 형의 집행 및 수용자의 처우에 관한 법률 시행령 제125조

((·)) **더 알아보기**

강제력의 행사(형의 집행 및 수용자의 처우에 관한 법률 제100조)

① 교도관은 수용자가 다음의 어느 하나에 해당하면 강제력을 행사할 수 있다.

1. 도주하거나 도주하려고 하는 때
2. 자살하려고 하는 때
3. 자해하거나 자해하려고 하는 때
4. 다른 사람에게 위해를 끼치거나 끼치려고 하는 때
5. 위력으로 교도관의 정당한 직무집행을 방해하는 때

6. 교정시설의 설비·기구 등을 손괴하거나 손괴하려고 하는 때

7. 그 밖에 시설의 안전 또는 질서를 크게 해치는 행위를 하거나 하려고 하는 때

14 「형의 집행 및 수용자의 처우에 관한 법률」상 교도관이 수용자에 대하여 무기를 사용할 수 있는 경우로 옳은 것은?　<small>14년 국가직 9급</small>

① 이송·출정, 그 밖에 교정시설 밖의 장소로 수용자를 호송하는 때

② 도주·자살·자해 또는 다른 사람에 대한 위해의 우려가 큰 때

③ 위력으로 교도관 등의 정당한 직무집행을 방해하는 때

④ 수용자가 다른 사람에게 중대한 위해를 끼치거나 끼치려고 하여 그 사태가 위급한 때

정답 ④

영역 무기 사용

[정답의 이유]

④ 형의 집행 및 수용자의 처우에 관한 법률 제101조 제1항 제1호

[오답의 이유]

① 이송·출정, 그 밖에 교정시설 밖의 장소로 수용자를 호송하는 때 – **보호장비** 사용 가능(형의 집행 및 수용자의 처우에 관한 법률 제97조 제1항 제1호)

② 도주·자살·자해 또는 다른 사람에 대한 위해의 우려가 큰 때 – **보호장비** 사용 가능(형의 집행 및 수용자의 처우에 관한 법률 제97조 제1항 제2호)

③ 위력으로 교도관 등의 정당한 직무집행을 방해하는 때 – **보호장비, 보안장비** 사용 가능(형의 집행 및 수용자의 처우에 관한 법률 제97조 제1항 제3호, 제100조 제1항 제5호·제3항)

15 「형의 집행 및 수용자의 처우에 관한 법률」상 징벌에 대한 설명으로 옳지 않은 것은?　<small>22년 국가직 9급</small>

① 징벌은 동일한 행위에 관하여 거듭하여 부과할 수 없다.

② 징벌사유가 발생한 날부터 2년이 지나면 이를 이유로 징벌을 부과하지 못한다.

③ 징벌의 집행유예는 허용되지 아니한다.

④ 징벌집행의 면제와 일시정지는 허용된다.

정답 ③

영역 징벌·상벌(포상)·형벌 등

[정답의 이유]

③ 징벌위원회는 징벌을 의결하는 때에 행위의 동기 및 정황, 교정성적, 뉘우치는 정도 등 그 사정을 고려할 만한 사유가 있는 수용자에 대하여 2개월 이상 6개월 이하의 기간 내에서 징벌의 집행을 유예할 것을 의결할 수 있다(형의 집행 및 수용자의 처우에 관한 법률 제114조 제1항).

[오답의 이유]

① 징벌은 동일한 행위에 관하여 거듭하여 부과할 수 없으며, 행위의 동기 및 경중, 행위 후의 정황, 그 밖의 사정을 고려하여 수용목적을 달성하는 데에 필요한 최소한도에 그쳐야 한다(형의 집행 및 수용자의 처우에 관한 법률 제109조 제3항).

② 징벌사유가 발생한 날부터 2년이 지나면 이를 이유로 징벌을 부과하지 못한다(형의 집행 및 수용자의 처우에 관한 법률 제109조 제4항).

④ 소장은 질병이나 그 밖의 사유로 징벌집행이 곤란하면 그 사유가 해소될 때까지 그 집행을 일시 정지할 수 있으며, 징벌집행 중인 사람이 뉘우치는 빛이 뚜렷한 경우에는 그 징벌을 감경하거나 남은 기간의 징벌집행을 면제할 수 있다(형의 집행 및 수용자의 처우에 관한 법률 제113조).

16 「형의 집행 및 수용자의 처우에 관한 법률」상 수형자의 분류심사에 대한 설명으로 옳지 않은 것은?

25년 국가직 9급

① 수형자의 분류심사는 형이 확정된 경우에 개별처우계획을 수립하기 위하여 하는 심사와 일정한 형기가 지나거나 상벌 또는 그 밖의 사유가 발생한 경우에 개별처우계획을 조정하기 위하여 하는 심사로 구분한다.

② 소장은 분류심사를 위하여 수형자를 대상으로 상담 등을 통한 신상에 관한 개별사안의 조사, 심리·지능·적성 검사, 그 밖에 필요한 검사를 하여야 한다.

③ 소장은 분류심사를 위하여 외부전문가로부터 필요한 의견을 듣거나 외부전문가에게 조사를 의뢰할 수 있다.

④ 법무부장관은 수형자를 과학적으로 분류하기 위하여 분류심사를 전담하는 교정시설을 지정·운영할 수 있다.

정답 ②

영역 분류심사 일반이론 및 규정

[정답의 이유]

② 소장은 분류심사를 위하여 수형자를 대상으로 상담 등을 통한 신상에 관한 개별사안의 조사, 심리·지능·적성 검사, 그 밖에 필요한 검사를 할 수 있다(형의 집행 및 수용자의 처우에 관한 법률 제59조 제3항).

[오답의 이유]

① 형의 집행 및 수용자의 처우에 관한 법률 제59조 제2항

③ 형의 집행 및 수용자의 처우에 관한 법률 제59조 제4항

④ 형의 집행 및 수용자의 처우에 관한 법률 제61조

17 「형의 집행 및 수용자의 처우에 관한 법률」상 분류심사에 대한 설명으로 옳지 않은 것은?

13년 국가직 7급

① 소장은 분류심사를 위하여 수형자를 대상으로 상담 등을 통한 신상에 관한 개별사안의 조사, 심리·지능·적성검사, 그 밖에 필요한 검사를 할 수 있다.

② 집행할 형기가 짧거나 그 밖의 특별한 사정이 있는 경우에는 분류심사를 하지 않을 수 있다.

③ 동법의 시행규칙상 재심사는 정기 재심사, 부정기 재심사, 특별 재심사로 구분된다.

④ 분류심사 사항으로는 처우등급, 교육 및 교화프로그램 등의 처우방침, 거실 지정에 관한 사항, 이송에 관한 사항, 석방 후의 생활계획에 관한 사항이 포함된다.

정답 ③

영역 분류심사 일반이론 및 규정

[정답의 이유]

③ 개별처우계획을 조정할 것인지를 결정하기 위한 분류심사(재심사)는 정기재심사, 부정기재심사로 구분한다(형의 집행 및 수용자의 처우에 관한 법률 시행규칙 제65조).

[오답의 이유]

① 형의 집행 및 수용자의 처우에 관한 법률 제59조 제3항

② 형의 집행 및 수용자의 처우에 관한 법률 제59조 제1항

④ 형의 집행 및 수용자의 처우에 관한 법률 시행규칙 제63조

18 누진계급의 측정 방법으로 점수제에 해당하지 않는 것은?

22년 국가직 9급

① 고사제(Probation System)

② 잉글랜드제(England System)

③ 아일랜드제(Irish System)

④ 엘마이라제(Elmira System)

정답 ①

영역 누진처우제도

[정답의 이유]

① 고사제는 기간제로, 일정한 기간이 지난 후 교도관의 심사를 통해 진급을 결정하는 방식이다.

오답의 이유

② · ③ · ④ 잉글랜드제, 아일랜드제, 엘마이라제는 점수제를 채택한다.

---

19 「형의 집행 및 수용자의 처우에 관한 법률 시행규칙」상 독학에 의한 학사학위 취득과정을 신청하기 위하여 수형자가 갖추어야 할 요건으로 옳지 않은 것은?

① 개방처우급 · 완화경비처우급 · 일반경비처우급 수형자에 해당할 것
② 고등학교 졸업 또는 이와 동등한 수준 이상의 학력이 인정될 것
③ 집행할 형기가 2년 이상일 것
④ 교육개시일을 기준으로 형기의 3분의 1(21년 이상의 유기형 또는 무기형의 경우에는 7년)이 지났을 것

정답 ①

영역 교정교육

정답의 이유

① 독학에 의한 학사학위 취득과정은 경비처우급과 관련이 없으며 일반경비처우급 이상의 수형자를 대상으로 하는 교육과정은 방송통신대학, 전문대학 위탁교육과정, 외국어 교육과정이다.

오답의 이유

② 형의 집행 및 수용자의 처우에 관한 법률 시행규칙 제110조 제2항 제1호
③ 형의 집행 및 수용자의 처우에 관한 법률 시행규칙 제110조 제2항 제3호
④ 형의 집행 및 수용자의 처우에 관한 법률 시행규칙 제110조 제2항 제2호

---

20 「교도작업의 운영 및 특별회계에 관한 법률」상 옳지 않은 것만을 모두 고르면?

> ㉠ 특별회계는 지출할 자금이 부족할 경우에는 특별회계의 부담으로 국회의 의결을 받은 금액의 범위에서 일시적으로 차입하거나 세출예산의 범위에서 수입금 출납공무원 등이 수납한 현금을 우선 사용할 수 있다.
> ㉡ 특별회계는 세출총액이 세입총액에 미달된 경우 또는 교도작업 관련 시설의 신축 · 마련 · 유지 · 보수에 필요한 경우에는 예산의 범위에서 일반회계로부터 전입을 받을 수 있다.
> ㉢ 특별회계의 결산상 잉여금은 일시적으로 차입한 차입금의 상환, 작업장려금의 지급, 검정고시반 · 학사고시반 교육비의 지급 목적으로 사용하거나 다음 연도 일반회계의 세출예산에 예비비로 계상한다.
> ㉣ 교도작업으로 생산된 제품은 민간기업 등에 직접 판매하거나 위탁하여 판매할 수 있으며, 교도작업의 효율적인 운영을 위하여 교도작업특별회계를 설치한다.

① ㉠, ㉡
② ㉠, ㉣
③ ㉡, ㉢
④ ㉠, ㉡, ㉢

정답 ③

영역 교도작업

정답의 이유

㉡ 특별회계는 세입총액이 세출총액에 미달된 경우 또는 시설 개량이나 확장에 필요한 경우에는 예산의 범위에서 일반회계로부터 전입을 받을 수 있다(교도작업의 운영 및 특별회계에 관한 법률 제10조).
㉢ 특별회계의 결산상 잉여금은 다음 연도의 세입에 이입한다(교도작업의 운영 및 특별회계에 관한 법률 제11조의2).

오답의 이유

㉠ 교도작업의 운영 및 특별회계에 관한 법률 제11조 제1항
㉣ 교도작업의 운영 및 특별회계에 관한 법률 제7조 · 제8조 제1항

21 형의 집행 및 수용자의 처우에 관한 법령상 작업장려금에 대한 설명으로 옳지 않은 것은?

18년 국가직 7급

① 작업수입은 국고수입으로 한다.
② 작업장려금은 매월 현금으로 본인에게 직접 지급한다.
③ 징벌로 3개월 이내의 작업장려금 삭감을 할 수 있다.
④ 소장은 수형자의 가석방 적격심사 신청을 위하여 작업장려금 및 작업상태를 사전에 조사하여야 한다.

정답 ②

영역 작업장려금, 작업수입, 위로금

[정답의 이유]

② 작업장려금은 석방할 때에 본인에게 지급한다. 다만, 본인의 가족생활 부조, 교화 또는 건전한 사회복귀를 위하여 특히 필요하면 석방 전이라도 그 전부 또는 일부를 지급할 수 있다(형의 집행 및 수용자의 처우에 관한 법률 제73조 제3항).

[오답의 이유]

① 형의 집행 및 수용자의 처우에 관한 법률 제73조 제1항
③ 형의 집행 및 수용자의 처우에 관한 법률 제108조 제3호
④ 형의 집행 및 수용자의 처우에 관한 법률 시행규칙 제246조 제1호 사목

22 「형의 집행 및 수용자의 처우에 관한 법률 시행규칙」상 교도작업 및 직업훈련에 대한 설명으로 옳은 것은?

16년 국가직 7급

① 수형자가 외부 직업훈련을 한 경우 그 비용은 국가가 부담하여야 한다.
② 소장에 의해 선발된 교육대상자는 작업·직업훈련을 면제한다.
③ 소장은 수형자가 개방처우급 또는 완화경비처우급으로서 작업기술이 탁월하고 작업성적이 우수한 경우에는 수형자 자신을 위한 개인작업을 하게 할 수 있다. 이 경우 개인작업 시간은 교도작업에 지장을 주지 아니하는 범위에서 1일 4시간 이내로 한다.
④ 소장은 개방처우급 또는 완화경비처우급 수형자에 대하여 작업·교육 등의 성적이 우수하고 관련 기술이 있는 경우에는 교도관의 작업지도를 보조하게 할 수 있다. 다만, 처우상 특히 필요한 경우에는 일반경비처우급 수형자에게도 교도관의 작업지도를 보조하게 할 수 있다.

정답 ②

영역 직업훈련

[정답의 이유]

② 형의 집행 및 수용자의 처우에 관한 법률 시행규칙 제103조 제1항, 제107조 제1항

[오답의 이유]

① 외부 직업훈련의 비용은 수형자가 부담한다. 다만, 처우상 특히 필요한 경우에는 예산의 범위에서 그 비용을 지원할 수 있다(형의 집행 및 수용자의 처우에 관한 법률 시행규칙 제96조 제2항).
③ 이 경우 개인작업 시간은 교도작업에 지장을 주지 아니하는 범위에서 1일 2시간 이내로 한다(형의 집행 및 수용자의 처우에 관한 법률 시행규칙 제95조 제1항).
④ 소장은 수형자가 개방처우급 또는 완화경비처우급으로서 작업·교육 등의 성적이 우수하고 관련 기술이 있는 경우에는 교도관의 작업지도를 보조하게 할 수 있다(형의 집행 및 수용자의 처우에 관한 법률 시행규칙 제94조).

23 「형의 집행 및 수용자의 처우에 관한 법률」상 귀휴에 대한 설명으로 옳은 것(○)과 옳지 않은 것(×)을 바르게 연결한 것은? 19년 국가직 7급

> ㉠ 소장은 수형자의 가족 또는 배우자의 직계존속이 위독한 때 특별귀휴를 허가할 수 있다.
> ㉡ 소장은 귀휴의 허가사유가 존재하지 아니함이 밝혀진 때에는 그 귀휴를 취소하여야 한다.
> ㉢ 소장은 미결수용자의 신청이 있는 경우 필요하다고 인정하면 귀휴를 허가할 수 있다.
> ㉣ 특별귀휴 기간은 1년 중 5일 이내이다.

	㉠	㉡	㉢	㉣
①	○	×	×	×
②	×	○	×	○
③	×	×	○	○
④	×	×	×	×

정답 ④

영역 귀휴

[정답의 이유]

㉠ 소장은 수형자의 가족 또는 배우자의 직계존속이 위독한 때 일반귀휴를 허가할 수 있다(형의 집행 및 수용자의 처우에 관한 법률 제77조 제1항 제1호).

㉡ 소장은 귀휴의 허가사유가 존재하지 아니함이 밝혀진 때에는 그 귀휴를 취소할 수 있다(형의 집행 및 수용자의 처우에 관한 법률 제78조 제1호).

㉢ 귀휴는 수형자를 대상으로 한다(형의 집행 및 수용자의 처우에 관한 법률 제77조 제1항).

㉣ 특별귀휴는 5일 이내이며, 1년 중 사유가 있다면 횟수에 관련 없이 귀휴가 가능하다(형의 집행 및 수용자의 처우에 관한 법률 제77조 제2항).

---

24 「형의 집행 및 수용자의 처우에 관한 법률」과 동법 시행규칙상 수용자의 특별한 보호를 위하여 행하는 처우에 관한 규정의 내용과 일치하지 않는 것은? 16년 국가직 7급

① 노인수용자의 거실은 시설부족 또는 그 밖의 부득이한 사정이 없으면 건물의 1층에 설치하고, 특히 겨울철 난방을 위하여 필요한 시설을 갖추어야 한다.

② 장애인수형자 전담교정시설의 장은 장애인의 재활에 관한 전문적인 지식을 가진 의료진과 장비를 갖추어야 한다.

③ 법무부장관이 19세 미만의 수형자의 처우를 전담하도록 정하는 시설에는 별도의 공동학습공간을 마련하고 학용품 및 소년의 정서 함양에 필요한 도서, 잡지 등을 갖춰 두어야 한다.

④ 남성교도관이 1인의 여성수용자에 대하여 실내에서 상담 등을 하려면 투명한 창문이 설치된 장소에서 다른 여성을 입회시킨 후 실시하여야 한다.

정답 ②

영역 수용자에 대한 특별 교도행정과 처우

[정답의 이유]

② 장애인수형자 전담교정시설의 장은 장애인의 재활에 관한 전문적인 지식을 가진 의료진과 장비를 갖추도록 노력하여야 한다(형의 집행 및 수용자의 처우에 관한 법률 시행규칙 제52조).

[오답의 이유]

① 형의 집행 및 수용자의 처우에 관한 법률 시행규칙 제44조 제2항

③ 형의 집행 및 수용자의 처우에 관한 법률 시행규칙 제59조의 2 제2항

④ 형의 집행 및 수용자의 처우에 관한 법률 제51조 제2항

25 「형의 집행 및 수용자의 처우에 관한 법률 시행규칙」상 외부통근 작업에 대한 설명으로 옳지 않은 것은? 20년 5급 승진

① 외부기업체에 통근하며 작업하는 수형자의 선정 기준에는 18세 이상 65세 미만인 자라야 한다는 연령상의 제한이 있다.

② 소장은 외부통근자가 법령에 위반되는 행위를 하거나 법무부장관 또는 소장이 정하는 지켜야 할 사항을 위반한 경우에는 외부통근자 선정을 취소할 수 있다.

③ 소장은 외부통근자의 사회적응능력을 기르고 원활한 사회복귀를 촉진하기 위하여 필요하다고 인정하는 경우에는 수형자 자치에 의한 활동을 허가할 수 있다.

④ 소장이 교화를 위하여 특히 필요하다고 인정하더라도 중(重)경비처우급 수형자는 외부통근자로 선정할 수 없다.

정답 ④

영역 외부통근작업

[정답의 이유]

④ 소장은 작업 부과 또는 교화를 위하여 특히 필요하다고 인정하는 경우에는 제1항 및 제2항의 수형자 외의 수형자에 대하여도 외부통근자로 선정할 수 있다(형의 집행 및 수용자의 처우에 관한 법률 시행규칙 제120조 제3항).

[오답의 이유]

① 형의 집행 및 수용자의 처우에 관한 법률 시행규칙 제120조 제1항 제1호

② 형의 집행 및 수용자의 처우에 관한 법률 시행규칙 제121조

③ 형의 집행 및 수용자의 처우에 관한 법률 시행규칙 제123조

교정학개론 5회

01 집중보호관찰(Intensive Probation)에 대한 설명으로 옳지 않은 것은? 20년 국가직 5급 승진

① 과밀 수용의 해소 방안으로서 중요한 의미를 가진다.
② 집중보호관찰 대상자 선정 시 약물남용 경험, 가해자-피해자 관계, 초범 시 나이 등을 고려하지 않는다.
③ 일반보호관찰보다는 감독의 강도가 높고, 구금에 비해서는 그 강도가 낮다.
④ 집중보호관찰은 대개의 경우 야간 통행금지 시간을 정하고, 일정 시간의 사회봉사를 행하게 한다.
⑤ 집중보호관찰의 대상자는 재범의 위험성이 높은 보호관찰 대상자가 보편적이다.

정답 ②
영역 교정학의 의미 및 발전적 동향

정답의 이유
② 집중 보호관찰 대상자 선정 시 약물남용 경험, 가해자-피해자 관계, 초범 시 나이 등을 고려하며 집중 보호관찰의 대상자는 소년원 가퇴원자, 보호감호소 가출소자, 보호관찰 경력 3회 이상인 자, 보호처분 변경 및 집행유예 취소신청이 기각된 자, 야간외출 금지명령을 받은 자 등 6가지 유형이 있다.

🔊 더 알아보기

일반보호관찰과 집중보호관찰 비교

구분	일반보호관찰	집중보호관찰
대상	주로 경미한 범죄인이나 초범자 등	어느 정도의 강력범죄자
감독	간헐적인 직접접촉과 전화접촉	10명 내외의 대상자를 상대로 매주 수회에 걸쳐 대면접촉을 하고 접촉 장소도 대상자의 직장이나 가정에서 수행
비용	일반보호관찰 < 집중보호관찰 < 구금형	

02 재소자의 교도소화와 하위문화에 대한 설명으로 옳지 않은 것은? 19년 국가직 9급

① 클레머(D. Clemmer)는 수용기간이 장기화될수록 재소자의 교도소화가 강화된다고 한다.
② 휠러(S. Wheeler)는 재소자의 교도관에 대한 친화성 정도가 입소 초기와 말기에는 높고, 중기에는 낮다고 하면서 교도소화의 정도가 U자형 곡선 모양을 보인다고 한다.
③ 서덜랜드(E. Sutherland)와 크레시(D. Cressey)는 재소자가 지향하는 가치를 기준으로 범죄지향적 부문화, 수형지향적 부문화, 합법지향적 부문화로 구분하고, 수형지향적 재소자는 자신의 수용생활을 보다 쉽고 편하게 보내는 데 관심을 둘 뿐만 아니라, 이를 이용하여 출소 후의 생활을 원활히 하는 데 많은 관심을 둔다고 한다.
④ 슈락(C. Schrag)은 재소자의 역할유형을 고지식자(Square Johns), 정의한(Right Guys), 정치인(Politicians), 무법자(Outlaws)로 구분하고, 고지식자는 친사회적 수형자로서 교정시설의 규율에 동조하며 법을 준수하는 생활을 긍정적으로 지향하는 유형이라고 한다.

정답 ③
영역 교정학 발전사

정답의 이유
③ 수형지향적 부문화는 교도소 사회에서의 모든 생활 방식을 수용하고 적응하려고 하고, 자신의 수용 생활을 보다 쉽고 편하게 보내기 위해 교도소 내에서 지위획득에만 몰두하며 출소 후의 생활에 관해서는 관심을 두지 않는다.

수형자사회 부문화의 형태(서덜랜드와 크레시)

범죄지향적 부문화	• 외부에서 터득한 범죄주의 부문화를 그대로 고집하고 앞으로 사회에 나가서도 계속 범죄행위를 행할 것을 지향하며, 수형자의 역할 중 '정의한'에 해당한다. • 교도소 내에서 공식적으로 인정되는 어떤 지위를 얻고자 하지 않고, 반교도소적이거나 합법지향적 수형자들과 같이 조용한 수형 생활을 보낸다.
수형지향적 부문화	• 교도소 사회에서의 생활 방식들을 자신의 생활 방식으로 인용하고 적응해 나가며, 수형자의 역할 중 '정치인'에 해당한다. • 교도소 내에서의 지위 획득에 깊은 관심을 가질 뿐 사회에 나가서의 생활문제를 부차적인 문제로 돌리는 이른바 '교도소화'가 극도로 잘된 사람들로 재입소율이 가장 높다.
합법지향적 부문화	• 가족이나 친지 등의 외부사회로부터의 강한 유대관계에서 오는 형태로, 수형자의 역할 중 '고지식자'에 해당하는 자들이 지향하는 부문화이다. • 아무 사고 없이 속히 형기를 마치고 사회로 나아가 정상적인 사회생활을 하고자 하는 부류로 재입소율이 가장 낮으며, 전체 수형자 중 가장 높은 비율을 점하고 있다.

03 형의 집행 및 수용자의 처우에 관한 법령상 여성수용자의 처우에 대한 설명으로 옳지 않은 것은?

22년 국가직 7급

① 여성수용자는 자신이 출산한 유아를 교정시설에서 양육할 것을 신청할 수 있다. 이 경우 소장은 법률에 규정된 사유에 해당하지 않는 한 생후 24개월에 이르기까지 허가하여야 한다.

② 소장은 여성수용자에 대하여 건강검진을 실시하는 경우에는 나이·건강 등을 고려하여 부인과질환에 관한 검사를 포함시켜야 한다.

③ 남성교도관이 1인의 여성수용자에 대하여 실내에서 상담 등을 하려면 투명한 창문이 설치된 장소에서 다른 여성을 입회시킨 후 실시하여야 한다.

④ 소장은 여성수용자가 임신 중이거나 출산(유산·사산을 포함) 후 60일이 지나지 아니한 경우에는 모성보호 및 건강유지를 위하여 정기적인 검진 등 적절한 조치를 하여야 한다.

정답 ①

영역 미결수용자·여성 수용자에 대한 처우 및 수요자 권리구제

정답의 이유

① 여성 수용자는 자신이 출산한 유아를 교정시설에서 양육할 것을 신청할 수 있다. 이 경우 소장은 법률에 규정된 사유에 해당하지 않는 한 생후 18개월에 이르기까지 허가하여야 한다(형의 집행 및 수용자의 처우에 관한 법률 제53조 제1항).

오답의 이유

② 형의 집행 및 수용자의 처우에 관한 법률 제50조 제2항

③ 형의 집행 및 수용자의 처우에 관한 법률 제51조 제2항

④ 형의 집행 및 수용자의 처우에 관한 법률 제52조 제1항, 시행령 제78조

04 형의 집행 및 수용자 처우에 관한 법령상 교정 자문위원회에 대한 설명으로 옳은 것은?

21년 국가직 9급

① 수용자의 관리 · 교정교화 등 사무에 관한 소장의 자문에 응하기 위하여 교도소에 교정자문위원회를 둔다.

② 교정자문위원회는 5명 이상 7명 이하의 위원으로 성별을 고려하여 구성하고, 위원장은 위원 중에서 호선하며, 위원은 교정에 관한 학식과 경험이 풍부한 외부인사 중에서 소장의 추천을 받아 법무부장관이 위촉한다.

③ 교정자문위원회 위원장이 부득이한 사유로 직무를 수행할 수 없을 때에는 부위원장이 그 직무를 대행하고, 부위원장도 부득이한 사유로 직무를 수행할 수 없을 때에는 위원 중 연장자인 위원이 그 직무를 대행한다.

④ 교정자문위원회 위원 중 4명 이상은 여성으로 한다.

정답 ④

영역 형집행 관련 법령상 위원회

정답의 이유

④ 형의 집행 및 수용자의 처우에 관한 법률 시행규칙 제265조 제2항

오답의 이유

① 수용자의 관리 · 교정 교화 등 사무에 관한 지방교정청장의 자문에 응하기 위하여 지방교정청에 교정자문위원회를 둔다(형의 집행 및 수용자의 처우에 관한 법률 제129조 제1항).

② 교정자문위원회는 10명 이상 15명 이하의 위원으로 성별을 고려하여 구성하고, 위원장은 위원 중에서 호선하며, 위원은 교정에 관한 학식과 경험이 풍부한 외부 인사 중에서 지방교정청장의 추천을 받아 법무부 장관이 위촉한다(형의 집행 및 수용자의 처우에 관한 법률 제129조 제2항).

③ 위원장이 부득이한 사유로 직무를 수행할 수 없을 때는 부위원장이 그 직무를 대행하고, 부위원장도 부득이한 사유로 직무를 수행할 수 없을 때는 위원장이 미리 지명한 위원이 그 직무를 대행한다(형의 집행 및 수용자의 처우에 관한 법률 시행규칙 제267조 제2항).

05 「형의 집행 및 수용자의 처우에 관한 법률」의 내용으로 옳지 않은 것은?

18년 국가직 9급

① 법무부장관은 교정시설의 설치 및 운영에 관한 업무의 일부를 법인 또는 개인에게 위탁할 수 있다.

② 법무부장관은 교정시설의 운영, 교도관의 복무, 수용자의 처우 및 인권실태 등을 파악하기 위하여 매월 1회 이상 교정시설을 순회점검하거나 소속 공무원으로 하여금 순회점검하게 하여야 한다.

③ 수형자가 소년교도소에 수용 중에 19세가 된 경우에도 교육 · 교화프로그램, 작업, 직업훈련 등을 실시하기 위하여 특히 필요하다고 인정되면 23세가 되기 전까지는 계속하여 수용할 수 있다.

④ 교정시설의 장은 법률이 정한 사유가 있는 수형자에게 5일 이내의 특별귀휴를 허가할 수 있다.

정답 ②

영역 수용자에 대한 처우 일반규정

정답의 이유

② 법무부장관은 교정시설의 운영, 교도관의 복무, 수용자의 처우 및 인권실태 등을 파악하기 위하여 매년 1회 이상 교정시설을 순회점검하거나 소속 공무원으로 하여금 순회점검하여야 한다(형의 집행 및 수용자의 처우에 관한 법률 제8조).

오답의 이유

① 형의 집행 및 수용자의 처우에 관한 법률 제7조 제1항

③ 형의 집행 및 수용자의 처우에 관한 법률 제12조 제3항

④ 소장은 가족 또는 배우자의 직계존속이 사망한 때, 직계비속의 혼례가 있는 때의 사유가 있는 수형자에 대하여는 5일 이내의 특별귀휴를 허가할 수 있다(형의 집행 및 수용자의 처우에 관한 법률 제77조 제2항).

06 형의 집행 및 수용자의 처우에 관한 법령상 수용자의 이송에 대한 설명으로 옳은 것은?

24년 국가직 7급

① 소장은 사형확정자의 교육·교화프로그램, 작업 등을 위하여 필요하거나 교정시설의 안전과 질서유지를 위하여 특히 필요하다고 인정하는 경우에는 지방교정청장의 승인을 받아 사형확정자를 다른 교정시설로 이송할 수 있다.

② 소장은 징벌을 받고 교육 부적격자로 판단되어 교육대상자 선발이 취소된 수형자를 반드시 선발 당시 소속기관으로 이송하여야 한다.

③ 지방교정청장은 교정시설의 안전과 질서유지를 위하여 긴급하게 이송할 필요가 있다고 인정되는 때에는 관할 내 수용자 이송을 승인할 수 있다.

④ 소장은 조직폭력수형자가 작업장 등에서 다른 수형자와 음성적으로 세력을 형성하는 등 집단화할 우려가 있다고 인정하는 경우에는 지방교정청장에게 해당 조직폭력수형자의 이송을 지체없이 신청하여야 한다.

정답 ③

영역 이송과 수형자 처우

정답의 이유

③ 형의 집행 및 수용자의 처우에 관한 법률 시행령 제22조 제1항 제3호

오답의 이유

① 소장은 **수용자**의 수용·작업·교화·의료, 그 밖의 처우를 위하여 필요하거나 시설의 안전과 질서유지를 위하여 필요하다고 인정하면 **법무부장관**의 승인을 받아 **수용자**를 다른 교정시설로 이송할 수 있다(형의 집행 및 수용자의 처우에 관한 법률 제20조 제1항).

② 교육대상자의 선발이 취소되었을 경우에는 선발 당시 소속기관으로 이송한다. 다만, 다음의 어느 하나에 해당하는 경우에는 **소속기관으로 이송하지 아니하거나 다른 기관으로 이송할** 수 있다(형의 집행 및 수용자의 처우에 관한 법률 시행규칙 제106조 제2항).

1. 집행할 형기가 이송 사유가 발생한 날부터 3개월 이내일 때
2. **제105조 제1항 제3호의 사유로 인하여 교육대상자 선발이 취소**된 때
3. 소속기관으로의 이송이 부적당하다고 인정되는 특별한 사유가 있는 때

④ 소장은 조직폭력수형자가 작업장 등에서 다른 수형자와 음성적으로 세력을 형성하는 등 집단화할 우려가 있다고 인정하는 경우에는 **법무부장관**에게 해당 조직폭력수형자의 이송을 지체 없이 신청하여야 한다(형의 집행 및 수용자의 처우에 관한 법률 시행규칙 제201조).

---

07 「형의 집행 및 수용자의 처우에 관한 법률 시행령」상 수용에 대한 설명으로 옳은 것은? 18년 국가직 7급

① 혼거수용 인원은 2명 이상으로 한다. 다만, 요양이나 그 밖의 부득이한 사정이 있는 경우에는 예외로 한다.

② 처우상 독거수용이란 주간과 야간에는 일과에 따른 공동생활을 하게 하고, 휴업일에만 독거수용하는 것을 말한다.

③ 계호상 독거수용이란 사람의 생명·신체의 보호 또는 교정 시설의 안전과 질서유지를 위하여 실외운동·목욕 시에도 예외 없이 독거수용하는 것을 말한다.

④ 수용자를 호송하는 경우 수형자는 미결수용자와, 여성수용자는 남성수용자와, 19세 미만의 수용자는 19세 이상의 수용자와 서로 접촉하지 못하게 하여야 한다.

정답 ④

영역 수용자에 대한 처우 일반규정

정답의 이유

④ 형의 집행 및 수용자의 처우에 관한 법률 시행령 제24조

오답의 이유

① 혼거수용 인원은 **3명** 이상으로 한다. 다만, 요양이나 그 밖의 부득이한 사정이 있는 경우에는 예외로 한다(형의 집행 및 수용자의 처우에 관한 법률 시행령 제8조).

② 처우상 **독거수용**이란 **주간**에는 교육·작업 등의 처우를 위하여 일과(日課)에 따른 공동생활을 하게 하고 **휴업일과 야간**에만 독거수용하는 것을 말한다(형의 집행 및 수용자의 처우에 관한 법률 시행령 제5조 제1호).

③ 계호상 독거수용이란 사람의 생명·신체의 보호 또는 교정시설의 안전과 질서유지를 위하여 항상 독거수용하고 다른 수용자와의 접촉을 금지하는 것을 말한다. 다만, 수사·재판·**실외운동·목욕**·접견·진료 등을 위하여 필요한 경우에는 **그러하지 아니하다**(형의 집행 및 수용자의 처우에 관한 법률 시행령 제5조 제2호).

08 「형의 집행 및 수용자의 처우에 관한 법률」상 구분수용의 예외로 옳지 않은 것은?
21년 국가직 7급

① 관할 법원 및 검찰청 소재지에 구치소가 없는 때에는 교도소에 미결수용자를 수용할 수 있다.
② 범죄의 증거인멸을 방지하기 위하여 필요하거나 그 밖에 특별한 사정이 있는 때에는 교도소에 미결수용자를 수용할 수 있다.
③ 취사 등의 작업을 위하여 필요하거나 그 밖에 특별한 사정이 있으면 구치소에 수형자를 수용할 수 있다.
④ 수형자가 소년교도소에 수용 중에 19세가 된 경우에도 교육·교화프로그램, 작업, 직업훈련 등을 실시하기 위하여 특히 필요하다고 인정되면 25세가 되기 전까지는 계속하여 수용할 수 있다.

정답 ④
영역 수용자에 대한 처우 일반규정
[정답의 이유]
④ 수형자가 소년교도소에 수용 중에 19세가 된 경우에도 교육·교화프로그램, 작업, 직업훈련 등을 실시하기 위하여 특히 필요하다고 인정되면 **23세가** 되기 전까지는 계속하여 수용할 수 있다(형의 집행 및 수용자의 처우에 관한 법률 제12조 제3항).
[오답의 이유]
① 형의 집행 및 수용자의 처우에 관한 법률 제12조 제1항 제1호
② 형의 집행 및 수용자의 처우에 관한 법률 제12조 제1항 제3호
③ 형의 집행 및 수용자의 처우에 관한 법률 제12조 제2항

09 소년수용자의 처우에 대한 설명으로 옳은 것은?
20년 국가직 7급

① 소년수형자 전담교정시설에는 별도의 개별학습공간을 마련하고 학용품 및 소년의 정서 함양에 필요한 도서, 잡지 등을 갖춰 두어야 한다.
② 소장은 소년수형자 등의 나이·적성 등을 고려하여 필요하다고 인정하면 접견 및 전화통화 횟수를 늘릴 수 있다.
③ 소장은 소년수형자의 나이·적성 등을 고려하여 필요하다고 인정하면 발표회 및 공연 등 참가활동을 제외한 본인이 희망하는 활동을 허가할 수 있다.
④ 소년수형자 전담교정시설이 아닌 교정시설에서는 소년수용자를 수용할 수 없다.

정답 ②
영역 수용자에 대한 처우 일반규정
[정답의 이유]
② 형의 집행 및 수용자의 처우에 관한 법률 시행규칙 제59조의5
[오답의 이유]
① 소년수형자 전담교정시설에는 별도의 **공동학습공간을** 마련하고 학용품 및 소년의 정서 함양에 필요한 도서, 잡지 등을 갖춰 두어야 한다(형의 집행 및 수용자의 처우에 관한 법률 시행규칙 제59조의2 제2항).
③ 소장은 소년수형자의 나이·적성 등을 고려하여 필요하다고 인정하면 사회견학, 사회봉사, 자신이 신봉하는 종교행사 참석, 연극, 영화, 그 밖의 문화공연 관람을 허가할 수 있다. 이 경우 소장이 허가할 수 있는 활동에는 **발표회 및 공연 등 참가 활동이 포함된다**(형의 집행 및 수용자의 처우에 관한 법률 시행규칙 제59조의6).
④ 소년수형자 전담교정시설이 아닌 교정시설에서는 소년수용자를 수용하기 위한 **별도의 거실을** 지정하여 운용할 수 있다(형의 집행 및 수용자의 처우에 관한 법률 시행규칙 제59조의3).

10 「형의 집행 및 수용자의 처우에 관한 법률」상 수용자의 의료처우에 대한 설명으로 옳은 것만을 모두 고른 것은? 17년 국가직 5급 승진

> ㉠ 소장은 수용자에 대하여 건강검진을 정기적으로 하여야 한다.
>
> ㉡ 소장은 감염병이나 그 밖에 감염의 우려가 있는 질병의 발생과 확산을 방지하기 위하여 필요한 경우 수용자에 대하여 예방접종 · 격리수용 · 이송, 그 밖에 필요한 조치를 하여야 한다.
>
> ㉢ 소장은 수용자가 부상을 당하거나 질병에 걸리면 적절한 치료를 받도록 하여야 한다.
>
> ㉣ 소장은 수용자에 대한 적절한 치료를 위하여 필요하다고 인정하면 교정시설 밖에 있는 의료시설에서 진료를 받게 하여야 한다.
>
> ㉤ 소장은 수용자가 자신의 비용으로 외부의료시설에서 근무하는 의사에게 치료받기를 원하면 교정시설에 근무하는 의사의 의견을 고려하여 이를 허가해야 한다.
>
> ㉥ 소장은 정신질환이 있다고 의심되는 수용자가 있으면 정신건강의학과 의사의 진료를 받을 수 있도록 하여야 한다.

① ㉠, ㉡, ㉢, ㉣
② ㉡, ㉢, ㉣, ㉤
③ ㉢, ㉣, ㉤, ㉥
④ ㉠, ㉡, ㉢, ㉥

정답 ④

영역 의료

[정답의 이유]

㉠ 형의 집행 및 수용자의 처우에 관한 법률 제34조 제1항

㉡ 형의 집행 및 수용자의 처우에 관한 법률 제35조

㉢ 형의 집행 및 수용자의 처우에 관한 법률 제36조 제1항

㉥ 형의 집행 및 수용자의 처우에 관한 법률 제39조 제2항

[오답의 이유]

㉣ 소장은 수용자에 대한 적절한 치료를 위하여 필요하다고 인정하면 교정시설 밖에 있는 의료시설(외부의료시설)에서 진료를 **받게 할 수 있다**(형의 집행 및 수용자의 처우에 관한 법률 제37조 제1항).

㉤ 소장은 수용자가 자신의 비용으로 외부의료시설에서 근무하는 의사(외부의사)에게 치료받기를 원하면 교정시설에 근무하는 의사(공중보건의사를 포함하며, 이하 "의무관"이라 한다)의 의견을 고려하여 이를 **허가할 수 있다**(형의 집행 및 수용자의 처우에 관한 법률 제38조).

---

11 수용자의 기본권에 대한 설명으로 옳은 것은? (다툼이 있는 경우 헌법재판소 판례에 의함) 14년 국가직 7급

① 변호사와 접견하는 경우에도 수용자의 접견은 원칙적으로 접촉 차단시설이 설치된 장소에서 하도록 규정하고 있는 「형의 집행 및 수용자의 처우에 관한 법률 시행령」 관련 조항은 수용자의 재판청구권을 침해한다.

② 수형자의 선거권을 전면적 · 획일적으로 제한하는 「공직선거법」 관련 조항은 범행의 불법성이 커 교정시설에 구금되어 있는 자들의 선거권을 일률적으로 제한해야 할 필요성에 근거한 것으로 수형자의 선거권을 침해하는 것은 아니다.

③ 교도소에 수용된 때에는 국민건강급여를 정지하도록 한 「국민건강보험법」상의 규정은 수용자의 건강권, 인간의 존엄성, 행복추구권, 인간다운 생활을 할 권리를 침해하는 것으로 위헌이다.

④ 교화상 또는 구금목적에 특히 부적당하다고 인정되는 기사, 조직범죄 등 수용자 관련 범죄기사에 대한 신문기사를 삭제한 후 수용자에게 구독케 한 행위는 알 권리의 과잉침해에 해당한다.

정답 ①

영역 수용자의 기본권

[정답의 이유]

① 이 사건 접견조항[형의 집행 및 수용자의 처우에 관한 법률 시행령(2008.10.29. 대통령령 제21095호로 개정된 것 제58조 제4항)]에 따르면 수용자는 효율적인 재판준비를 하는 것이 곤란하게 되고, 특히 교정시설 내에서의 처우에 대하여 국가 등을 상대로 소송을 하는 경우에는 소송의 상대방에게 소송자료를 그대로 노출하게 되어 무기대등의 원칙이 훼손될 수 있다. 변호사 직무의 공공성, 윤리성 및 사회적 책임성은 변호사 접견권을 이용한 증거인멸, 도주 및 마약 등 금지물품 반입 시도 등의 우려를 최소화시킬 수 있으며, 변호사접견이라 하더라도 교정시설의 질서 등을 해할 우려가 있는 특별한 사정이 있는 경우에는 예외를 두도록 한다면 악용될 가능성도 방지할 수 있다. 따라서 이 사건 접견조항은 과잉금지원칙에 위배하여 청구인의 재판청구권을 지나치게 제한하고 있으므로, 헌법에 위반된다(헌재 2013.8.29., 2011헌마122 전원).

② 집행유예기간 중인 자와 수형자의 선거권을 제한하고 있는 공직선거법(2005. 8. 4. 법률 제7681호로 개정된 것) 제18조 제1항 제2호 중 '유기징역 또는 유기금고의 선고를 받고 그 집행이 종료되지 아니한 자(이하 '수형자'라 한다)'에 관한 부분과 '유기징역 또는 유기금고의 선고를 받고 그 집행유예기간 중인 자(이하 '집행유예자'라 한다)'에 관한 부분 및 형법(1953. 9. 18. 법률 제293호로 제정된 것) 제43조 제2항 중 수형자와 집행유예자의 '공법상의 선거권'에 관한 부분(이 조항들을 함께 '심판대상조항'이라 한다)은 집행유예자와 수형자에 대하여 전면적·획일적으로 선거권을 제한하고 있다. 심판대상조항의 입법목적에 비추어 보더라도, 구체적인 범죄의 종류나 내용 및 불법성의 정도 등과 관계없이 일률적으로 선거권을 제한하여야 할 필요성이 있다고 보기는 어렵다. 범죄자가 저지른 범죄의 경중을 전혀 고려하지 않고 수형자와 집행유예자 모두의 선거권을 제한하는 것은 침해의 최소성원칙에 어긋난다. 특히 집행유예자는 집행유예 선고가 실효되거나 취소되지 않는 한 교정시설에 구금되지 않고 일반인과 동일한 사회생활을 하고 있으므로, 그들의 선거권을 제한해야 할 필요성이 크지 않다. 따라서 심판대상조항은 청구인들의 선거권을 침해하고, 보통선거원칙에 위반하여 집행유예자와 수형자를 차별취급하는 것이므로 평등원칙에도 어긋난다(헌재 2014.1.28., 2012헌마409 전원).

③ 교도소에 수용된 때에는 국민건강보험급여를 정지하도록 한 국민건강보험법 제49조 제4호는 수용자에게 불이익을 주기 위한 것이 아니라, 국가의 보호, 감독을 받는 수용자의 질병치료를 국가가 부담하는 것을 전제로 수용자에 대한 의료보장제도를 합리적으로 운영하기 위한 것이므로 입법목적의 정당성을 갖고 있다. … 위 조항은 수용자의 의료보장수급권을 직접 제약하는 규정이 아니며, 입법재량을 벗어나 수용자의 건강권을 침해하거나 국가의 보건의무를 저버린 것으로 볼 수 없으므로 수용자의 건강권, 인간의 존엄성, 행복추구권, 인간다운 생활을 할 권리를 침해하는 것이라 할 수 없다[헌재 2005.2.24., 2003헌마31, 2004헌마695(병합) 전원].

④ 교화상 또는 구금목적에 특히 부적당하다고 인정되는 기사, 조직범죄 등 수용자 관련 범죄기사에 대한 신문기사 삭제행위는 구치소내 질서유지와 보안을 위한 것으로, 신문기사 중 탈주에 관한 사항이나 집단단식, 선동 등 구치소내 단체생활의 질서를 교란하는 내용이 미결수용자에게 전달될 때 과거의 예와 같이 동조단식이나 선동 등 수용의 내부질서와 규율을 해하는 상황이 전개될 수 있고, 이는 수용자가 과밀하게 수용되어 있는 현 구치소의 실정과 과소한 교도인력을 볼 때 구치소내의 질서유지와 보안을 어렵게 할 우려가 있다. 이 사건 신문기사의 삭제 내용은 그러한 범위 내에 그치고 있을 뿐 신문기사 중 주요기사 대부분이 삭제된 바 없음이 인정되므로 이는 수용질서를 위한 청구인의 알 권리에 대한 최소한의 제한이라고 볼 수 있으며, 이로서 침해되는 청구인에 대한 수용질서와 관련되는 위 기사들에 대한 정보획득의 방해와 그러한 기사 삭제를 통해 얻을 수 있는 구치소의 질서유지와 보안에 대한 공익을 비교할 때 청구인의 알 권리를 과도하게 침해한 것은 아니다(헌재 1998.10.29., 98헌마4 전원).

12 형의 집행 및 수용자의 처우에 관한 법령상 접견 및 편지수수에 대한 설명으로 옳지 않은 것은?

24년 국가직 7급

① 미결수용자(형사사건으로 수사 또는 재판을 받고 있는 수형자와 사형확정자는 제외함)가 변호인 또는 변호인이 되려는 사람과 접견하는 경우 접촉차단시설이 설치되지 아니한 장소에서 접견하게 한다.

② 미결수용자와 변호인 간의 편지는 교정시설에서 상대방이 변호인임을 확인할 수 없는 경우를 제외하고는 검열할 수 없다.

③ 수용자가 미성년자인 자녀와 접견하는 경우 접촉차단시설이 설치되지 아니한 장소에서 접견하게 할 수 있다.

④ 소장은 소송사건의 수 또는 소송내용의 복잡성 등을 고려하여 소송의 준비를 위하여 특히 필요하다고 인정하면 소송사건 대리인인 변호사와 수용자의 접견 시간 및 횟수를 늘릴 수 있다.

정답 ①

영역 시설 내 처우

정답의 이유

① 미결수용자(형사사건으로 수사 또는 재판을 받고 있는 수형자와 사형확정자를 포함한다)가 변호인(변호인이 되려는 사람을 포함한다. 이하 같다)과 접견하는 경우 접촉차단시설이 설치되지 아니한 장소에서 접견하게 한다(형의 집행 및 수용자의 처우에 관한 법률 제41조 제2항 제1호).

오답의 이유

② 형의 집행 및 수용자의 처우에 관한 법률 제84조 제3항

③ 형의 집행 및 수용자의 처우에 관한 법률 제41조 제3항 제1호

④ 형의 집행 및 수용자의 처우에 관한 법률 시행령 제59조의2 제3항

13 「형의 집행 및 수용자의 처우에 관한 법률」상 안전과 질서에 대한 설명으로 옳지 않은 것은?

15년 국가직 7급

① 교정시설의 장은 수용자의 신체적 · 정신적 질병으로 인하여 특별한 보호가 필요한 때에는 의무관의 의견을 고려하여 진정실에 수용할 수 있다.
② 전자영상장비로 거실에 있는 수용자를 계호하는 것은 자살 등의 우려가 큰 때에만 할 수 있다.
③ 교도관은 이송 · 출정, 그 밖에 교정시설 밖의 장소로 수용자를 호송할 때 수갑 및 포승을 사용할 수 있다.
④ 교도관은 교정시설 안에서 자기 또는 타인의 생명 · 신체를 보호하기 위하여 급박하다고 인정되는 상당한 이유가 있으면 수용자 외의 사람에 대하여도 무기를 사용할 수 있다.

정답 ①

영역 안전과 질서 일반

[정답의 이유]
① 소장은 수용자가 자살 또는 자해의 우려가 있거나, 신체적 · 정신적 질병으로 인하여 특별한 보호가 필요한 때에는 의무관의 의견을 고려하여 **보호실**에 수용할 수 있다(형의 집행 및 수용자의 처우에 관한 법률 제95조 제1항).

[오답의 이유]
② 형의 집행 및 수용자의 처우에 관한 법률 제94조 제1항
③ 형의 집행 및 수용자의 처우에 관한 법률 제9/조 제1항 제1호, 제98조 제1항 제1호 · 제8호
④ 형의 집행 및 수용자의 처우에 관한 법률 제101조 제2항

14 수용시설의 안전과 질서유지를 위한 수용자의 보호실 및 진정실 수용에 대한 설명으로 옳은 것은?

12년 국가직 9급

① 의무관은 수용자가 자살 또는 자해의 우려가 있는 때에는 소장의 동의를 받아 보호실에 수용할 수 있다.
② 수용자의 보호실 수용기간은 15일 이내로 하며, 기간 연장 시 계속하여 2개월을 초과할 수 없다.
③ 소장은 수용자가 교정시설의 설비 또는 기구 등을 손괴하거나 손괴하려고 하는 때에는 보호장비를 사용하여 그 목적을 달성할 수 있는 경우에도 진정실에 수용할 수 있다.
④ 진정실에 수용할 수 있는 기간은 24시간 이내로 하되, 기간 연장 시 계속하여 3일을 초과할 수 없다.

정답 ④

영역 보호실과 진정실 수용

[정답의 이유]
④ 형의 집행 및 수용자의 처우에 관한 법률 제96조 제2항 · 제3항

[오답의 이유]
① 소장은 수용자가 자살 또는 자해의 우려가 있는 때에는 **의무관의 의견을 고려하여** 보호실에 수용할 수 있다(형의 집행 및 수용자의 처우에 관한 법률 제95조 제1항 제1호).
② 수용자의 보호실 수용기간은 15일 이내로 하며, 수용자를 보호실에 수용할 수 있는 기간은 계속하여 **3개월**을 초과할 수 없다(형의 집행 및 수용자의 처우에 관한 법률 제95조 제2항 · 제3항)
③ 소장은 수용자가 교정시설의 설비 또는 기구 등을 손괴하거나 손괴하려고 하는 때에는 강제력을 행사하거나 보호장비를 사용하여도 그 목적을 달성할 수 없는 경우에만 진정실에 수용할 수 있다(형의 집행 및 수용자의 처우에 관한 법률 제96조 제1항 제1호).

15 「형의 집행 및 수용자의 처우에 관한 법률」상 징벌에 대한 설명으로 옳지 않은 것은? 21년 국가직 9급

① 수용자가 징벌이 집행 중에 있거나 징벌의 집행이 끝난 후 또는 집행이 면제된 후 6개월 내에 다시 징벌사유에 해당하는 행위를 한 때에는 징벌(경고는 제외)의 장기의 2분의 1까지 가중할 수 있다.

② 소장은 징벌사유에 해당하는 행위를 하였다고 의심할 만한 이유가 있는 수용자가 증거를 인멸할 우려가 있는 때에 한하여 조사기간 중 분리하여 수용할 수 있다.

③ 징벌위원회는 징벌을 의결하는 때에 행위의 동기 및 정황, 교정성적, 뉘우치는 정도 등 그 사정을 고려할 만한 사유가 있는 수용자에 대하여 2개월 이상 6개월 이하의 기간 내에서 징벌의 집행을 유예할 것을 의결할 수 있다.

④ 징벌위원회는 위원장을 포함한 5명 이상 7명 이하의 위원으로 구성하고, 위원장은 소장의 바로 다음 순위자가 된다.

정답 ②

영역 징벌 · 상벌(포상) · 형벌 등

[정답의 이유]
② 소장은 증거를 인멸할 우려가 있는 때뿐만 아니라 다른 사람에게 위해를 끼칠 우려가 있거나 다른 수용자의 위해로부터 보호할 필요가 있을 때에는 조사기간 중 분리하여 수용할 수 있다(형의 집행 및 수용자의 처우에 관한 법률 제110조 제1항).

[오답의 이유]
① 형의 집행 및 수용자의 처우에 관한 법률 제109조 제2항 제2호
③ 형의 집행 및 수용자의 처우에 관한 법률 제114조 제1항
④ 형의 집행 및 수용자의 처우에 관한 법률 제111조 제2항

16 「형의 집행 및 수용자의 처우에 관한 법률 시행규칙」상 분류심사에 대한 설명으로 옳지 않은 것은? 22년 국가직 9급

① 구류형이 확정된 사람에 대해서는 분류심사를 하지 아니한다.

② 무기징역형이 확정된 수형자의 정기재심사 시기를 산정하는 경우에는 그 형기를 20년으로 본다.

③ 부정기형의 정기재심사 시기는 장기형을 기준으로 한다.

④ 집행할 형기가 분류심사 유예 사유 소멸일부터 3개월 미만인 경우 소장은 유예한 분류심사를 하지 아니한다.

정답 ③

영역 분류심사 일반이론 및 규정

[정답의 이유]
③ 부정기형의 정기재심사 시기는 단기형을 기준으로 한다(형의 집행 및 수용자의 처우에 관한 법률 시행규칙 제66조 제2항).

[오답의 이유]
① 형의 집행 및 수용자의 처우에 관한 법률 시행규칙 제62조 제1항 제2호
② 형의 집행 및 수용자의 처우에 관한 법률 시행규칙 제66조 제3항
④ 형의 집행 및 수용자의 처우에 관한 법률 시행규칙 제62조 제3항

17 형의 집행 및 수용자의 처우에 관한 법령상 소득점수 평가에 대한 설명으로 옳은 것은?

24년 국가직 7급

① 소장이 작업장 중 작업의 특성이나 난이도 등을 고려하여 필수 작업장으로 지정하는 경우 소득점수의 수는 10퍼센트 이내, 우는 30퍼센트 이내의 범위에서 각각 확대할 수 있다.

② 경비처우급을 상향 또는 하향 조정하기 위하여 고려할 수 있는 평정소득점수의 기준은 수용 및 처우를 위하여 특히 필요한 경우 법무부장관이 달리 정할 수 있다.

③ 부정기재심사의 소득점수 평정대상기간은 사유가 발생한 달의 다음 달까지로 한다.

④ 수형자의 수형생활 태도는 책임감 및 협동심의 정도에 따라 매우양호(수, 5점)·양호(우, 4점)·보통(미, 3점)·개선요망(양, 2점)·불량(가, 0점)으로 구분하여 채점한다.

정답 ②

영역 소득점수 및 처우등급

정답의 이유

② 형의 집행 및 수용자의 처우에 관한 법률 시행규칙 제81조

오답의 이유

① 소장이 작업장 중 작업의 특성이나 난이도 등을 고려하여 필수 작업장으로 지정하는 경우 소득점수의 수는 5퍼센트 이내, 우는 10퍼센트 이내의 범위에서 각각 확대할 수 있다(형의 집행 및 수용자의 처우에 관한 법률 시행규칙 제79조 제2항).

③ 부정기재심사의 소득점수 평정대상기간은 사유가 발생한 달까지로 한다(형의 집행 및 수용자의 처우에 관한 법률 시행규칙 제80조 제1항 후문).

④ 수형생활 태도는 품행·책임감 및 협동심의 정도에 따라 매우양호(수, 5점)·양호(우, 4점)·보통(미, 3점)·개선요망(양, 2점)·불량(가, 1점)으로 구분하여 채점한다(형의 집행 및 수용자의 처우에 관한 법률 시행규칙 제78조 제2항 제1호).

18 수형자의 처우방식 중 누진처우제도에 대한 설명으로 옳지 않은 것은?

17년 국가직 9급

① 일종의 토큰경제(Token Economy)에 해당하는 제도로서, 재판상 선고된 자유형의 집행단계를 여러 개의 단계로 나누어 수형자의 개선 정도에 따라 상위계급으로 진급하게 함으로써 점차 자유제한적 처우를 완화하는 것이다.

② 영국에서 시작된 일종의 고사제(考査制)에 호주의 마코노키(A. Machonochie)가 점수제(點數制)를 결합시킴으로써 더욱 발전하였다고 한다.

③ 아일랜드제(Irish System)는 크로프톤(W. Crofton)이 창안한 것으로 매월 소득점수로 미리 정한 책임점수를 소각하는 방법을 말하며, 우리나라의 누진처우방식과 유사하다.

④ 엘마이라제(Elmira System)는 자력적 갱생에 중점을 둔 행형제도로 일명 감화제라고도 하는데, 전과 3범 이상의 청소년 범죄자를 대상으로 하여 개선·교화를 위해 교도소를 학교와 같은 분위기에서 운영하는 제도이다.

정답 ④

영역 누진처우제도

정답의 이유

④ 엘마이라제(Elmira System)는 자력적 갱생에 중점을 둔 행형제도로 일명 감화제라고도 하는데, 초범의 청소년 범죄자를 대상으로 하여 개선·교화를 위해 교도소를 학교와 같은 분위기에서 운영하는 제도이다.

19 「형의 집행 및 수용자의 처우에 관한 법률 시행규칙」상 가석방에 대한 설명으로 옳지 않은 것은?

① 소장은 「형법」 제72조 제1항의 기간을 경과한 수형자로서 교정성적이 우수하고 뉘우치는 빛이 뚜렷하여 재범의 위험성이 없다고 인정하는 경우에는 분류처우위원회의 의결을 거쳐 가석방 적격심사신청 대상자를 선정한다.
② 소장은 가석방 적격심사신청을 위한 사전조사에서 신원에 관한 사항의 조사는 수형자를 수용한 날부터 2개월 이내에 하고, 그 후 변경된 사항이 있는 경우에는 지체 없이 그 내용을 변경하여야 한다.
③ 소장은 가석방 적격심사신청을 위하여 사전조사한 사항을 매월 분류처우위원회의 회의 개최일 전날까지 분류처우심사표에 기록하여야 하며, 이 분류처우심사표는 법무부장관이 정한다.
④ 소장은 가석방이 허가되지 아니한 수형자에 대하여 그 후에 가석방을 허가하는 것이 적당하다고 인정하는 경우에는 다시 가석방 적격심사신청을 할 수 있다.

정답 ②

영역 수형자에 대한 가석방(석방)

[정답의 이유]

② 소장은 가석방 적격심사신청을 위한 사전조사에서 신원에 관한 사항에 대한 조사는 수형자를 수용한 날부터 1개월 이내에 하고, 그 후 변경할 필요가 있는 사항이 발견되거나 가석방 적격심사신청을 위하여 필요한 경우에 한다(형의 집행 및 수용자의 처우에 관한 법률 시행규칙 제249조 제1항).

[오답의 이유]

① 형의 집행 및 수용자의 처우에 관한 법률 시행규칙 제245조 제1항
③ 형의 집행 및 수용자의 처우에 관한 법률 시행규칙 제248조 제1항 · 제2항
④ 형의 집행 및 수용자의 처우에 관한 법률 시행규칙 제251조

20 「형의 집행 및 수용자의 처우에 관한 법률 시행규칙」상 수형자의 개인작업에 대한 설명으로 옳지 않은 것은?

① 소장은 수형자가 개방처우급 또는 완화경비처우급으로서 작업기술이 탁월하거나 작업성적이 우수한 경우에는 수형자 자신을 위한 개인작업을 하게 할 수 있다.
② 개인작업 시간은 교도작업에 지장을 주지 아니하는 범위에서 1일 2시간 이내로 한다.
③ 소장은 개인작업을 하는 수형자에게 개인작업 용구를 사용하게 할 수 있다. 이 경우 작업용구는 특정한 용기에 보관하도록 하여야 한다.
④ 개인작업에 필요한 작업재료 등의 구입비용은 수형자가 부담한다. 다만, 처우상 필요한 경우에는 예산의 범위에서 그 비용을 지원할 수 있다.

정답 ①

영역 직업훈련

[정답의 이유]

① 소장은 수형자가 개방처우급 또는 완화경비처우급으로서 작업기술이 탁월하고 작업성적이 우수한 경우에는 수형자 자신을 위한 개인작업을 하게 할 수 있다(형의 집행 및 수용자의 처우에 관한 법률 시행규칙 제95조 제1항).

[오답의 이유]

② 형의 집행 및 수용자의 처우에 관한 법률 시행규칙 제95조 제1항
③ 형의 집행 및 수용자의 처우에 관한 법률 시행규칙 제95조 제2항
④ 형의 집행 및 수용자의 처우에 관한 법률 시행규칙 제95조 제3항

21 「형의 집행 및 수용자의 처우에 관한 법률」상 작업시간 등에 대한 설명으로 옳지 않은 것은?

25년 국가직 9급

① 휴식 · 운동 · 식사 · 접견 등 실제 작업을 실시하지 않는 시간을 제외한 1일의 작업시간은 8시간을 초과할 수 없다.

② 작업장의 운영을 위하여 불가피한 경우에는 공휴일 · 토요일에도 작업을 부과할 수 있다.

③ 19세 미만 수형자의 작업시간은 1일에 8시간을, 1주에 40시간을 초과할 수 없다.

④ 취사 · 청소 · 간병 등 교정시설의 운영과 관리에 필요한 작업의 1일 작업시간은 12시간을 초과할 수 있다.

정답 ④

영역 작업부과, 작업시간, 작업면제 등

정답의 이유

④ 취사 · 청소 · 간병 등 교정시설의 운영과 관리에 필요한 작업의 1일 작업시간은 12시간 이내로 한다(형의 집행 및 수용자의 처우에 관한 법률 제71조 제2항).

오답의 이유

① 형의 집행 및 수용자의 처우에 관한 법률 제71조 제1항

② 형의 집행 및 수용자의 처우에 관한 법률 제71조 제5항 제2호

③ 형의 집행 및 수용자의 처우에 관한 법률 제71조 제4항

22 사형확정자의 처우에 대한 설명 중 옳지 않은 것만을 모두 고른 것은?

14년 국가직 7급

㉠ 사형확정자의 교육 · 교화프로그램, 작업 등의 적절한 처우를 위하여 필요한 경우에는 사형확정자와 수형자를 혼거수용할 수 있다.

㉡ 사형확정자의 번호표 및 거실표의 색상은 붉은색으로 한다.

㉢ 사형이 집행된 후 10분이 지나야 교수형에 사용한 줄을 풀 수 있다.

㉣ 사형확정자의 신청에 따라 작업을 부과할 수 있다.

㉤ 사형확정자를 수용하는 시설은 완화경비시설 또는 일반경비시설에 준한다.

㉥ 사형확정자의 교화나 심리적 안정을 위해 필요한 경우에 접견 횟수를 늘릴 수 있으나 접견시간을 연장할 수는 없다.

① ㉠, ㉢, ㉤ ② ㉡, ㉣, ㉤

③ ㉢, ㉣, ㉥ ④ ㉢, ㉤, ㉥

정답 ④

영역 사형확정자 · 사망자에 대한 처우

정답의 이유

㉢ 소장은 사형을 집행하였을 경우에는 시신을 검사한 후 5분이 지나지 아니하면 교수형에 사용한 줄을 풀지 못한다(형의 집행 및 수용자의 처우에 관한 법률 시행령 제111조).

㉤ 사형확정자를 수용하는 시설의 설비 및 계호의 정도는 일반경비시설 또는 중경비시설에 준한다(형의 집행 및 수용자의 처우에 관한 법률 시행령 제108조).

㉥ 사형확정자의 교화나 심리적 안정을 도모하기 위하여 특히 필요하다고 인정하면 접견 시간대 외에도 접견을 하게 할 수 있고 접견시간을 연장하거나 접견 횟수를 늘릴 수 있다(형의 집행 및 수용자의 처우에 관한 법률 시행령 제110조).

오답의 이유

㉠ 형의 집행 및 수용자의 처우에 관한 법률 제89조 제1항, 시행규칙 제150조 제3항

㉡ 형의 집행 및 수용자의 처우에 관한 법률 시행규칙 제150조 제5항

㉣ 형의 집행 및 수용자의 처우에 관한 법률 시행규칙 제153조 제1항

23 형의 집행 및 수용자의 처우에 관한 법령상 장애인수용자와 노인수용자의 처우에 대한 설명으로 옳지 않은 것은?　25년 국가직 9급

① 장애인수형자 전담교정시설의 장은 장애인의 재활에 관한 전문적인 지식을 가진 의료진과 장비를 갖추도록 노력하여야 한다.
② 장애인수형자 전담교정시설의 장은 장애인수형자에 대한 직업훈련이 석방 후의 취업과 연계될 수 있도록 그 프로그램의 편성 및 운영에 특히 유의하여야 한다.
③ 소장은 노인수용자가 작업을 원하는 경우에는 나이 · 건강상태 등을 고려하여 해당 수용자가 감당할 수 있는 정도의 작업을 부과하되, 이 경우 보안과장의 의견을 들어야 한다.
④ 소장은 노인수용자에 대하여 나이 · 건강상태 등을 고려하여 그 처우에 있어 적정한 배려를 하여야 하며, 필요하다고 인정하면 운동시간을 연장하거나 목욕횟수를 늘릴 수 있다.

정답 ③

영역 수용자에 대한 특별 교도행정과 처우

정답의 이유
③ 소장은 노인수용자가 작업을 원하는 경우에는 나이 · 건강상태 등을 고려하여 해당 수용자가 감당할 수 있는 정도의 작업을 부과한다. 이 경우 의무관의 의견을 들어야 한다(형의 집행 및 수용자의 처우에 관한 법률 시행규칙 제48조 제2항).

오답의 이유
① 형의 집행 및 수용자의 처우에 관한 법률 시행규칙 제52조
② 형의 집행 및 수용자의 처우에 관한 법률 시행규칙 제53조
④ 형의 집행 및 수용자의 처우에 관한 법률 시행규칙 제46조 제1항

24 형의 집행 및 수용자의 처우에 관한 법령상 귀휴에 대한 설명으로 옳지 않은 것은?　16년 국가직 9급

① 동행귀휴의 경우에는 귀휴조건 중 '귀휴지에서 매일 1회 이상 소장에게 전화보고' 조건은 붙일 수 없다.
② 귀휴자의 여비와 귀휴 중 착용할 복장은 본인이 부담한다.
③ 소장은 귀휴자가 신청할 경우 작업장려금의 전부를 귀휴비용으로 사용하게 할 수 있다.
④ 소장은 귀휴자가 귀휴조건을 위반한 경우에는 귀휴 심사위원회의 의결을 거쳐 귀휴를 취소하여야 한다.

정답 ④

영역 귀휴

정답의 이유
④ 소장은 귀휴자가 귀휴조건을 위반하였을 때는 그 귀휴를 취소할 수 있다(형의 집행 및 수용자의 처우에 관한 법률 제78조). 귀휴심사위원회 회의는 수형자에게 귀휴사유가 발생하여 귀휴심사가 필요하다고 인정하는 때에 개최한다(동법 시행규칙 제133조).

오답의 이유
① 형의 집행 및 수용자의 처우에 관한 법률 시행규칙 제140조 제4호
② 형의 집행 및 수용자의 처우에 관한 법률 시행규칙 제142조 제1항
③ 형의 집행 및 수용자의 처우에 관한 법률 시행규칙 제142조 제2항

25 「형의 집행 및 수용자의 처우에 관한 법률」 및 동법 시행령상 교도작업에 대한 설명으로 옳지 않은 것은? 16년 국가직 7급 변형

① 소장은 미결수용자에 대하여는 신청에 따라 작업을 부과할 수 있지만, 교정시설 밖에서 행하는 작업은 부과할 수 없다.

② 소장은 금고형 또는 구류형의 집행 중에 있는 사람에 대하여는 신청에 따라 작업을 부과할 수 있다.

③ 소장은 교도관에게 매주 1회 수형자의 작업실적을 확인하게 하여야 한다.

④ 소장은 수형자의 가족 또는 배우자의 직계존속이 사망하면 2일간, 부모 또는 배우자의 제삿날에는 1일간 해당 수형자의 작업을 면제한다. 다만, 수형자가 작업을 계속하기를 원하는 경우는 예외로 한다.

정답 ③

영역 교도작업

[정답의 이유]

③ 소장은 교도관에게 매일 수형자의 작업실적을 확인하게 하여야 한다(형의 집행 및 수용자의 처우에 관한 법률 시행령 제92조).

[오답의 이유]

① 형의 집행 및 수용자의 처우에 관한 법률 시행령 제103조 제1항

② 형의 집행 및 수용자의 처우에 관한 법률 제67조

④ 형의 집행 및 수용자의 처우에 관한 법률 제72조 제1항

교정학개론 6회

01 수형자자치제(Inmate Self-government System)에 대한 설명으로 옳지 않은 것은?

24년 국가직 9급

① 수형자자치제는 부정기형제도하에서 효과적인 것으로, 수형자에 대한 과학적 분류심사를 전제로 한다.
② 수형자자치제는 수형자의 처우에 있어서 자기통제원리에 입각한 자기조절 훈련과정을 결합한 것으로, 수형자의 사회적응력을 키울 수 있다.
③ 오스본(T. Osborne)은 1914년 싱싱교도소(Sing Sing Prison)에서 행형시설 최초로 수형자자치제를 실시하였다.
④ 수형자자치제는 교도관의 권위를 저하시킬 수 있고, 소수의 힘 있는 수형자에 의해 대다수의 일반 수형자가 억압·통제되는 폐단을 가져올 수 있다.

정답 ③

영역 교정학의 의미 및 발전적 동향

[정답의 이유]
③ 1914년 미국의 오스본(Osborne)이 오번(Auburn) 교도소에서 수형자 체험을 바탕으로 자치제를 조직하여 시도한 것이 행형시설 최초의 수형자자치제이다.

(((•))) 더 알아보기

수형자자치제
• 전통적 행형이 모범 수형자를 만들지언정 모범 시민은 만들지 못한다는 가정에서 출발
• 수형자에게 자율과 책임을 주어 자치적으로 행형을 운용
• 질서 의식과 사회적 훈련을 경험, 법과 질서를 준수하는 정상적인 사회인으로 복귀하는 데 초점

02 교정처우에 대한 설명으로 옳은 것은?

19년 국가직 7급

① 선시제도(Good Time System)는 대규모 시설에서의 획일적인 수용처우로 인한 문제점을 해소하기 위해 가족적인 분위기에서 소집단으로 처우하는 제도이다.
② 개방형(사회적) 처우는 폐쇄형(시설내) 처우의 폐해를 최소화하기 위한 것으로, 개방시설에 대한 논의가 1950년 네덜란드 헤이그에서 개최된 제12회 '국제형법 및 형무회의'에서 있었다.
③ 사회형(사회내) 처우의 유형으로는 민영교도소, 보호관찰제도, 중간처우소 등을 들 수 있다.
④ 수형자자치제는 부정기형제도보다 정기형제도하에서 더욱 효과적으로 운영될 수 있는 반면, 소수의 힘 있는 수형자에게 권한이 집중될 수 있어서 수형자에 의한 수형자의 억압과 통제라는 폐해를 유발할 수 있다.

정답 ②

영역 교정학 발전사

[오답의 이유]
① 소규모 수형자자치제인 커티지제에 대한 설명이다.
③ 민영교도소는 시설 내 처우이다.
④ 수형자자치제는 가석방을 전제로 하기에 정기형제도보다 부정기형제도하에서 더욱 효과적으로 운영될 수 있다.

03 형의 집행 및 수용자의 처우에 관한 법령상 미결수용자의 처우에 대한 설명으로 옳지 않은 것은?

① 미결수용자는 무죄의 추정을 받으며, 미결수용자가 수용된 거실은 참관할 수 없다.
② 소장은 미결수용자의 신청에 따라 작업을 부과할 수 있으며, 이에 따라 작업이 부과된 미결수용자가 작업의 취소를 요청하는 경우에는 그 미결수용자의 의사, 건강 및 교도관의 의견 등을 고려하여 작업을 취소할 수 있다.
③ 소장은 미결수용자가 도주하거나 도주한 미결수용자를 체포한 경우 및 미결수용자가 위독하거나 사망한 경우에는 그 사실을 검사에게 통보하고, 기소된 상태인 경우에는 법원에도 지체없이 통보하여야 한다.
④ 소장은 미결수용자로서 사건에 서로 관련이 있는 사람은 분리수용하고 서로 간의 접촉을 금지하여야 하며, 만약 미결수용자를 이송, 출정 또는 그 밖의 사유로 교정시설 밖으로 호송하는 경우에는 반드시 해당 사건에 관련된 사람이 탑승한 호송 차량이 아닌 별도의 호송 차량에 탑승시켜야 한다.

정답 ④

영역 미결수용자·여성 수용자에 대한 처우 및 수요자 권리구제

[정답의 이유]
④ 소장은 이송이나 출정, 그 밖의 사유로 미결수용자를 교정시설 밖으로 호송하는 경우에는 해당 사건에 관련된 사람과 호송 차량의 좌석을 분리하는 등의 방법으로 서로 접촉하지 못하게 하여야 한다(형의 집행 및 수용자의 처우에 관한 법률 시행령 제100조).

[오답의 이유]
① 형의 집행 및 수용자의 처우에 관한 법률 제79조·제80조
② 형의 집행 및 수용자의 처우에 관한 법률 제86조 제1항, 동법 시행령 제103조 제2항
③ 형의 집행 및 수용자의 처우에 관한 법률 시행령 제104조·제105조

04 브랜팅햄 부부(P. Brantingham & P. Brantingham)의 범죄패턴이론에 대한 설명으로 옳은 것만을 모두 고르면?

18년 국가직 5급 승진

> ㉠ 개인은 의사결정을 통해 일련의 행동을 하게 되는데, 활동들이 반복되는 경우 의사결정과정은 규칙화된다.
> ㉡ 범죄자들은 평범한 일상생활 속에서 범행기회와 조우하게 된다.
> ㉢ 범죄자는 일반인과 같은 정상적인 시공간적 행동패턴을 갖지 못한다.
> ㉣ 잠재적 피해자는 잠재적 범죄자의 활동공간과 교차하는 활동공간이나 위치를 갖는다.
> ㉤ 사람들이 활동하기 위해 움직이고 이동하는 것과 관련하여 축(교차점, nodes), 통로(경로, Paths), 가장자리(Edges)의 세 가지 개념을 제시한다.

① ㉠, ㉤
② ㉡, ㉢
③ ㉠, ㉡, ㉣
④ ㉠, ㉡, ㉣, ㉤

정답 ④

영역 교정학의 의미 및 발전적 동향

[오답의 이유]
㉢ 브랜팅햄 부부의 범죄패턴이론은 범죄가 일정한 장소적 패턴이 있으며, 이것은 범죄지의 일상적인 행동패턴과 유사하다는 논리로 범죄자의 여가활동장소나 이동경로 등을 분석하여 범죄지역을 예측하는 것을 말한다.

05 다이버전에 대한 설명으로 옳지 않은 것은?

22년 국가직 9급

① 형벌 이외의 사회통제망의 축소를 가져온다.
② 공식적인 절차에 비해서 형사사법비용을 절감할 수 있다.
③ 업무경감으로 인하여 형사사법제도의 능률성과 신축성을 가져온다.
④ 범죄로 인한 낙인의 부정적 영향을 최소화하여 2차적 일탈의 예방에 긍정적이다.

정답 ①

영역 수용자에 대한 처우 일반규정

정답의 이유

① 다이버전은 보호관찰, 사회봉사명령, 수강명령 등의 사회내처우를 대표적인 예로 들 수 있는데, 형벌 이외의 사회통제망 확대를 가져온다는 부작용이 있다.

---

06 중간처벌제도에 대한 설명으로 옳은 것은?

19년 국가직 7급

① 중간처벌은 중간처우에 비해 사회복귀에 더욱 중점을 둔 제도이다.
② 충격구금은 보호관찰의 집행 중에 실시하는 것으로, 일시적인 구금을 통한 고통의 경험이 미래 범죄행위에 대한 억지력을 발휘할 것이라는 가정을 전제로 한다.
③ 배상명령은 시민이나 교정당국에 비용을 부담시키지 않고, 범죄자로 하여금 지역사회에서 가족과 인간관계를 유지하며 직업활동에 전념할 수 있게 한다.
④ 집중감독보호관찰(Intensive Supervision Probation)은 주로 경미범죄자나 초범자에게 실시하는 것으로, 일반보호관찰에 비해 많은 수의 사람을 대상으로 한다.

정답 ③

영역 수용자에 대한 처우 일반규정

오답의 이유

① 중간처벌이란 구금형과 일반보호관찰 사이에 존재하는 대체처벌로, 중간처우가 사회복귀에 중점을 두는 것이라면 중간처벌은 제재에 보다 중점을 둔 제도이다.
② 충격구금은 보호관찰을 실시하기 전에 일시적인 구금의 고통이 미래 범죄행위에 대한 억지력을 발휘할 것이라고 가정하는 처벌형태로, 이는 장기구금에 따른 폐해와 부정적 요소를 해소하거나 줄이는 대신 구금이 가질 수 있는 긍정적 측면을 강조하기 위한 것이다.
④ 집중감독(감시)보호관찰은 주 5회 정도 실시하는 제도로 주로 마약사범이나 조직폭력범들에게 적용하는 프로그램이다.

---

07 중간처우제도와 시설에 대한 설명으로 옳지 않은 것은?

18년 국가직 7급

① 정신질환자 또는 마약중독자들이 겪는 구금으로 인한 충격을 완화해 주는 역할을 한다.
② 교도소 수용이나 출소를 대비하는 시설로 보호관찰 대상자에게는 적용되지 않는다.
③ 교정시설 내 중간처우로는 외부방문, 귀휴, 외부통근 작업 및 통학제도 등을 들 수 있다.
④ 교도소 출소로 인한 혼란 · 불확실성 · 스트레스를 완화해 주는 감압실(減壓室)로 불리기도 한다.

정답 ②

영역 수용자에 대한 처우 일반규정

정답의 이유

② 중간처우는 교도소 수용이나 출소를 대비하기 위한 처우뿐만 아니라, 사회 내에서 실시하는 보호관찰 대상자에 대한 지도 · 감독을 통하여 건전한 사회복귀를 촉진하도록 하는 것도 포함된다는 점에서 보호관찰 대상자와도 관련된다.

08 「형의 집행 및 수용자의 처우에 관한 법률 시행령」상 신입자의 처우에 대한 설명으로 옳지 않은 것은? 16년 국가직 7급

① 신입자의 건강진단은 수용된 날부터 3일 이내에 하여야 한다. 다만, 휴무일이 연속되는 등 부득이한 사정이 있는 경우에는 예외로 한다.

② 소장은 신입자거실에 수용된 사람에게 교화를 위해 필요한 경우 작업을 부과할 수 있다.

③ 소장은 19세 미만의 신입자 그 밖에 특히 필요하다고 인정하는 수용자에 대하여는 신입자거실에의 수용기간을 30일까지 연장할 수 있다.

④ 소장은 신입자를 인수한 경우에는 교도관에게 신입자의 신체 · 의류 및 휴대품을 지체 없이 검사하게 하여야 한다.

정답 ②

영역 수용자에 대한 처우 일반규정

[정답의 이유]

② 소장은 신입자거실에 수용된 사람에게는 작업을 **부과해서는 아니 된다**(형의 집행 및 수용자의 처우에 관한 법률 시행령 제18조 제2항).

[오답의 이유]

① 형의 집행 및 수용자의 처우에 관한 법률 시행령 제15조

③ 형의 집행 및 수용자의 처우에 관한 법률 시행령 제18조 제3항

④ 형의 집행 및 수용자의 처우에 관한 법률 시행령 제14조

09 「형의 집행 및 수용자의 처우에 관한 법률」상 금지물품 중 소장이 수용자의 처우를 위하여 수용자에게 소지를 허가할 수 있는 것은? 23년 국가직 9급

① 마약 · 총기 · 도검 · 폭발물 · 흉기 · 독극물, 그 밖에 범죄의 도구로 이용될 우려가 있는 물품

② 무인비행장치, 전자 · 통신기기, 그 밖에 도주나 다른 사람과의 연락에 이용될 우려가 있는 물품

③ 주류 · 담배 · 화기 · 현금 · 수표, 그 밖에 시설의 안전 또는 질서를 해칠 우려가 있는 물품

④ 음란물, 사행행위에 사용되는 물품, 그 밖에 수형자의 교화 또는 건전한 사회복귀를 해칠 우려가 있는 물품

정답 ②

영역 물품지급

[정답의 이유]

② 소장이 수용자의 처우를 위하여 허가하는 경우에는 **무인비행장치, 전자 · 통신기기, 그 밖에 도주나 다른 사람과의 연락에 이용될 우려가 있는 물품을 지닐 수 있다**(형의 집행 및 수용자의 처우에 관한 법률 제92조 제2항).

[오답의 이유]

① · ③ · ④ 수용자가 지녀서는 안 되는 물품들이다(형의 집행 및 수용자의 처우에 관한 법률 제92조 제1항 제1호 · 제3호 · 제4호).

10 형의 집행 및 수용자의 처우에 관한 법령상 수용자의 의료처우에 대한 설명으로 옳지 않은 것은?

17년 국가직 9급

① 소장은 수용자가 자신의 비용으로 외부의료시설에서 근무하는 의사에게 치료받기를 원하면 교정시설에 근무하는 의사의 의견을 고려하여 이를 허가할 수 있다.

② 소장은 진료를 거부하는 수용자가 교정시설에 근무하는 의사의 설득 등에도 불구하고 진료를 계속 거부하여 그 생명에 위험을 가져올 급박한 우려가 있으면 위 의사로 하여금 적당한 진료 등의 조치를 하게 할 수 있다.

③ 소장은 19세 미만의 수용자와 계호상 독거수용자에 대하여는 6개월에 1회 이상 건강검진을 하여야 한다.

④ 소장은 수용자가 자신의 고의 또는 과실로 부상 등이 발생하여 외부의료시설에서 진료를 받은 경우에는 그 진료비의 전부 또는 일부를 그 수용자에게 부담하게 하여야 한다.

정답 ④

영역 의료

정답의 이유

④ 소장은 수용자가 자신의 고의 또는 중대한 과실로 부상 등이 발생하여 외부의료시설에서 진료를 받은 경우에는 그 진료비의 전부 또는 일부를 그 수용자에게 부담하게 할 수 있다(형의 집행 및 수용자의 처우에 관한 법률 제37조 제5항).

오답의 이유

① 형의 집행 및 수용자의 처우에 관한 법률 제38조
② 형의 집행 및 수용자의 처우에 관한 법률 제40조 제2항
③ 형의 집행 및 수용자의 처우에 관한 법률 시행령 제51조 제1항

> **📡 더 알아보기**
>
> **수용자의 의사에 반하는 의료조치(형의 집행 및 수용자의 처우에 관한 법률 제40조)**
> ① 소장은 수용자가 진료 또는 음식물의 섭취를 거부하면 의무관으로 하여금 관찰 · 조언 또는 설득을 하도록 하여야 한다.
> ② 소장은 제1항의 조치에도 불구하고 수용자가 진료 또는 음식물의 섭취를 계속 거부하여 그 생명에 위험을 가져올 급박한 우려가 있으면 의무관으로 하여금 적당한 진료 또는 영양보급 등의 조치를 하게 할 수 있다.

11 「형의 집행 및 수용자 처우에 관한 법률」 및 동법 시행령상 접견에 대한 설명으로 옳지 않은 것은?

15년 국가직 9급

① 사형확정자에 대한 변호인의 접견은 접촉차단시설이 설치된 장소에서 하여야 한다.

② 미결수용자와 변호인과의 접견에는 교도관이 참여하지 못하며 그 내용을 청취 또는 녹취하지 못하나, 보이는 거리에서 미결수용자를 관찰할 수 있다.

③ 소장은 미결수용자가 징벌대상자로서 조사받고 있거나 징벌 집행 중인 경우에도 변호인과의 접견을 보장하여야 한다.

④ 소장은 수형자가 19세 미만인 때에는 접견 횟수를 늘릴 수 있다.

정답 ①

영역 시설 내 처우

정답의 이유

① 수용자의 접견은 접촉차단시설이 설치된 장소에서 하게 한다. 다만, 미결수용자(형사사건으로 수사 또는 재판을 받고 있는 수형자와 사형확정자를 포함한다)가 변호인(변호인이 되려는 사람을 포함한다. 이하 같다)과 접견하는 경우 등에 해당하는 경우에는 접촉차단시설이 설치되지 아니한 장소에서 접견하게 한다(형의 집행 및 수용자의 처우에 관한 법률 제41조 제2항 제1호).

오답의 이유

② 형의 집행 및 수용자의 처우에 관한 법률 제84조 제1항
③ 소장은 미결수용자가 징벌대상자로서 조사받고 있거나 징벌 집행 중인 경우에도 소송서류의 작성, 변호인과의 접견 · 편지수수, 그 밖의 수사 및 재판 과정에서의 권리행사를 보장하여야 한다(형의 집행 및 수용자의 처우에 관한 법률 제85조).
④ 형의 집행 및 수용자의 처우에 관한 법률 시행령 제59조 제2항 제1호

---

12 「형의 집행 및 수용자의 처우에 관한 법률 시행규칙」상 수갑의 사용방법에 대한 설명으로 옳지 않은 것은? 　22년 국가직 7급

① 이송·출정, 그 밖에 교정시설 밖의 장소로 수용자를 호송하는 때에는 한손수갑을 채워야 한다.

② 도주·자살·자해 또는 다른 사람에 대한 위해의 우려가 큰 때 양손수갑을 앞으로 채워 사용목적을 달성할 수 없다고 인정되면 양손수갑을 뒤로 채워야 한다.

③ 위력으로 교도관의 정당한 직무집행을 방해하는 때에는 양손수갑을 앞으로 채워야 한다.

④ 일회용 수갑은 일시적으로 사용하여야 하며, 사용목적을 달성한 후에는 즉시 사용을 중단하거나 다른 보호장비로 교체하여야 한다.

정답 ①

영역 안전과 질서 일반

정답의 이유

① 이송·출정, 그 밖에 교정시설 밖의 장소로 수용자를 호송하는 때에는 양손수갑을 채워야 한다(형의 집행 및 수용자의 처우에 관한 법률 시행규칙 제172조 제1항 제1호).

오답의 이유

② 형의 집행 및 수용자의 처우에 관한 법률 시행규칙 제172조 제1항 제2호

③ 형의 집행 및 수용자의 처우에 관한 법률 시행규칙 제172조 제1항 제1호

④ 형의 집행 및 수용자의 처우에 관한 법률 시행규칙 제172조 제4항

13 「형의 집행 및 수용자의 처우에 관한 법률」상 안전과 질서에 대한 설명으로 옳지 않은 것은? 　13년 국가직 7급

① 전자영상장비로 거실에 있는 수용자를 계호하는 것은 자살 등의 우려가 큰 때에만 할 수 있다.

② 수용자의 보호실 수용기간은, 소장이 연장을 하지 않는 한 30일 이내로 한다.

③ 수용자의 진정실 수용기간은, 소장이 연장을 하지 않는 한 24시간 이내로 한다.

④ 보호장비는 징벌의 수단으로 사용되어서는 아니 된다.

정답 ②

영역 안전과 질서 일반

정답의 이유

② 수용자의 보호실 수용기간은 15일 이내로 한다. 다만, 소장은 특히 계속하여 수용할 필요가 있으면 의무관의 의견을 고려하여 1회당 7일의 범위에서 기간을 연장할 수 있다(형의 집행 및 수용자의 처우에 관한 법률 제95조 제2항).

오답의 이유

① 형의 집행 및 수용자의 처우에 관한 법률 제94조 제1항

③ 수용자의 진정실 수용기간은 24시간 이내로 한다. 다만, 소장은 특히 계속하여 수용할 필요가 있으면 의무관의 의견을 고려하여 1회당 12시간의 범위에서 기간을 연장할 수 있다(형의 집행 및 수용자의 처우에 관한 법률 제96조 제2항).

④ 형의 집행 및 수용자의 처우에 관한 법률 제99조 제2항

14 「형의 집행 및 수용자의 처우에 관한 법률 시행규칙」상 교정장비의 하나인 보안장비에 해당하는 것만을 모두 고르면? 　20년 국가직 9급

```
㉠ 포승
㉡ 교도봉
㉢ 전자경보기
㉣ 전자충격기
```

① ㉠, ㉢

② ㉠, ㉣

③ ㉡, ㉢

④ ㉡, ㉣

정답 ④

영역 교정장비 사용

정답의 이유

㉡ · ㉣은 보안장비에 해당한다(형의 집행 및 수용자의 처우에 관한 법률 시행규칙 제186조 제1호 · 제6호).

((•)) 더 알아보기

보안장비의 종류(형의 집행 및 수용자의 처우에 관한 법률 시행규칙 제186조)

교도관이 법 제100조에 따라 강제력을 행사하는 경우 사용할 수 있는 보안장비는 다음과 같다.

1. 교도봉(접이식을 포함)
2. 전기교도봉
3. 가스분사기
4. 가스총(고무탄 발사겸용을 포함)
5. 최루탄 : 투척용, 발사용(그 발사장치를 포함)
6. 전자충격기
7. 그 밖에 법무부장관이 정하는 보안장비

오답의 이유

㉠ 포승은 보호장비에 해당한다(형의 집행 및 수용자의 처우에 관한 법률 시행규칙 제169조 제8호).

㉢ 전자경보기는 전자장비에 해당한다(형의 집행 및 수용자의 처우에 관한 법률 시행규칙 제160조 제3호).

15 형의 집행 및 수용자의 처우에 관한 법령상 수용자의 징벌에 대한 설명으로 옳은 것은? 　19년 국가직 7급

① 다른 수용자의 징벌대상행위를 방조한 수용자에게는 그 징벌대상행위를 한 수용자에게 부과되는 징벌과 같은 징벌을 부과하되, 2분의 1로 감경한다.

② 소장은 10일의 금치처분을 받은 수용자가 징벌의 집행이 종료된 후 교정성적이 양호하고 1년 6개월 동안 징벌을 받지 아니하면 법무부장관의 승인을 받아 징벌을 실효시킬 수 있다.

③ 소장은 특별한 사유가 없으면 의사로 하여금 징벌대상자에 대한 심리상담을 하도록 해야 한다.

④ 소장은 징벌집행의 유예기간 중에 있는 수용자가 다시 징벌대상행위를 하면 그 유예한 징벌을 집행한다.

정답 ②

영역 징벌 · 상벌(포상) · 형벌 등

정답의 이유

② 형의 집행 및 수용자의 처우에 관한 법률 제115조 제1항 참고

오답의 이유

① 다른 수용자의 징벌대상행위를 방조한 수용자에게는 그 징벌대상행위를 한 수용자에게 부과되는 징벌과 같은 징벌을 부과하되, 그 정황을 고려하여 2분의 1까지 감경할 수 있다(형의 집행 및 수용자의 처우에 관한 법률 시행규칙 제217조 제2항).

③ 소장은 특별한 사유가 없으면 교도관으로 하여금 징벌대상자에 대한 심리상담을 하도록 해야 한다(형의 집행 및 수용자의 처우에 관한 법률 시행규칙 제219조의2).

④ 소장은 징벌집행의 유예기간 중에 있는 수용자가 다시 징벌대상행위를 하여 징벌이 결정되면 그 유예한 징벌을 집행한다(형의 집행 및 수용자의 처우에 관한 법률 제114조 제2항).

16 「형의 집행 및 수용자의 처우에 관한 법률 시행규칙」상 분류심사의 제외 및 유예에 대한 설명으로 옳지 않은 것은? 20년 국가직 5급 승진

① 징역형·금고형이 확정된 사람으로서 집행할 형기가 형집행지휘서 접수일부터 3개월 미만인 사람에 대해서는 분류심사를 하지 아니한다.

② 노역장 유치명령을 받은 사람에 대해서는 분류심사를 하지 아니한다.

③ 징벌대상행위의 혐의가 있어 조사 중이거나 징벌집행 중인 때에는 분류심사를 유예한다.

④ 소장은 분류심사의 유예 사유가 소멸한 경우에는 지체없이 분류심사를 하여야 하나, 집행할 형기가 사유 소멸일부터 3개월 미만인 경우에는 분류심사를 하지 아니한다.

정답 ②

영역 분류심사 일반이론 및 규정

[정답의 이유]

② 분류심사 제외 규정 "노역장 유치명령을 받은 사람에 대해서는 분류심사를 하지 아니한다(형의 집행 및 수용자의 처우에 관한 법률 시행규칙 제62조 제1항 제3호)."는 2017년 8월 22일에 삭제되었다.

[오답의 이유]

① 형의 집행 및 수용자의 처우에 관한 법률 시행규칙 제62조 제1항 제1호

③ 형의 집행 및 수용자의 처우에 관한 법률 시행규칙 제62조 제2항 제2호

④ 형의 집행 및 수용자의 처우에 관한 법률 시행규칙 제62조 제3항

17 「형의 집행 및 수용자의 처우에 관한 법률 시행규칙」상 소득점수와 처우등급에 대한 설명으로 옳지 않은 것은? 18년 국가직 5급 승진

① 소득점수를 산정할 때 '수형생활 태도'와 '작업 또는 교육 성적'은 각각 5점 이내의 범위에서 한다.

② 소장은 수형자가 부상이나 질병, 그 밖에 부득이한 사유로 작업 또는 교육을 받지 못한 경우에는 3점 이내의 범위에서 작업 또는 교육 성적을 부여할 수 있다.

③ 경비처우급을 하향 조정하기 위하여 고려할 수 있는 평정소득점수의 기준은 5점 이하이다. 다만, 수용 및 처우를 위하여 특히 필요한 경우 법무부장관이 달리 정할 수 있다.

④ 조정된 처우등급에 따른 처우는 그 조정이 확정된 날의 다음 달 초일부터 적용된다.

정답 ④

영역 소득점수 및 처우등급

[정답의 이유]

④ 조정된 처우등급에 따른 처우는 그 조정이 확정된 다음 날부터 한다. 이 경우 조정된 처우등급은 그 달 초일부터 적용된 것으로 본다(형의 집행 및 수용자의 처우에 관한 법률 시행규칙 제82조 제1항).

[오답의 이유]

① 형의 집행 및 수용자의 처우에 관한 법률 시행규칙 제77조

② 형의 집행 및 수용자의 처우에 관한 법률 시행규칙 제79조 제3항

③ 형의 집행 및 수용자의 처우에 관한 법률 시행규칙 제81조 제2호

18 누진처우제도의 유형에 대한 설명으로 옳은 것은?
21년 국가직 7급

① 점수제의 종류 중 하나인 아일랜드제는 매월의 소득점수로 미리 정한 책임점수를 소각하는 방법이며, 독거구금, 혼거작업, 가석방이라는 3단계에 반자유구금인 중간교도소를 추가한 것이다.

② 점수제에 대해서는 교도관의 자의가 개입되기 쉽고 공평성을 저하시킬 우려가 있다는 비판이 있다.

③ 점수제의 종류 중 하나인 잉글랜드제는 수형자를 최초 9개월간 독거구금을 한 후에 공역(公役)교도소에 혼거시켜 강제노역을 시키며, 수형자를 고사급·제3급·제2급·제1급의 4급으로 나누어 책임점수를 소각하면 상급으로 진급시켜 가석방하는 제도이다.

④ 점수제의 종류 중 하나인 엘마이라제는 자력적 개선에 중점을 둔 행형제도로 일명 감화제도라고 한다. 엘마이라감화원은 16~30세까지의 재범자들을 위한 시설로서 수형자분류와 누진처우의 점수제, 부정기형과 보호관찰부 가석방 등을 운용하였다.

정답 ①

영역 누진처우제도

정답의 이유

① 아일랜드제는 매월 소득점수로 미리 정한 책임점수를 소각하는 방법으로, 독거구금, 혼거작업, 중간교도소, 가석방 단계로 구성된다.

오답의 이유

② 고사제는 누진처우로 자력개선의 희망을 준 반면 교도관의 심사에 의하므로 교도관의 주관적 의지가 개입될 가능성과 관계직원이 공평을 저하시킬 우려가 있다.

③ 잉글랜드제는 수형자를 최초 9개월간 독거구금 후 공역교도소에서 혼거시켜 강제노역에 종사하도록 했다. 또한 이들을 고사급·제3급·제2급·제1급·특별급의 5계급으로 나누어 지정된 책임점수를 소각하면 진급시키고 처우상 우대하였다.

④ 엘마이라제(Elmira System)는 자력적 개선에 중점을 둔 행형제도로 일명 감화제라고도 하는데, 초범의 청소년 범죄자를 대상으로 하여 개선·교화를 위해 교도소를 학교와 같은 분위기에서 운영하는 제도이다.

---

19 수용자의 처우 및 권리에 대한 설명으로 옳지 않은 것은? (다툼이 있는 경우 판례에 의함)
22년 국가직 7급

① 수용자가 변호사와 접견하는 경우에도 일률적으로 접촉차단시설이 설치된 장소에서 하도록 하는 규정은 과잉금지원칙에 위배되지 않으며 재판청구권을 침해하는 것도 아니다.

② 수형자가 헌법소원 사건의 국선대리인인 변호사를 접견함에 있어서 교도관이 그 접견내용을 녹음, 기록한 행위는 해당 수형자의 재판을 받을 권리를 침해한다.

③ 수용자가 보내려는 모든 편지에 대해 무봉함 상태의 제출을 강제함으로써 수용자의 발송 편지 모두를 검열 가능한 상태에 놓이도록 하는 것은 수용자의 통신비밀의 자유를 침해하는 것이다.

④ 수형자에 대하여 전면적·획일적으로 선거권을 제한하는 것은 헌법상 선거권을 침해하는 것이며, 보통선거원칙에 위반하여 평등원칙에도 어긋난다.

정답 ①

영역 헌법재판소의 결정례

정답의 이유

① '변호사와 접견하는 경우에도 수용자의 접견은 원칙적으로 접촉 차단시설이 설치된 장소에서 하도록 규정하고 있는 형의 집행 및 수용자의 처우에 관한 법률 시행령(2008. 10. 29. 대통령령 제21095호로 개정된 것) 제58조 제4항(이하 '이 사건 접견조항'이라 한다)이 재판청구권을 침해하는지 여부(적극)' 판결문(헌재 2013.8.29., 2011헌마122)에 따르면, 수용자는 효율적인 재판준비를 하는 것이 곤란하게 되고, 특히 교정시설 내에서의 처우에 대하여 국가 등을 상대로 소송을 하는 경우에는 소송의 상대방에게 소송자료를 그대로 노출하게 되어 무기대등의 원칙이 훼손될 수 있다. 변호사 직무의 공공성, 윤리성 및 사회적 책임성은 변호사 접견권을 이용한 증거인멸, 도주 및 마약 등 금지물품 반입 시도 등의 우려를 최소화시킬 수 있으며, 변호사접견이라 하더라도 교정시설의 질서 등을 해할 우려가 있는 특별한 사정이 있는 경우에는 예외를 두도록 한다면 악용될 가능성도 방지할 수 있다. 따라서 이 사건 접견조항은 과잉금지원칙에 위배하여 청구인의 재판청구권을 지나치게 제한하고 있으므로, 헌법에 위반된다(헌재 2013.8.29. 2011헌마122).

20 형의 집행 및 수용자의 처우에 관한 법령상 교도작업에 대한 설명으로 옳은 것은? 23년 국가직 9급

① 소장은 수형자의 가족이 사망하면 1일간 작업을 면제한다.
② 소장은 구류형의 집행 중에 있는 수형자가 작업 신청을 하더라도 작업을 부과할 수 없다.
③ 소장은 수형자의 신청에 따라 집중적인 근로가 필요한 작업을 부과하는 경우에도 접견을 제한할 수 없다.
④ 소장은 완화경비처우급 수형자가 작업기술이 탁월하고 작업성적이 우수한 경우 수형자 자신을 위한 개인작업을 하게 할 수 있다.

정답 ④
영역 교도작업
정답의 이유
④ 형의 집행 및 수용자의 처우에 관한 법률 시행규칙 제95조 제1항

오답의 이유
① 소장은 수형자의 가족 또는 배우자의 직계존속이 사망하면 2일간, 부모 또는 배우자의 제삿날에는 1일간 해당 수형자의 작업을 면제한다. 다만, 수형자가 작업을 계속하기를 원하는 경우는 예외로 한다(형의 집행 및 수용자의 처우에 관한 법률 제72조 제1항).
② 소장은 금고형 또는 구류형의 집행 중에 있는 사람에 대하여는 신청에 따라 작업을 부과할 수 있다(형의 집행 및 수용사의 처우에 관한 법률 제67조).
③ 소장은 수형자의 신청에 따라 제68조의 작업(외부통근작업), 제69조 제2항의 훈련(외부직업훈련), 그 밖에 집중적인 근로가 필요한 작업을 부과하는 경우에는 접견·전화통화·교육·공동행사 참가 등의 처우를 제한할 수 있다(형의 집행 및 수용자의 처우에 관한 법률 제70조 제1항).

21 「형의 집행 및 수용자의 처우에 관한 법률 시행규칙」상 직업훈련에 대한 설명으로 옳지 않은 것은? 19년 국가직 5급 승진

① 소장은 수형자가 직업훈련 대상자 선정 요건을 갖춘 경우에도, 교육과정을 수행할 문자해독능력 및 강의 이해능력이 부족한 경우 직업훈련 대상자로 선정하여서는 아니 된다.
② 소장은 소년수형자의 선도를 위하여 필요한 경우에는, 직업훈련 대상자 선정 요건을 갖추지 못한 15세 미만의 수형자를 직업훈련 대상자로 선정하여 교육할 수 있다.
③ 소장은 훈련취소 등 특별한 사유가 있는 경우를 제외하고는 직업훈련 중인 수형자를 다른 교정시설로 이송해서는 아니 된다.
④ 직업훈련 대상자는 소속기관의 수형자 중에서 소장이 선정하되, 집체직업훈련 대상자는 집체직업훈련을 실시하는 교정시설의 관할 지방교정청장이 선정한다.

정답 ②
영역 직업훈련
정답의 이유
② 15세 미만인 경우 직업훈련 대상자로 선정해서는 아니 된다(형의 집행 및 수용자의 처우에 관한 법률 시행규칙 제126조 제1호).

오답의 이유
① 형의 집행 및 수용자의 처우에 관한 법률 시행규칙 제126조 제2호
③ 형의 집행 및 수용자의 처우에 관한 법률 시행규칙 제127조 제2항
④ 형의 집행 및 수용자의 처우에 관한 법률 시행규칙 제124조 제2항

직업훈련 대상자 선정의 제한(형의 집행 및 수용자의 처우에 관한 법률 시행규칙 제126조)

소장은 제125조에도 불구하고 수형자가 다음 각 호의 어느 하나에 해당하는 경우에는 직업훈련 대상자로 선정해서는 아니 된다.

1. 15세 미만인 경우
2. 교육과정을 수행할 문자해독능력 및 강의 이해능력이 부족한 경우
3. 징벌대상행위의 혐의가 있어 조사 중이거나 징벌집행 중인 경우
4. 작업, 교육·교화프로그램 시행으로 인하여 직업훈련의 실시가 곤란하다고 인정되는 경우
5. 질병·신체조건 등으로 인하여 직업훈련을 감당할 수 없다고 인정되는 경우

정답 ③

영역 귀휴

정답의 이유

③ 소장은 6개월 이상 형을 집행 받은 수형자로서 그 형기의 3분의 1(21년 이상의 유기형 또는 무기형의 경우에는 7년)이 지나고 교정성적이 우수한 사람이 해당 사유에 해당하면 1년 중 20일 이내의 귀휴를 허가할 수 있다(형의 집행 및 수용자의 처우에 관한 법률 제77조 제1항). 따라서 본인의 회갑 잔치 참석은 일반 귀휴의 사유에 해당되지만, 개방처우급 수형자 C는 2년 징역형 형기의 3분의 1이 지나지 않았기 때문에 귀휴를 허가할 수 없다.

오답의 이유

①·② 소장은 가족 또는 배우자의 직계존속이 사망한 때, 직계비속의 혼례가 있는 때에 해당하는 사유가 있는 수형자에 대하여는 5일 이내의 특별귀휴를 허가할 수 있다(형의 집행 및 수용자의 처우에 관한 법률 제77조 제2항).

④ 직계비속이 입대하거나 해외유학을 위하여 출국하게 된 때에는 귀휴를 허가할 수 있다(형의 집행 및 수용자의 처우에 관한 법률 시행규칙 제129조 제3항 제3호). 2개 이상의 징역형을 선고받은 수형자의 경우에는 그 형기를 합산한다(동법 시행규칙 제130조 제1항). D는 완화경비처우급이고, 두 범죄의 형기 합산 기간인 8년(3년 + 5년)의 3분의 1이 지났으므로 귀휴를 허가할 수 있다.

---

22 형의 집행 및 수용자의 처우에 관한 법령상 귀휴를 허가할 수 있는 요건으로 옳지 않은 것은?

25년 국가직 9급

① 개방경비처우급 수형자 A는 3년의 징역형을 선고받고 현재 3개월 동안 복역 중인 자로 장모의 장례식에 참석하기 위해 귀휴를 신청하였다.

② 완화경비처우급 수형자 B는 무기형을 선고받고 현재 5년 동안 복역 중인 자로 손자의 결혼식에 참석하기 위해 귀휴를 신청하였다.

③ 개방처우급 수형자 C는 2년의 징역형을 선고받고 현재 6개월 동안 복역 중인 자로 본인의 회갑 잔치에 참석하기 위해 귀휴를 신청하였다.

④ 완화경비처우급 수형자 D는 두 개의 범죄로 3년의 징역형과 5년의 징역형을 함께 선고받고 현재 3년 동안 복역 중인 자로 해외유학을 떠나는 딸을 배웅하기 위해 귀휴를 신청하였다.

23 「형의 집행 및 수용자의 처우에 관한 법률 시행규칙」상 소년수용자의 처우에 대한 설명으로 옳지 않은 것은?

16년 국가직 9급

① 소장은 소년수용자의 나이·건강상태 등을 고려하여 필요하다고 인정하는 경우 6개월에 1회 이상 건강검진을 하여야 한다.

② 소장은 소년수형자의 나이·적성 등을 고려하여 필요하다고 인정하면 법률에서 정한 접견 및 전화통화 허용횟수를 늘릴 수 있다.

③ 소년수형자 전담교정시설이 아닌 교정시설에서는 소년수용자를 수용하기 위하여 별도의 거실을 지정하여 운용하여야 한다.

④ 소년수형자 전담교정시설에는 별도의 공동학습공간을 마련하고 학용품 및 소년의 정서 함양에 필요한 도서, 잡지 등을 갖춰 두어야 한다.

정답 ③

영역 수용자에 대한 특별 교도행정과 처우

[정답의 이유]

③ 소년수형자 전담교정시설이 아닌 교정시설에서는 소년수용자를 수용하기 위하여 별도의 거실을 지정하여 **운용할 수 있다**(형의 집행 및 처우에 관한 법률 시행규칙 제59조의3 제1항).

[오답의 이유]

① 형의 집행 및 처우에 관한 법률 시행규칙 제59조의7

② 형의 집행 및 처우에 관한 법률 시행규칙 제59조의5

④ 형의 집행 및 처우에 관한 법률 시행규칙 제59조의2 제2항

---

24 현행 법령상 가석방제도에 대한 설명으로 옳지 않은 것은?

18년 국가직 9급 변형

① 가석방은 행정처분의 일종이다.

② 가석방심사위원회는 위원장을 포함한 5명 이상 9명 이하의 위원으로 구성한다.

③ 가석방심사위원회는 가석방 적격결정을 하였으면 5일 이내에 법무부장관에게 가석방 허가를 신청하여야 한다.

④ 가석방취소자의 남은 형기 기간은 가석방을 실시한 다음 날부터 원래 형기의 종료일까지로 하고, 남은 형기 집행 기산일은 가석방을 실시한 다음 날로 한다.

정답 ④

영역 수형자에 대한 가석방(석방)

[정답의 이유]

④ 가석방취소자 및 가석방실효자의 남은 형기 기간은 가석방을 실시한 다음 날부터 원래 형기의 종료일까지로 하고, 남은 형기 집행 기산일은 **가석방의 취소 또는 실효로 인하여 교정시설에 수용된 날**부터 한다(형의 집행 및 수용자의 처우에 관한 법률 시행규칙 제263조 제5항).

[오답의 이유]

① 징역이나 금고의 집행 중에 있는 사람이 그 행상이 양호하여 뉘우침이 뚜렷한 때에는 무기형은 20년, 유기형은 형기의 3분의 1을 경과한 후 행정처분으로 가석방을 할 수 있다(형법 제72조 제1항).

② 형의 집행 및 수용자의 처우에 관한 법률 제120조 제1항

③ 형의 집행 및 수용자의 처우에 관한 법률 제122조 제1항

---

25 형의 집행 및 수용자의 처우에 관한 법령상 사형확정자의 처우에 대한 설명으로 옳지 않은 것은?

16년 국가직 9급

① 사형확정자가 수용된 거실은 참관할 수 없다.

② 소장은 사형확정자의 자살·도주 등의 사고를 방지하기 위하여 필요한 경우에는 사형확정자와 수형자를 혼거수용할 수 있다.

③ 소장은 사형확정자의 심리적 안정 및 원만한 수용생활을 위하여 교육 또는 교화프로그램을 실시하거나 신청에 따라 작업을 부과할 수 있다.

④ 소장은 사형확정자의 심리적 안정과 원만한 수용생활을 위하여 필요하다고 인정하는 경우에는 월 3회 이내의 범위에서 전화통화를 허가할 수 있다.

정답 ②

영역 사형확정자·사망자에 대한 처우

[정답의 이유]

② 소장은 **사형확정자의 자살·도주 등의 사고를 방지하기 위하여 필요한 경우에는 사형확정자와 미결수용자를 혼거수용할 수 있고**, 사형확정자의 교육·교화프로그램, 작업 등의 적절한 처우를 위하여 필요한 경우에는 사형확정자와 수형자를 혼거수용할 수 있다(형의 집행 및 처우에 관한 법률 시행규칙 제150조 제4항).

[오답의 이유]

① 형의 집행 및 처우에 관한 법률 제89조 제2항

③ 형의 집행 및 처우에 관한 법률 제90조 제1항

④ 형의 집행 및 처우에 관한 법률 시행규칙 제156조

교정학개론 7회

01 중간처우소(Halfway House)에 대한 설명으로 옳지 않은 것은?
21년 국가직 7급

① 석방 전 중간처우소는 교도소에서 지역사회로 전환하는 데 필요한 도움과 지도를 제공한다.

② 석방 전 중간처우소는 정신질환 범죄자나 마약중독자에 유용하며 석방의 충격을 완화해 주는 역할을 한다.

③ 우리나라의 중간처우소 사례인 밀양희망센터는 외부업체에서 일하고 지역사회 내의 기숙사에서 생활하는 형태로 운영된다.

④ 미국에서 가장 일반적인 중간처우소 유형은 수형자가 가석방 등 조건부 석방이 결정된 후 초기에 중간처우소에 거주하는 것이다.

정답 ②

영역 교정학의 의미 및 발전적 동향

정답의 이유

② 정신질환 범죄자나 마약중독자에 유용하며 석방의 충격을 완화해 주는 역할을 하는 중간처우소는 석방 전이 아닌 **입소 전 중간처우소**이다.

02 〈보기 1〉에 제시된 설명과 〈보기 2〉에 제시된 학자를 옳게 짝지은 것은?
18년 국가직 9급

──── 〈보기 1〉 ────

㉠ 감옥개량의 선구자로 인도적인 감옥개혁을 주장하였다.

㉡ 『범죄와 형벌』을 집필하고 죄형법정주의를 강조하였다.

㉢ 파놉티콘(Panopticon)이라는 감옥형태를 구상하였다.

㉣ 범죄포화의 법칙을 주장하였다.

──── 〈보기 2〉 ────

A. 베카리아(Beccaria)

B. 하워드(Howard)

C. 벤담(Bentham)

D. 페리(Ferri)

	㉠	㉡	㉢	㉣
①	A	B	C	D
②	C	A	B	D
③	B	A	C	D
④	B	A	D	C

정답 ③

영역 교정학 발전사

정답의 이유

③ ㉠ – B. 하워드 : 영국의 교도소 개량 운동가이자 박애주의자로 교도소 개혁의 아버지라고 불리기도 한다. 유럽 각국의 교도소를 시찰한 내용을 바탕으로 『교도소의 상태』를 집필하고 자비 출판하였다. 감옥의 개량과 교도소 수감자들의 인권 향상을 위해 앞장섰으며, 그의 사후 1866년 영국에 하워드 협회가 설립되었다.

㉡ – A. 베카리아 : 이탈리아의 형법학자이자 계몽 사상가로서 근대 형법학의 선구자로 불린다. 형벌은 마땅히 입법자에 의

하여 법률로 엄밀히 규정되어야 한다고 역설하였다. 형벌은 어디까지나 범죄의 경중과 균형을 이루어야 하고, 그 균형은 법률로써 정해야 한다는 죄형법정주의의 사상과 고문·사형의 폐지론 등을 낳게 했다.

ⓒ – C. 벤담 : 최소 인력으로 최대의 감시 효과를 끌어내기 위해, 파놉티콘을 제안하였다. 파놉티콘은 중심에 있는 감시자들은 외곽에 있는 피감시자들을 감시할 수 있으나, 감시자들이 위치한 중심은 어둡게 되어 있어, 피감시자들은 감시자들의 존재 여부를 확인하기조차 어렵게 설계되어 있다.

ⓔ – D. 페리 : 범죄포화의 법칙을 통해 범죄의 원인이 존재하는 사회에서는 이에 상응하는 일정한 양의 범죄가 반드시 발생한다고 주장하였다. 범죄란 항상 포화상태에 있다는 것인데 동일한 사회 조건이라면 범죄자를 격리하더라도 여전히 같은 수만큼 범죄가 발생하며 범죄의 발생은 항상 포화상태에 있다는 것이다.

03 형의 집행 및 수용자의 처우에 관한 법령상 여성수용자의 처우에 대한 설명으로 옳지 않은 것은?

① 여성수용자가 자신이 출산한 유아를 교정시설에서 양육할 것을 신청한 경우, 법에서 규정한 특별한 사유에 해당하지 않으면 생후 18개월에 이르기까지 이를 허가하여야 한다.

② 소장은 유아의 양육을 허가하지 아니하는 경우에는 수용자의 의사를 고려하여 유아보호에 적당하다고 인정하는 법인 또는 개인에게 그 유아를 보낼 수 있다.

③ 소장은 수용자가 임신 중이거나 출산(유산·사산을 포함한다)한 경우에는 모성보호 및 건강유지를 위하여 정기적인 검진 등 적절한 조치를 하여야 한다.

④ 남성교도관이 1인의 여성수용자에 대하여 실내에서 상담 등을 하려면 투명한 창문이 설치된 장소에서 다른 교도관을 입회시킨 후 실시하여야 한다.

정답 ④

영역 미결수용자·여성 수용자에 대한 처우 및 수요자 권리구제

정답의 이유

④ 남성 교도관이 1인의 여성 수용자에 대하여 실내에서 상담 등을 하려면 투명한 창문이 설치된 장소에서 다른 여성을 입회시킨 후 실시하여야 한다(형의 집행 및 수용자의 처우에 관한 법률 제51조 제2항).

오답의 이유

① 형의 집행 및 수용자의 처우에 관한 법률 제53조(유아의 양육) 제1항

② 형의 집행 및 수용자의 처우에 관한 법률 시행령 제80조(유아의 인도) 제1항 전단

③ 형의 집행 및 수용자의 처우에 관한 법률 제52조(임산부인 수용자의 처우) 제1항

04 재소자 권리구제 제도로서 옴부즈맨 (Ombudsman)에 대한 설명으로 옳지 않은 것은?

① 성공 여부는 독립성, 비당파성 및 전문성에 달려 있다.

② 옴부즈맨의 독립성과 전문성을 확보하기 위해서는 교정당국이 임명하여야 한다.

③ 재소자의 불평을 수리하여 조사하고 보고서를 작성하여 적절한 대안을 제시한다.

④ 원래 정부 관리에 대한 시민의 불평을 조사할 수 있는 권한을 가진 스웨덴 공무원제도에서 유래하였다.

정답 ②

영역 미결수용자·여성 수용자에 대한 처우 및 수요자 권리구제

정답의 이유

② 옴부즈맨은 1809년에서 1810년 사이에 스웨덴에서 창설되어 스칸디나비아로 확대되고, 뉴질랜드·영국·독일·이스라엘·미국·오스트레일리아 및 캐나다 등에서 유사한 제도가 시행되었다. 옴부즈맨은 보통 의회에서 임명되지만, 의회의 간섭을 전혀 받지 않는다. 또한 특정 사건을 다룰 권한이 있고, 정부와 개인 사이에서 독립적이고도 공정한 중재자로 활동한다. 따라서 옴부즈맨의 성공 여부는 독립성, 비당파성 및 전문성에 달려 있어 교정 당국이 임명한다면 독립성과 전문성을 확보하기 어렵다.

① 재소자 권리구제 제도로서 옴부즈맨은 재소자가 제기하는 행정상의 부정의와 오류에 대한 시정을 요구하므로, 자율적으로 기능해야 하고 행정부뿐 아니라 입법부로부터도 독립되어 있어야 하며, 전문성을 갖추어야 한다.

③ 옴부즈맨이 본래 중재자로서 행정기관이 침해한 시민의 자유와 권리를 공정하게 조사하여 해결해 주는 보충적 국민 권리구제 제도이므로, 옴부즈맨은 재소자의 불평을 수리하여 조사하고 보고서를 작성하여 적절한 대안을 제시해야 한다.

④ 옴부즈맨은 스웨덴 공무원제도에서 유래하였으며, 스웨덴어로 '대표자·대리인·변호인·후견인' 등을 의미한다는 사실에서 알 수 있듯이, 본래 시민들이 제기하는 행정상의 불편 사항을 조사하여 해결해 주는 제도이다.

05 형의 집행 및 수용자의 처우에 관한 법령상 중간처우에 대한 설명으로 옳지 않은 것은?

24년 국가직 7급

① 중간처우 대상자의 선발절차는 분류처우위원회의 심의를 거쳐 소장이 정한다.

② 중간처우 대상자는 전담교정시설에 수용되어 그 특성에 알맞은 처우를 받되, 전담교정시설의 부족 등 부득이한 사정이 있는 경우에는 예외로 할 수 있다.

③ 형기가 2년 이상으로 범죄 횟수가 1회이고 중간처우를 받는 날부터 가석방 또는 형기 종료 예정일까지 기간이 3개월 이상 1년 6개월 미만인 개방처우급 또는 완화경비처우급 수형자에 대하여는 지역사회에 설치된 개방시설에 수용할 수 있다.

④ 소장은 교도작업에 지장을 주지 아니하는 범위에서 작업기술이 탁월하고 작업성적이 우수한 중간처우 대상 수형자에게 1일 2시간 이내로 개인작업을 하게 할 수 있다.

정답 ①

영역 수용자에 대한 처우 일반규정

오답의 이유

① 중간처우 대상자의 선발절차, 교정시설 또는 지역사회에 설치하는 개방시설의 종류 및 기준, 그 밖에 필요한 사항은 법무부장관이 정한다(형의 집행 및 수용자의 처우에 관한 법률 시행규칙 제93조 제3항).

② 형의 집행 및 수용자의 처우에 관한 법률 제57조 제6항

③ 형의 집행 및 수용자의 처우에 관한 법률 시행규칙 제93조 제2항

④ 형의 집행 및 수용자의 처우에 관한 법률 시행규칙 제95조 제1항

06 「형의 집행 및 수용자의 처우에 관한 법률」상 간이입소절차를 실시하는 대상에 해당하지 않는 것은?

18년 국가직 7급

① 긴급체포되어 교정시설에 유치된 피의자

② 체포영장에 의하여 체포되어 교정시설에 유치된 피의자

③ 판사의 피의자 심문 후 구속영장이 발부되어 교정시설에 유치된 피의자

④ 구인 또는 구속영장 청구에 따라 피의자 심문을 위하여 교정시설에 유치된 피의자

정답 ③

영역 수용자에 대한 처우 일반규정

정답의 이유

③ 판사의 피의자 심문 후 구속영장이 발부되어 교정시설에 유치된 피의자는 미결수용인인 신입자로서 정식입소절차에 의한다(형의 집행 및 수용자의 처우에 관한 법률 제16조).

오답의 이유

①·② 형의 집행 및 수용자의 처우에 관한 법률 제16조의2 제1호

④ 형의 집행 및 수용자의 처우에 관한 법률 제16조의2 제2호

07 형의 집행 및 수용자 처우에 관한 법령상 수용자 이송에 대한 설명으로 옳은 것은? _{21년 국가직 9급}

① 법무부장관은 이송승인에 관한 권한을 법무부령으로 정하는 바에 따라 지방교정청장에게 위임할 수 있다.

② 소장은 수용자를 다른 교정시설에 이송하는 경우에 의무관으로부터 수용자가 건강상 감당하기 어렵다는 보고를 받으면 이송을 중지하고 그 사실을 지방교정청장에게 알려야 한다.

③ 소장은 수용자의 정신질환 치료를 위하여 필요하다고 인정하면 법무부장관의 승인을 받아 치료감호시설로 이송할 수 있다.

④ 수용자가 이송 중에 징벌대상 행위를 하거나 다른 교정시설에서 징벌대상 행위를 한 사실이 이송된 후에 발각된 경우에는 그 수용자를 인수한 지방교정청장이 징벌을 부과한다.

정답 ③

영역 이송과 수형자 처우

정답의 이유

③ 형의 집행 및 수용자의 처우에 관한 법률 제37조 제2항

오답의 이유

① 법무부장관은 이송승인에 관한 권한을 대통령령으로 정하는 바에 따라 지방교정청장에게 위임할 수 있다(형의 집행 및 수용자의 처우에 관한 법률 제20조 제2항).

② 소장은 수용자를 다른 교정시설에 이송하는 경우에 의무관으로부터 수용자가 건강상 감당하기 어렵다는 보고를 받으면 이송을 중지하고 그 사실을 이송받을 소장에게 알려야 한다(형의 집행 및 수용자의 처우에 관한 법률 시행령 제23조).

④ 수용자가 이송 중에 징벌대상 행위를 하거나 다른 교정시설에서 징벌대상 행위를 한 사실이 이송된 후에 발각된 경우에는 그 수용자를 인수한 소장이 징벌을 부과한다(형의 집행 및 수용자의 처우에 관한 법률 시행령 제136조).

08 형의 집행 및 수용자의 처우에 관한 법령상 소장이 완화경비처우급 수형자에게 할 수 있는 처우내용이 아닌 것은? _{17년 국가직 7급}

① 자치생활을 허가하는 경우에는 월 1회 이상 토론회를 할 수 있도록 하여야 한다.

② 의류를 지급하는 경우에 색상, 디자인 등을 다르게 할 수 있다.

③ 작업·교육 등의 성적이 우수하고 관련 기술이 있는 경우에 교도관의 작업지도를 보조하게 할 수 있다.

④ 직업능력 향상을 위하여 특히 필요한 경우에는 교정시설 외부의 기업체 등에서 운영하는 직업훈련을 받게 할 수 있다.

정답 ②

영역 수용자에 대한 처우 일반규정

정답의 이유

② 의류를 지급하는 경우 수형자가 개방처우급인 경우에는 색상, 디자인 등을 다르게 할 수 있다(형의 집행 및 수용자의 처우에 관한 법률 시행규칙 제84조 제2항).

오답의 이유

① 소장은 개방처우급·완화경비처우급 수형자에게 자치생활을 허가할 수 있으며, 소장은 자치생활 수형자들이 교육실, 강당 등 적당한 장소에서 월 1회 이상 토론회를 할 수 있도록 하여야 한다(형의 집행 및 수용자의 처우에 관한 법률 시행규칙 제86조 제1항·제3항).

③ 소장은 수형자가 개방처우급 또는 완화경비처우급으로서 작업·교육 등의 성적이 우수하고 관련 기술이 있는 경우에는 교도관의 작업지도를 보조하게 할 수 있다(형의 집행 및 수용자의 처우에 관한 법률 시행규칙 제94조).

④ 소장은 수형자가 개방처우급 또는 완화경비처우급으로서 직업능력 향상을 위하여 특히 필요한 경우에는 교정시설 외부의 공공기관 또는 기업체 등에서 운영하는 직업훈련을 받게 할 수 있다. 이에 따른 직업훈련의 비용은 수형자가 부담한다. 다만, 처우상 특히 필요한 경우에는 예산의 범위에서 그 비용을 지원할 수 있다(형의 집행 및 수용자의 처우에 관한 법률 시행규칙 제96조 제1항·제2항).

09 형의 집행 및 수용자의 처우에 관한 법령상 수용자의 종교 및 문화활동에 대한 설명으로 옳은 것은? 20년 국가직 7급 변형

① 수용자가 구독을 신청할 수 있는 신문·잡지 또는 도서 교정시설의 보관범위 및 수용자가 지닐 수 있는 범위를 벗어나지 않는 범위에서 신문은 월 3종 이내로, 도서(잡지를 포함한다)는 월 5권 이내로 한다.

② 소장은 수용자의 건강과 일과시간 등을 고려하여 1일 4시간 이내에서 방송편성시간을 정한다. 다만, 토요일·공휴일, 작업·교육실태 및 수용자의 특성을 고려하여 방송편성시간을 조정할 수 있다.

③ 수용자는 휴업일 및 휴게시간 내에 시간의 제한 없이 집필할 수 있다. 다만, 부득이한 사정이 있는 경우에는 그러하지 아니하다.

④ 소장은 수용자의 신앙생활에 필요한 서적이나 물품을 신청할 경우 외부에서 제작된 휴대용 종교서적 및 성물을 제공하여야 한다.

정답 ③

영역 위생·건강, 오락 및 종교·문화 활동

[정답의 이유]
③ 형의 집행 및 수용자의 처우에 관한 법률 시행령 제75조 제1항

[오답의 이유]
① 수용자가 구독을 신청할 수 있는 신문·잡지 또는 도서는 교정시설의 보관범위 및 수용자가 지닐 수 있는 범위를 벗어나지 않는 범위에서 신문은 월 3종 이내로, 도서(잡지를 포함)는 월 10권 이내로 한다(형의 집행 및 수용자의 처우에 관한 법률 시행규칙 제35조 전문).

② 소장은 수용자의 건강과 일과시간 등을 고려하여 1일 6시간 이내에서 방송편성시간을 정한다. 다만, 토요일·공휴일, 작업·교육실태 및 수용자의 특성을 고려하여 방송편성시간을 조정할 수 있다(형의 집행 및 수용자의 처우에 관한 법률 시행규칙 제39조).

④ 소장은 수용자의 신앙생활에 필요하다고 인정하는 경우에는 외부에서 제작된 휴대용 종교도서 및 성물을 수용자가 지니게 할 수 있다(형의 집행 및 수용자의 처우에 관한 법률 시행규칙 제34조 제1항).

10 「형의 집행 및 수용자의 처우에 관한 법률 시행령」상 수용자의 위생과 의료에 대한 설명으로 옳은 것은? 20년 국가직 5급 승진

① 소장은 작업의 특성상 실외운동이 필요 없다고 인정되면 수용자의 실외운동을 실시하지 않을 수 있다.

② 소장은 작업의 특성, 계절 등을 고려하여 수용자의 목욕 횟수를 정하되 부득이한 사정이 없으면 매주 2회 이상이 되도록 한다.

③ 소장은 수용자가 감염병에 걸렸다고 의심되는 경우에는 15일 이상 격리수용하고 그 수용자의 휴대품을 소독하여야 한다.

④ 소장은 모든 수용자에 대하여 건강검진기본법에 따라 지정된 건강검진기관에 의뢰하여 1년에 1회 이상 건강검진을 하여야 한다.

정답 ①

영역 의료

[정답의 이유]
① 형의 집행 및 수용자의 처우에 관한 법률 시행령 제49조 제1호

[오답의 이유]
② 소장은 작업의 특성, 계절, 그 밖에 사정을 고려하여 수용자의 목욕 횟수를 정하되 부득이한 사정이 없으면 매주 1회 이상이 되도록 한다(형의 집행 및 수용자의 처우에 관한 법률 시행령 제50조).

③ 소장은 수용자가 감염병에 걸렸다고 의심되는 경우에는 1주 이상 격리수용하고 그 수용자의 휴대품을 소독하여야 한다(형의 집행 및 수용자의 처우에 관한 법률 시행령 제53조 제1항).

④ 소장은 수용자에 대하여 건강검진기본법에 따라 지정된 건강검진기관에 의뢰하여 1년에 1회 이상 건강검진을 하여야 한다. 다만, 19세 미만의 수용자와 계호상 독거수용자에 대하여는 6개월에 1회 이상 하여야 한다(형의 집행 및 수용자의 처우에 관한 법률 시행령 제51조 제2항·제1항).

11 「형의 집행 및 수용자의 처우에 관한 법률 시행령」상 수용자의 편지수수에 대한 설명으로 옳은 것은? 13년 국가직 7급 변형

① 수용자는 편지를 보내려는 경우 해당 편지를 봉함하지 않은 상태로 제출한다.

② 수용자가 보내는 편지의 발송한도는 매주 7회이다.

③ 소장은 수용자에게 온 편지에 금지물품이 들어 있는지를 개봉하여 확인할 수 있다.

④ 수용자의 편지·소송서류 등의 문서를 보내는 데 드는 비용은 국가가 부담하는 것을 원칙으로 한다.

정답 정답 ③

영역 시설 내 처우

정답의 이유

③ 형의 집행 및 수용자의 처우에 관한 법률 시행령 제65조 제2항

오답의 이유

① 수용자는 편지를 보내려는 경우 해당 편지를 봉함하여 교정시설에 제출한다(형의 집행 및 수용자의 처우에 관한 법률 시행령 제65조 제1항 본문).

② 수용자가 보내거나 받는 편지는 법령에 어긋나지 않으면 횟수를 제한하지 않는다(형의 집행 및 수용자의 처우에 관한 법률 시행령 제64조).

④ 수용자의 편지·소송서류, 그 밖의 문서를 보내는 경우에 드는 비용은 수용자가 부담한다. 다만, 소장은 수용자가 그 비용을 부담할 수 없는 경우에는 예산의 범위에서 해당 비용을 부담할 수 있다(형의 집행 및 수용자의 처우에 관한 법률 시행령 제69조).

12 형의 집행 및 수용자의 처우에 관한 법령상 수형자 계호에 대한 내용으로 옳지 않은 것은? 21년 국가직 7급

① 소장은 교정성적 등을 고려하여 검사가 필요하지 않다고 인정되는 경우 교도관에게 작업장이나 실외에서 거실로 돌아오는 수용자의 신체·의류 및 휴대품을 검사하지 않게 할 수 있다.

② 금치처분 집행 중인 수용자가 법원 또는 검찰청 등에 출석하는 경우에 징벌집행은 중지된 것으로 본다.

③ 교도관은 교정시설 밖에서 수용자를 계호하는 경우 보호 장비나 수용자의 팔목 등에 전자경보기를 부착하여 사용할 수 있다.

④ 보호침대는 다른 보호장비와 같이 사용할 수 없다.

정답 ②

영역 수용자에 대한 처우 일반규정

정답의 이유

② 금치처분 집행 중인 수용자가 법원 또는 검찰청 등에 출석하는 경우에는 징벌집행이 계속되는 것으로 본다(형의 집행 및 수용자의 처우에 관한 법률 시행령 제134조 참고).

오답의 이유

① 형의 집행 및 수용자의 처우에 관한 법률 시행령 제113조

③ 형의 집행 및 수용자의 처우에 관한 법률 시행규칙 제165조

④ 형의 집행 및 수용자의 처우에 관한 법률 시행규칙 제180조 제2호

13 「형의 집행 및 수용자의 처우에 관한 법률」상 수용자의 진정실 수용에 대한 설명으로 옳은 것은?

24년 국가직 9급

① 소장은 수용자가 교정시설의 설비 또는 기구 등을 손괴하거나 손괴하려고 하는 때로서 강제력을 행사하거나 보호장비를 사용하여도 그 목적을 달성할 수 없는 경우에는 진정실에 수용할 수 있다. 이 경우 의무관의 의견을 들어야 한다.

② 수용자의 진정실 수용기간은 24시간 이내로 한다. 다만, 소장은 특히 계속하여 수용할 필요가 있으면 의무관의 의견을 고려하여 1회당 12시간의 범위에서 기간을 연장할 수 있다.

③ 수용자를 진정실에 수용할 수 있는 기간은 계속하여 2일을 초과할 수 없다.

④ 소장은 수용자를 진정실에 수용하거나 수용기간을 연장하는 경우에는 그 사유를 가족에게 알려 주어야 한다.

정답 ②

영역 보호실과 진정실 수용

정답의 이유

② 형의 집행 및 수용자의 처우에 관한 법률 제96조 제2항

오답의 이유

① 소장은 수용자가 교정시설의 설비 또는 기구 등을 손괴하거나 손괴하려고 하는 때에 해당하는 경우 강제력을 행사하거나 보호장비를 사용하여도 그 목적을 달성할 수 없는 경우에만 진정실에 수용할 수 있다(형의 집행 및 수용자의 처우에 관한 법률 제96조 제1항 제1호). 이 경우 소장은 의무관의 의견을 듣지 않고 진정실에 수용할 수 있다.

③ 수용자를 진정실에 수용할 수 있는 기간은 계속하여 3일을 초과할 수 없다(형의 집행 및 수용자의 처우에 관한 법률 제96조 제3항).

④ 소장은 수용자를 진정실에 수용하거나 수용기간을 연장하는 경우에는 그 사유를 본인에게 알려 주어야 한다(형의 집행 및 수용자의 처우에 관한 법률 제96조 제4항).

더 알아보기

보호실과 진정실

구분		보호실	진정실
정의		자살 및 자해 방지 등의 설비를 갖춘 거실	일반 수용거실로부터 격리되어 있고 방음설비 등을 갖춘 거실
수용 요건		• 자살 또는 자해의 우려가 있는 때 • 신체적 · 정신적 질병으로 인하여 특별한 보호가 필요한 때	• 교정시설의 설비 또는 기구 등을 손괴하거나 손괴하려고 하는 때 • 교도관의 제지에도 불구하고 소란행위를 계속하여 다른 수용자의 평온한 수용생활을 방해하는 때
사유의 고지		○	○
기간	수용	15일 이내	24시간 이내
	연장	1회당 7일 이내	1회당 12시간의 이내
	최대연장	3개월	3일

---

14 「형의 집행 및 수용자의 처우에 관한 법률」상 수용자가 '위력으로 교도관의 정당한 직무집행을 방해하는 때'에 사용할 수 있는 보호장비에 해당하는 것만을 모두 고르면?

19년 국가직 5급 승진

㉠ 보호대(帶)	㉡ 보호복
㉢ 보호의자	㉣ 보호침대
㉤ 발목보호장비	㉥ 머리보호장비

① ㉠, ㉡, ㉢

② ㉠, ㉢, ㉤

③ ㉠, ㉡, ㉣, ㉥

④ ㉡, ㉢, ㉣, ㉤

정답 ②

영역 교정장비 사용

정답의 이유

교도관은 수용자가 위력으로 교도관의 정당한 직무집행을 방해하는 때(형의 집행 및 수용자의 처우에 관한 법률 제97조 제1항

제3호)에는 수갑·포승, ⊙ 보호대(帶)·ⓒ 보호의자·ⓜ 발목보호장비를 사용할 수 있다(형의 집행 및 수용자의 처우에 관한 법률 제98조 제2항 제1호·제3호).

오답의 이유
ⓒ·ⓔ 보호복, 보호침대는 자살·자해의 우려가 큰 때에 사용 가능(형의 집행 및 수용자의 처우에 관한 법률 제98조 제2항 제4호)
ⓜ 머리보호장비는 머리부분을 자해할 우려가 큰 때에 사용 가능(형의 집행 및 수용자의 처우에 관한 법률 제98조 제2항 제2호)

15 「형의 집행 및 수용자의 처우에 관한 법률」 및 동법 시행규칙상 수용자의 상벌에 대한 설명으로 옳지 않은 것은?

15년 국가직 9급

① 징벌사유가 발생한 날부터 1년이 지나면 이를 이유로 징벌을 부과하지 못한다.
② 사람의 생명을 구조한 수용자는 소장표창 및 가족 만남의 집 이용 대상자 선정기준에 해당된다.
③ 소장은 금치 외의 징벌을 집행하는 경우 그 징벌의 목적을 달성하기 위하여 필요하다고 인정하면 해당 수용자를 징벌거실에 수용할 수 있다.
④ 수용자의 징벌대상행위에 대한 조사기간은 조사를 시작한 날부터 징벌위원회의 의결이 있는 날까지를 말하며 10일 이내로 하나, 특히 필요하다고 인정하는 경우에는 1회에 한하여 7일을 초과하지 아니하는 범위에서 그 기간을 연장할 수 있다.

정답 ①
영역 징벌·상벌(포상)·형벌 등
정답의 이유
① 징벌사유가 발생한 날부터 2년이 지나면 이를 이유로 징벌을 부과하지 못한다(형의 집행 및 수용자의 처우에 관한 법률 제109조 제4항).

오답의 이유
② 형의 집행 및 수용자의 처우에 관한 법률 시행규칙 제214조의2 제1호
③ 형의 집행 및 수용자의 처우에 관한 법률 시행규칙 제231조 제3항
④ 형의 집행 및 수용자의 처우에 관한 법률 시행규칙 제220조 제1항

16 형의 집행 및 수용자의 처우에 관한 법령상 수형자의 분류심사에 대한 설명으로 옳은 것은?

19년 국가직 9급

① 법무부장관은 분류심사를 전담하는 교정시설을 지정·운영하는 경우에는 지방교정청별로 2개소 이상이 되도록 하여야 한다.
② 개별처우계획을 수립하기 위한 분류심사는 매월 초일부터 말일까지 형집행지휘서가 접수된 수형자를 대상으로 하며, 그다음 달까지 완료하여야 한다. 다만, 특별한 사유가 있는 경우에는 그 기간을 연장할 수 있다.
③ 소장은 분류심사를 위하여 수형자와 그 가족을 대상으로 상담 등을 통해 수형자 신상에 관한 개별사안의 조사, 심리·지능·적성검사, 그 밖에 필요한 검사를 할 수 있다.
④ 징역형·금고형이 확정된 사람으로서 집행할 형기가 형집행지휘서 접수일부터 6개월 미만인 사람 또는 구류형이 확정된 사람에 대해서는 분류심사를 하지 아니한다.

정답 ②
영역 분류심사 일반이론 및 규정
정답의 이유
② 형의 집행 및 수용자의 처우에 관한 법률 시행규칙 제64조
오답의 이유
① 법무부장관은 분류심사를 전담하는 교정시설을 지정·운영하는 경우에는 지방교정청별로 1개소 이상이 되도록 하여야 한다(형의 집행 및 수용자의 처우에 관한 법률 시행령 제86조).
③ 소장은 분류심사를 위하여 수형자를 대상으로 상담 등을 통한 신상에 관한 개별사안의 조사, 심리·지능·적성 검사, 그 밖에 필요한 검사를 할 수 있다(형의 집행 및 수용자의 처우에 관한 법률 제59조 제3항). 소장은 분류심사와 그 밖에 수용목적의 달성을 위하여 필요하면 수용자의 가족 등을 면담하거나 법원·경찰관서, 그 밖의 관계 기관 또는 단체에 대하여 필요한 사실을 조회할 수 있다(동법 제60조 제1항).
④ 징역형·금고형이 확정된 사람으로서 집행할 형기가 형집행지휘서 접수일부터 3개월 미만인 사람 또는 구류형이 확정된 사람에 대해서는 분류심사를 하지 아니한다(형의 집행 및 수용자의 처우에 관한 법률 시행규칙 제62조 제1항).

17 「형의 집행 및 수용자의 처우에 관한 법률 시행규칙」상 소득점수 평가기준과 처우등급 조정에 대한 설명으로 옳지 않은 것은? 15년 국가직 7급

① 소득점수는 수형생활 태도와 작업 또는 교육 성적으로 구성되며, 수형생활 태도는 품행 · 책임감 및 협동심의 정도에 따라, 작업 또는 교육 성적은 부과된 작업 · 교육의 실적 정도와 근면성 등에 따라 채점한다.

② 수형생활 태도 점수와 작업 또는 교육 성적 점수를 채점하는 경우에 수는 소속작업장 또는 교육장 전체 인원의 10퍼센트를 초과할 수 없고, 우는 30퍼센트를 초과할 수 없으나, 작업장 또는 교육장 전체인원이 4명 이하인 경우에는 수 · 우를 각각 1명으로 채점할 수 있다.

③ 소득점수를 평정하는 경우에 평정 대상기간 동안 매월 평가된 소득점수를 합산하여 평정 대상기간의 개월 수로 나누어 얻은 점수인 평정소득점수가 5점 이하인 경우 경비처우급을 하향 조정할 수 있다.

④ 조정된 처우등급의 처우는 그 조정이 확정된 날부터 하며, 이 경우 조정된 처우등급은 그 달 초일부터 적용된 것으로 본다.

정답 ④

영역 소득점수 및 처우등급

[정답의 이유]

④ 조정된 처우등급에 따른 처우는 그 조정이 확정된 다음 날부터 한다. 이 경우 조정된 처우등급은 그 달 초일부터 적용된 것으로 본다(형의 집행 및 수용자의 처우에 관한 법률 시행규칙 제82조 제1항).

[오답의 이유]

① 형의 집행 및 수용자의 처우에 관한 법률 시행규칙 제78조 제2항

② 형의 집행 및 수용자의 처우에 관한 법률 시행규칙 제79조 제1항

③ 형의 집행 및 수용자의 처우에 관한 법률 시행규칙 제80조 제2항 · 제81조 제2호

18 수형자분류 및 처우에 대한 설명으로 옳지 않은 것은? 19년 국가직 7급

① 수형자분류는 수형자에 대한 개별적 처우를 가능하게 함으로써 수형자의 교화개선과 원만한 사회복귀에 도움을 준다.

② 19C 이후 과학의 발달에 힘입어 수형자의 합리적인 처우를 위하여 과학적인 분류의 도입이 주장되었으며, 뉴욕주 싱싱(Sing Sing)교도소에서 운영한 분류센터인 클리어링 하우스(Clearing house)가 그 대표적인 예이다.

③ 누진계급(점수)의 측정방법인 고사제(기간제)는 일정 기간이 경과하였을 때에 그 기간 내의 수형자 교정성적을 담당교도관이 보고하고, 이를 교도위원회가 심사하여 진급을 결정하는 방법이다.

④ 누진계급(점수)의 측정방법인 아일랜드제(Irish System)는 수형자를 최초 9개월의 독거구금 후 교도소에서 강제노동에 취업시키고, 수형자를 5계급으로 나누어 이들이 지정된 책임점수를 소각하면 상급으로 진급시키는 방법이다.

정답 ④

영역 누진처우제도

[정답의 이유]

④ 잉글랜드제에 대한 설명이다. 잉글랜드제는 수형자를 최초 9개월간 독거구금 후 공역교도소에서 혼거시켜 강제노역에 종사하도록 하고, 이들을 고사급 · 제3급 · 제2급 · 제1급 · 특별급의 5계급으로 나누어 지정된 책임점수를 소각하면 진급시키고 처우상 우대하였다. 매일의 작업에 대한 노력과 성적에 따라 소득점수와 작업상여금이 정해졌고, 적어도 4계급을 경과하지 않으면 가석방이 허가되지 않았으며, 형기단축의 최고한도는 공역감옥 복역기간의 1/4을 초과할 수 없었다. 한편, 아일랜드제는 마코노키의 점수제를 응용하여 1854년부터 1862년 사이 아일랜드의 교정국장을 지냈던 월터 크로프톤이 창안한 제도이다. 수형자를 점차 자유로운 상태에 근접하게 하며, 마지막 단계에 가까울수록 규제는 최소화하고, 자유는 확대하였고 석방 이후 엄격한 감시를 받게 되며, 재범의 우려가 높으면 석방허가증이 철회되었다.

---

19 노무작업과 도급작업에 대한 설명으로 옳은 것은?
22년 국가직 9급

① 노무작업은 경기변동에 큰 영향을 받지 않으며 제품 판로에 대한 부담이 없다.
② 노무작업은 설비투자 없이 시행이 가능하며 행형상 통일성을 기하기에 유리하다.
③ 도급작업은 불취업자 해소에 유리하고 작업수준에 맞는 기술자 확보가 용이하다.
④ 도급작업은 구외작업으로 인한 계호부담이 크지만 민간기업을 압박할 가능성이 없다.

정답 ①

영역 교도작업

정답의 이유
① 노무작업은 일정 시기에 수용자의 노무만 제공하면 되는 파종이나 추수 등의 작업이 주를 이루어, 경기변동에 큰 영향을 받지 않고 제품판로에 대한 부담도 없다.

오답의 이유
② 노무작업은 설비투자 없이 시행이 가능하지만 단기 작업이 많고 소수의 수용자가 작업을 진행하여 행형상 **통일성을 기하기 어렵다.**
③ 도급작업은 대규모 공사 시 불취업자 해소에 유리하지만 작업수준에 맞는 **기술자 확보에 어려움**이 있다.
④ 도급작업은 구외작업으로 인한 계호부담이 크고 가격 경쟁으로 인한 **민간기업의 압박 가능성이 높다.**

((•)) **더 알아보기**

노무작업과 도급작업의 비교

구분	장점	단점
노무 작업	• 경기변동에 영향을 받지 않으므로 손실에 대한 부담이 없음 • 노무만을 제공하면 되므로 물적 자본이 없이도 가능 • 제품의 판로에 대한 부담이 없음	• 작업의 통일 곤란 • 단순노동인 경우 기술 습득 및 직업훈련에 부적합 • 작업운영에 외부민간 단체의 관여가 가장 심하여 교도작업 본래의 취지가 퇴색될 수 있으며, 외부 부정의 개입 가능성 존재
도급 작업	• 작업규모가 대형인 경우가 많으므로 높은 수익이 보장	• 대부분 구외작업인 경우가 많아 계호상 부담

	• 대규모 작업으로 불취업자 해소에 유리 • 수형자의 전문기술 습득에 용이 • 수형자와 교도관 간의 인간적인 신뢰로 인한 반사회성 교정 및 갱생의욕 고취	• 사업이 대규모인 관계로 실패할 경우 손실이 막대

20 형의 집행 및 수용자의 처우에 관한 법령상 소장이 교도관으로 하여금 수용자의 접견내용을 청취·기록·녹음 또는 녹화하게 할 수 있는 경우가 아닌 것은?
20년 국가직 9급

① 수용자의 처우 또는 교정시설의 운영에 관하여 거짓 사실을 유포하는 때
② 시설의 안전과 질서유지를 위하여 필요한 때
③ 범죄의 증거를 인멸하거나 형사 법령에 저촉되는 행위를 할 우려가 있는 때
④ 수형자의 교화 또는 건전한 사회복귀를 위하여 필요한 때

정답 ①

영역 수용자에 대한 특별 교도행정과 처우

정답의 이유
① '수용자의 처우 또는 교정시설의 운영에 관하여 거짓 사실을 유포하는 때'는 **접견을 중지할 수 있는 사유**이다(형의 집행 및 수용자의 처우에 관한 법률 제42조 제4호).

오답의 이유
② 형의 집행 및 수용자의 처우에 관한 법률 제41조 제4항 제3호
③ 형의 집행 및 수용자의 처우에 관한 법률 제41조 제4항 제1호
④ 형의 집행 및 수용자의 처우에 관한 법률 제41조 제4항 제2호

접견의 중지 등(형의 집행 및 수용자의 처우에 관한 법률 제 42조)

교도관은 접견 중인 수용자 또는 그 상대방이 다음의 어느 하나에 해당하면 접견을 중지할 수 있다.

1. 범죄의 증거를 인멸하거나 인멸하려고 하는 때
2. 제92조의 금지물품을 주고받거나 주고받으려고 하는 때
3. 형사 법령에 저촉되는 행위를 하거나 하려고 하는 때
4. 수용자의 처우 또는 교정시설의 운영에 관하여 거짓사실을 유포하는 때
5. 수형자의 교화 또는 건전한 사회복귀를 해칠 우려가 있는 행위를 하거나 하려고 하는 때
6. 시설의 안전 또는 질서를 해하는 행위를 하거나 하려고 하는 때

---

21 형의 집행 및 수용자의 처우에 관한 법령상 작업과 직업훈련에 대한 설명으로 옳지 않은 것은?

17년 국가직 9급 변형

① 소장은 사형확정자가 작업을 신청하면 교도관회의의 심의를 거쳐 교정시설 안에서 실시하는 작업을 부과할 수 있다.

② 소장은 수형자의 가족 또는 배우자의 직계존속이 사망하면 2일간, 부모 또는 배우자의 제삿날에는 1일간 해당 수형자의 작업을 면제한다. 다만, 수형자가 작업을 계속하기를 원하는 경우는 예외로 한다.

③ 집체직업훈련 대상자는 소속기관의 수형자 중에서 소장이 선정한다.

④ 수형자가 작업으로 인한 부상으로 신체에 장해가 발생하여 위로금을 받게 된 경우 그 위로금을 지급받을 권리는 다른 사람 또는 법인에게 양도하거나 담보로 제공할 수 없으며, 다른 사람 또는 법인은 이를 압류할 수 없다.

정답 ③

영역 직업훈련

정답의 이유

③ 직업훈련 대상자는 소속기관의 수형자 중에서 소장이 선정한다. 다만, 집체직업훈련(직업훈련 전담 교정시설이나 그 밖에

직업훈련을 실시하기에 적합한 교정시설에 수용하여 실시하는 훈련) 대상자는 집체직업훈련을 실시하는 교정시설의 관할 지방교정청장이 선정한다(형의 집행 및 수용자의 처우에 관한 법률 시행규칙 제124조 제2항).

오답의 이유

① 형의 집행 및 수용자의 처우에 관한 법률 시행규칙 제153조 제1항
② 형의 집행 및 수용자의 처우에 관한 법률 제72조 제1항
④ 형의 집행 및 수용자의 처우에 관한 법률 제76조 제1항

---

22 「형의 집행 및 수용자의 처우에 관한 법률 시행규칙」상 교정시설 안에 설치된 외부기업체의 작업장에 통근하며 작업하는 수형자가 갖추어야 할 요건들에 해당하지 않는 것은?

17년 국가직 9급

① 18세 이상 65세 미만일 것

② 해당 작업 수행에 건강상 장애가 없을 것

③ 개방처우급ꞏ완화경비처우급ꞏ일반경비처우급에 해당할 것

④ 집행할 형기가 7년 미만이거나 형기기산일로부터 7년 이상 지났을 것

정답 ④

영역 외부통근작업

정답의 이유

① 교정시설 안에 설치된 외부기업체의 작업장에 통근하며 작업하는 수형자는 제1항 제1호부터 제4호까지의 요건(같은 항 제3호의 요건의 경우에는 일반경비처우급에 해당하는 수형자도 포함)을 갖춘 수형자로서 집행할 형기가 10년 미만이거나 형기기산일부터 10년 이상이 지난 수형자 중에서 선정한다(형의 집행 및 수용자의 처우에 관한 법률 시행규칙 제120조 제2항).

오답의 이유

①ꞏ②ꞏ③ 형의 집행 및 수용자의 처우에 관한 법률 시행규칙 제120조 제2항

선정기준(형의 집행 및 수용자의 처우에 관한 법률 시행규칙 제120조 제1항 제1호~제4호)

① 외부기업체에 통근하며 작업하는 수형자는 다음 각 호의 요건을 갖춘 수형자 중에서 선정한다.

1. 18세 이상 65세 미만일 것
2. 해당 작업 수행에 건강상 장애가 없을 것
3. 개방처우급 · 완화경비처우급에 해당할 것
4. 가족 · 친지 또는 법 제130조의 교정위원 등과 접견 · 편지수수 · 전화통화 등으로 연락하고 있을 것

---

23 형의 집행 및 수용자의 처우에 관한 법령상 수용자의 교육에 대한 설명으로 옳지 않은 것은?

18년 국가직 7급

① 소장은 특별한 사유가 없으면 교육기간 동안에 교육 대상자를 다른 기관으로 이송할 수 없다.

② 소장은 교육대상자에게 질병, 부상, 그 밖의 부득이한 사정이 있는 경우에는 교육과정을 일시 중지할 수 있다.

③ 소장은 「교육기본법」 제8조의 의무교육을 받지 못한 수형자에 대하여는 본인의 의사, 나이, 지식정도, 그 밖의 사정을 고려하여 그에 알맞게 교육하여야 한다.

④ 소장이 「고등교육법」 제2조에 따른 방송통신대학 교육과정을 설치 · 운영하는 경우 교육 실시에 소요되는 비용은 특별한 사정이 없으면 교육대상자 소속기관이 부담한다.

정답 ④

영역 교정교육

[정답의 이유]

④ 녹화에 의한 학위 취득과정, 방송통신대학과정, 전문대학 위탁교육과정, 정보화 및 외국어 교육과정에 따른 교육을 실시하는 경우 소요되는 비용은 특별한 사정이 없으면 교육대상자의 부담으로 한다(형의 집행 및 수용자의 처우에 관한 법률 시행규칙 제102조 제2항).

[오답의 이유]

① 형의 집행 및 수용자의 처우에 관한 법률 시행규칙 제106조 제1항

② 형의 집행 및 수용자의 처우에 관한 법률 시행규칙 제105조 제3항

③ 형의 집행 및 수용자의 처우에 관한 법률 제63조 제2항

---

24 가석방에 대한 설명으로 옳은 것은?

15년 국가직 9급 변형

① 가석방 처분 후 처분이 실효 또는 취소되지 않고 가석방 기간을 경과한 때에는 가석방심사위원회를 통해 최종적으로 형 집행종료를 결정한다.

② 가석방심사위원회는 가석방 적격결정을 하였으면 7일 이내에 법무부장관에게 가석방 허가를 신청하여야 한다.

③ 징역이나 금고의 집행 중에 있는 사람이 행상이 양호하여 뉘우침이 뚜렷한 때에는 무기형은 10년, 유기형은 형기의 3분의 1이 지난 후 행정처분으로 가석방을 할 수 있다.

④ 가석방 적격심사 시 재산에 관한 죄를 지은 수형자에 대하여는 특히 그 범행으로 인하여 발생한 손해의 배상 여부 또는 손해를 경감하기 위한 노력 여부를 심사하여야 한다.

정답 ④

영역 수형자에 대한 가석방(석방)

[정답의 이유]

④ 형의 집행 및 수용자의 처우에 관한 법률 시행규칙 제255조 제1항

[오답의 이유]

① 가석방의 처분을 받은 후 그 처분이 실효 또는 취소되지 아니하고 가석방기간을 경과한 때에는 형의 집행을 종료한 것으로 본다(형법 제76조 제1항).

② 가석방심사위원회는 가석방 적격결정을 하였으면 5일 이내에 법무부장관에게 가석방 허가를 신청하여야 한다(형의 집행 및 수용자의 처우에 관한 법률 제122조 제1항).

③ 징역이나 금고의 집행 중에 있는 사람이 행상(行狀)이 양호하여 뉘우침이 뚜렷한 때에는 무기형은 20년, 유기형은 형기의 3분의 1이 지난 후 행정처분으로 가석방을 할 수 있다(형법 제72조 제1항).

25 형의 집행 및 수용자의 처우에 관한 법령상 귀휴허가 후 조치에 대한 설명으로 옳지 않은 것은?

① 소장은 필요하다고 인정하면 귀휴시 교도관을 동행시킬 수 있다.

② 소장은 귀휴자가 신청할 경우 작업장려금의 전부 또는 일부를 귀휴비용으로 사용하게 할 수 있다.

③ 소장은 귀휴자가 귀휴조건을 위반한 경우 귀휴를 취소하거나 이의 시정을 위하여 필요한 조치를 하여야 한다.

④ 소장은 2일 이상의 귀휴를 허가한 경우 귀휴자의 귀휴지를 관할하는 보호관찰소의 장에게 그 사실을 통보하여야 한다.

정답 ④

영역 귀휴

[정답의 이유]

④ 소장은 법 제77조에 따라 2일 이상의 귀휴를 허가한 경우에는 귀휴를 허가받은 사람의 귀휴지를 관할하는 **경찰관서의 장**에게 그 사실을 통보하여야 한다(형의 집행 및 수용자의 처우에 관한 법률 시행령 제97조 제1항).

[오답의 이유]

① 형의 집행 및 수용자의 처우에 관한 법률 시행규칙 제141조 제1항

② 형의 집행 및 수용자의 처우에 관한 법률 시행규칙 제142조 제2항

③ 형의 집행 및 수용자의 처우에 관한 법률 시행규칙 제143조

교정학개론 8회

01 수용자 처우 모델에 대한 설명으로 옳은 것만을 모두 고르면?
24년 국가직 9급

㉠ 정의모델(Justice Model)은 범죄자의 법적 지위와 권리 보장이라는 관점에서 처우의 문제에 접근하는 것으로, 형집행의 공정성과 법관의 재량권 제한을 강조한다.

㉡ 의료모델(Medical Model)은 치료를 통한 사회복귀를 목적으로 하는 것으로, 가석방제도를 중요시한다.

㉢ 적응모델(Adjustment Model)은 정의모델에 대한 비판·보완을 위해 등장한 것으로, 교정처우 기법으로 현실요법과 교류분석을 중요시한다.

㉣ 재통합모델(Reintegration Model)은 사회도 범죄 유발의 책임이 있으므로 지역사회에 기초한 교정을 강조한다.

① ㉡, ㉢
② ㉢, ㉣
③ ㉠, ㉡, ㉢
④ ㉠, ㉡, ㉣

정답 ④

영역 교정학의 의미 및 발전적 동향

[정답의 이유]

㉠ 정의모델(공정모델, 사법모델)은 의료모델이나 적응모델을 비판하며 교화 개선이 만족할 만한 성과를 거두지 못할 바에 사법 정의의 실현 추구가 바람직하고, 범죄자의 인권 보호를 위하여 적법설차기 중요하다고 보는 모델이다.

㉡ 의료모델(치료모델)은 결정론적 시각에서 범죄자를 사회 적응에 결함이 있는 환자로 보고, 치료가 되었다면 형기와 관계없이 석방될 수 있도록 하는 가석방제도나 부정기형제도의 필요성을 강조한다.

㉣ 재통합모델은 결정론에 의거하여 범죄인의 개별적 특성뿐만 아니라 사회환경을 동시에 중시하는 모델로서, 개방교도소, 중간처우소, 외부통근제 등이 이 모델에서 출현한 프로그램이다.

[오답의 이유]

㉢ 적응모델은 의료모델을 비판하면서 등장한 이론으로, 범죄는 사회부적응 등으로 발생하기에 사회에 잘 적응하도록 도울 수 있다면 범죄는 사라질 것이라고 보는 모델이다. 이 모델은 교정 처우 기법으로 현실 요법과 교류 분석을 중요시한다.

02 구금제도 중 하나인 오번제(Auburn System)에 대한 설명으로 옳지 않은 것은?
20년 국가직 5급 승진

① 1820년대 초 린즈(E. Lynds)에 의해 시행되었고 엄정 독거제에 비하여 인간적이라는 평가가 있다.
② 주간에는 수형자를 공장에 혼거 취업하게 하되 상호 간의 교담을 엄격히 금지하고, 야간에는 독방에 구금하여 취침하게 하는 제도이다.
③ 완화 독거제 또는 침묵제(Silent System)라고도 불린다.
④ 인간의 본성인 공동생활의 습성을 박탈하지 않으므로 공동작업 중 악풍감염의 폐단이 발생한다는 단점이 있다.

정답 ④

영역 교정학 발전사

[정답의 이유]

④ 오번제는 1823년 미국 뉴욕주(州) 오번시(市)에서 최초로 실시되었으며 악풍감염을 방지하기 위하여 주간에는 침묵 상태에서 동료 수형자와 함께 작업을 하도록 하고, 야간에는 독방에 수용하는 구금 방식이다.

03 「형의 집행 및 수용자의 처우에 관한 법률 시행령」에 따를 때, 괄호 안에 들어갈 내용을 옳게 짝지은 것은? 18년 국가직 9급

- 미결수용자의 접견 횟수는 (㉠)로 하되, 변호인과의 접견은 그 횟수에 포함시키지 않는다.
- 교정시설의 장은 19세 미만의 수용자와 계호상 독거수용자에 대하여 (㉡) 이상 건강검진을 하여야 한다.
- 교정시설의 장은 작업의 특성, 계절, 그 밖의 사정을 고려하여 수용자의 목욕횟수를 정하되 부득이한 사정이 없으면 (㉢) 이상이 되도록 한다.

	㉠	㉡	㉢
①	매일 1회	6개월에 1회	매주 1회
②	매일 1회	1년에 1회	매주 1회
③	매주 1회	6개월에 1회	매주 1회
④	매주 1회	1년에 1회	매월 1회

정답 ①

영역 미결수용자 · 여성 수용자에 대한 처우 및 수용자 권리구제

정답의 이유

㉠ 미결수용자의 접견 횟수는 **매일 1회**로 하되, 변호인과의 접견은 그 횟수에 포함시키지 않는다(형의 집행 및 수용자의 처우에 관한 법률 시행령 제101조).

㉡ 소장은 수용자에 대하여 1년에 1회 이상 건강검진을 하여야 한다. 다만, 19세 미만의 수용자와 계호상 독거수용자에 대하여는 **6개월에 1회** 이상 하여야 한다(형의 집행 및 수용자의 처우에 관한 법률 시행령 제51조 제1항).

㉢ 소장은 작업의 특성, 계절, 그 밖의 사정을 고려하여 수용자의 목욕횟수를 정하되 부득이한 사정이 없으면 **매주 1회** 이상이 되도록 한다(형의 집행 및 수용자의 처우에 관한 법률 시행령 제50조).

04 우리나라의 헌법재판소 판례의 입장으로 옳지 않은 것은? 13년 국가직 7급

① 수사 및 재판단계의 미결수용자에게 재소자용 의류를 입게 하는 것은 무죄추정의 원칙에 반하고, 인격권과 행복추구권, 공정한 재판을 받을 권리를 침해하는 것이다.

② 구치소에서의 정밀신체검사는 다른 사람이 볼 수 없는 차단된 공간에서 동성의 교도관이 짧은 시간 내에 손가락이나 도구의 사용 없이 항문을 보이게 하는 방법으로 시행한 경우 과잉금지의 원칙에 반하지 않는다.

③ 마약의 복용여부를 알아내기 위해 소변을 강제채취 하는 일은 자신의 신체의 배출물에 대한 자기결정권이 다소 제한된다 하더라도 과잉금지의 원칙에 반한다고 할 수 없다.

④ 검찰조사실에서 계구(보호장비)해제요청을 거절하고 수갑 및 포승을 한 채 조사를 받도록 한 것은 위험의 방지를 위한 것으로써 신체의 자유를 과도하게 제한하였다고 할 수 없다.

정답 ④

영역 헌법재판소의 결정

정답의 이유

④ 검사가 검사조사실에서 피의자신문을 하는 절차에서는 피의자가 신체적으로나 심리적으로 위축되지 않은 상태에서 자기의 방어권을 충분히 행사할 수 있도록 계구를 사용하지 말아야 하는 것이 원칙이고 다만, 도주, 폭행, 소요, 자해 등의 위험이 분명하고 구체적으로 드러나는 경우에만 예외적으로 계구를 사용하여야 할 것이다. 따라서 이 조항이 취하고 있는 원칙과 예외의 이러한 완전한 전도는 신체의 자유를 원칙적으로 **과도하게 제한하여 이를 침해하는 결과를 가져오므로 헌법에 위반**된다(헌재 2005.5.26., 2004헌마49).

05 형의 집행 및 수용자의 처우에 관한 법령상 수용자의 이송에 대한 설명으로 옳지 않은 것은?

18년 국가직 5급 승진

① 소장은 수용자를 다른 교정시설에 이송하는 경우에 의무관으로부터 수용자가 건강상 감당하기 어렵다는 보고를 받으면, 이송을 중지하고 그 사실을 이송받을 소장에게 알려야 한다.

② 지방교정청장은 수용자를 관할 외 다른 교정시설로 이송하려는 경우 이에 대한 승인 권한을 가지고 있다.

③ 수용자를 이송하는 경우에는 수형자는 미결수용자와, 여성수용자는 남성수용자와, 19세 미만의 수용자는 19세 이상의 수용자와 각각 호송 차량의 좌석을 분리하는 등의 방법으로 서로 접촉하지 못하게 하여야 한다.

④ '20일 텔레비전 시청 제한'의 징벌 집행 중인 수용자가 다른 교정시설로 이송되거나 법원 또는 검찰청 등에 출석하는 경우에는 징벌집행이 계속되는 것으로 본다.

정답 ②

영역 이송과 수형자 처우

[정답의 이유]

② 소장은 수용자의 수용·작업·교화·의료, 그 밖의 처우를 위하여 필요하거나 시설의 안전과 질서유지를 위하여 필요하다고 인정하면 **법무부장관의 승인**을 받아 수용자를 다른 교정시설로 이송할 수 있다(형의 집행 및 수용자의 처우에 관한 법률 제20조 제1항).

[오답의 이유]

① 형의 집행 및 수용자의 처우에 관한 법률 시행령 제23조
③ 형의 집행 및 수용자의 처우에 관한 법률 시행령 제24조
④ 형의 집행 및 수용자의 처우에 관한 법률 시행령 제134조

06 다음 중 「형의 집행 및 수용자의 처우에 관한 법률」상 신입자에게 간이입소절차를 실시하는 경우에 해당하는 것만을 모두 고르면?

19년 국가직 5급 승진

> ㉠ 영장에 의해 체포되어 교정시설에 유치된 피의자
> ㉡ 긴급체포되어 교정시설에 유치된 피의자
> ㉢ 현행범인으로 체포되어 교정시설에 유치된 피의자
> ㉣ 구속영장이 집행되어 교정시설에 유치된 피의자
> ㉤ 구속영장 청구에 따라 구속전 피의자 심문을 위하여 교정시설에 유치된 피의자

① ㉠, ㉣

② ㉠, ㉡, ㉢

③ ㉡, ㉢, ㉤

④ ㉠, ㉡, ㉢, ㉤

정답 ④

영역 수용자에 대한 처우 일반규정

[정답의 이유]

다음의 어느 하나에 해당하는 신입자의 경우에는 법무부장관이 정하는 바에 따라 간이입소절차를 실시한다(형의 집행 및 수용자의 처우에 관한 법률 제16조의2).

1. **영장에 의한 체포**(형사소송법 제200조의2), **긴급체포**(형사소송법 제200조의3) 또는 **현행범인의 체포**(형사소송법 제212조)에 따라 체포되어 교정시설에 유치된 피의자

2. 구속영장 청구와 피의자 심문(형사소송법 제201조의2 제10항) 및 구인 후의 유치(형사소송법 제71조의2)에 따른 **구속영장 청구에 따라 피의자 심문을 위하여** 교정시설에 유치된 피의자

07 형의 집행 및 수용자의 처우에 관한 법령상 소장이 개방처우급 혹은 완화경비처우급 수형자를 교정시설에 설치된 개방시설에 수용하기 위한 요건들에 해당하지 않는 것은? 17년 국가직 7급 변형

① 형기가 2년 이상인 사람
② 범죄 횟수가 3회 이하인 사람
③ 최근 1년 이내 징벌이 없는 사람
④ 중간처우를 받는 날부터 가석방 또는 형기 종료 예정일까지 기간이 3개월 이상 2년 6개월 미만인 사람

정답 ③

영역 수용자에 대한 처우 일반규정

[정답의 이유]
③ 최근 1년 이내에 징벌이 없는 사람은 요건에 해당하지 않는다.

[오답의 이유]
① 형의 집행 및 수용자의 처우에 관한 법률 시행규칙 제93조 제1항 제1호
② 형의 집행 및 수용자의 처우에 관한 법률 시행규칙 제93조 제1항 제2호
④ 형의 집행 및 수용자의 처우에 관한 법률 시행규칙 제93조 제1항 제3호

((•)) 더 알아보기

중간처우(형의 집행 및 수용자의 처우에 관한 법률 시행규칙 제93조 제1항)
① 소장은 개방처우급 혹은 완화경비처우급 수형자가 다음 각 호의 사유에 모두 해당하는 경우에는 교정시설에 설치된 개방시설에 수용하여 사회 적응에 필요한 교육, 취업지원 등 적정한 처우를 할 수 있다.
  1. 형기가 2년 이상인 사람
  2. 범죄 횟수가 3회 이하인 사람
  3. 중간처우를 받는 날부터 가석방 또는 형기 종료 예정일까지 기간이 3개월 이상 2년 6개월 미만인 사람

08 「형의 집행 및 수용자의 처우에 관한 법률 시행규칙」상 이송·재수용 수형자의 처우에 대한 설명으로 옳지 않은 것은? 17년 국가직 9급 변형

① 소장은 형집행정지 중에 있는 사람이 정지사유 소멸로 재수용된 경우에는 석방 당시와 동일한 처우등급을 부여하여야 한다.
② 소장은 해당 교정시설의 특성 등을 고려하여 필요한 경우에는 다른 교정시설로부터 이송되어 온 수형자의 개별처우계획을 변경할 수 있다.
③ 소장은 수형자가 가석방의 취소로 재수용되어 남은 형기가 집행되는 경우에는 석방 당시보다 한 단계 낮은 처우등급(경비처우급에만 해당한다)을 부여하는 것을 원칙으로 한다.
④ 소장은 형집행정지 중이거나 가석방기간 중에 있는 사람이 형사사건으로 재수용되어 형이 확정된 경우에는 개별처우계획을 새로 수립하여야 한다.

정답 ①

영역 이송과 수형자 처우

[정답의 이유]
① 소장은 형집행정지 중에 있는 사람이 기간만료 또는 그 밖의 정지사유 소멸로 재수용된 경우에는 석방 당시와 동일한 처우등급을 부여할 수 있다(형의 집행 및 수용자의 처우에 관한 법률 시행규칙 제60조 제2항).

[오답의 이유]
② 형의 집행 및 수용자의 처우에 관한 법률 시행규칙 제60조 제1항
③ 형의 집행 및 수용자의 처우에 관한 법률 시행규칙 제60조 제4항
④ 형의 집행 및 수용자의 처우에 관한 법률 시행규칙 제60조 제5항

09 형의 집행 및 수용자의 처우에 관한 법령상 문화에 대한 설명으로 옳은 것은? 17년 국가직 9급

① 수용자는 문서 또는 도화를 작성하거나 문예·학술, 그 밖의 사항에 관하여 집필할 수 있다. 이때 집필용구의 구입비용은 원칙적으로 소장이 부담한다.

② 소장은 수용자의 지식함양 및 교양습득에 필요한 도서와 영상녹화물을 비치하여 수용자가 이용하게 하여야 한다.

③ 소장은 수용자가 자신의 비용으로 구독을 신청한 신문이 출판문화산업 진흥법에 따른 유해간행물인 경우를 제외하고는 구독을 허가하여야 한다.

④ 소장은 수용자의 건강과 일과시간 등을 고려하여 1일 8시간 이내에서 방송편성시간을 정한다. 다만, 토요일·공휴일, 작업·교육실태 및 수용자의 특성을 고려하여 방송편성시간을 조정할 수 있다.

정답 ③

영역 위생·건강, 오락 및 종교·문화 활동

[정답의 이유]
③ 형의 집행 및 수용자의 처우에 관한 법률 제47조 제2항

[오답의 이유]
① 수용자는 문서 또는 도화를 작성하거나 문예·학술, 그 밖의 사항에 관하여 집필할 수 있다(형의 집행 및 수용자의 처우에 관한 법률 제49조 제1항). 집필용구의 구입비용은 **수용자가 부담한다**. 다만, 소장은 수용자가 그 비용을 부담할 수 없는 경우에는 필요한 집필용구를 지급할 수 있다(동법 시행령 제74조).

② 소장은 수용자의 지식함양 및 교양습득에 필요한 도서를 비치하고 수용자가 **이용할 수 있도록 하여야 한다**(형의 집행 및 수용자의 처우에 관한 법률 제46조). 따라서 영상녹화물은 비치대상이 아니다.

④ 소장은 수용자의 건강과 일과시간 등을 고려하여 **1일 6시간 이내**에서 방송편성시간을 정한다(형의 집행 및 수용자의 처우에 관한 법률 시행규칙 제39조).

10 형의 집행 및 수용자의 처우에 관한 법령상 수용자의 의료에 대한 설명으로 옳지 않은 것은? 19년 국가직 7급

① 소장은 수용자가 감염병에 걸렸다고 인정되는 경우에는 1주 이상 격리수용하고 그 수용자의 휴대품을 소독하여야 한다.

② 소장은 19세 미만의 수용자, 계호상 독거수용자 및 노인수용자에 대하여는 6개월에 1회 이상 건강검진을 하여야 한다.

③ 장애인수형자 전담교정시설의 장은 장애인의 재활에 관한 전문적인 지식을 가진 의료진과 장비를 갖추도록 노력하여야 한다.

④ 소장은 수용자를 외부 의료시설에 입원시키거나 입원 중인 수용자를 교정시설로 데려온 경우에는 그 사실을 법무부장관에게 지체없이 보고하여야 한다.

정답 ①

영역 의료

[정답의 이유]
① 소장은 수용자가 **감염병에 걸린 경우에는 즉시 격리수용**하고 그 수용자가 사용한 물품과 설비를 철저히 소독하여야 한다(형의 집행 및 수용자의 처우에 관한 법률 시행령 제53조 제3항).

[오답의 이유]
② 형의 집행 및 수용자의 처우에 관한 법률 시행령 제51조 제1항, 동법 시행규칙 제47조 제2항
③ 형의 집행 및 수용자의 처우에 관한 법률 시행규칙 제62조
④ 형의 집행 및 수용자의 처우에 관한 법률 시행령 제57조

11 「형의 집행 및 수용자의 처우에 관한 법률 시행규칙」상 경비처우급 조정 등에 대한 설명으로 옳지 않은 것은? 25년 국가직 9급

① 형기의 6분의 5에 도달한 자에 대한 정기재심사의 경우, 경비처우급 상향 조정의 평정소득점수 기준은 7점 이상이다.
② 경비처우급 하향 조정의 평정소득점수 기준은 5점 이하이다.
③ 조정된 처우등급에 따른 처우는 그 조정이 확정된 날부터 한다.
④ 소장은 수형자의 경비처우급을 조정한 경우에는 지체 없이 해당 수형자에게 그 사항을 알려야 한다.

정답 ③
영역 소득점수 및 처우등급

정답의 이유
③ 조정된 처우등급에 따른 처우는 그 조정이 확정된 다음 날부터 한다(형의 집행 및 수용자의 처우에 관한 법률 시행규칙 제82조 제1항).

오답의 이유
① 형의 집행 및 수용자의 처우에 관한 법률 시행규칙 제81조 제1호
② 형의 집행 및 수용자의 처우에 관한 법률 시행규칙 제81조 제2호
④ 형의 집행 및 수용자의 처우에 관한 법률 시행규칙 제82조 제2항

12 형의 집행 및 수용자의 처우에 관한 법령상 수용자의 전화통화에 대한 설명으로 옳지 않은 것은? 16년 국가직 5급 승진 변형

① 소장이 수용자에 대하여 교정시설의 외부에 있는 사람과 전화통화를 허가할 때에는 통화내용의 청취 또는 녹음을 조건으로 붙일 수 있다.
② 전화통화의 통화시간은 특별한 사정이 없으면 5분 이내로 하고, 수용자의 전화통화 요금은 수용자가 부담하는 것을 원칙으로 한다.
③ 소장은 전화통화 허가 후 수용자가 형사법령에 저촉되는 행위를 할 우려가 있을 때에는 전화통화의 허가를 취소할 수 있다.
④ 소장은 사형확정자의 심리적 안정과 원만한 수용생활을 위하여 월 2회 이내의 범위에서 전화통화를 허가하여야 한다.

정답 ④
영역 시설 내 처우

정답의 이유
④ 소장은 사형확정자의 심리적 안정과 원만한 수용생활을 위하여 필요하다고 인정하는 경우에는 월 3회 이내의 범위에서 전화통화를 허가할 수 있다(형의 집행 및 수용자의 처우에 관한 법률 시행규칙 제156조).

오답의 이유
① 수용자는 소장의 허가를 받아 교정시설의 외부에 있는 사람과 전화통화를 할 수 있다. 이에 따른 허가에는 통화내용의 청취 또는 녹음을 조건으로 붙일 수 있다(형의 집행 및 수용자의 처우에 관한 법률 제44조 제1항, 제2항).
② 전화통화의 통화시간은 특별한 사정이 없으면 5분 이내로 한다(형의 집행 및 수용자의 처우에 관한 법률 시행규칙 제25조 제3항). 수용자의 전화통화 요금은 수용자가 부담한다. 소장은 교정성적이 양호한 수형자 또는 보관금이 없는 수용자 등에 대하여는 예산의 범위에서 요금을 부담할 수 있다(형의 집행 및 수용자의 처우에 관한 법률 시행규칙 제29조).
③ 형의 집행 및 수용자의 처우에 관한 법률 시행규칙 제27조 제3호

13 「형의 집행 및 수용자의 처우에 관한 법률」상 수용자의 보호실 수용에 대한 설명으로 옳은 것은?

21년 국가직 9급

① 소장은 수용자가 교도관의 제지에도 불구하고 소란행위를 계속하여 다른 수용자의 평온한 수용생활을 방해하는 때에 강제력을 행사하거나 보호장비를 사용하여도 그 목적을 달성할 수 없는 경우에만 보호실에 수용할 수 있다.

② 수용자의 보호실 수용기간은 15일 이내로 하되, 소장은 특히 계속하여 수용할 필요가 있으면 의무관의 의견을 고려하여 1회당 7일의 범위에서 기간을 연장할 수 있다.

③ 소장은 수용자를 보호실에 수용하거나 수용기간을 연장하는 경우에는 그 사유를 가족에게 알려 주어야 한다.

④ 수용자를 보호실에 수용할 수 있는 기간은 계속하여 2개월을 초과할 수 없다.

정답 ②

영역 보호실과 진정실 수용

정답의 이유

② 형의 집행 및 수용자의 처우에 관한 법률 제95조 제2항

오답의 이유

① 소장은 수용자가 교도관의 제지에도 불구하고 소란행위를 계속하여 다른 수용자의 평온한 수용생활을 방해하는 때에 강제력을 행사하거나 보호장비를 사용하여도 그 목적을 달성할 수 없는 경우에만 **진정실에 수용**할 수 있다(형의 집행 및 수용자의 처우에 관한 법률 제96조 제1항 제2호).

③ 소장은 수용자를 보호실에 수용하거나 수용기간을 연장하는 경우에는 그 사유를 **본인에게 알려 주어야 한다**(형의 집행 및 수용자의 처우에 관한 법률 제95조 제4항).

④ 수용자를 보호실에 수용할 수 있는 기간은 계속하여 **3개월을 초과**할 수 없다(형의 집행 및 수용자의 처우에 관한 법률 제95조 제3항).

14 형의 집행 및 수용자의 처우에 관한 법령상 보안장비 사용에 대한 설명으로 옳지 않은 것은?

17년 국가직 5급 승진 변형

① 교도봉과 전기교도봉은 얼굴이나 머리 부분에 사용해서는 아니되며, 전기교도봉은 타격 즉시 떼어야 한다.

② 발사용 최루탄은 30미터 이상의 원거리에서 사용하되, 30도 이상의 발사각을 유지하여야 한다.

③ 1미터 이내의 거리에서는 상대방의 얼굴을 향하여 가스분사기나 가스총을 발사해서는 안된다.

④ 교도관은 수용자 외의 사람이 교도관 또는 수용자에게 위해를 끼치거나 끼치려고 하는 때에는 강제력을 행사할 수 있으며, 전극침 발사장치가 있는 전자충격기를 사용할 경우 전극침을 상대방의 얼굴을 향해 발사해서는 안 된다.

정답 ②

영역 교정장비 사용

정답의 이유

② 발사용 최루탄은 **50미터 이상**의 원거리에서 사용하되, 30도 이상의 발사각을 유지하여야 한다(형의 집행 및 수용자의 처우에 관한 법률 시행규칙 제188조 제3호).

오답의 이유

① 형의 집행 및 수용자의 처우에 관한 법률 시행규칙 제188조 제1호

③ 형의 집행 및 수용자의 처우에 관한 법률 시행규칙 제188조 제2호

④ 형의 집행 및 수용자의 처우에 관한 법률 제100조 제2항 제2호 · 동법 시행규칙 제188조 제4호

15 「형의 집행 및 수용자의 처우에 관한 법률」상 수용자의 징벌에 대한 설명으로 옳지 않은 것은?

14년 국가직 9급

① 50시간 이내의 근로봉사와 30일 이내의 작업 정지는 함께 부과할 수 있다.
② 징벌위원회는 위원장을 포함한 5인 이상 7인 이하의 위원으로 구성한다.
③ 증거를 인멸할 우려가 있는 때 징벌대상자를 조사기간 중 분리하여 수용할 수 있다.
④ 30일 이내의 접견 제한과 30일 이내의 실외운동 정지는 함께 부과할 수 있다.

정답 ①

영역 징벌 · 상벌(포상) · 형벌 등

정답의 이유

① 50시간 이내의 근로봉사와 30일 이내의 작업 정지는 함께 부과할 수 없다(형의 집행 및 수용자의 처우에 관한 법률 제108조 제2호 · 제8호, 제109조 제1항 참고).

📡 **더 알아보기**

징벌의 종류(형의 집행 및 수용자의 처우에 관한 법률 제108조)
징벌의 종류는 다음 각 호와 같다.
1. 경고
2. 50시간 이내의 근로봉사
3. 3개월 이내의 작업장려금 삭감
4. 30일 이내의 공동행사 참가 정지
5. 30일 이내의 신문열람 제한
6. 30일 이내의 텔레비전 시청 제한
7. 30일 이내의 자비구매물품(의사가 치료를 위하여 처방한 의약품을 제외한다) 사용 제한
8. 30일 이내의 작업 정지(신청에 따른 작업에 한정한다)
9. 30일 이내의 전화통화 제한
10. 30일 이내의 집필 제한
11. 30일 이내의 편지수수 제한
12. 30일 이내의 접견 제한
13. 30일 이내의 실외운동 정지
14. 30일 이내의 금치(禁置)

징벌의 부과(형의 집행 및 수용자의 처우에 관한 법률 제109조 제1조)
① 제108조 제4호부터 제13호까지의 처분은 함께 부과할 수 있다.

오답의 이유

② 형의 집행 및 수용자의 처우에 관한 법률 제111조 제2항
③ 형의 집행 및 수용자의 처우에 관한 법률 제110조 제1항 제1호
④ 형의 집행 및 수용자의 처우에 관한 법률 제108조 제12호 · 제13호, 제109조 제1항

16 수형자 분류에 대한 설명으로 옳지 않은 것은?

19년 국가직 9급

① 미네소타 다면적 인성검사(MMPI)는 인성에 기초한 수형자 분류방법으로서, 비정상적인 행동을 객관적으로 측정하기 위한 수단으로 만들어졌다.
② 대인적 성숙도검사(I-Level)는 수형자를 지적 능력에 따라 분류하기 위해 사용하는 도구로서, 전문가의 도움 없이 교도관들이 분류심사에 활용할 수 있어 비용이 적게 든다는 장점이 있다.
③ 수형자에 대한 분류는 1597년 네덜란드의 암스테르담 노역장에서 남녀혼거의 폐해를 막기 위하여 남자로부터 여자를 격리수용한 것에서부터 시작되었다고 한다.
④ 우리나라에서는 1894년 갑오개혁으로 「징역표」가 제정되면서 수형자 분류사상이 처음으로 도입되었다고 한다.

정답 ②

영역 분류심사 일반이론 및 규정

정답의 이유

② 워렌(Warren)이 개발한 대인적 성숙도검사(I-Level ; Interpersonal Maturity Level Classification System)는 청소년의 대인적 성숙도를 7단계로 구분하여 청소년 범죄자를 그들의 성숙 수준에 맞는 처우 프로그램을 적용하는 데 활용되었다. 고도의 전문성을 갖춘 전문가를 필요로 하고, 비교적 많은 비용이 소요된다.

17 「형의 집행 및 수용자의 처우에 관한 법률 시행규칙」상 수형자에게 부정기재심사를 할 수 있는 경우만을 모두 고르면? 22년 국가직 9급

> ㉠ 수형자가 지방기능경기대회에서 입상한 때
> ㉡ 수형자가 현재 수용의 근거가 된 사건 외의 추가적 형사사건으로 인하여 벌금형이 확정된 때
> ㉢ 수형자를 징벌하기로 의결한 때
> ㉣ 분류심사에 오류가 있음을 발견한 때
> ㉤ 수형자가 학사 학위를 취득한 때

① ㉠, ㉢
② ㉡, ㉣
③ ㉠, ㉡, ㉢
④ ㉢, ㉣, ㉤

정답 ④
영역 정기 및 부정기재심사

[정답의 이유]
㉢ · ㉣ · ㉤ 형의 집행 및 수용자의 처우에 관한 법률 시행규칙 제67조 제3호 · 제1호 · 제5호

[오답의 이유]
㉠ 수형자가 전국기능경기대회 입상한 때 가능
㉡ 수형자가 집행유예의 실효 또는 추가사건으로 금고이상의 형이 확정된 때 가능

📡 **더 알아보기**

부정기재심사(형의 집행 및 수용자의 처우에 관한 법률 시행규칙 제67조)
부정기재심사는 다음 각 호의 어느 하나에 해당하는 경우에 할 수 있다.
1. 분류심사에 오류가 있음이 발견된 때
2. 수형자가 교정사고(교정시설에서 발생하는 화재, 수용자의 자살 · 도주 · 폭행 · 소란, 그 밖에 사람의 생명 · 신체를 해하거나 교정시설의 안전과 질서를 위태롭게 하는 사고를 말한다. 이하 같다)의 예방에 뚜렷한 공로가 있는 때
3. 수형자를 징벌하기로 의결한 때
4. 수형자가 집행유예의 실효 또는 추가사건(현재 수용의 근거가 된 사건 외의 형사사건을 말한다. 이하 같다)으로 금고이상의 형이 확정된 때
5. 수형자가 「숙련기술장려법」 제20조 제2항에 따른 전국기능경기대회 입상, 기사 이상의 자격취득, 학사 이상의 학위를 취득한 때
6. 삭제
7. 그 밖에 수형자의 수용 또는 처우의 조정이 필요한 때

18 누진계급 측정방법의 명칭과 설명이 옳게 짝지어진 것은? 14년 국가직 7급

① 점수제(Mark System) – 일정한 기간을 경과하였을 때 행형성적을 심사하여 진급을 결정하는 방법으로 기간제라고도 하며, 진급과 가석방 심사의 구체적 타당성을 기대할 수 있으나, 진급이 교도관의 자의에 의하여 좌우되기 쉽다.
② 고사제(Probation System) – 최초 9개월의 독거구금 후 교도소에서 강제노동에 취업하는 수형자에게 고사급, 제3급, 제2급, 제1급, 특별급의 다섯 계급으로 나누어 상급에 진급함에 따라 우대를 더하는 방법으로 진급에는 지정된 책임점수를 소각하지 않으면 안 되는 방법이다.
③ 엘마이라제(Elmira Reformatory System) – 누진계급을 제1급, 제2급, 제3급으로 구분하고 신입자를 제2급에 편입시켜 작업, 교육 및 행장에 따라 매월 각 3점 이하의 점수를 채점하여 54점을 취득하였을 때 제1급에 진급시키는 방법이다.
④ 잉글랜드제(England System) – 수형자가 매월 취득해야 하는 지정점수를 소각하는 방법으로서 책임점수제라고도 하며, 진급척도로서의 점수를 매일이 아닌 매월 계산한다.

정답 ③
영역 누진처우제도

[정답의 이유]
③ 엘마이라제는 자력적 개선에 중점을 둔 행형제노로 일명 감화제라고도 하는데, 초범의 청소년 범죄자를 대상으로 하여 개선 · 교화를 위해 교도소를 학교와 같은 분위기에서 운영하는 제도이다. 누진계급을 제1급, 제2급, 제3급으로 구분하고 신입자를 제2급에 편입시켜 작업, 교육 및 행장에 따라 매월 각 3점 이하의 점수를 채점하여 54점을 취득하였을 때 제1급에 진급시키는 방법이다.

[오답의 이유]
① 고사제 : 일정한 기간을 경과하였을 때 행형성적을 심사하여 진급을 결정하는 방법으로 기간제라고도 하며, 진급과 가석방 심사의 구체적 타당성을 기대할 수 있으나, 진급이 교도관의 자의에 의하여 좌우되기 쉽다.
② 잉글랜드제 : 최초 9개월의 독거구금 후 교도소에서 강제노동에 취업하는 수형자에게 고사급, 제3급, 제2급, 제1급, 특별

급의 다섯 계급으로 나누어 상급에 진급함에 따라 우대를 더 하는 방법으로 진급에는 지정된 책임점수를 소각하지 않으면 안 되는 방법이다.

④ 잉글랜드제 : 수형자가 매일 취득해야 하는 지정점수를 소각 하는 방법으로서 책임점수제라고도 하며, 진급척도로서의 점 수를 매월이 아닌 매일 계산한다.

19 형의 집행 및 수용자의 처우에 관한 법령상 특 별한 보호가 필요한 수용자의 처우에 대한 설명으로 옳지 않은 것은? 20년 국가직 9급

① 소장은 수용자가 임신 중이거나 출산(유산 · 사산 은 제외한다)한 경우에는 모성보호 및 건강유지를 위하여 정기적인 검진 등 적절한 조치를 하여야 한다.

② 장애인수용자의 거실은 시설부족 또는 그 밖의 부 득이한 사정이 없으면 건물의 1층에 설치하고, 특 히 장애인이 이용할 수 있는 변기 등의 시설을 갖 추도록 하여야 한다.

③ 소장은 외국인수용자의 수용거실을 지정하는 경 우에는 종교 또는 생활관습이 다르거나 민족감정 등으로 인하여 분쟁의 소지가 있는 외국인수용자 는 거실을 분리하여 수용하여야 한다.

④ 노인수형자 전담교정시설에는 별도의 공동휴게실 을 마련하고 노인이 선호하는 오락용품 등을 갖춰 두어야 한다.

정답 ①

영역 수용자에 대한 특별 교도행정과 처우

정답의 이유
① 소장은 수용자가 임신 중이거나 출산(유산 · 사산을 포함한 다)한 경우에는 모성보호 및 건강유지를 위하여 정기적인 검 진 등 적절한 조치를 하여야 한다(형의 집행 및 수용자의 처 우에 관한 법률 제52조 제1항).

오답의 이유
② 형의 집행 및 처우에 관한 법률 시행규칙 제51조 제2항
③ 형의 집행 및 처우에 관한 법률 시행규칙 제57조 제1항
④ 형의 집행 및 처우에 관한 법률 시행규칙 제43조 제2항

20 다음에서 설명하는 교도작업의 경영방식은? 24년 국가직 7급

- 교정시설이 민간기업 등과 계약하여 노동력과 그 에 대한 감독, 재료, 비용을 일괄 책임지고 그 작 업 결과에 따라 약정금액을 수령한다.
- 전문기술자를 확보하기 어렵고, 구외 작업이 많 아 계호상 부담이 크며 민간기업을 압박할 가능 성이 크다.
- 작업 규모가 커서 불취업자 해소에 유리하고, 높 은 수익이 보장된다.

① 직영방식
② 도급방식
③ 위탁방식
④ 노무방식

정답 ②

영역 교도작업

정답의 이유
② 도급방식은 어느 공사를 완성하고 그 공사의 결과에 따라 약 정금액을 지급받는 경영방식으로, 수형자의 대규모 취업이 가능하고 작업의 대형화로 수익이 높다. 하지만 구외작업이 많아 계호상 어려움이 많고 기술자의 확보가 어려우며 민간 기업을 압박할 우려가 높다.

오답의 이유
① 직영방식은 교도소가 작업 전체를 직접 경영하는 방식으로, 제품 종목의 선정 · 원료 구입 · 기계 설비 · 제품의 생산 및 판매 등 일체를 교도소의 감독하에 행하는 방식이다.
③ 위탁방식은 사인인 위탁자로부터 원료의 전부 또는 일부를 제공받아 위탁된 물건을 제작 · 수리하고 위탁자로부터 제품 의 수리비, 단가 등을 징수하는 방식이다.
④ 노무방식은 교도소와 사인 간의 계약에 의하여 사인에게 노 무만을 제공하고 그 대가로 노임을 징수하는 방식이다.

21 「가석방자관리규정」상 가석방자의 관리에 대한 설명으로 옳은 것만을 모두 고르면? 22년 국가직 7급

┌───┐
│ ㉠ 교정시설의 장은 가석방이 허가된 사람에게 가 │
│   석방의 취소 및 실효사유와 가석방자로서 지켜 │
│   야 할 사항 등을 알리고, 주거지에 도착할 기한 │
│   및 관할경찰서에 출석할 기한 등을 적은 가석방 │
│   증을 발급하여야 한다. │
│ ㉡ 가석방자는 가석방증에 적힌 기한 내에 관할경 │
│   찰서에 출석하여 출석확인과 동시에 종사할 직 │
│   업 등 생활계획을 세워 이를 관할경찰서의 장에 │
│   게 서면으로 신고하여야 한다. │
│ ㉢ 관할경찰서의 장은 변동사항이 없는 경우를 제 │
│   외하고, 6개월마다 가석방자의 품행 등에 관하 │
│   여 조사서를 작성하고 관할 지방검찰청의 장 및 │
│   가석방자를 수용하였다가 석방한 교정시설의 장 │
│   에게 통보하여야 한다. │
│ ㉣ 가석방자가 1개월 이상 국내 및 국외 여행 후 귀 │
│   국하여 주거지에 도착한 때에는 관할경찰서의 │
│   장에게 신고하여야 한다. │
└───┘

① ㉠, ㉡
② ㉠, ㉢
③ ㉡, ㉣
④ ㉢, ㉣

정답 ②

영역 수형자에 대한 가석방(석방)

[정답의 이유]

㉠ 가석방자관리규정 제4조 제2항

㉢ 가석방자관리규정 제8조

[오답의 이유]

㉡ 가석방자는 가석방기간 내 출석 확인과 동시에 신고하는 것은 아니다. 가석방자는 관할경찰서에 출석하여 가석방증에 적힌 기한 내에 관할경찰서에 출석해서 확인을 받고, 그의 주거지에 도착하였을 때에는 지체 없이 종사할 직업 등 생활계획을 세우고 이를 관할경찰서의 장에게 서면으로 신고하면 된다(가석방자관리규정 제5조·제6조 참고).

㉣ 가석방자가 1개월이상 여행 후 주거지에 도착하여 관할경찰서의 장에게 신고하여야 하는 경우는 국외 여행에 한하며 국내 여행에는 해당되지 않는다(가석방자관리규정 제16조 참고).

---

22 「형의 집행 및 수용자의 처우에 관한 법률」상 작업과 직업 훈련에 대한 설명으로 옳지 않은 것은? 15년 국가직 7급 변형

① 작업수입은 수형자가 석방될 때에 본인에게 지급하여야 한다.

② 취사·청소·간병 등 교정시설의 운영과 관리에 필요한 작업은 공휴일·토요일과 그 밖의 휴일에도 작업을 부과할 수 있다.

③ 교정시설의 장은 수형자의 직업훈련을 위하여 필요하면 외부의 기관 또는 단체에서 훈련을 받게 할 수 있고, 직업훈련 대상자의 선정기준 등에 관하여 필요한 사항은 법무부령으로 정한다.

④ 교정시설의 장은 부모의 제삿날에는 수형자가 작업을 계속하기를 원하는 경우를 제외하고는 1일간 해당 수형자의 작업을 면제한다.

정답 ①

영역 직업훈련

[정답의 이유]

① 작업수입은 국고수입으로 한다(형의 집행 및 수용자의 처우에 관한 법률 제73조 제1항). 작업장려금과 위로금은 석방할 때에 본인에게 지급한다(형의 집행 및 수용자의 처우에 관한 법률 제73조 제3항·제74조 제2항).

[오답의 이유]

② 형의 집행 및 수용자의 처우에 관한 법률 제71조 제2항·제5항

③ 형의 집행 및 수용자의 처우에 관한 법률 제69조 제2항·제3항

④ 형의 집행 및 수용자의 처우에 관한 법률 제72조 제1항

23 교정교육에 대한 설명으로 옳지 않은 것은?

14년 국가직 7급

① 독학에 의한 학위 취득과정과 방송통신대학과정의 실시에 소요되는 비용은 특별한 사정이 없으면 교육대상자의 부담으로 한다.

② 소장은 교육을 위하여 필요한 경우에는 외부 강사를 초빙할 수 있으며, 카세트 또는 재생전용기기의 사용을 허용할 수 있다.

③ 소장은 의무교육을 받은 고령의 수형자에 대하여는 본인의 의사·나이·지식정도, 그 밖의 사정을 고려하여 그에 알맞게 교육하여야 한다.

④ 본인의 신청에 따른 미결수용자에 대한 교육·교화 프로그램은 교정시설 내에서만 실시하여야 한다.

정답 ③

영역 교정교육

[정답의 이유]

③ 소장은 의무교육을 받지 못한 수형자에 대하여 본인의 의사·나이·지식정도, 그 밖의 사정을 고려하여 그에 알맞게 교육하여야 한다(형의 집행 및 수용자의 처우에 관한 법률 제63조 제2항).

[오답의 이유]

① 형의 집행 및 수용자의 처우에 관한 법률 시행규칙 제102조 제2항

② 형의 집행 및 수용자의 처우에 관한 법률 시행규칙 제104조 제2항

④ 형의 집행 및 수용자의 처우에 관한 법률 시행령 제103조 제1항 참조

24 형의 집행 및 수용자의 처우에 관한 법령상 귀휴제도에 대한 설명으로 옳지 않은 것은?

19년 국가직 9급

① 소장은 6개월 이상 형을 집행받은 수형자로서 그 형기의 3분의 1(21년 이상의 유기형 또는 무기형의 경우에는 7년)이 지나고 교정성적이 우수한 사람이 질병이나 사고로 외부의료시설에의 입원이 필요한 때에는 1년 중 20일 이내의 귀휴를 허가할 수 있다.

② 소장은 교화 또는 사회복귀 준비 등을 위하여 특히 필요한 경우에는 일반경비처우급 수형자에게도 귀휴를 허가할 수 있다.

③ 소장은 수형자의 가족 또는 수형자 배우자의 직계존속이 사망하거나 위독한 때에는 수형자에게 5일 이내의 특별귀휴를 허가할 수 있다.

④ 귀휴기간은 형 집행기간에 포함되며, 귀휴자의 여비와 귀휴 중 착용할 복장은 본인이 부담한다.

정답 ③

영역 귀휴

[정답의 이유]

③ 소장은 가족 또는 배우자의 직계존속이 사망한 때 또는 직계비속의 혼례가 있는 때의 사유가 있는 수형자에 대하여는 5일 이내의 특별귀휴를 허가할 수 있다(형의 집행 및 수용자의 처우에 관한 법률 제77조 제2항). 수형자의 가족 또는 배우자의 직계존속이 위독한 때는 일반귀휴 사유에 해당한다(동조 제1항 제1호).

[오답의 이유]

① 형의 집행 및 수용자의 처우에 관한 법률 제77조 제1항 제2호

② 형의 집행 및 수용자의 처우에 관한 법률 시행규칙 제129조 제2항 단서

④ 형의 집행 및 수용자의 처우에 관한 법률 제77조 제4항·동법 시행규칙 제142조 제1항

25 「형의 집행 및 수용자의 처우에 관한 법률 시행규칙」상 외국인수용자의 수용에 대한 설명으로 옳지 않은 것은? 16년 국가직 7급 변형

① 법무부장관이 외국인수형자의 처우를 전담하도록 정하는 시설의 장은 외국인의 특성에 알맞은 교화 프로그램 등을 개발하여 시행하여야 한다.

② 외국인수용자를 수용하는 소장은 외국어에 능통한 소속 교도관을 전담요원으로 지정하여 일상적인 개별면담, 고충해소, 통역·번역 및 외교공관 또는 영사관 등 관계기관과의 연락 등의 업무를 수행하게 하여야 한다.

③ 소장은 외국인수용자의 수용거실을 지정하는 경우에는 종교 또는 생활관습이 다르거나 민족감정 등으로 인하여 분쟁의 소지가 있는 외국인수용자는 거실을 분리하여 수용하여야 한다.

④ 소장은 외국인수용자가 질병 등으로 사망한 경우에는 관할 출입국관리사무소, 그의 국적이나 시민권이 속하는 나라의 외교공관 또는 영사관의 장이나 그 관원 및 가족에게 즉시 알려야 한다.

정답 ④

영역 외국인수용자

[정답의 이유]

④ 소장은 외국인수용자가 질병 등으로 위독하거나 사망한 경우에는 그의 국적이나 시민권이 속하는 나라의 외교공관 또는 영사관의 장이나 그 관원 또는 가족에게 이를 즉시 알려야 한다(형의 집행 및 수용자의 처우에 관한 법률 시행규칙 제59조). 즉, 출입국관리사무소는 통지 대상이 아니다.

[오답의 이유]

① 형의 집행 및 수용자의 처우에 관한 법률 시행규칙 제55조

② 형의 집행 및 수용자의 처우에 관한 법률 시행규칙 제56조 제1항

③ 형의 집행 및 수용자의 처우에 관한 법률 시행규칙 제57조 제1항

교육은 세상을 바꾸기 위해
당신이 사용할 수 있는 최강의 무기이다.

– 넬슨 만델라 –

형사소송법

200문제

형사소송법 1회

01 「형사소송법」의 법원과 적용범위에 관한 설명으로 가장 적절하지 않은 것은? (다툼이 있는 경우 판례에 의함) 25년 경찰승진

① 헌법은 기본적 인권을 보장하기 위하여 형사절차에 관한 여러 규정을 두고 있는데, 헌법에 포함된 형사절차에 관한 규정은 형사절차를 지배하는 최고법으로서, 「형사소송법」의 법원이 된다.

② 항소심이 신법 시행을 이유로 구법이 정한 바에 따라 적법하게 진행된 제1심의 증거조사절차 등을 위법하다고 보아 그 효력을 부정하고 다시 절차를 진행하는 것은 허용되지 않으나, 이미 적법하게 이루어진 소송행위의 효력을 부정하지 않는 범위 내에서 신법의 취지에 따라 절차를 진행하는 것은 허용된다.

③ 국회의원 甲이 구 국가안전기획부 내 정보수집팀이 대기업 고위관계자와 중앙일간지 사주 간의 사적 대화를 불법 녹음한 자료를 입수한 후, 그 대화 내용과 전직 검찰간부인 A가 위 대기업으로부터 금품을 수수하였다는 내용이 게재된 보도자료를 작성하여 국회 법제사법위원회 개의 당일 국회 의원회관에서 기자들에게 배포한 행위는 국회의원 면책특권의 대상이 되는 직무부수행위에 해당한다.

④ 「형사소송법」은 대한민국의 법원에서 심판되는 사건에 대해서만 적용되므로 대한민국 영역 외에 대한민국의 영사재판권이 미치는 지역에는 적용되지 않는다.

정답 ④

영역 서론 > 형사소송법의 기초

[정답의 이유]

④ 「형사소송법」은 대한민국의 법원에서 심판되는 사건에 대해서만 적용되므로 대한민국 영역 외에 대한민국의 영사재판권이 미치는 지역에서도 형사소송법이 적용된다.

[오답의 이유]

① 헌법은 기본적 인권 보장을 위해 형사절차에 관한 규정을 포함하고 있으며, 이러한 헌법 규정은 형사 절차를 지배하는 최고 법원으로서 형사소송법의 법원이 된다는 통설이다.

② 항소심이 신법 시행을 이유로 구법이 정한 바에 따라 적법하게 진행된 제1심의 증거조사절차 등을 위법하다고 보아 그 효력을 부정하고 다시 절차를 진행하는 것은 허용되지 아니하며, 다만 이미 적법하게 이루어진 소송행위의 효력을 부정하지 않는 범위 내에서 신법의 취지에 따라 절차를 진행하는 것은 허용된다(대판 2008.10.23., 2008도2826).

③ 국회의원인 피고인이, 구 국가안전기획부 내 정보수집팀이 대기업 고위관계자와 중앙일간지 사주 간의 사적 대화를 불법 녹음한 자료를 입수한 후 그 대화 내용과, 전직 검찰간부인 피해자가 위 대기업으로부터 이른바 떡값 명목의 금품을 수수하였다는 내용이 게재된 보도자료를 작성하여 국회 법제사법위원회 개의 당일 국회 의원회관에서 기자들에게 배포한 사안에서, 위 행위는 국회의원 면책특권의 대상이 되는 직무부수행위에 해당한다(대판 2011.5.13., 2009도14442).

02 제척·기피·회피에 관한 설명으로 가장 적절하지 않은 것은? (다툼이 있는 경우 판례에 의함)

25년 경찰승진

① 피고인이 변론 종결 뒤 재판부에 대한 기피신청을 하였지만, 원심이 소송진행을 정지하지 아니하고 판결을 선고한 것은 정당하지 않다.

② 약식절차와 피고인 또는 검사의 정식재판청구에 의하여 개시된 제1심공판절차는 동일한 심급 내에서 서로 절차만 달리할 뿐이므로, 약식명령을 발부한 법관이 정식재판절차의 제1심판결에 관여하였다고 하여 제척의 원인이 된다고 볼 수 없다.

③ 검사 또는 피고인은 법관이 제척의 원인이 된 사유에 해당되는 때, 법관이 불공평한 재판을 할 염려가 있는 때에는 기피를 신청할 수 있다.

④ 기피신청에 대한 재판은 기피당한 법관의 소속법원합의부에서 결정으로 하여야 하며, 기피당한 판사의 소속법원이 합의부를 구성하지 못하는 때에는 직근 상급법원이 결정하여야 한다.

정답 ①

영역 서론 > 소송주체와 소송관계인

정답의 이유

① 법관에 대한 기피신청이 있는 경우 형사소송법 제22조에 따라 정지되는 소송진행에 판결의 선고는 포함되지 아니한다 (대판 2002.11.13., 2002도4893).

오답의 이유

② 약식절차와 피고인 또는 검사의 정식재판청구에 의하여 개시된 제1심공판절차는 동일한 심급 내에서 서로 절차만 달리할 뿐이므로, 약식명령이 제1심공판절차의 전심재판에 해당하는 것은 아니고, 따라서 약식명령을 발부한 법관이 정식재판절차의 제1심판결에 관여하였다고 하여 형사소송법 제17조 제7호에 정한 '법관이 사건에 관하여 전심재판 또는 그 기초되는 조사, 심리에 관여한 때'에 해당하여 제척의 원인이 된다고 볼 수는 없다(대판 2002.4.12., 2002도944).

③ 검사 또는 피고인은 법관이 불공평한 재판을 할 염려가 있는 때의 경우에 법관의 기피를 신청할 수 있다(형사소송법 제18조 제1항 제2호).

④ 형사소송법 제21조 제1항·제3항

---

03 공동피고인에 대한 설명으로 가장 적절하지 않은 것은? (다툼이 있는 경우 판례에 의함)

18년 경찰공무원 1차

① 공동피고인과 피고인이 뇌물을 주고 받은 사이로 필요적 공범 관계에 있다면 검사는 수사단계에서 피고인에 대한 증거를 미리 보전하기 위하여 필요한 경우라도 판사에게 공동피고인을 증인으로 신문할 것을 청구할 수 없다.

② 피고인과 별개의 범죄사실로 기소되어 병합심리되고 있던 공동피고인은 피고인에 대한 관계에서는 증인의 지위에 있음에 불과하므로 선서 없이 한 그 공동피고인의 법정 및 검찰진술은 피고인에 대한 공소범죄사실을 인정하는 증거로 할 수 없다.

③ 법원은 공소제기 후부터 공판준비기일이 종결된 다음날까지 공범 관계에 있는 피고인들 중 일부가 국민참여재판을 원하지 아니하여 국민참여재판의 진행에 어려움이 있다고 인정되는 경우에는 국민참여재판을 하지 아니하기로 하는 결정을 할 수 있다.

④ 피고인을 위하여 원심판결을 파기하는 경우에 파기의 이유가 항소한 공동피고인에게 공통되는 때에는 그 공동피고인에게 대하여도 원심판결을 파기하여야 한다.

정답 ①

영역 서론 > 소송주체와 소송관계인

정답의 이유

① 공동피고인과 피고인이 뇌물을 주고받은 사이로 필요적 공범 관계에 있다고 하더라도 검사는 수사단계에서 피고인에 대한 증거를 미리 보전하기 위하여 필요한 경우에는 판사에게 공동피고인을 증인으로 신문할 것을 청구할 수 있다(대판 1988.11.8., 86도1646).

오답의 이유

② 대판 1982.6.22., 82도898

③ 국민의 형사재판 참여에 관한 법률 제9조 제1항 제2호

④ 형사소송법 제364조의2

04 변호인에 관한 설명으로 가장 적절하지 않은 것은? (다툼이 있는 경우 판례에 의함) 25년 경찰승진

① 구속영장을 청구받은 판사가 피의자를 심문하는 경우에 피의자에게 변호인이 없는 때에는 지방법원판사는 직권으로 변호인을 선정하여야 하며, 이 경우 변호인의 선정은 피의자에 대한 구속 영장 청구가 기각되어 효력이 소멸한 경우를 제외하고는 제1심까지 효력이 있다.

② 변호인은 변호사 중에서 선임하여야 하나 대법원 이외의 법원의 경우 특별한 사정이 있으면 변호사 아닌 자를 변호인으로 선임함을 허가할 수 있다.

③ 미결수용자와 변호인과의 접견에는 교도관이 참여하지 못하며 그 내용을 청취 또는 녹화하지 못하나 보이는 거리에서 미결수용자를 관찰할 수 있고, 미결수용자와 변호인 간의 접견은 시간과 횟수가 제한된다.

④ 국선변호인 제도는 공판절차에서 피고인의 지위에 있는 자에게만 인정되고, 집행유예 취소청구사건의 심리절차에서는 인정되지 않는다.

정답 ③

영역 서론 > 소송주체와 소송관계인

정답의 이유

③ 미결수용자와 변호인과의 접견에는 교도관이 참여하지 못하며 그 내용을 청취 또는 녹취하지 못한다. 다만, 보이는 거리에서 미결수용자를 관찰할 수 있고, 미결수용자와 변호인 간의 접견은 시간과 횟수를 제한하지 아니한다(형의 집행 및 수용자의 처우에 관한 법률 제84조 제1항, 제2항).

오답의 이유

① 심문할 피의자에게 변호인이 없는 때에는 지방법원판사는 직권으로 변호인을 선정하여야 한다. 이 경우 변호인의 선정은 피의자에 대한 구속영장 청구가 기각되어 효력이 소멸한 경우를 제외하고는 제1심까지 효력이 있다(형사소송법 제201조의2 제8항).

② 형사소송법 제31조

④ 국선변호인 제도는 구속영장실질심사, 체포 · 구속 적부심사의 경우를 제외하고는 공판절차에서 피고인의 지위에 있는 자에게만 인정되고 이 사건과 같이 집행유예의 취소청구 사건의 심리절차에서는 인정되지 않는다(대결 2019.1.4., 2018모3621).

05 소송서류의 송달에 대한 설명으로 옳지 않은 것은? (다툼이 있는 경우 판례에 의함) 22년 국가직 7급

① 기록에 나타난 피고인의 휴대전화번호와 집전화번호, 그리고 가족의 주소를 통한 송달을 시도하지 않고서 공시송달의 방법에 의한 송달을 하고 피고인의 진술 없이 판결을 하는 것은 위법하다.

② 주거, 사무소 또는 송달영수인의 선임을 신고하여야 할 자가 그 신고를 하지 아니하는 때에는 법원사무관등은 서류를 우체에 부칠 수 있고, 이 경우 서류는 발송한 때에 송달된 것으로 간주한다.

③ 최초의 공시송달은 법원사무관등이 송달할 서류를 보관하고 그 사유를 법원게시장에 공시한 날부터 2주일을 경과하면 효력이 생기고, 제2회 이후의 공시송달은 공시한 날부터 5일을 경과하면 그 효력이 생긴다.

④ 피고인이 소송이 계속 중인 사실을 알면서도 법원에 거주지 변경 신고를 하지 않았다 하더라도, 잘못된 공시송달에 터 잡아 피고인의 진술 없이 공판이 진행되고 피고인이 출석하지 않은 기일에 판결이 선고된 이상, 피고인은 자기 또는 대리인이 책임질 수 없는 사유로 상소제기기간 내에 상소를 하지 못한 것으로 봄이 타당하다.

정답 ②

영역 서론 > 소송행위와 소송조건

정답의 이유

② 주거, 사무소 또는 송달영수인의 선임을 신고하여야 할 자가 그 신고를 하지 아니하는 때에는 법원사무관등은 서류를 우체에 부치거나 기타 적당한 방법에 의하여 송달할 수 있고, 서류를 우체에 부친 경우에는 도달된 때에 송달된 것으로 간주한다(형사소송법 제61조 제1항, 제2항).

오답의 이유

① 대판 2005.2.25., 2004도7145

③ 형사소송법 제64조 제4항

④ 대결 2014.10.16., 2014모1557

06 수사에 대한 설명으로 옳은 것만을 모두 고르면?

> ㉠ 구속영장 발부에 의하여 적법하게 구금된 피의자가 피의자신문을 위한 출석요구에 응하지 아니하면서 수사기관 조사실에 출석하기를 거부하더라도 수사기관은 그 구속영장의 효력에 의하여 피의자를 조사실로 구인할 수는 없다.
> ㉡ 「통신비밀보호법」의 '감청'이란 대상이 되는 전기통신의 송·수신과 동시에 이루어지는 경우만을 의미하고, 여기에 이미 수신이 완료된 전기통신의 내용을 지득하는 행위는 포함되지 않는다.
> ㉢ 검사 또는 사법경찰관은 「형사소송법」 제216조 제1항 제2호에 따라 압수한 물건을 계속 압수할 필요가 있는 경우에는 지체 없이 압수·수색영장을 청구하여야 한다. 이 경우 압수·수색영장의 청구는 압수한 때부터 48시간 이내에 하여야 한다.
> ㉣ 수사기관에 의한 진술거부권 고지의 대상이 되는 피의자의 지위는 수사기관이 범죄인지서를 작성하는 등의 형식적인 사건수리 절차를 거치기 전이라도 조사대상자에 대하여 범죄혐의가 있다고 보아 실질적으로 수사를 개시하는 행위를 한 때에 인정된다.

① ㉠, ㉡   ② ㉠, ㉢
③ ㉡, ㉣   ④ ㉢, ㉣

정답 ③

영역 수사와 공소 > 수사

[정답의 이유]

㉡ 대판 2012.10.25., 2012도4644
㉣ 수사기관에 의한 진술거부권 고지의 대상이 되는 피의자의 지위는 수사기관이 범죄인지서를 작성하는 등의 형식적인 사건수리 절차를 거치기 전이라도 조사대상자에 대하여 범죄의 혐의가 있다고 보아 실질적으로 수사를 개시하는 행위를 한 때에 인정되는 것으로 봄이 상당하다(대판 2013.7.25., 2012도8698).

[오답의 이유]

㉠ 구속영장 발부에 의하여 적법하게 구금된 피의자가 피의자신문을 위한 출석요구에 응하지 아니하면서 수사기관 조사실에 출석을 거부한다면 수사기관은 그 구속영장의 효력에 의하여 피의자를 조사실로 **구인할 수 있다고 보아야 한다**(대결 2013.7.1., 2013모160).

㉢ 검사 또는 사법경찰관은 제1항 또는 제216조 제1항 제2호에 따라 압수한 물건을 계속 압수할 필요가 있는 경우에는 지체 없이 압수수색영장을 청구하여야 한다. 이 경우 압수수색영장의 청구는 **체포한 때부터** 48시간 이내에 하여야 한다(형사소송법 제217조 제2항).

07 불심검문에 대한 설명으로 옳은 것만을 모두 고르면?

> ㉠ 경찰관의 불심검문이 적법하려면 불심검문 대상자에게 「형사소송법」상 체포나 구속에 이를 정도의 혐의가 있을 것을 요한다.
> ㉡ 검문하는 사람이 경찰관이고 검문하는 이유가 범죄행위에 관한 것임을 불심검문 대상자가 충분히 알고 있었다고 보이는 경우라도 경찰관이 그에게 신분증을 제시하지 않았다면 그 불심검문은 위법한 공무집행이다.
> ㉢ 경찰관은 불심검문하여 「경찰관 직무집행법」에 따라 경찰서로 임의동행한 사람을 6시간을 초과하여 경찰관서에 머물게 할 수 없다.
> ㉣ 경찰관이 피의자를 불심검문 대상자로 삼은 조치가 그에 대한 불심검문 당시의 구체적 상황과 자신들의 사전 지식 및 경험칙에 기초하여 객관적·합리적 판단과정을 거쳐 이루어진 것이라면, 그의 인상착의가 미리 입수된 용의자에 대한 인상착의와 일부 일치하지 않는 부분이 있더라도 그것만으로 경찰관이 그를 불심검문 대상자로 삼은 조치가 위법하다고 볼 수는 없다.

① ㉢   ② ㉠, ㉣
③ ㉡, ㉢   ④ ㉢, ㉣

정답 ④

영역 수사와 공소 > 수사

[정답의 이유]

㉢ 경찰관 직무집행법 제3조 제2항, 제6항
㉣ 대판 2014.2.27., 2011도13999

㉠ 경찰관직무집행법(이하 '법'이라고 한다)의 목적, 법 제1조 제1항, 제2항, 제3조 제1항, 제2항, 제3항, 제7항의 내용 및 체계 등을 종합하면, 경찰관이 법 제3조 제1항에 규정된 대상자(이하 '불심검문 대상자'라 한다) 해당 여부를 판단할 때에는 불심검문 당시의 구체적 상황은 물론 사전에 얻은 정보나 전문적 지식 등에 기초하여 불심검문 대상자인지를 객관적·합리적인 기준에 따라 판단하여야 하나, 반드시 불심검문 대상자에게 형사소송법상 체포나 구속에 이를 정도의 **혐의가 있을 것을 요한다고 할 수는 없다**(대판 2014.2.27., 2011도13999).

㉡ 검문하는 사람이 경찰관이고 검문하는 이유가 범죄행위에 관한 것임을 피고인이 충분히 알고 있었다고 보이는 경우에는 신분증을 제시하지 않았다고 하여 **그 불심검문이 위법한 공무집행이라고 할 수 없다**(대판 2014.12.11., 2014도7976).

📶 더 알아보기

불심검문(경찰관직무집행법 제3조)
② 경찰관은 제1항에 따라 같은 항 각 호의 사람을 정지시킨 장소에서 질문을 하는 것이 그 사람에게 불리하거나 교통에 방해가 된다고 인정될 때에는 질문을 하기 위하여 가까운 경찰서·지구대·파출소 또는 출장소(지방해양경찰관서를 포함하며, 이하 "경찰관서"라 한다)로 동행할 것을 요구할 수 있다. 이 경우 동행을 요구받은 사람은 그 요구를 거절할 수 있다.
⑥ 경찰관은 제2항에 따라 동행한 사람을 6시간을 초과하여 경찰관서에 머물게 할 수 없다.

08 피의자신문에 대한 설명으로 적절하지 않은 것은? (다툼이 있는 경우 판례에 의함) 19년 경찰공무원 2차

① 수사기관이 진술거부권을 고지하지 않은 경우 그 진술을 기재한 조서는 그 진술에 임의성이 인정되더라도 증거능력이 인정되지 않는다.

② 피의자가 피의자신문조서를 열람한 후 이의를 제기한 경우 이를 조서에 추가로 기재해야 하며, 이의를 제기하였던 부분은 부당한 심증 형성의 기초가 되지 않도록 삭제하여야 한다.

③ 사법경찰관은 신청이 없더라도 필요성이 있다고 인정되면 직권으로 신뢰관계자를 동석하게 할 수 있다.

④ 사법경찰관이 피의자를 신문하면서 신뢰관계에 있는 자를 동석하게 한 경우 동석한 사람이 피의자를 대신하여 진술하도록 하여서는 안 되며, 만약 동석한 사람이 피의자를 대신하여 진술한 부분이 조서에 기재되어 있다면 그 부분은 동석한 사람의 진술을 기재한 조서에 해당한다.

정답 ②

영역 수사와 공소 > 수사

정답의 이유

② 피의자신문조서는 피의자에게 열람하게 하거나 읽어 들려주어야 하며, 진술한 대로 기재되지 아니하였거나 사실과 다른 부분의 유무를 물어 피의자가 증감 또는 변경의 청구 등 이의를 제기하거나 의견을 진술한 때에는 이를 조서에 추가로 기재하여야 한다. 이 경우 피의자가 이의를 제기하였던 부분은 읽을 수 있도록 **남겨두어야 한다**(형사소송법 제244조 제2항).

오답의 이유

① 대판 2009.8.20., 2008도8213

③ 형사소송법 제244조의5

④ 대판 2009.6.23., 2009도1322

09 체포영장에 의한 체포에 관한 설명 중 가장 옳지 않은 것은? (다툼이 있는 경우 판례에 의함)

20년 경찰간부후보생

① 체포영장에 의해 피의자를 체포하기 위해서는 정당한 이유 없이 출석요구에 응하지 아니하거나 응하지 아니할 우려가 있을 것이 요구된다.

② 검사는 관할지방법원판사에게 청구하여 체포영장을 발부받아 피의자를 체포할 수 있고, 사법경찰관은 검사에게 신청하여 검사의 청구로 관할지방법원판사의 체포영장을 발부받아 피의자를 체포할 수 있다.

③ 체포영장에 의하여 체포한 피의자를 구속하고자 할 때에는 검사는 체포한 때로부터 48시간 이내에 관할지방법원판사로부터 구속영장을 발부받아야 한다.

④ 피의자를 체포한 때에는 즉시 영장에 기재된 인치·구금장소로 호송하여 인치 또는 구금하여야 하며, 이 경우 수사기관이 임의로 구금장소를 변경하는 것은 위법하다.

정답 ③

영역 수사와 공소 > 강제처분과 강제수사

[정답의 이유]

③ 형사소송법 제200조의2 제5항

[오답의 이유]

①, ② 형사소송법 제200조의2 제1항

④ 사실상의 구금장소의 임의적 변경은 청구인의 방어권이나 접견교통권의 행사에 중대한 장애를 초래하는 것이므로 위법하다(대결 1996.5.15., 95모94).

📡 더 알아보기

영장에 의한 체포(형사소송법 제200조의2)

① 피의자가 죄를 범하였다고 의심할 만한 상당한 이유가 있고, 정당한 이유 없이 제200조의 규정에 의한 출석요구에 응하지 아니하거나 응하지 아니할 우려가 있는 때에는 검사는 관할지방법원판사에게 청구하여 체포영장을 발부받아 피의자를 체포할 수 있고, 사법경찰관은 검사에게 신청하여 검사의 청구로 관할지방법원판사의 체포영장을 발부받아 피의자를 체포할 수 있다.

⑤ 체포한 피의자를 구속하고자 할 때에는 제포한 때부터 48시간 이내에 제201조의 규정에 의하여 구속영장을 청구하여야 하고, 그 기간 내에 구속영장을 청구하지 아니하는 때에는 피의자를 즉시 석방하여야 한다.

---

10 보석에 관한 다음 설명 중 가장 옳지 않은 것은? (다툼이 있는 경우 판례에 의함)

25년 법원직 9급

① 재판장은 보석에 관한 결정을 하기 전에 검사의 의견을 물어야 하나, 법원이 검사의 의견을 듣지 아니한 채 보석에 관한 결정을 하였다는 절차상의 하자만으로 그 결정을 취소할 수는 없다.

② 법원은 보석의 조건을 정할 때 범죄의 성질 및 죄상, 증거의 증명력, 피고인의 전과·성격·환경 및 자산, 피해자에 대한 배상 등 범죄 후의 정황에 관련된 사항을 고려하여야 한다.

③ 법원이 보석을 허가하는 결정에 대하여 검사는 즉시항고로 불복할 수는 없으나 형사소송법 제403조 제2항에 의한 보통항고로는 불복할 수 있다.

④ 법원이 피고인에 대하여 징역형의 집행유예 판결을 선고하더라도 보석의 효력이 당연히 상실되는 것은 아니다.

정답 ④

영역 수사와 공소 > 강제처분과 강제수사

[정답의 이유]

④ 형사소송법 제104조의2 제1항, 제331조

[오답의 이유]

① 검사의 의견청취의 절차는 보석에 관한 결정의 본질적 부분이 되는 것은 아니므로, 설사 법원이 검사의 의견을 듣지 아니한 채 보석에 관한 결정을 하였다고 하더라도 그 결정이 적정한 이상, 절차상의 하자만을 들어 그 결정을 취소할 수는 없다(대결 1997.11.27., 97모88).

② 형사소송법 제99조 제1항

③ 구 형사소송법 제97조 제3항에서 인정하던 보석허가결정에 대한 검사의 즉시항고권을 삭제하였으나, 개정된 형사소송법이 시행된 이후에도 검사가 형사소송법 제403조 제2항에 의한 보통항고의 방법으로 보석허가결정에 대하여 불복하는 것은 허용된다(대결 1997.4.18., 97모26).

📡 더 알아보기

보석조건의 효력(형사소송법 제104조의2)

① 구속영장의 효력이 소멸한 때에는 보석조건은 즉시 그 효력을 상실한다.

무죄등 선고와 구속영장의 효력(형사소송법 제331조)

무죄, 면소, 형의 면제, 형의 선고유예, 형의 집행유예, 공소기각 또는 벌금이나 과료를 과하는 판결이 선고된 때에는 구속영장은 효력을 잃는다.

11 전자정보의 압수에 대한 설명으로 옳은 것은?

22년 국가직 9급

① 피의자 소유 정보저장매체를 제3자가 보관하고 있던 중 이를 수사기관에 임의제출하면서 그곳에 저장된 모든 전자정보를 일괄하여 임의제출한다는 의사를 밝힌 경우에도 특별한 사정이 없는 한 수사기관은 범죄혐의사실과 관련된 전자정보에 한정하여 영장 없이 적법하게 압수할 수 있다.

② 임의제출된 전자정보매체에서 압수의 대상이 되는 전자정보의 범위를 넘어서는 전자정보에 대해 수사기관이 영장 없이 압수·수색하여 취득한 증거는 위법수집증거에 해당하지만, 사후에 법원으로부터 영장이 발부되었거나 피고인 또는 변호인이 이를 증거로 함에 동의하였다면 그 위법성은 치유된다.

③ 정보저장매체를 임의제출 받아 이를 탐색·복제·출력하는 경우, 압수·수색 당시 또는 이와 시간적으로 근접한 시기까지 해당 정보저장매체를 현실적으로 지배·관리하지는 아니하였더라도 그곳에 저장되어 있는 개별 전자정보의 생성·이용 등에 관여한 자에 대하여서는 압수·수색절차에 대한 참여권을 보장해 주어야 한다.

④ 수사기관이 임의제출된 정보저장매체에서 범죄혐의 사실이 아닌 별도의 범죄혐의와 관련된 전자정보를 우연히 발견한 경우, 당해 정보저장매체에 대한 임의제출에 기한 압수·수색이 종료되기 전이라면 별도의 영장을 발부받지 않고 이를 적법하게 압수·수색할 수 있으나 임의제출에 의한 압수·수색이 종료되었던 경우에는 별도의 범죄혐의에 대한 압수·수색영장을 발부받아야 이를 적법하게 압수할 수 있다.

정답 ①

영역 수사와 공소 > 강제처분과 강제수사

[정답의 이유]

① 임의제출자인 제3자가 제출의 동기가 된 범죄혐의사실과 구체적·개별적 연관관계가 인정되는 범위를 넘는 전자정보까지 일괄하여 임의제출한다는 의사를 밝혔더라도, 그 정보저장매체 내 전자정보 전반에 관한 처분권이 그 제3자에게 있거나 그에 관한 피의자의 동의 의사를 추단할 수 있는 등의

특별한 사정이 없는 한, 그 임의제출을 통해 수사기관이 영장 없이 적법하게 압수할 수 있는 전자정보의 범위는 범죄혐의 사실과 관련된 전자정보에 한정된다고 보아야 한다(대판 2021.11.18., 2016도348 전합).

[오답의 이유]

② 임의제출된 정보저장매체에서 압수의 대상이 되는 전자정보의 범위를 넘어서는 전자정보에 대해 수사기관이 영장 없이 압수·수색하여 취득한 증거는 위법수집증거에 해당하고, 사후에 법원으로부터 영장이 발부되었다거나 피고인이나 변호인이 이를 증거로 함에 동의하였다고 하여 그 위법성이 치유되는 것도 아니다(대판 2021.11.18., 2016도348 전합).

③ 정보저장매체를 임의제출한 피압수자에 더하여 임의제출자 아닌 피의자에게도 참여권이 보장되어야 하는 '피의자의 소유·관리에 속하는 정보저장매체'라 함은, 피의자가 압수·수색 당시 또는 이와 시간적으로 근접한 시기까지 해당 정보저장매체를 현실적으로 지배·관리하면서 그 정보저장매채 내 전자정보 전반에 관한 전속적인 관리처분권을 보유·행사하고, 달리 이를 자신의 의사에 따라 제3자에게 양도하거나 포기하지 아니한 경우로써, 피의자를 그 정보저장매체에 저장된 전자정보에 대하여 실질적인 압수·수색 당사자로 평가할 수 있는 경우를 말하는 것이다. 이에 해당하는지 여부는 민사법상 권리의 귀속에 따른 법률적·사후적 판단이 아니라 압수·수색 당시 외형적·객관적으로 인식 가능한 사실상의 상태를 기준으로 판단하여야 한 다. 이러한 정보저장매체의 외형적·객관적 지배·관리 등 상태와 별도로 단지 피의자나 그 밖의 제3자가 과거 그 정보저장매체의 이용 내지 개별 전자정보의 생성·이용 등에 관여한 사실이 있다거나 그 과정에서 생성된 전자정보에 의해 식별되는 정보주체에 해당한다는 사정만으로 그들을 실질적으로 압수·수색을 받는 당사자로 취급하여야 하는 것은 아니다(대판 2022.1.27., 2021도11170).

④ 전자정보에 대한 압수·수색이 종료되기 전에 범죄혐의사실과 관련된 전자정보를 적법하게 탐색하는 과정에서 별도의 범죄혐의와 관련된 전자정보를 우연히 발견한 경우라면, 수사기관은 더 이상의 추가 탐색을 중단하고 법원으로부터 별도의 범죄혐의에 대한 압수·수색영장을 발부받은 경우에 한하여 그러한 정보에 대하여도 적법하게 압수·수색을 할 수 있다. 따라서 임의제출된 정보저장매체에서 압수의 대상이 되는 전자정보의 범위를 넘어서는 전자정보에 대해 수사기관이 영장 없이 압수·수색하여 취득한 증거는 위법수집증거에 해당하고, 사후에 법원으로부터 영장이 발부되었다거나 피고인이나 변호인이 이를 증거로 함에 동의하였다고 하여 그 위법성이 치유되는 것도 아니다(대판 2021.11.18., 2016도348 전합).

12 증인신문에 관한 다음 설명 중 가장 옳지 않은 것은? (다툼이 있는 경우 판례에 의함) 25년 법원직 9급

① 공무원 또는 공무원이었던 자가 그 직무에 관하여 알게 된 사실에 관하여 본인 또는 당해 공무소가 직무상 비밀에 속한 사항임을 신고한 때에는 그 소속공무소 또는 감독관공서의 승낙 없이는 증인으로 신문하지 못한다.

② 공범인 공동피고인은 당해 소송절차에서는 피고인의 지위에 있어 다른 공동피고인에 대한 공소사실에 관하여 증인이 될 수 없으나, 소송절차가 분리되어 피고인의 지위에서 벗어나게 되면 다른 공동피고인에 대한 공소사실에 관하여 증인이 될 수 있다.

③ 자신에 대한 유죄판결이 확정된 증인이 공범에 대한 피고사건에서 증언할 당시 앞으로 재심을 청구할 예정인 경우에는 증인에게 형사소송법 제148조에 의한 증언거부권이 인정된다.

④ 증언거부권이 있는 자에게 증언거부권 있음을 설명하지 아니한 경우라도 증인이 선서하고 증언한 이상 그 증언의 효력에는 영향이 없다.

정답 ③

영역 수사와 공소 > 강제처분과 강제수사

[정답의 이유]

③ 자신에 대한 유죄판결이 확정된 증인이 공범에 대한 피고사건에서 증언할 당시 앞으로 재심을 청구할 예정이라고 하여도, 이들 이유로 증인에게 형사소송법 제148조에 의한 증언거부권이 인정되지는 않는다(대판 2011.11.24., 2011도11994).

[오답의 이유]

① 형사소송법 제147조 제1항

② 대판 2012.12.13., 2010도10028

④ 증인신문에 당하여 증언거부권 있음을 설명하지 아니한 경우라 할지라도 증인이 선서하고 증언한 이상 그 증언의 효력에 관하여는 역시 영향이 없고 유효하다고 해석함이 타당하다(대판 1957.3.8., 4290형상23).

---

13 재정신청에 대한 설명으로 옳지 않은 것은? 23년 국가직 7급

① 법원이 재정신청 대상사건이 아님에도 이를 간과한 채 「형사소송법」 제262조 제2항 제2호에 따라 공소제기결정을 하였더라도 그에 따른 공소가 제기되어 본안사건의 절차가 개시된 후에는 다른 특별한 사정이 없는 한 본안사건에서 위와 같은 잘못을 다툴 수 없다.

② 재정신청 기각결정에 대한 재항고나 그 재항고 기각결정에 대한 즉시항고로서의 재항고에 대한 법정기간의 준수 여부는 도달주의 원칙에 따라 재항고장이나 즉시항고장이 법원에 도달한 시점을 기준으로 판단하여야 하고, 거기에 재소자에 대한 특칙(「형사소송법」 제344조 제1항)은 준용되지 아니한다.

③ 공소를 제기하지 아니하는 검사의 처분의 당부에 관한 재정신청이 있는 경우, 법원은 검사의 무혐의 불기소처분이 위법하면 기소유예의 불기소처분을 할 만한 사건으로 인정되더라도 재정신청을 기각할 수 없다.

④ 「형사소송법」 제262조 제4항 후문의 '다른 중요한 증거를 발견한 경우'란 재정신청 기각결정 당시에 제출된 증거에 새로 발견된 증거를 추가하면 충분히 유죄의 확신을 가지게 될 정도의 증거가 있는 경우를 말하고, 단순히 재정신청 기각결정의 정당성에 의문이 제기되거나 범죄피해자의 권리를 보호하기 위하여 형사재판절차를 진행할 필요가 있는 정도의 증거가 있는 경우는 여기에 해당하지 않는다.

정답 ③

영역 수사와 공소 > 수사의 종결과 공소의 제기

[정답의 이유]

③ 공소를 제기하지 아니하는 검사의 처분의 당부에 관한 재정신청이 있는 경우에 법원은 검사의 무혐의 불기소처분이 위법하다 하더라도 기록에 나타난 여러 가지 사정을 고려하여 기소유예의 불기소처분을 할 만한 사건이라고 인정되는 경우에는 재정신청을 기각할 수 있다(대결 1997.4.22., 97모30).

① 대판 2017.11.14., 2017도13465

② 대판 2015.7.16., 2013모2347 전합

④ 형사소송법 제262조 제4항 후문은 재정신청 기각결정이 확정된 사건에 대하여는 다른 중요한 증거를 발견한 경우를 제외하고는 소추할 수 없다고 규정하고 있다. 여기에서 '다른 중요한 증거를 발견한 경우'란 재정신청 기각결정 당시에 제출된 증거에 새로 발견된 증거를 추가하면 충분히 유죄의 확신을 가지게 될 정도의 증거가 있는 경우를 말하고, 단순히 재정신청 기각결정의 정당성에 의문이 제기되거나 범죄피해자의 권리를 보호하기 위하여 형사재판절차를 진행할 필요가 있는 정도의 증거가 있는 경우는 여기에 해당하지 않는다(대판 2018.12.28., 2014도17182).

14 공판절차에 대한 설명으로 옳지 않은 것은?

25년 국가직 9급

① 재판의 심리와 판결은 공개한다. 다만, 심리는 국가의 안전보장, 안녕질서 또는 선량한 풍속을 해칠 우려가 있는 경우에는 결정으로 공개하지 아니할 수 있다.

② 법정 안에서의 촬영에 대한 신청이 있는 경우 재판장은 피고인의 동의가 있는 때에 한하여 이를 허가할 수 있지만, 피고인의 동의 여부에도 불구하고 촬영을 허가함이 공공의 이익을 위하여 상당하다고 인정되는 경우에는 그러하지 아니하다.

③ 「법원조직법」상 공개금지사유가 없음에도 불구하고 재판의 심리에 관한 공개를 금지한 경우, 그 절차에 의하여 이루어진 증인의 증언은 변호인의 반대신문권이 보장되었다면 증거능력이 있다.

④ 직접주의는 법관에게 정확한 심증을 형성할 수 있게 할 뿐 아니라, 피고인에게 증거에 관하여 직접적인 의견진술의 기회를 부여함으로써 방어권의 충실한 보장에 기여할 수 있다.

정답 ③

영역 공판 > 공판절차

정답의 이유

③ 헌법 제27조 제3항 후문은 "형사피고인은 상당한 이유가 없는 한 지체 없이 공개재판을 받을 권리를 가진다."고 규정하여 공개재판을 받을 권리가 형사피고인의 기본적 인권임을 선언하고 있고, 이에 따라 헌법 제109조는 "재판의 심리와 판결은 공개한다. 다만, 심리는 국가의 안정보장 또는 안녕질서를 방해하거나 선량한 풍속을 해할 염려가 있을 때에는 법원의 결정으로 공개하지 아니할 수 있다."고 규정하고, 법원조직법 제57조 제1항도 "재판의 심리와 판결은 공개한다. 다만, 심리는 국가의 안전보장·안녕질서 또는 선량한 풍속을 해할 우려가 있는 때에는 결정으로 이를 공개하지 아니할 수 있다."고 규정하여 심리의 공개 금지사유를 엄격하게 제한하고 있는바, 원심이 공소외인에 대한 증인신문절차의 공개금지사유로 삼은 위와 같은 사정이 '국가의 안녕질서를 방해할 우려가 있는 때'에 해당하지 아니함은 명백하고, 달리 기록상 헌법 제109조, 법원조직법 제57조 제1항이 정한 공개금지사유를 찾아볼 수도 없으므로, 원심의 위와 같은 공개금지결정은 피고인의 공개재판을 받을 권리를 침해한 것으로서 그 절차에 의하여 이루어진 공소외인의 증언은 증거능력이 없다고 할 것이고, 변호인의 반대신문권이 보장되었다 하더라도 달리 볼 수 없다(대판 2005. 10. 28., 2005도5854).

① 헌법 제109조

② 법정 방청 및 촬영 등에 관한 규칙 제4조 제2항

④ 형사소송법은 형사사건의 실체에 대한 유죄·무죄의 심증 형성은 법정에서의 심리에 의하여야 한다는 공판중심주의의 한 요소로서 실질적 직접심리주의를 채택하고 있다. 이는 법관이 법정에서 직접 원본 증거를 조사하는 방법을 통하여 사건에 대한 정확한 심증을 형성할 수 있고 피고인에게 원본 증거에 관한 직접적인 의견 진술의 기회를 부여함으로써 실체적 진실을 발견하고 공정한 재판을 실현할 수 있기 때문이다(대판 2019. 7. 24., 2018도17748).

15 증인신문에 대한 설명으로 옳지 않은 것은?

23년 국가직 9급

① 다른 증거나 증인의 진술에 비추어 굳이 추가 증거 조사를 할 필요가 없다는 등 특별한 사정이 없고, 소재탐지나 구인장 발부가 불가능한 것이 아님에도 불구하고 법원이 불출석한 핵심 증인에 대하여 소재탐지나 구인장 발부 없이 증인채택 결정을 취소하는 것은 재량을 벗어나는 것으로서 위법하다.

② 피고인의 출석을 요하는 재판에서, 법원이 공판기일에 증인을 채택하여 다음 공판기일에 증인신문을 하기로 피고인에게 고지하였는데 그 다음 공판기일에 증인은 출석하였으나 피고인이 정당한 사유 없이 출석하지 아니한 경우, 법원이 이미 출석하여 있는 증인에 대하여 공판기일 외의 신문으로서 증인신문을 하고 다음 공판기일에 그 증인신문조서에 대한 서증조사를 하는 것은 증거조사절차로서 적법하다.

③ 증인신문에 있어서 변호인에 대한 차폐시설의 설치는 이미 인적 사항에 관하여 비밀조치가 취해진 증인이 변호인을 대면하여 진술함으로써 자신의 신분이 노출되는 것에 대하여 심한 심리적인 부담을 느끼는 등의 특별한 사정이 있는 경우에 예외적으로 허용될 수 있을 뿐이다.

④ 「형사소송법」 제221조의2(증인신문의 청구)에 의한 증인신문절차에서는 피고인·피의자 또는 변호인의 참여가 필요적 요건이므로 피고인·피의자나 변호인이 증인신문절차에 참여하지 아니하였다면 위법이다.

정답 ④

영역 공판 > 공판절차

정답의 이유

④ 형사소송법 제221조의2 제5항에 의하면 증인신문절차에 있어서는 피고인 및 변호인의 참여는 필요적 요건이 아니라고 할 것이어서 피고인이나 변호인에게 참여의 기회를 부여하지 아니하였다고 하여 위법하다고 할 수 없다(대판 1991.12.27., 91도2527).

오답의 이유

① 대판 2020.12.10., 2020도2623
② 대판 2000.10.13., 2000도3265
③ 대판 2015.5.28., 2014도18006

---

16 과학적 증거에 대한 판례의 태도로서 옳지 않은 것은?

21년 국가직 9급

① 범죄구성요건에 해당하는 사실을 증명하기 위한 근거가 되는 과학적인 연구 결과는 적법한 증거조사를 거친 증거능력 있는 증거에 의하여 엄격한 증명으로 증명되어야 한다.

② 유전자검사나 혈액형검사 등 과학적 증거방법은 그 전제로 하는 사실이 모두 진실임이 입증되고 그 추론의 방법이 과학적으로 정당하여 오류의 가능성이 전무하거나 무시할 정도로 극소한 것으로 인정되는 경우에는 법관이 사실인정을 함에 있어 상당한 정도로 구속력을 가진다.

③ 전문 감정인이 공인된 표준 검사기법으로 분석한 후 법원에 제출한 과학적 증거는 모든 과정에서 시료의 동일성이 인정되고 인위적인 조작·훼손·첨가가 없었음이 담보되었다면, 각 단계에서 시료에 대한 정확한 인수·인계 절차를 확인할 수 있는 기록이 유지되지 않았다 하더라도 사실인정에 있어서 상당한 정도로 구속력을 가진다.

④ 컴퓨터 디스켓에 들어 있는 문건이 증거로 사용되는 경우 그 컴퓨터 디스켓은 그 기재의 매체가 다를 뿐 실질에 있어서는 피고인 또는 피고인 아닌 자의 진술을 기재한 서류와 크게 다를 바 없고, 압수 후의 보관 및 출력과정에 조작의 가능성이 있으며, 기본적으로 반대신문의 기회가 보장되지 않는 점 등에 비추어 그 기재내용의 진실성에 관하여는 전문법칙이 적용된다.

영역 공판 > 증거

정답의 이유

③ 과학적 증거방법이 사실인정에 있어서 상당한 정도로 구속력을 갖기 위해서는 감정인이 전문적인 지식ㆍ기술ㆍ경험을 가지고 공인된 표준 검사기법으로 분석한 후 법원에 제출하였다는 것만으로는 부족하고, 시료의 채취ㆍ보관ㆍ분석 등 모든 과정에서 시료의 동일성이 인정되고 인위적인 조작ㆍ훼손ㆍ첨가가 없었음이 담보되어야 하며 각 단계에서 시료에 대한 정확한 인수ㆍ인계 절차를 확인할 수 있는 **기록이 유지되어야 한다**(대판 2018.2.8., 2017도14222).

오답의 이유

① 범죄구성요건사실의 존부를 알아내기 위해 과학공식 등의 경험칙을 이용하는 경우에 그 법칙 적용의 전제가 되는 개별적이고 구체적인 사실에 대하여는 엄격한 증명을 요하는 바, 위드마크 공식의 경우 그 적용을 위한 자료로 섭취한 알코올의 양, 음주 시각, 체중 등이 필요하므로 그런 전제사실에 대한 엄격한 증명이 요구된다(대판 2008.8.21., 2008도5531).

② 유전자검사나 혈액형검사 등 과학적 증거방법은 그 전제로 하는 사실이 모두 진실임이 입증되고 그 추론의 방법이 과학적으로 정당하여 오류의 가능성이 전무하거나 무시할 정도로 극소한 것으로 인정되는 경우에는 법관이 사실인정을 함에 있어 상당한 정도로 구속력을 가지므로, 비록 사실의 인정이 사실심의 전권이라 하더라도 아무런 합리적 근거 없이 함부로 이를 배척하는 것은 자유심증주의의 한계를 벗어나는 것으로서 허용될 수 없다. 과학적 증거방법이 당해 범죄에 관한 적극적 사실과 이에 반하는 소극적 사실 모두에 존재하는 경우에는 각 증거방법에 의한 분석결과에 발생할 수 있는 오류 가능성 및 그 정도, 그 증거방법에 의하여 증명되는 사실의 내용 등을 종합적으로 고려하여 범죄의 유무 등을 판단하여야 하고, 여러 가지 변수로 인하여 반증의 여지가 있는 소극적 사실에 관한 증거로써 과학적 증거방법에 의하여 증명되는 적극적 사실을 쉽사리 뒤집어서는 안 된다(대판 2009.3.12., 2008도8486).

④ 컴퓨터 디스켓에 담긴 문건이 증거로 사용되는 경우 그 기재 내용의 진실성에 관하여는 전문법칙이 적용된다 할 것이고, 따라서 피고인 또는 피고인 아닌 자가 작성하거나 또는 그 진술을 기재한 문건의 경우 원칙적으로 형사소송법 제313조 제1항 본문에 의하여 그 작성자 또는 진술자의 진술에 의하여 그 성립의 진정함이 인정된 때에 이를 증거로 사용할 수 있다(대판 2001.3.23., 2000도486).

17 전문법칙에 대한 설명으로 옳은 것만을 모두 고르면?   25년 국가직 9급

ㄱ 타인의 진술을 내용으로 하는 진술이 전문증거인지는 요증사실과의 관계에서 정하여지는데, 원진술의 내용인 사실이 요증사실인 경우에는 본래증거이나, 원진술의 존재 자체가 요증사실인 경우에는 전문증거이지 본래증거가 아니다.

ㄴ 「형사소송법」은 전문진술에 대하여 제316조에서 실질상 단순한 전문의 형태를 취하는 경우에 한하여 예외적으로 그 증거능력을 인정하는 규정을 두고 있을 뿐, 재전문진술이나 재전문진술을 기재한 조서에 대하여는 달리 그 증거능력을 인정하는 규정을 두고 있지 아니하고 있으므로, 피고인이 증거로 하는 데 동의하지 아니하는 한 「형사소송법」 제310조의2의 규정에 의하여 이를 증거로 할 수 없다.

ㄷ 법원이 구속된 피의자를 심문하고 그에 대한 피의자의 진술 등을 기재한 구속적부심문조서는 공판준비 또는 공판기일에 피고인이나 피고인 아닌 자의 진술을 기재한 조서로서 「형사소송법」 제311조가 규정한 문서에 해당한다.

ㄹ 수사기관에서 진술한 참고인이 법정에서 증언을 거부하여 피고인이 반대신문을 하지 못한 경우에는 정당하게 증언거부권을 행사한 것이 아니라도, 피고인이 증인의 증언거부 상황을 초래하였다는 등의 특별한 사정이 없는 한 「형사소송법」 제314조의 '그 밖에 이에 준하는 사유로 인하여 진술할 수 없는 때'에 해당하지 않는다고 보아야 한다.

① ㄹ

② ㄱ, ㄷ

③ ㄴ, ㄹ

④ ㄱ, ㄴ, ㄷ

정답 ③

영역 공판 > 증거

정답의 이유

ㄴ 대판 2004.3.11., 2003도171

ㄹ 대판 2019.11.21., 2018도13945 전합

㉠ 타인의 진술을 내용으로 하는 진술이 전문증거인지는 요증사실과 관계에서 정하여지는데, 원진술의 내용인 사실이 요증사실인 경우에는 전문증거이나, 원진술의 존재 자체가 요증사실인 경우에는 **본래증거이지 전문증거가 아니다**(대판 2012.7.26., 2012도2937).

㉢ 법원 또는 합의부원, 검사, 변호인, 청구인이 구속된 피의자를 심문하고 그에 대한 피의자의 진술 등을 기재한 구속적부심문조서는 **형사소송법 제311조가 규정한 문서에는 해당하지 않는다**(대판 2004.1.16., 2003도5693).

📡 더 알아보기

전문법칙의 예외와 근거

전문법칙의 예외		• 전문법칙이 적용되어 원칙적으로 증거능력이 없는 전문증거가 예외적으로 증거능력이 인정되는 경우 • 제310조의2는 형사소송법 제311조 내지 제316조를 전문법칙의 예외로 규정
예외인정의 근거	필요성	• 원진술자를 공판정에 출석케 하여 진술시키는 것이 불가능하거나 곤란하기 때문에 부득이 전문증거를 증거로 사용할 필요가 있는 경우 • 사망 · 질병 · 외국거주 · 소재불명, 그 밖에 이에 준하는 사유로 진술할 수 없는 때(제314조, 제316조 제2항)
	신용성의 정황적 보장 (특신상태)	• 진술내용의 진실성을 의미하는 것이 아니라 진술이 이루어진 **상황**이 임의성과 신빙성을 담보할 만한 구체적이고 외부적 정황 • '부지불각 중에 한 말', '사람이 죽음에 임해서 하는 말', '경험상 앞뒤가 맞고 논리정연한 말' 또는 '범행에 접착하여 범행은폐에 시간적 여유가 없을 때 한 말' 등
	필요성과 신용성의 관계	필요성과 신용성이 동시에 인정되는 경우는 드물고 보통 반비례관계인 경우가 많음

18 공판절차의 갱신에 대한 설명으로 옳지 않은 것은?
16년 국가직 5급 승진

① 피고인의 심신상실로 인하여 공판절차가 정지된 경우에는 그 정지사유가 소멸한 후의 공판기일에 공판절차를 갱신하여야 한다.

② 간이공판절차의 결정이 취소된 때에는 공판절차를 갱신하여야 한다. 단, 검사, 피고인 또는 변호인이 이의가 없는 때에는 그러하지 아니하다.

③ 공판개정 후 판사를 경질하였다면 판결의 선고만을 하는 경우에도 공판절차를 갱신하여야 한다.

④ 공판절차가 갱신된 경우 재판장은 갱신 전의 공판기일에서의 피고인이나 피고인이 아닌 자의 진술 또는 법원의 검증결과를 기재한 조서에 관하여 증거조사를 하여야 한다.

정답 ③

영역 공판 > 공판절차

정답의 이유

③ 공판개정 후 판사의 경질이 있는 때에는 공판절차를 갱신하여야 한다. 단, **판결의 선고만을 하는 경우에는 예외로 한다**(형사소송법 제301조).

오답의 이유

① 형사소송규칙 제143조

② 형사소송법 제301조의2

④ 형사소송규칙 제144조 제1항 제4호

19 공소장변경 등에 관한 다음 설명 중 가장 옳지 않은 것은? 　　24년 법원직 9급

① 피고인의 상고에 의하여 상고심에서 원심판결을 파기하고 사건을 항소심에 환송한 경우에도 공소사실의 동일성이 인정되면 공소장변경을 허용하여 이를 심판대상으로 삼을 수 있다.

② 법원이 동일한 범죄사실을 가지고 포괄일죄로 보지 아니하고 실체적 경합 관계에 있는 수죄로 인정하였다고 하여도 이는 다만 죄수에 관한 법률적 평가를 달리한 것에 불과할 뿐이지 소추대상인 공소사실과 다른 사실을 인정한 것도 아니고 또 피고인의 방어권행사에 실질적으로 불이익을 초래할 우려도 없어서 불고불리의 원칙에 위반되는 것이 아니다.

③ 공소가 제기된 살인죄의 범죄사실에 대하여는 증명이 없으나 폭행치사죄의 증명이 있는 경우, 공소장의 변경 없이 폭행치사죄를 인정함은 결국 폭행치사죄에 대한 피고인의 방어권 행사에 불이익을 주는 것이므로 법원은 검사의 공소장 변경 없이는 이를 폭행치사죄로 처단할 수는 없다.

④ 공소장변경 절차에 의하여 공소사실이 변경됨에 따라 그 법정형에 차이가 있는 경우에는 변경된 공소사실에 대한 법정형이 공소시효기간의 기준이 되고, 그 공소시효의 완성 여부도 공소장 변경시를 기준으로 한다.

정답 ④

영역 공판 > 공판절차

정답의 이유

④ 공소장변경절차에 의하여 공소사실이 변경됨에 따라 그 법정형에 차이가 있는 경우에는 변경된 공소사실에 대한 법정형이 공소시효기간의 기준이 되며, 공소장 변경이 있는 경우에 공소시효의 완성 여부는 당초의 공소제기가 있었던 시점을 기준으로 판단할 것이고 공소장 변경시를 기준으로 삼을 것은 아니다(대판 2001.8.24., 2001도2902).

오답의 이유

① 대판 2009.1.30., 2008도7124
② 대판 1987.5.26., 87도527
③ 대판 2001.6.29., 2001도1091

---

20 법원의 심판대상 및 공소장변경에 관한 설명으로 가장 적절하지 않은 것은? (다툼이 있는 경우 판례에 의함) 　　25년 경찰승진

① 법원의 심판대상은 소송의 진행에 따라 유동적으로 변화할 수 있으므로, 검사는 공소사실의 동일성이 인정되는 한도에서 법원의 허가를 얻어 공소사실 또는 적용법조를 추가, 철회 또는 변경할 수 있다.

② 피고인이 이적표현물을 제작·반포한 사실은 부인하면서 이를 취득·소지한 것에 대하여는 자백하는 취지로 진술하였다면 법원이 검사에게 공소장의 변경을 요구할 것인지 여부는 법원의 의무에 속하는 것이므로, 법원이 검사에게 그 표현물을 취득·소지한 것으로 공소장변경을 요구하지 아니한 것은 위법하다고 할 수 있다.

③ 두 죄의 기본적 사실관계가 동일한가 여부는 그 규범적 요소를 전적으로 배제한 채 순수하게 사회적, 전법률적인 관점에서만 파악할 수는 없고, 그 자연적, 사회적 사실관계나 피고인의 행위가 동일한 것인가 외에 그 규범적 요소도 기본적 사실관계 동일성의 실질적 내용의 일부를 이루는 것이라고 보는 것이 상당하다.

④ 피고인의 상고에 의하여 상고심에서 원심판결을 파기하고 사건을 항소심에 환송한 경우에도 공소사실의 동일성이 인정되면 공소장변경을 허용하여 이를 심판대상으로 삼을 수 있다.

정답 ②

영역 공판 > 공판절차

정답의 이유

② 피고인이 이적표현물을 제작·반포한 사실은 부인하면서 이를 취득·소지한 것에 대하여는 자백하는 취지로 진술한다고 하여도 법원이 검사에게 공소장의 변경을 요구할 것인지 여부는 법원의 재량에 속하는 것이므로, 법원이 검사에게 그 표현물을 취득·소지한 것으로 공소장변경을 요구하지 아니하였다 하여 위법하다고 할 수 없다(대판 1997.8.22., 97도1516).

오답의 이유

① 형사소송법 제298조 제1항
③ 대판 2010.2.25., 2009도14263
④ 대판 2004.7.22., 2003도8153

21 공소기각의 판결에 대한 설명으로 옳지 않은 것은? 24년 국가직 9급

① 검사가 서면인 공소장에 전자문서나 저장매체를 첨부하는 방식으로 공소를 제기한 경우, 서면인 공소장에 기재된 부분만으로는 공소사실이 특정되지 않고 검사가 법원의 특정요구에 응하지 않으면 그 부분에 대해 공소기각의 판결을 선고하여야 한다.

② 공소를 제기할 수 없는 법률상의 사유가 있어 공소기각의 판결을 하여야 할 사건에서 그 사건의 실체에 관한 심리가 이미 완료되어 무죄로 판명된 경우라도 무죄의 실체판결을 선고하는 것은 위법하다.

③ 피고인이 공소를 기각한 제1심판결에 대해 무죄를 주장하며 항소한 경우, 공소기각 판결에 대하여 피고인에게 상소권이 인정되지 않으므로 이 항소는 법률상의 방식에 위반한 것이 명백한 때에 해당한다.

④ 기소 당시에는 이중기소된 위법이 있었다 하여도 그 후 공소사실과 적용법조가 적법하게 변경되어 새로운 사실의 소송계속상태가 있게 된 때에는 공소기각의 판결을 하여야 할 위법상태가 계속 존재한다고 할 수 없다.

정답 ②

영역 공판 > 재판

정답의 이유

② 교통사고처리특례법 제3조 제1항, 제2항 단서, 형법 제268조를 적용하여 공소가 제기된 사건에서, 심리 결과 교통사고처리특례법 제3조 제2항 단서에서 정한 사유가 없고 같은 법 제3조 제2항 본문이나 제4조 제1항 본문의 사유로 공소를 제기할 수 없는 경우에 해당하면 공소기각의 판결을 하는 것이 원칙이다. 그런데 사건의 실체에 관한 심리가 이미 완료되어 교통사고처리특례법 제3조 제2항 단서에서 정한 사유가 없는 것으로 판명되고 달리 피고인이 같은 법 제3조 제1항의 죄를 범하였다고 인정되지 않는 경우, 설령 같은 법 제3조 제2항 본문이나 제4조 제1항 본문의 사유가 있더라도, 사실심법원이 피고인의 이익을 위하여 교통사고처리특례법 위반의 공소사실에 대하여 **무죄의 실체판결을 선고하였다면, 이를 위법이라고 볼 수는 없다고 할 것이다**(대판 2015.5.28., 2013도10958).

① 검사가 전자문서나 저장매체를 이용하여 공소를 제기한 경우, 법원은 저장매체에 저장된 전자문서 부분을 제외하고 서면인 공소장에 기재된 부분만으로 공소사실을 판단하여야 한다. 만일 그 기재 내용만으로는 공소사실이 특정되지 않은 부분이 있다면 검사에게 특정을 요구하여야 하고, 그런데도 검사가 특정하지 않는다면 그 부분에 대해서는 공소를 기각할 수밖에 없다(대판 2017.2.15., 2016도19027).

③ 피고인이 공소를 기각한 제1심판결에 대해 무죄를 주장하며 항소하자, 원심이 항소를 기각하지 않고 제1심판결을 파기하여 제1심법원으로 환송한 사안에서, 공소기각 판결에 대하여 피고인에게 상소권이 인정되지 않으므로 위 항소는 법률상의 방식에 위반한 것이 명백한 때에 해당한다(대판 2008.5.15., 2007도6793).

④ 대판 1989.2.14., 85도1435

형사소송법 1회 **121**

22 상소에 대한 설명으로 옳지 않은 것은? (다툼이 있는 경우 판례에 의함) 20년 5급 승진 국가직

① 피고인의 배우자, 직계친족, 형제자매 또는 원심의 대리인이나 변호인은 피고인을 위하여 상소할 수 있으나, 이 상소는 피고인의 명시한 의사에 반하여 하지 못한다.

② 상소를 취하한 자 또는 상소의 포기나 취하에 동의한 자는 그 사건에 대하여 다시 상소하지 못하고, 상소포기는 원심법원에, 상소취하는 상소법원에 하여야 하나, 다만 소송기록이 상소법원에 송부되지 않은 때에는 상소취하도 원심법원에 할 수 있다.

③ 포괄일죄의 일부만이 유죄로 인정된 경우 그 유죄 부분에 대하여 피고인만이 상고하고 무죄나 공소기각으로 판단된 부분에 대하여 검사가 상고를 하지 않았다면 상소불가분의 원칙상 유죄 이외의 부분도 상고심에 이심되어 상고심으로서도 그 부분에까지 나아가 판단할 수 있다.

④ 경합범 중 일부에 대하여 무죄, 일부에 대하여 유죄를 선고한 제1심판결에 대하여 검사만이 무죄 부분에 대하여 항소를 한 경우 항소심에 계속된 사건은 무죄판결 부분에 대한 공소뿐이며, 그에 따라 항소심에서 이를 파기할 때에는 무죄 부분만을 파기하여야 한다.

정답 ③

영역 상소 · 비상구제절차 · 특별절차 > 상소

정답의 이유

③ 포괄일죄의 일부만이 유죄로 인정된 경우 그 유죄 부분에 대하여 피고인만이 상고하였을 뿐 무죄나 공소기각으로 판단된 부분에 대하여 검사가 상고를 하지 않았다면, 상소불가분의 원칙에 의하여 유죄 이외의 부분도 상고심에 이심되기는 하나 그 부분은 이미 당사자 간의 공격 · 방어의 대상으로부터 벗어나 사실상 심판대상에서부터도 이탈하게 되므로, 상고심으로서도 그 부분에까지 나아가 판단할 수 없다(대판 2004.10.28., 2004도5014).

오답의 이유

① 형사소송법 제341조 제1항, 제2항

② 형사소송법 제353조, 제354조

④ 대판 2010. 11. 25., 2010도10985

---

23 불이익변경금지에 관한 설명 중 가장 적절하지 않은? (다툼이 있는 경우 판례에 의함) 20년 경찰승진

① 판결을 선고한 법원에서 당해 판결서의 명백한 오류를 판결서의 경정을 통하여 시정하는 것은 피고인에게 불리한 결과를 발생시키거나 상소권 행사에 영향을 미치는 것이 아니므로 불이익변경금지 원칙이 적용되지 아니한다.

② 검사만이 양형부당을 이유로 항소한 경우, 항소법원이 직권으로 심판하여 제1심의 양형보다 가벼운 형을 선고하는 것은 항소한 검사에게 불이익한 변경이므로 허용되지 아니한다.

③ 약식명령에 대하여 피고인이 정식재판을 청구한 경우 제1심 법원은 약식명령의 형보다 중한 형을 선고할 수 있다.

④ 재심의 경우에도 불이익변경의 금지가 적용되어 원판결의 형보다 중한 형을 선고하지 못한다.

정답 ②

영역 상소 · 비상구제절차 · 특별절차 > 상소

정답의 이유

② 검사만이 항소한 경우 항소심이 제1심의 양형보다 피고인에게 유리한 형량을 정할 수 없다는 제한이 있는 것도 아니다. 따라서 항소법원은 제1심의 형량이 너무 가벼워서 부당하다는 검사의 항소이유에 대한 판단에 앞서 직권으로 제1심판결에 양형이 부당하다고 인정할 사유가 있는지 여부를 심판할 수 있고, 그러한 사유가 있는 때에는 제1심판결을 파기하고 제1심의 양형보다 가벼운 형을 정하여 선고할 수 있다고 할 것이다(대판 2010.12.9., 2008도1092).

오답의 이유

① 대판 2007.7.13., 2007도3448

③ 형사소송법 제457조의2 제2항

④ 형사소송법 제439조

24 재심에 관한 다음 설명 중 가장 옳지 않은 것은? (다툼이 있으면 판례에 의함) 19년 경찰간부후보생

① 재심청구의 대상이 된 원판결의 심리에 관여한 법관이 재심청구 사건을 심판하더라도 제척 또는 기피사유에 해당하지 않는다.
② 약식명령에 대한 정식재판절차에서 유죄판결이 선고되어 확정된 경우라도 그 약식명령은 재심청구의 대상이 된다.
③ 항소심의 유죄판결에 대하여 상고가 제기되어 상고심 재판이 계속되던 중 피고인이 사망하여 공소기각결정이 확정된 경우는 재심절차의 전제가 되는 유죄의 확정판결이 존재하는 경우에 해당하지 않는다.
④ 경합범 관계에 있는 수개의 범죄사실에 대하여 1개의 형을 선고한 확정판결 중 일부에 재심사유가 있는 경우에는 그 판결 전부에 대하여 재심개시결정을 하여야 한다.

정답 ②

영역 상소 · 비상구제절차 · 특별절차 > 비상구제절차

정답의 이유
② 형사소송법 제420조 본문은 재심은 유죄의 확정판결에 대하여 그 선고를 받은 자의 이익을 위하여 청구할 수 있도록 하고, 같은 법 제456조는 약식명령은 정식재판의 청구에 의한 판결이 있는 때에는 그 효력을 잃도록 규정하고 있다. 위 각 규정에 의하면, 약식명령에 대하여 정식재판 청구가 이루어지고 그 후 신행된 정식재판 절차에서 유죄판결이 선고되어 확정된 경우, 재심사유가 존재한다고 주장하는 피고인 등은 효력을 잃은 약식명령이 아니라 유죄의 확정판결을 대상으로 재심을 청구하여야 한다(대판 2013.4.11., 2011도10626).

오답의 이유
① 대결 1982.11.15., 82모11
③ 대판 2013.6.27., 2011도7931
④ 대판 2001.7.13., 2001도1239

25 약식명령에 대한 설명으로 옳지 않은 것은? (다툼이 있는 경우 판례에 의함) 18년 국가직 7급

① 약식명령은 그 재판서를 피고인에게 송달함으로써 효력이 발생하고, 변호인이 있는 경우라도 반드시 변호인에게 약식명령 등본을 송달해야 하는 것은 아니다.
② 변호인이 정식재판청구서를 제출할 것으로 믿고 피고인이 스스로 적법한 정식재판의 청구기간 내에 정식재판청구서를 제출하지 못하였더라도, 그것이 피고인 또는 대리인이 책임질 수 없는 사유로 인하여 정식재판의 청구기간 내에 정식재판을 청구하지 못한 때에 해당하지 않는다.
③ 검사가 사기죄에 대하여 약식명령의 청구를 한 다음, 피고인이 약식명령의 고지를 받고 정식재판의 청구를 하여 그 사건이 제1심법원에 계속 중일 때, 사기죄의 수단의 일부로 범한 사문서위조 및 동행사죄에 대하여 추가로 공소를 제기하였다면, 일사부재리의 원칙에 위반되므로 공소제기의 절차가 법률의 규정에 위반하여 무효인 때에 해당한다.
④ 약식명령에 대한 정식재판청구가 제기되었음에도 법원이 증거서류 및 증거물을 검사에게 반환하지 않고 보관하고 있다고 하여 그 이전에 이미 적법하게 제기된 공소제기의 절차가 위법하게 되는 것은 아니다.

정답 ③

영역 상소 · 비상구제절차 · 특별절차 > 특별절차

정답의 이유
③ 검사가 사기죄에 대하여 약식명령의 청구를 한 다음, 피고인이 약식명령의 고지를 받고 정식재판의 청구를 하여 그 사건이 제1심법원에 계속중일때, 사기죄의 수단의 일부로 범한 사문서위조 및 동행사죄에 대하여 추가로 공소를 제기하였더라도, 일사부재리의 원칙에 위반되거나, 공소권을 남용한 것으로서 공소제기의 절차가 법률의 규정에 위반하여 무효인 때에 해당한다고 볼 수 없다(대판 1990. 2. 23., 89도2102).

오답의 이유
① · ② 대결 2017.7.27., 2017모1557
④ 대판 2007.7.26., 2007도3906

형사소송법 2회

01 대한민국헌법에서 명시적으로 규정한 항목으로 옳은 것만을 모두 고르면?

19년 국가직 5급 승진

> ㉠ 신속한 재판을 받을 권리
> ㉡ 체포 · 구속적부심사청구권
> ㉢ 구속전 피의자심문 제도
> ㉣ 보석청구권
> ㉤ 위법수집증거배제법칙
> ㉥ 형사보상청구권

① ㉠, ㉡, ㉥
② ㉠, ㉢, ㉤
③ ㉡, ㉣, ㉥
④ ㉢, ㉣, ㉤

정답 ①

영역 서론 > 형사소송법의 기초

정답의 이유
㉠ 신속한 재판을 받을 권리 : 헌법 제27조 제3항
㉡ 체포 · 구속적부심사청구권 : 헌법 제12조 제6항
㉥ 형사보상청구권 : 헌법 제28조

오답의 이유
㉢ 구속전 피의자심문 제도 : 형사소송법 제201조의2
㉣ 보석청구권 : 형사소송법 제94조
㉤ 위법수집증거배제법칙 : 형사소송법 제308조의2

02 법관의 제척 · 기피제도에 대한 설명으로 가장 적절하지 않은 것은? (다툼이 있는 경우 판례에 의함)

18년 경찰공무원 2차

① 약식명령을 발부한 법관이 그 정식재판 절차의 항소심 공판에 관여한 바 있어도 후에 경질되어 그 판결에는 관여하지 아니한 경우에는 전심재판에 관여한 법관이 불복이 신청된 당해 사건의 재판에 관여하였다고 할 수 없다.

② 고발사실의 일부에 대한 재정신청 사건에 관여하여 그 신청을 기각한 법관이 공소가 제기된 그 나머지 부분에 대한 항소심재판에서 주심판사로 관여한 경우 형사소송법상의 제척 원인인 '법관이 사건에 관하여 전심재판에 관여한 때'에 해당한다.

③ 소송지연만을 목적으로 한 기피신청은 그 신청 자체가 부적법한 것이므로 그러한 신청에 대하여는 기피당한 법관에 의하여 구성된 재판부가 스스로 이를 각하할 수 있다.

④ 기피신청을 받은 법관이 형사소송법 제22조에 위반하여 본안의 소송절차를 정지하지 않은 채 그대로 소송을 진행하여서 한 소송행위는 효력이 없고, 이는 이후 그 기피신청에 대한 기각결정이 확정되었다고 하더라도 마찬가지이다.

정답 ②

영역 서론 > 소송주체와 소송관계인

정답의 이유
② 고발인의 피고인에 대한 고발사실 중 검사가 불기소한 부분에 관하여 한 재정신청 사건에 관여하여 이를 기각한 법관들이, 고발사실 중 공소가 제기된 사건의 항소심에서 재판장과 주심판사로 관여한 경우 형사소송법 제17조 제7호에 정한 '법관이 사건에 관하여 전심재판 또는 그 기초되는 조사, 심리에 관여한 때'에 해당하지 않는다(대판 2014.1.16., 2013도10316).

① 대판 1985.4.23., 85도281

③ 대결 1991.12.7., 91모79

④ 대판 2012.10.11., 2012도8544

03 피고인에 대한 설명으로 옳은 것은?

25년 국가직 9급

① 소송절차가 분리된 공범인 공동피고인에 대하여 증인적격이 인정된다고 하더라도 법정에서 그 자신의 범죄사실에 대하여 신문하는 것은 피고인의 지위에서 보장받는 진술거부권이나 자기부죄거부특권을 침해하는 것이라고 보아야 한다.

② 피의자가 다른 사람의 성명을 모용하여 공소장에 피모용자가 피고인으로 표시되었더라도, 검사는 모용자에 대하여 공소를 제기한 것이므로 모용자가 피고인이 되고 피모용자에게 공소의 효력이 미친다고는 할 수 없다.

③ 甲에 대하여 발하여진 약식명령에 대하여 甲이 정식재판을 청구함으로써 甲을 상대로 심리를 하는 과정에서 甲이 성명을 모용당한 사실이 발각된 경우, 검사는 법원의 허가를 받아 공소장에 기재된 피고인의 표시를 모용자로 정정하여야 한다.

④ 법인세체납 등으로 공소제기되어 그 피고사건의 공판 계속 중에 그 법인의 청산종결의 등기가 경료되었다면 법인의 청산사무는 종료된 것이라 할 수 있고, 그 사건이 종결되지 아니하는 동안이라도 「형사소송법」상 법인의 당사자능력은 소멸한다.

정답 ②

영역 서론 > 소송주체와 소송관계인

정답의 이유

② 피의자가 다른 사람의 성명을 모용한 탓으로 공소장에 피모용자가 피고인으로 표시되었다 하더라도 이는 당사자의 표시상의 착오일 뿐이고 검사는 모용자에 대하여 공소를 제기한 것이므로 모용자가 피고인이 되고 피모용자에게 공소의 효력이 미친다고 할 수 없다(대판 1993.1.19., 92도2554).

① 소송절차가 분리된 공범인 공동피고인에 대하여 증인적격을 인정하고 그 자신의 범죄사실에 대하여 신문한다 하더라도 피고인으로서의 진술거부권 내지 자기부죄거부특권을 침해한다고 할 수 없다(대판 2024.2.29., 2023도7528).

③ 피모용자가 약식명령에 대하여 정식재판을 청구하여 피모용자를 상대로 심리를 하는 과정에서 성명모용사실이 발각되어 검사가 공소장을 정정하는 등 사실상의 소송계속이 발생하고 형식상 또는 외관상 피고인의 지위를 갖게 된 경우에 법원으로서는 피모용자에게 적법한 공소의 제기가 없었음을 밝혀주는 의미에서 형사소송법 제327조 제2호를 유추적용하여 공소기각의 판결을 함으로써 피모용자의 불안정한 지위를 명확히 해소해 주어야 하고, 피모용자가 정식재판을 청구하였다 하여도 모용자에게는 아직 약식명령의 송달이 없었다 할 것이어서 검사는 공소장에 기재된 피고인의 표시를 정정할 수 있으며, 법원은 이에 따라 약식명령의 피고인 표시를 경정할 수 있고, 본래의 약식명령정본과 함께 이 경정결정을 모용자에게 송달하면 이때에 약식명령의 적법한 송달이 있다고 볼 것이며, 이에 대하여 소정의 기간 내에 정식재판의 청구가 없으면 약식명령은 확정된다(대판 1993.1.19., 92도2554).

④ 법인은 그 청산종결의 등기가 경료되었다면 특단의 사정이 없는 한 법인격이 상실되어 법인의 당사자능력 및 권리능력이 상실되었다고 추정할 것이나 법인세체납 등으로 공소제기되어 그 피고사건의 공판계속 중에 그 법인의 청산종결의 등기가 경료되었다고 하더라도 동 사건이 종결되지 아니하는 동안 법인의 청산사무는 종료된 것이라 할 수 없고 형사소송법상 법인의 당사자능력도 그대로 존속한다(대판 1986.10.28., 84도693).

04 피고인 등의 당사자능력 및 소송능력에 관한 다음 설명 중 가장 옳지 않은 것은? 25년 법원직 9급

① 법인의 해산 또는 청산종결 등기 이전에 업무나 재산에 관한 위반행위가 있는 경우 청산 종결등기가 된 이후 해당 위반행위에 대한 수사 개시 또는 공소제기에 따른 수사나 재판을 받는 일은 법인의 청산사무에 포함되므로, 그 사건이 종결될 때까지 법인의 청산사무는 종료되지 않고 형사소송법상 당사자능력도 그대로 존속한다.

② 당사자능력은 소송조건이므로 유죄의 선고를 받은 피고인이 재심절차에서 재심의 판결 전에 사망한 경우 공소기각의 결정을 하여야 한다.

③ 피고인 또는 피의자가 법인인 때에는 그 대표자가 소송행위를 대표하고, 수인이 공동하여 법인을 대표하는 경우에도 소송행위에 관하여는 각자가 대표한다.

④ 반의사불벌죄에 있어서 피해자의 피고인 또는 피의자에 대한 처벌을 희망하지 않는다는 의사표시 또는 처벌을 희망하는 의사표시의 철회는 의사능력이 있는 피해자가 단독으로 이를 할 수 있다.

정답 ②

영역 서론 > 소송주체와 소송관계인

정답의 이유

② 재심개시결정에 따라 열리게 되는 재심사건의 공판절차에서는 사망자에 대한 공소기각결정이 인정되지 않는다(형사소송법 제438조 제2항 제2호).

오답의 이유

① 법인에 대한 청산종결 등기가 되었더라도 청산사무가 종결되지 않는 한 그 범위 내에서는 청산법인으로 존속한다. 법인의 해산 또는 청산종결 등기 이전에 업무나 재산에 관한 위반행위가 있는 경우에는 청산종결 등기가 된 이후 위반행위에 대한 수사가 개시되거나 공소가 제기되더라도 그에 따른 수사나 재판을 받는 일은 법인의 청산사무에 포함되므로, 그 사건이 종결될 때까지 법인의 청산사무는 종료되지 않고 형사소송법상 당사자능력도 그대로 존속한다(대판 2021.6.30., 2018도14261).

③ 형사소송법 제27조 제1항, 제2항

④ 반의사불벌죄에 있어서 피해자의 피고인 또는 피의자에 대한 처벌을 희망하지 않는다는 의사표시 또는 처벌을 희망하는 의사표시의 철회는, 위와 같은 형사소송절차에 있어서의 소송능력에 관한 일반원칙에 따라, 의사능력이 있는 피해자가 단독으로 이를 할 수 있다(대판 2009.11.19., 2009도6058 전합).

---

05 소송행위의 추완에 관한 다음 설명 중 가장 옳은 것은? 23년 법원직 9급

① 변호인 선임서를 제출하지 않은 채 상고이유서만을 제출하고 상고이유서 제출기간이 지난 후에 변호인 선임서를 제출하였다면 그 상고이유서는 적법·유효한 변호인의 상고이유서로 볼 수 있다.

② 친고죄에서 피해자의 고소가 없거나 고소가 취소되었음에도 친고죄로 기소되었다가 그 후 당초에 기소된 공소사실과 동일성이 인정되는 비친고죄로 공소장변경이 허용된 경우라도 그 공소제기의 흠은 치유될 수 없다.

③ 원래 공소제기가 없었음에도 피고인의 소환이 이루어지는 등 사실상의 소송 계속이 발생한 상태에서 검사가 약식명령을 청구하는 공소장을 제1심법원에 제출하고, 위 공소장에 기하여 공판절차를 진행한 경우 제1심법원으로서는 이에 기하여 유·무죄의 실체판단을 하여야 한다.

④ 세무공무원의 고발 없이 조세범칙사건의 공소가 제기된 후에 세무공무원이 고발을 한 경우 그 공소절차의 흠은 치유된다.

정답 ③

영역 서론 > 소송행위와 소송조건

정답의 이유

③ 대판 2003.11.14., 2003도2735

오답의 이유

① 변호인의 선임은 심급마다 변호인과 연명날인한 서면으로 제출하여야 한다(형사소송법 제32조 제1항). 따라서 변호인 선임서를 제출하지 않은 채 상고이유서만을 제출하고 상고이유서 제출기간이 지난 후에 변호인 선임서를 제출하였다면 그 상고이유서는 적법·유효한 변호인의 상고이유서가 될 수 없다(대판 2015.2.26., 2014도12737).

② 친고죄에서 피해자의 고소가 없거나 고소가 취소되었음에도 친고죄로 기소되었다가 그 후 당초에 기소된 공소사실과 동일성이 인정되는 비친고죄로 공소장변경이 허용된 경우 그 공소제기의 흠은 치유된다(대판 2011.5.13., 2011도2233).

④ 세무공무원의 고발 없이 조세범칙사건의 공소가 제기된 후에 세무공무원이 고발을 하여도 그 공소절차의 무효가 치유된다고 할 수 없다(대판 1970.7.28., 70도942).

06 함정수사에 대한 설명으로 옳지 않은 것은? (다툼이 있는 경우 판례에 의함)
18년 국가직 9급

① 피고인이 본래 범의를 가지지 아니하였는데 수사기관의 사술 또는 계략으로 인해 범의를 일으켜 행위한 것으로 인정된다면 법원은 무죄판결을 하여야 한다.

② 구체적인 사건에서 위법한 함정수사에 해당하는지 여부는 해당 범죄의 종류와 성질, 유인자의 지위와 역할, 유인의 경위와 방법, 유인에 따른 피유인자의 반응, 피유인자의 처벌 전력 및 유인행위 자체의 위법성 등을 종합하여 판단하여야 한다.

③ 경찰관들이 노래방 단속실적을 올리기 위하여 평소 손님들에게 도우미 알선영업을 해왔다는 자료나 첩보가 없음에도 노래방에 손님을 가장하고 들어가 도우미를 불러 줄 것을 재차 요구한 후 이를 단속하였다면 이는 위법한 함정수사에 해당한다.

④ 수사기관과 직접 관련이 없는 사인(私人)이 피고인에게 범죄의 실행을 부탁한 경우, 그로 인하여 피고인의 범의가 유발되었다 하더라도 이는 위법한 함정수사에 해당하지 아니한다.

정답 ①

영역 수사와 공소 > 수사

정답의 이유

① 범의를 가지지 아니한 사람에 대하여 수사기관이 범행을 적극 권유하여 범의를 유발케 하고 범죄를 행하도록 한 뒤 범행을 저지른 사람에 대하여 바로 그 범죄행위를 문제 삼아 공소를 제기하는 것으로서 적법한 소추권의 행사로 볼 수 없으므로, 형사소송법 제327조 제2호에 규정된 공소제기의 절차가 법률의 규정에 위반하여 무효인 때에 해당한다는 이유로 공소기각 판결을 선고하였다(대판 2005.10.28, 2005도1247).

오답의 이유

② 대판 2007.7.12., 2006도2339

③ 경찰관이 노래방의 도우미 알선 영업 단속 실적을 올리기 위하여 그에 대한 제보나 첩보가 없는데도 손님을 가장하고 들

어가 도우미를 불러낸 사안에서, 위법한 함정수사로서 공소제기가 무효이다(대판 2008.10.23., 2008도7362).

④ 유인자가 수사기관과 직접적인 관련을 맺지 아니한 상태에서 피유인자를 상대로 단순히 수차례 반복적으로 범행을 부탁하였을 뿐 수사기관이 사술이나 계략 등을 사용하였다고 볼 수 없는 경우는, 설령 그로 인하여 피유인자의 범의가 유발되었다 하더라도 위법한 함정수사에 해당하지 아니한다(대판 2007.11.29., 2007도7680).

07 친고죄의 고소에 대한 설명으로 옳지 않은 것은?
24년 국가직 9급

① 피해자가 고소장을 제출하여 처벌을 희망하는 의사를 분명히 표시한 후 고소를 취소한 바 없다면, 비록 고소 전에 피해자가 처벌을 원치 않았다고 하더라도 그 후에 한 피해자의 고소는 유효하다.

② 친고죄에서 피해자의 고소가 없거나 고소가 취소되었음에도 친고죄로 기소되었다가 그 후 당초에 기소된 공소사실과 동일성이 인정되는 비친고죄로 공소장변경이 허용된 경우 그 공소제기의 흠은 치유된다.

③ 친고죄의 공범 중 그 일부에 대하여 제1심판결이 선고된 후에는 제1심판결선고 전의 다른 공범자에 대하여는 그 고소를 취소할 수 없다.

④ 친고죄의 공범자 간 고소불가분의 원칙은 반의사불벌죄에서 처벌을 희망하지 아니하는 의사표시나 처벌을 희망하는 의사표시의 철회에 관하여도 적용된다.

정답 ④

영역 수사와 공소 > 수사

정답의 이유

④ 형사소송법이 고소와 고소취소에 관한 규정을 하면서 제232조 제1항, 제2항에서 고소취소의 시한과 재고소의 금지를 규정하고 제3항에서는 반의사불벌죄에 제1항, 제2항의 규정을 준용하는 규정을 두면서도, 제233조에서 고소와 고소취소의 불가분에 관한 규정을 함에 있어서는 반의사불벌죄에 이를 준용하는 규정을 두지 아니한 것은 처벌을 희망하지 아니하는 의사표시나 처벌을 희망하는 의사표시의 철회에 관하여 친고죄와는 달리 공범자 간에 불가분의 원칙을 적용하지 아

니하고자 함에 있다고 볼 것이지, 입법의 불비로 볼 것은 아니다(대판 1994.4.26., 93도1689).

오답의 이유

① 대판 2008.11.27., 2007도4977

② 대판 2011.5.13., 2011도2233

③ 대판 1985.11.12., 85도1940

08 자수에 대한 설명으로 옳은 것은? (다툼이 있는 경우 판례에 의함)
19년 국가직 9급 11번

① 피고인이 자수하였음에도 불구하고 법원이 「형법」 제52조 제1항에 따른 자수감경을 하지 않거나 자수감경 주장에 대하여 판단을 하지 않았더라도 위법하지 않다.

② 수사기관에의 자발적 신고 내용이 범행을 부인하는 등 범죄성립요건을 갖추지 아니한 경우에는 자수는 성립하지 않지만, 그 후 수사과정에서 범행을 시인하였다면 새롭게 자수가 성립될 여지가 있다.

③ 수사기관의 직무상의 질문 또는 조사에 응하여 범죄사실을 진술하는 경우라도 자수가 인정될 수 있다.

④ 범인이 수사기관에 뇌물수수의 범죄사실을 자발적으로 신고하였다면, 「특정범죄 가중처벌 등에 관한 법률」의 적용을 피하기 위해 그 수뢰액을 실제보다 적게 신고한 것일지라도 자수는 성립한다.

정답 ①

영역 수사와 공소 > 수사

정답의 이유

① 피고인이 항소이유로 자수감경을 주장함에 대하여 원심이 자수감경을 하지 않고 자수감경 주장에 대하여도 별도의 판단을 하지 아니한 사실을 알 수 있으나, 피고인이 자수하였다고 하더라도 자수한 사람에 대하여는 법원이 임의로 형을 감경할 수 있을 뿐이어서 원심이 자수감경을 하지 아니하였다거나 자수감경 주장에 대하여 판단을 하지 아니하였다고 하여 이를 위법하다고 할 수 없다(대판 2013.11.28., 2013도9003).

오답의 이유

② 수사기관에의 신고가 자발적이라고 하더라도 그 신고의 내용이 자기의 범행을 명백히 부인하는 등의 내용으로 자기의 범행으로서 범죄성립요건을 갖추지 아니한 사실일 경우에는 자수는 성립하지 아니하고, 일단 자수가 성립하지 아니한 이상 그 이후의 수사과정이나 재판과정에서 범행을 시인하였다고 하더라도 새롭게 자수가 성립할 여지는 없다(대판 2011.12.22., 2011도12041).

③ '자수'란 범인이 스스로 수사책임이 있는 관서에 자기의 범행을 자발적으로 신고하고 그 처분을 구하는 의사표시이므로, 수사기관의 직무상의 질문 또는 조사에 응하여 범죄사실을 진술하는 것은 자백일 뿐 자수로는 되지 아니한다(대판 2011.12.22., 2011도12041).

④ 수사기관에 뇌물수수의 범죄사실을 자발적으로 신고하였으나 그 수뢰액을 실제보다 적게 신고함으로써 적용법조와 법정형이 달라지게 된 경우, 자수의 성립을 부인한다(대판 2004.6.24., 2004도2003).

09 영장에 의한 체포에 대한 설명으로 가장 적절한 것은? (다툼이 있는 경우 판례에 의함)
18년 경찰공무원 2차

① 수사기관이 영장에 의한 체포를 하고자 하는 경우 검사는 관할지방법원판사에게 체포영장을 청구할 수 있고, 사법경찰관리는 검사의 승인을 얻어 관할지방법원판사에게 체포영장을 청구할 수 있다.

② 수사기관이 체포영장을 집행하는 경우 형사소송법 제216조에 의하여 필요한 때에는 영장 없이 타인의 주거에서 피의자 수색을 할 수 있으며, 이러한 형사소송법 제216조의 규정은 헌법상 영장주의에 위반되지 않는다.

③ 체포영장을 발부받은 후 피의자를 체포하지 아니한 경우 검사 또는 사법경찰관은 변호인이 있는 경우는 피의자의 변호인에게, 변호인이 없는 경우에는 피의자 혹은 변호인선임권자 중 피의자가 지정하는 자에게 지체없이 그 사유를 서면으로 통지해야 한다.

④ 경찰관들이 체포를 위한 실력행사에 나아가기 전에 체포영장을 제시하고 미란다 원칙을 고지할 여유가 있었음에도 애초부터 미란다 원칙을 체포 후에 고지할 생각으로 먼저 체포행위에 나선 경우 이러한 행위는 적법하지 않다.

정답 ④

영역 수사와 공소 > 강제처분과 강제수사

정답의 이유

④ 경찰관들이 체포를 위한 실력행사에 나아가기 전에 체포영장을 제시하고 미란다 원칙을 고지할 여유가 있었음에도 애초부터 미란다 원칙을 체포 후에 고지할 생각으로 먼저 체포행위에 나선 행위는 적법한 공무집행이라고 보기 어렵다는 등의 이유로 무죄를 선고한 원심판단이 정당하다(대판 2017.9.21., 2017도10866).

오답의 이유

① 피의자가 죄를 범하였다고 의심할 만한 상당한 이유가 있고, 정당한 이유 없이 출석요구에 응하지 아니하거나 응하지 아니할 우려가 있는 때에는 검사는 관할 지방법원판사에게 청구하여 체포영장을 발부받아 피의자를 체포할 수 있고, 사법경찰관은 검사에게 신청하여 검사의 청구로 관할 지방법원판사의 체포영장을 발부받아 피의자를 체포할 수 있다(형사소송법 제200조의2 제1항).

② 헌법 제12조 제3항과는 달리 헌법 제16조 후문은 "주거에 대한 압수나 수색을 할 때에는 검사의 신청에 의하여 법관이 발부한 영장을 제시하여야 한다."라고 규정하고 있을 뿐 영장주의에 대한 예외를 명문화하고 있지 않으나, 그 장소에 범죄혐의 등을 입증할 자료나 피의자가 존재할 개연성이 있고, 사전에 영장을 발부받기 어려운 긴급한 사정이 있는 경우에는 제한적으로 영장주의의 예외를 허용할 수 있다고 보는 것이 타당하다. 형사소송법 제216조 제1항 제1호 중 제200조의2에 관한 부분은 체포영장을 발부받아 피의자를 체포하는 경우에 '필요한 때'에는 영장없이 타인의 주거 등 내에서 피의자 수사를 할 수 있다고 규정함으로써, 별도로 영장을 발부받기 어려운 긴급한 사전이 있는지 여부를 구별하지 아니하고 피의자가 소재할 개연성이 있으면 영장 없이 타인의 주거 등을 수색할 수 있도록 허용하고 있는데, 이는 체포영장이 발부된 피의자가 타인의 주거 등에 소재할 개연성은 인정되나, 수색에 앞서 영장을 발부받기 어려운 긴급한 사정이 인정되지 않는 경우에도 영장 없이 피의자 수색을 할 수 있다는 것이므로 헌법 제16조의 영장주의 예외 요건을 벗어난다(헌재결 2018.4.26, 2015헌바370).

※ 심판대상 조항(형사소송법 제216조 제1항 제1호 중 제200조의2에 관한 부분)은 2020. 3. 31.을 시한으로 국회가 법률을 개정할 때까지 형식적으로는 존재하지만 그 내용이 위헌이므로 '체포영장이 발부된 피의자가 타인의 주거 등에 소재할 개연성이 소명되고, 그 상소를 수색하기에 앞서 별도로 수색영장을 발부받기 어려운 긴급한 사정이 있는 경우에 한하여' 적용된다. 형사소송법 개정 전이라도 경찰이나 검찰은 위의 요건이 구비된 경우에 한하여 영장 없이 수색을 할 수 있으므로, 그 요건이 구비되지 않았음에도 영장 없이 수색을 하면 그것은 위법한 공무집행이 된다.

③ 체포영장의 발부를 받은 후 피의자를 체포하지 아니한 때에는 지체없이 검사는 영장을 발부한 법원에 그 사유를 서면으로 통지하여야 한다(형사소송법 제204조).

---

10 재체포 · 재구속에 대한 설명으로 옳은 것은?

23년 국가직 9급

① 보증금 납입을 조건으로 석방된 피의자가 주거의 제한이나 그 밖에 법원이 정한 조건을 위반한 때에는 동일한 범죄사실로 재차 체포하거나 구속할 수 있다.

② 체포 또는 구속 적부심사결정에 의하여 석방된 피의자가 도망하거나 범죄의 증거를 인멸할 염려가 있다고 믿을 만한 충분한 이유가 있는 때에는 동일한 범죄사실로 재차 체포하거나 구속할 수 있다.

③ 보증금 납입을 조건으로 석방된 피의자가 피해자, 당해 사건의 재판에 필요한 사실을 알고 있다고 인정되는 자 또는 그 친족의 생명 · 신체 · 재산에 해를 가하거나 가할 염려가 있다고 믿을 만한 충분한 이유가 있는 때에는 동일한 범죄사실로 재차 체포하거나 구속할 수 있다.

④ 검사 또는 사법경찰관에 의하여 영장에 의해 체포되었다가 석방된 자는 다른 중요한 증서를 발견한 경우를 제외하고는 동일한 범죄사실로 재차 체포하지 못한다.

정답 ①

영역 수사와 공소 > 강제처분과 강제수사

정답의 이유

① 형사소송법 제214조의3 제2항

오답의 이유

② 형사소송법 제214조의3 제1항

③ 보증금납입조건부 피의자석방의 제외사유에 해당한다(형사소송법 제214조의2 제5항 제2호).

④ 영장에 의해 체포된 피의자가 석방된 경우에 재체포 세한규정은 없다.

재체포 및 재구속의 제한(형사소송법 제214조의3)

① 제214조의2 제4항에 따른 체포 또는 구속 적부심사결정에 의하여 석방된 피의자가 도망하거나 범죄의 증거를 인멸하는 경우를 제외하고는 **동일한 범죄사실로 재차 체포하거나 구속할 수 없다.**

② 제214조의2 제5항에 따라 석방된 피의자에게 다음 각 호의 어느 하나에 해당하는 사유가 있는 경우를 제외하고는 동일한 범죄사실로 재차 체포하거나 구속할 수 없다.
　4. 주거의 제한이나 그 밖에 법원이 정한 조건을 위반한 때

---

11 압수·수색에 대한 설명으로 옳지 <u>않은</u> 것은?
(다툼이 있는 경우 판례에 의함) 　　20년 국가직 5급 승진

① 압수·수색에 있어서 피의자와 사이의 인적 관련성은 압수·수색영장에 기재된 대상자의 공동정범이나 교사범 등 공범이나 간접정범은 물론 필요적 공범 등에 대한 피고사건에 대해서도 인정될 수 있다.

② 수사기관이 인터넷서비스이용자인 피의자를 상대로 피의자의 컴퓨터 등 정보처리장치 내에 저장되어 있는 이메일 등 전자정보를 압수·수색하는 것은 전자정보의 소유자 내지 소지자를 상대로 해당 전자정보를 압수·수색하는 대물적 강제처분으로 형사소송법의 해석상 허용된다.

③ 수사기관이 수색장소에 있는 정보처리장치를 이용하여 정보통신망으로 연결된 원격지의 저장매체에 접속하여 전자정보를 압수·수색하는 경우, 피의자의 이메일 계정에 대한 접근권한에 갈음하여 발부받은 영장에 따라 피의자가 접근하는 통상적인 방법으로 이루어졌다 하더라도 이와 같은 압수·수색은 압수·수색영장에서 허용한 집행의 장소적 범위를 확대하는 것이므로 위법하다.

④ 검사는 증거에 사용할 압수물에 대하여 가환부의 청구가 있는 경우 가환부를 거부할 수 있는 특별한 사정이 없는 한 가환부에 응하여야 한다.

정답 ③

영역 수사와 공소 ＞ 강제처분과 강제수사

정답의 이유

③ 수사기관이 인터넷서비스이용자인 피의자를 상대로 피의자의 컴퓨터 등 정보처리장치 내에 저장되어 있는 이메일 등 전자정보를 압수·수색하는 것은 전자정보의 소유자 내지 소지자를 상대로 해당 전자정보를 압수·수색하는 대물적 강제처분으로 형사소송법의 해석상 허용된다. 나아가 압수·수색할 전자정보가 압수·수색영장에 기재된 수색장소에 있는 컴퓨터 등 정보처리장치 내에 있지 아니하고 그 정보처리장치와 정보통신망으로 연결되어 제3자가 관리하는 원격지의 서버 등 저장매체에 저장되어 있는 경우에도, 수사기관이 피의자의 이메일 계정에 대한 접근권한에 갈음하여 발부받은 영장에 따라 영장 기재 수색장소에 있는 컴퓨터 등 정보처리장치를 이용하여 적법하게 취득한 피의자의 이메일 계정 아이디와 비밀번호를 입력하는 등 피의자가 접근하는 통상적인 방법에 따라 원격지의 저장매체에 접속하고 그곳에 저장되어 있는 피의자의 이메일 관련 전자정보를 수색장소의 정보처리장치로 내려받거나 그 화면에 현출시키는 것 역시 피의자의 소유에 속하거나 소지하는 전자정보를 대상으로 이루어지는 것이므로 그 전자정보에 대한 압수·수색을 위와 달리 볼 필요가 없다(대판 2017.11.29., 2017도9747).

오답의 이유

① 대판 2017.12.5., 2017도13458
② 대판 2017.11.29., 2017도9747
④ 대결 2017.9.29., 2017모236

12 「통신비밀보호법」상 감청에 관한 설명으로 가장 적절하지 않은 것은? (다툼이 있는 경우 판례에 의함)

25년 경찰승진

① 「통신비밀보호법」 제3조 제1항 본문에 의하면 누구든지 이 법과 「형사소송법」 또는 「군사법원법」의 규정에 의하지 않고는 공개되지 않은 타인 간의 대화를 녹음하거나 청취하지 못하는데, 거실에 설치된 영상정보 처리기기를 이용해 자동녹음된 피해자들 대화의 녹음물을 재생하여 듣는 행위는 '청취'에 포함된다.

② 통화를 마친 후 전화가 끊기지 않은 상태에서 휴대전화를 통하여 들은 '악' 하는 소리와 '우당탕' 소리는 공개되지 않은 타인 간의 대화에 해당하지 않는다.

③ 단속 경찰관이 손님으로 가장하고 성매매업소에 들어가 여종업원 몰래 여종업원과 나눈 대화를 녹음하였더라도 이는 「통신비밀보호법」 제3조 제1항이 금지하는 공개되지 아니한 타인 간의 대화를 녹음한 경우에 해당하지 않는다.

④ 사법경찰관은 「통신비밀보호법」에 따른 패킷감청을 집행하여 그 전기통신을 보관하고자 하는 때에는 집행 종료일로부터 14일 이내 보관등이 필요한 전기통신을 선별하여 검사에게 보관 등의 승인을 신청하고, 이때 검사가 사법경찰관의 신청을 기각한 경우에는 그날부터 7일 이내에 취득한 전기통신을 폐기하여야 한다.

정답 ①

영역 수사와 공소 > 강제처분과 강제수사

정답의 이유

① 통신비밀보호법 제3조 제1항은 누구든지 이 법과 형사소송법 또는 군사법원법의 규정에 의하지 아니하고는 우편물의 검열·전기통신의 감청 또는 공개되지 않은 타인 간의 대화를 녹음 또는 청취하지 못한다고 규정하고 있고, 같은 법 제16조 제1항은 이를 위반하는 행위를 처벌하도록 규정하고 있다. 여기서 '청취'는 타인 간의 대화가 이루어지고 있는 상황에서 실시간으로 그 대화의 내용을 엿듣는 행위를 의미하고, 대화가 이미 종료된 상태에서 그 대화의 녹음물을 재생하여 듣는 행위는 '청취'에 포함되지 않는다(대판 2024.2.29., 2023도8603).

오답의 이유

② 대판 2017.3.15., 2016도19843
③ 대판 2024.5.30., 2020도9370
④ 통신비밀보호법 제12조의2 제1항, 제5항

🔊 더 알아보기

범죄수사를 위하여 인터넷 회선에 대한 통신제한조치로 취득한 자료의 관리(통신비밀보호법 제12조의2)

① 검사는 인터넷 회선을 통하여 송신·수신하는 전기통신을 대상으로 제6조 또는 제8조(제5조 제1항의 요건에 해당하는 사람에 대한 긴급통신제한조치에 한정한다)에 따른 통신제한조치를 집행한 경우 그 전기통신을 제12조 제1호에 따라 사용하거나 사용을 위하여 보관(이하 이 조에서 "보관등"이라 한다)하고자 하는 때에는 집행종료일부터 14일 이내에 보관등이 필요한 전기통신을 선별하여 통신제한조치를 허가한 법원에 보관등의 승인을 청구하여야 한다.

⑤ 검사 또는 사법경찰관은 제1항에 따른 청구나 제2항에 따른 신청을 하지 아니하는 경우에는 집행종료일부터 14일(검사가 사법경찰관의 신청을 기각한 경우에는 그날부터 7일) 이내에 통신제한조치로 취득한 전기통신을 폐기하여야 하고, 법원에 승인청구를 한 경우(취득한 전기통신의 일부에 대해서만 청구한 경우를 포함한다)에는 제4항에 따라 법원으로부터 승인서를 발부받거나 청구기각의 통지를 받은 날부터 7일 이내에 승인을 받지 못한 전기통신을 폐기하여야 한다.

13 공소시효에 관한 설명으로 가장 적절하지 않은 것은? (다툼이 있는 경우 판례에 의함)

25년 경찰승진 변형

① 상상적 경합의 관계에 있는 「형법」상 사기죄와 변호사법 위반죄 중 변호사법 위반죄의 공소시효가 완성되었다고 하여 사기죄의 공소시효까지 완성되는 것은 아니다.

② 범인이 형사처분을 면할 목적으로 국외에 있는 경우 그 기간 동안 공소시효는 정지된다.

③ 「형법」 제252조 제1항 미수범의 범죄행위는 행위를 종료하지 못하였거나 결과가 발생하지 아니하여 더 이상 범죄가 진행될 수 없는 때에 종료하고, 그때부터 미수범의 공소시효가 진행된다.

④ 인터넷 게시판에 명예훼손적 게시글을 게재한 경우 해당 게시글이 삭제되어 명예훼손 행위가 종료된 시점부터 공소시효가 진행한다.

정답 ④

영역 수사와 공소 > 수사의 종결과 공소의 제기

정답의 이유

④ 정보통신망을 이용한 명예훼손의 경우에, 게시행위 후에도 독자의 접근가능성이 기존의 매체에 비하여 좀 더 높다고 볼 여지가 있다 하더라도 그러한 정도의 차이만으로 정보통신망을 이용한 명예훼손의 경우에 범죄의 종료시기가 달라진다고 볼 수는 없다. 따라서 정보통신망을 이용한 명예훼손의 경우 게재행위만으로 범죄가 성립하고 종료하므로 그때부터 공소시효를 기산해야 한다(대판 2007.10.25, 2006도346).

오답의 이유

① 사기죄와 변호사법 위반죄는 상상적 경합의 관계에 있으므로, 변호사법 위반죄의 공소시효가 완성되었다고 하여 그 죄와 상상적 경합관계에 있는 사기죄의 공소시효까지 완성되는 것은 아니다(대판 2006.12.8., 2006도6356).

② 형사소송법 제253조 제3항

③ 공소시효는 범죄행위가 종료한 때부터 진행한다(형사소송법 제252조 제1항). 미수범은 범죄의 실행에 착수하여 행위를 종료하지 못하였거나 결과가 발생하지 아니한 때에 처벌받게 되므로(형법 제25조 제1항), 미수범의 범죄행위는 행위를 종료하지 못하였거나 결과가 발생하지 아니하여 더 이상 범죄가 진행될 수 없는 때에 종료하고, 그때부터 미수범의 공소시효가 진행한다(대판 2017.7.11., 2016도14820).

---

14 공판심리의 범위와 공소장변경에 대한 설명으로 옳지 않은 것은?

25년 국가직 9급

① 공소장변경이 있는 경우에 공소시효의 완성 여부는 당초의 공소제기가 있었던 시점을 기준으로 판단할 것이고 공소장변경 시를 기준으로 삼을 것은 아니고, 공소장변경절차에 의하여 공소사실이 변경됨에 따라 그 법정형에 차이가 있는 경우에는 변경된 공소사실에 대한 법정형이 공소시효기간의 기준이 된다.

② 법원은 공소사실의 동일성이 인정되는 범위 내에서 심리의 경과에 비추어 피고인의 방어권 행사에 실질적인 불이익을 초래할 염려가 없다고 인정되는 때에는 공소장이 변경되지 않았더라도 직권으로 공소장에 기재된 공소사실과 다른 범죄사실을 인정할 수 있다.

③ 공소사실의 동일성은 그 사실의 기초가 되는 사회적 사실관계가 기본적인 점에서 동일하면 그대로 유지되는 것이나, 이러한 기본적 사실관계의 동일성을 판단할 때에는 그 사실의 동일성이 갖는 기능을 염두에 두고 피고인의 행위와 그 사회적 사실관계를 기본으로 하되 규범적 요소도 아울러 고려하여야 한다.

④ 공소사실의 동일성이 인정되지 않는 등의 사유로 공소장변경허가 결정에 위법사유가 있는 경우에 공소장변경허가를 한 법원이 스스로 이를 취소할 수는 없다.

정답 ④

영역 공판 > 공판절차

정답의 이유

④ 공소사실의 동일성이 인정되지 않는 등의 사유로 공소장변경허가결정에 위법사유가 있는 경우에는 공소장변경허가를 한 법원이 스스로 이를 취소할 수 있다(대판 2001.3.27, 2001도116).

오답의 이유

① 대판 2001.8.24., 2001도2902

② 법원은 공소사실의 동일성이 인정되는 범위 내에서 공소가 제기된 범죄사실에 포함된 보다 가벼운 범죄사실이 인정되는 경우에 심리의 경과에 비추어 피고인의 방어권행사에 실질적 불이익을 초래할 염려가 없다고 인정되는 때에는 공소장이

변경되지 않더라도 직권으로 공소장에 기재된 공소사실과 다른 범죄사실을 인정할 수 있다(대판 1993.12.28., 93도3058).

③ 대판 1999.5.14., 98도1438

---

15 증거개시제도에 대한 설명으로 옳지 않은 것은?

22년 국가직 9급

① 증거개시제도는 실질적인 당사자 대등을 확보하고 피고인의 신속·공정한 재판을 받을 권리를 실현하기 위한 제도로서, 「형사소송법」은 검사가 보유하고 있는 증거뿐만 아니라 피고인이 보유하고 있는 증거의 개시도 인정하고 있다.

② 검사의 증거개시 대상이 되는 것은 공소제기된 사건에 관한 서류 또는 물건의 목록과 공소사실의 인정 또는 양형에 영향을 미칠 수 있는 서류 또는 물건이다.

③ 피고인 또는 변호인은 검사가 서류 또는 물건의 열람·등사 또는 서면의 교부를 거부하거나 그 범위를 제한한 때에는 법원에 그 서류 또는 물건의 열람·등사 또는 서면의 교부를 허용하도록 할 것을 신청할 수 있다.

④ 법원의 증거개시에 관한 결정에 대하여는 집행정지의 효력이 있는 즉시항고의 방법으로 불복할 수 있다.

정답 ④

영역 공판 > 증거

정답의 이유

④ 형사소송법 제402조는 "법원의 결정에 대하여 불복이 있으면 항고를 할 수 있다. 단, 이 법률에 특별한 규정이 있는 경우에는 예외로 한다."고 규정하고, 제403조 제1항은 "법원의 관할 또는 판결 전의 소송절차에 관한 결정에 대하여는 특히 즉시항고를 할 수 있는 경우 외에는 항고하지 못한다."고 규정하고 있다. 그런데 형사소송법 제266조의4에 따라 법원이 검사에게 수사서류 등의 열람·등사 또는 서면의 교부를 허용할 것을 명한 실질은 피고사건 소송절차에서의 증거개시(開示)와 관련된 것으로서 제403조에서 말하는 '판결 전의 소송절차에 관한 결정'에 해당한다할 것인데, 위 결정에 대하여는 형사소송법에서 별도로 즉시항고에 관한 규정을 두고 있지

않으므로 제402조에 의한 항고의 방법으로 불복할 수 없다고 보아야 한다(대결 2013.1.24., 2012모1393).

오답의 이유

① 형사소송법 제266조의3 제1항·제266조의11 제1항

② 형사소송법 제266조의3 제1항

③ 형사소송법 제266조의4 제1항

📡 **더 알아보기**

공소제기 후 검사가 보관하고 있는 서류 등의 열람·등사 (형사소송법 제266조의3)

① 피고인 또는 변호인은 검사에게 공소제기된 사건에 관한 서류 또는 물건(이하 "서류 등"이라 한다)의 목록과 공소사실의 인정 또는 양형에 영향을 미칠 수 있는 다음 서류 등의 열람·등사 또는 서면의 교부를 신청할 수 있다. 다만, 피고인에게 변호인이 있는 경우에는 피고인은 열람만을 신청할 수 있다.

1. 검사가 증거로 신청할 서류 등
2. 검사가 증인으로 신청할 사람의 성명·사건과의 관계 등을 기재한 서면 또는 그 사람이 공판기일 전에 행한 진술을 기재한 서류 등
3. 제1호 또는 제2호의 서면 또는 서류 등의 증명력과 관련된 서류 등
4. 피고인 또는 변호인이 행한 법률상·사실상 주장과 관련된 서류 등(관련 형사재판확정기록, 불기소처분기록 등을 포함한다)

피고인 또는 변호인이 보관하고 있는 서류 등의 열람·등사 (형사소송법 제266조의11)

① 검사는 피고인 또는 변호인이 공판기일 또는 공판준비절차에서 현장부재·심신상실 또는 심신미약 등 법률상·사실상의 주장을 한 때에는 피고인 또는 변호인에게 다음 서류 등의 열람·등사 또는 서면의 교부를 요구할 수 있다.

1. 피고인 또는 변호인이 증거로 신청할 서류 등
2. 피고인 또는 변호인이 증인으로 신청할 사람의 성명, 사건과의 관계 등을 기재한 서면
3. 제1호의 서류 등 또는 제2호의 서면의 증명력과 관련된 서류 등
4. 피고인 또는 변호인이 행한 법률상·사실상의 주장과 관련된 서류 등

16 공소장변경에 관한 다음 설명 중 판례의 입장과 다른 것은? 15년 경찰간부후보생

① 정신장애로 항거불능 상태에 있는 피해자를 간음 또는 추행하는 행위로 기소된 사건에서 같은 피해자인 심신미약자에 대하여 위력으로 간음 또는 추행하는 행위로 심리하기 위하여는 공소장변경이 필요하다.

② 단독범으로 기소된 것을 다른 사람과 공모하여 동일한 내용의 범행을 한 것으로 인정하는 경우에는 이 때문에 피고인에게 불의의 타격을 주어 그 방어권의 행사에 실질적 불이익을 줄 우려가 있지 아니하는 경우에는 반드시 공소장변경을 필요로 한다고 할 수 없다.

③ 제1심에서 합의부 관할사건에 관하여 단독판사 관할사건으로 죄명, 적용법조를 변경하는 공소장변경허가신청서가 제출된 경우, 합의부는 공소장변경을 허가하는 결정을 하지 않고 착오 배당을 이유로 사건을 단독판사에게 재배당하여야 한다.

④ 공소장변경 없이 법원이 심리, 판단할 수 있는 죄가 여러 개인 경우 법원으로서는 그중 어느 하나를 임의로 선택할 수 있는 것이 아니라 검사에게 석명을 구하여 공소장을 보완하게 한 다음 그에 따라 심리, 판단하여야 한다.

정답 ③

영역 공판 > 공판절차

정답의 이유

③ 제1심에서 합의부 관할사건에 관하여 단독판사 관할사건으로 죄명, 적용법조를 변경하는 공소장변경허가신청서가 제출되자, 합의부가 공소장변경을 허가하는 결정을 하지 않은 채 착오배당을 이유로 사건을 단독판사에게 재배당한 사안에서, 이 사건은 공소제기 당시부터 합의부 관할사건이었고, 설령 합의부가 공소장변경을 허가하는 결정을 하였다고 하더라도 그러한 사정은 합의부의 관할에 아무런 영향을 미치지 아니하므로, 합의부로서는 마땅히 이 사건에 관하여 그 실체에 들어가 심판하였어야 하고 사건을 단독판사에게 재배당할 수는 없다(대판 2013.4.25., 2013도1658).

오답의 이유

① 대판 2014.3.27., 2013도13567

② 대판 2013.10.24., 2013도5752

④ 대판 2005.7.8., 2005도279

17 거증책임에 대한 설명으로 옳지 않은 것은? 25년 국가직 9급

① 공연히 사실을 적시하여 사람의 명예를 훼손한 행위가 「형법」 제310조의 규정에 따라서 위법성이 조각되어 처벌대상이 되지 않기 위하여는 그것이 진실한 사실로서 오로지 공공의 이익에 관한 때에 해당된다는 점을 행위자가 증명해야 한다.

② 기록상 진술증거의 임의성에 관하여 의심할 만한 사정이 나타나 있는 경우에는 법원은 직권으로 그 임의성 여부에 관하여 조사를 하여야 하고, 검사가 그 임의성의 의문점을 없애는 증명을 하지 못한 경우에는 그 진술증거는 증거능력이 부정된다.

③ 형사재판에서 공소가 제기된 범죄의 구성요건을 이루는 사실은 그것이 주관적 요건이든 객관적 요건이든 그 증명책임이 검사에게 있다.

④ 임의제출물을 압수한 경우 압수물이 「형사소송법」 제218조에 따라 실제로 임의제출된 것인지에 관하여 다툼이 있을 때에는 임의제출의 임의성을 의심할 만한 합리적이고 구체적인 사실을 피고인이 증명해야 한다.

정답 ④

영역 공판 > 증거

정답의 이유

④ 임의제출물을 압수한 경우 압수물이 형사소송법 제218조에 따라 실제로 임의제출된 것인지에 관하여 다툼이 있을 때에는 임의제출의 임의성을 의심할 만한 합리적이고 구체적인 사실을 피고인이 증명할 것이 아니라 검사가 그 임의성의 의문점을 없애는 증명을 해야 한다(대판 2022.8.31., 2019도15178).

오답의 이유

① 공연히 사실을 적시하여 사람의 명예를 훼손한 행위가 형법 제310조의 규정에 따라서 위법성이 조각되어 처벌대상이 되지 않기 위하여는 그것이 진실한 사실로서 오로지 공공의 이익에 관한 때에 해당된다는 점을 행위자가 증명하여야 하는 것이나, 그 증명은 유죄의 인정에 있어 요구되는 것과 같이 법관으로 하여금 의심할 여지가 없을 정도의 확신을 가지게 하는 증명력을 가진 엄격한 증거에 의하여야 하는 것은 아니므로, 이 때에는 전문증거에 대한 증거능력의 제한을 규정한 형사소송법 제310조의2는 적용될 여지가 없다(대판 1996.10.25., 95도1473).

② 기록상 진술증거의 임의성에 관하여 의심할 만한 사정이 나타나 있는 경우에는 법원은 직권으로 그 임의성 여부에 관하여 조사를 하여야 하고, 임의성이 인정되지 아니하여 증거능력이 없는 진술증거는 피고인이 증거로 함에 동의하더라도 증거로 삼을 수 없다. 기록에 의하면 참고인에 대한 검찰 진술조서가 강압상태 내지 강압수사로 인한 정신적 강압상태가 계속된 상태에서 작성된 것으로 의심되어 그 임의성을 의심할 만한 사정이 있는데도, 검사가 그 임의성의 의문점을 없애는 증명을 하지 못하였으므로 증거능력이 없다(대판 2006.11.23., 2004도7900).

③ 대판 2010.11.25., 2009도12132

---

18 기판력에 관한 다음 설명 중 가장 옳지 않은 것은? (다툼이 있으면 판례에 의함) 18년 경찰간부후보생

① 항소이유서 미제출을 이유로 항소법원이 항소기각결정을 하여 피고인이 상고하였으나 대법원이 상고를 기각한 경우, 기판력의 기준시점은 항소기각 결정시이다.

② 검사의 불기소처분에는 확정재판에 있어서의 확정력과 같은 효력이 없어 일단 불기소처분이 있더라도 공소시효가 완성되기 전이면 언제라도 공소를 제기할 수 있다.

③ 피고인이 '1997. 4. 3. 21:50경 시울 용산구 이태원동에 있는 햄버거 가게 화장실에서 피해자 甲을 칼로 찔러 乙과 공모하여 甲을 살해하였다'는 내용으로 기소되었는데, 선행사건에서 '1997. 2. 초순부터 1997. 4. 3. 22:00경까지 정당한 이유 없이 범죄에 공용될 우려가 있는 위험한 물건인 휴대용 칼을 소지하였고, 1997. 4. 3. 23:00경 乙이 범행 후 햄버거 가게 화장실에 버린 칼을 집어들고 나와 용산 미8군영 내 하수구에 버려 타인의 형사사건에 관한 증거를 인멸하였다'는 내용의 범죄사실로 유죄판결을 받아 확정된 사안에서, 살인죄의 공소사실과 선행사건에서 유죄로 확정된 증거인멸죄 등의 범죄사실 사이에는 기본적 사실관계의 동일성이 있다.

④ 피고인이 동일한 행위에 관하여 외국에서 형사처벌을 과하는 확정판결을 받았다 하더라도 이러한 외국판결은 우리나라에서 기판력이 없다.

정답 ③

영역 공판 > 재판

[정답의 이유]

③ 살인죄와 선행사건에서 유죄로 확정된 증거인멸죄 등은 범행의 일시, 장소와 행위 태양이 서로 다르고, 살인죄는 폭력행위 등 처벌에 관한 법률 위반(우범자)죄나 증거인멸죄와는 보호법익이 서로 다르며 죄질에서도 현저한 차이가 있다. 따라서 살인죄의 공소사실과 증거인멸죄 등의 범죄사실 사이에 기본적 사실관계의 동일성을 인정할 수 없다(대판 2017.1.25., 2016도15526).

[오답의 이유]

① 대판 1993.5.25., 93도836

② 대판 2009.10.29., 2009도6614

④ 대판 1983.10.25., 83도2366

---

19 전문증거에 관한 다음 설명 중 가장 옳지 않은 것은? (다툼이 있는 경우 판례에 의함) 25년 법원직 9급

① 재전문진술이나 재전문진술을 기재한 조서는 피고인이 이를 증거로 하는데 동의하지 않는 한 증거능력이 인정되지 않는다.

② 피고인이 증거서류의 진정성립을 묻는 검사의 질문에 대하여 진술거부권을 행사하여 진술을 거부한 경우는 「형사소송법」 제314조의 '그 밖에 이에 준하는 사유로 인하여 진술할 수 없는 때'에 해당하지 아니한다.

③ 다른 사람의 진술, 즉 원진술의 내용인 사실이 요증사실인 경우에는 전문증거이지만, 원진술의 존재 자체가 요증사실인 경우에는 본래증거이지 전문증거가 아니다.

④ 증인이 정당하게 증언거부권을 행사한 것으로 볼 수 없는 경우에는 「형사소송법」 제314조의 '그 밖에 이에 준하는 사유로 인하여 진술할 수 없는 때'에 해당한다고 보아야 한다.

정답 ④

영역 공판 > 증거

정답의 이유

④ 수사기관에서 진술한 참고인이 법정에서 증언을 거부하여 피고인이 반대신문을 하지 못한 경우에는 정당하게 증언거부권을 행사한 것이 아니라도, 피고인이 증인의 증언거부 상황을 초래하였다는 등의 특별한 사정이 없는 한 형사소송법 제314조의 '그 밖에 이에 준하는 사유로 인하여 진술할 수 없는 때'에 해당하지 않는다고 보아야 한다(대판 2019.11.21., 2018도13945 전합).

오답의 이유

① 대판 2012.05.24., 2010도5948
② 대판 2013.06.13., 2012도16001
③ 대판 2021.02.25., 2020도17109

20 공소장변경에 대한 설명으로 옳지 않은 것은?

23년 국가직 7급

① 검사가 제1심이나 항소심에서 상상적 경합의 관계에 있는 수죄 가운데 당초 공소를 제기하지 아니한 공소사실을 추가하는 내용의 공소장변경신청을 하는 경우, 법원은 공소사실의 동일성을 해하지 아니함이 명백하므로 그 공소장변경을 허가하여 추가된 공소사실에 대하여 심리 · 판단하여야 한다.

② 법원은 검사가 공소장변경을 신청한 경우 피고인이나 변호인의 청구가 있는 때에는 피고인으로 하여금 필요한 방어의 준비를 하게 하기 위해 필요한 기간 공판절차를 정지하여야 한다.

③ 포괄일죄의 경우 법원이 공소장변경 허가 여부를 결정할 때는 포괄일죄를 구성하는 개개 공소사실별로 종전 것과의 동일성 여부를 따지기보다는 변경된 공소사실이 전체적으로 포괄일죄의 범주 내에 있는지 여부에 초점을 맞추어야 한다.

④ 법원이 적법하게 공판의 심리를 종결하고 판결선고기일까지 고지하기에 이르렀다면, 비록 검사가 변론재개신청과 함께 공소장변경신청을 하더라도 법원이 종결한 심리를 재개하여 공소장변경을 허가할 의무는 없다.

정답 ②

영역 공판 > 공판절차

정답의 이유

② 법원은 공소사실 또는 적용법조의 추가, 철회 또는 변경이 피고인의 불이익을 증가할 염려가 있다고 인정한 때에는 직권 또는 피고인이나 변호인의 청구에 의하여 피고인으로 하여금 필요한 방어의 준비를 하게 하기 위하여 결정으로 필요한 기간 공판절차를 정지할 수 있다(형사소송법 제298조 제4항).

오답의 이유

① 대판 1990.1.25., 89도1317
③ 포괄일죄에서는 공소장변경을 통한 종전 공소사실의 철회 및 새로운 공소사실의 추가가 가능한 점에 비추어 공소장변경허가 여부를 결정할 때는 포괄일죄를 구성하는 개개 공소사실별로 종전 것과의 동일성 여부를 따지기보다는 변경된 공소사실이 전체적으로 포괄일죄의 범주 내에 있는지 여부, 즉 단일하고 계속된 범의하에 동종의 범행을 반복하여 행하고 피해법익도 동일한 경우에 해당한다고 볼 수 있는지에 초점을 맞추어야 한다(대판 2022.10.27., 2022도8806).
④ 법원이 공판의 심리를 종결하기 전에 한 공소장의 변경에 대하여는 공소사실의 동일성을 침해하지 않는 한도에서 허가해야 한다. 그러나 적법하게 공판의 심리를 종결하고 판결선고기일까지 고지한 후에 이르러서 한 검사의 공소장변경에 대하여는 그것이 변론재개신청과 함께 된 것이더라도 법원이 종결한 심리를 재개하여 공소장변경을 허가할 의무는 없다(대판 2022.7.14., 2022도4624).

21 상습범으로서 포괄일죄의 관계에 있는 여러 개의 사기 범죄사실 중 일부에 대해 기소된 피고인에게 단순사기죄의 유죄판결이 확정된 후, 확정판결의 사실심판결 선고 전에 피고인이 범한 나머지 범죄에 대해 검사가 상습사기죄로 추가 기소를 한 경우 법원은 어떠한 재판을 해야 하는가?

23년 국가직 9급

① 공소제기가 법률의 규정에 위반하여 무효인 경우에 해당하므로 공소기각의 판결을 하여야 한다.

② 확정판결이 있는 때에 해당하므로 면소판결을 하여야 한다.

③ 단순사기죄의 기판력은 추가 기소된 상습사기죄에 미치지 않으므로 실체판결을 하여야 한다.

④ 이미 기소가 된 사건에 대해 다시 기소가 된 이중기소에 해당하므로 공소기각의 판결을 하여야 한다.

정답 ③

영역 공판 > 재판

정답의 이유

③ [다수의견] 상습범으로서 포괄적 일죄의 관계에 있는 여러 개의 범죄사실 중 일부에 대하여 유죄판결이 확정된 경우에, 그 확정판결의 사실심판결 선고 전에 저질러진 나머지 범죄에 대하여 새로이 공소가 제기되었다면 그 새로운 공소는 확정판결이 있었던 사건과 동일한 사건에 대하여 다시 제기된 데 해당하므로 이에 대하여는 판결로써 면소의 선고를 하여야 하는 것인바(형사소송법 제326조 제1호), 다만 이러한 법리가 적용되기 위해서는 전의 확정판결에서 당해 피고인이 상습범으로 기소되어 처단되었을 것을 필요로 하는 것이고, 상습범 아닌 기본 구성요건의 범죄로 처단되는 데 그친 경우에는, 가사 뒤에 기소된 사건에서 비로소 드러났거나 새로 저질러진 범죄사실과 전의 판결에서 이미 유죄로 확정된 범죄사실 등을 종합하여 비로소 그 모두가 상습범으로서의 포괄적 일죄에 해당하는 것으로 판단된다 하더라도 뒤늦게 앞서의 확정판결을 상습범의 일부에 대한 확정판결이라고 보아 그 기판력이 그 사실심판결 선고 전의 나머지 범죄에 미친다고 보아서는 아니 된다(대판 2004.9.16., 2001도3206 전합).

22 상소의 취하 및 포기에 관한 다음 설명 중 가장 옳지 않은 것은?   19년 법원직 9급

① 상소의 취하는 상소법원에 하여야 하지만 소송기록이 상소법원에 송부되지 아니한 때에는 상소취하서를 원심법원에 제출할 수 있다.

② 구금된 피고인이 교도관이 내어 주는 상소권포기서를 항소장으로 잘못 믿고 이를 확인해 보지도 않은 채 자신의 서명무인을 하여 교도관을 통해 법원에 제출하였더라도 이는 항소포기로서 유효하다.

③ 피고인의 동의 없이 이루어진 변호인의 상소취하는 효력이 발생하지 않는데 이때 피고인의 동의는 서면으로 하여야 한다.

④ 상소권을 포기한 후에 상소기간이 도과된 상태에서 상소포기의 효력을 다투려는 사람은 상소권회복청구를 할 수 있다.

정답 ③

영역 상소 · 비상구제절차 · 특별절차 > 상소

정답의 이유

③ 변호인은 피고인의 동의를 얻어 상소를 취하할 수 있으므로(형사소송법 제351조, 제341조), 변호인의 상소취하에 피고인의 동의가 없다면 상소취하의 효력은 발생하지 아니한다. 한편 변호인이 상소취하를 할 때 원칙적으로 피고인은 이에 동의하는 취지의 서면을 제출하여야 하나(형사소송규칙 제153조 제2항), 피고인은 공판정에서 구술로써 상소취하를 할 수 있으므로(형사소송법 제352조 제1항 단서), 변호인의 상소취하에 대한 피고인의 동의도 공판정에서 구술로써 할 수 있다. 다만 상소를 취하하거나 상소의 취하에 동의한 자는 다시 상소를 하지 못하는 제한을 받게 되므로(형사소송법 제354조), 상소취하에 대한 피고인의 구술 동의는 명시적으로 이루어져야만 한다(대판 2015.9.10., 2015도7821).

오답의 이유

① 상소의 포기는 원심법원에, 상소의 취하는 상소법원에 하여야 한다. 단, 소송기록이 상소법원에 송부되지 아니한 때에는 상소의 취하를 원심법원에 제출할 수 있다(형사소송법 제353조).

② 대결 1995.8.17., 95모49

④ 상소권회복은 자기 또는 대리인이 책임질 수 없는 사유로 인하여 상소제기기간 내에 상소를 하지 못한 사람이 이를 청구하는 것이므로, 상소권을 포기한 후 상소제기기간이 도과하기 전에 상소포기의 효력을 다투면서 상소를 제기한 자는 원심 또는 상소심에서 그 상소의 적법 여부에 대한 판단을 받으면 되고, 별도로 상소권회복청구를 할 여지는 없다고 할 것이나, 상소권을 포기한 후 상소제기기간이 도과한 다음에 상소포기의 효력을 다투는 한편, 자기 또는 대리인이 책임질 수 없는 사유로 인하여 상소제기기간 내에 상소를 하지 못하였다고 주장하는 사람은 상소를 제기함과 동시에 상소권회복청구를 할 수 있고, 그 경우 상소포기가 부존재 또는 무효라고 인정되지 아니하거나 자기 또는 대리인이 책임질 수 없는 사유로 인하여 상소제기기간을 준수하지 못하였다고 인정되지 아니한다면 상소권회복청구를 받은 원심으로서는 상소권회복청구를 기각함과 동시에 상소기각결정을 하여야 한다(대결 2004.1.13., 2003모451).

23 불이익변경금지원칙에 대한 설명으로 옳지 않은 것은? (다툼이 있는 경우 판례에 의함) 20년 국가직 7급

① 피고인만이 항소한 사건에서 항소심이 제1심과 동일한 형을 선고하면서 제1심에서 정한 취업제한기간보다 더 긴 취업제한 명령을 부가한 것은 불이익 변경 금지 원칙에 반한다.

② 원판결이 선고한 집행유예가 실효 또는 취소됨이 없이 그 유예기간이 지난 후에 새로운 형을 정한 재심판결이 선고되었다면 비록 그 재심판결의 형이 원판결의 형보다 중하지 않더라도 불이익변경금지원칙에 반한다.

③ 피고인만이 약식명령에 대하여 정식재판을 청구한 사건과 공소가 제기된 다른 사건을 병합하여 심리한 결과 「형법」 제37조 전단의 경합범 관계에 있어 하나의 벌금형으로 처단하는 경우, 약식명령에서 정한 벌금형보다 중한 벌금형을 선고하더라도 불이익변경금지원칙에 반하지 않는다.

④ 피고인만이 상고하여 상고심에서 원심판결을 파기하고 사건을 항소심에 환송한 경우, 항소심에서는 파기된 항소심판결보다 중한 형을 선고할 수 없다.

───────────────

정답 ②

영역 상소 · 비상구제절차 · 특별절차 > 상소

[정답의 이유]

② 원판결이 선고한 집행유예가 실효 또는 취소됨이 없이 유예기간이 지난 후에 새로운 형을 정한 재심판결이 선고되는 경우에도, 그 유예기간 경과로 인하여 원판결의 형 선고 효력이 상실되는 것은 원판결이 선고한 집행유예 자체의 법률적 효과로서 재심판결이 확정되면 당연히 실효될 원판결 본래의 효력일 뿐이므로, 이를 형의 집행과 같이 볼 수는 없고, 재심판결의 확정에 따라 원판결이 효력을 잃게 되는 결과 그 집행유예의 법률적 효과까지 없어진다 하더라도 재심판결의 형이 원판결의 형보다 중하지 않다면 불이익변경금지의 원칙이나 이익재심의 원칙에 반한다고 볼 수 없다(대판 2018.2.28., 2015도15782).

[오답의 이유]

① 대판 2019.10.17., 2019도11540

③ 대판 2004.8.20., 2003도4732

④ 대판 2006.5.26., 2005도8607

24 항소 및 상고에 관한 설명 중 가장 옳지 않은 것은? (다툼이 있는 경우 판례에 의함) 20년 경찰간부후보생

① 항소이유서 제출기간 내에 변론이 종결되었는데 그 후 위 제출기간 내에 항소이유서가 제출되었다면, 특별한 사정이 없는 한 항소심법원으로서는 변론을 재개하여 항소이유의 주장에 대해서도 심리를 해보아야 한다.

② 피고인의 항소대리권자인 배우자가 피고인을 위하여 항소한 경우에도 소송기록접수통지는 항소인인 피고인에게 하여야 하는데, 피고인이 적법하게 소송기록접수통지서를 받지 못하였다면 항소이유서 제출기간이 지났다는 이유로 항소기각결정을 하는 것은 위법하다.

③ 피고인과 국선변호인에게 소송기록접수통지를 한 다음 피고인이 사선변호인을 선임함에 따라 국선변호인의 선정을 취소한 경우 항소법원은 사선변호인에게 다시 소송기록접수통지를 할 의무가 있다.

④ 피고인이 항소심에서 항소이유로 주장하지 아니하거나 항소심이 직권으로 심판대상으로 삼은 사항 이외의 사유에 대하여는 이를 적법한 상고이유로 삼을 수 없다.

───────────────

정답 ③

영역 상소 · 비상구제절차 · 특별절차 > 상소

[정답의 이유]

③ 피고인이 사선변호인을 선임함에 따라 국선변호인의 선정을 취소한 경우 항소법원은 사선변호인에게 다시 소송기록접수통지를 할 의무가 없다고 보아야 한다(대결 2018.11.22., 2015도10651).

[오답의 이유]

① 대판 2015.4.9., 2015도1466

② 대결 2018.3.29., 2018모642

④ 대판 2006.6.30., 2006도2104

25 상소 및 특별절차에 대한 설명으로 옳은 것은?

23년 국가직 9급

① 약식명령에 대한 정식재판 절차에서 유죄판결을 확정받은 자가 재심을 청구할 경우, 재심청구의 대상은 유죄의 확정판결이 아니라 약식명령이다.

② 공소시효가 완성된 사실을 간과한 채 피고인에 대하여 약식명령을 발령하여 확정된 경우는 판결에 관한 법령의 위반에 해당하므로 비상상고의 대상이 된다.

③ 제1심법원이 결정으로 인정한 사실에 대해 법령을 적용하지 않았거나 법령의 적용에 착오가 있는 경우, 그 결정은 비약적 상고의 대상이 된다.

④ 약식명령을 발부한 법관이 그 정식재판 절차의 항소심 판결에 관여한 경우, 이는 제척사유인 '법관이 사건에 관하여 전심재판 또는 그 기초되는 조사, 심리에 관여한 때'에 해당하지 않는다.

정답 ②

영역 상소 · 비상구제절차 · 특별절차 > 특별절차

[정답의 이유]

② 대판 2006.10.13., 2006오2

[오답의 이유]

① 형사소송법 제420조 본문은 재심은 유죄의 확정판결에 대하여 그 선고를 받은 자의 이익을 위하여 청구할 수 있도록 하고, 같은 법 제456조는 약식명령은 정식재판의 청구에 의한 판결이 있는 때에는 그 효력을 잃도록 규정하고 있다. 위 각 규정에 의하면, 약식명령에 대하여 정식재판 청구가 이루어지고 그 후 진행된 정식재판 절차에서 유죄판결이 선고되어 확정된 경우, 재심 사유가 존재한다고 주장하는 피고인 등은 효력을 잃은 약식명령이 아니라 유죄의 확정판결을 대상으로 재심을 청구하여야 한다(대판 2013.4.11., 2011도10626).

③ 원심판결이 인정한 사실에 대하여 법령을 적용하지 아니하였거나 법령의 적용에 착오가 있는 때, 원심판결이 있은 후 형의 폐지나 변경 또는 사면이 있는 때에는 제1심판결에 대하여 항소를 제기하지 아니하고 상고를 할 수 있다(형사소송법 제372조).

④ 약식명령을 한 판사가 그 정식재판 절차의 항소심 판결에 관여함은 형사소송법 제17조 제7호 소정의 "법관이 사건에 관하여 전심재판 또는 그 기초되는 조사, 심리에 관여한 때"에 해당하여 제척의 원인이 된다(대판 2011.4.28., 2011도17).

형사소송법 3회

01 형사소송의 이념과 기본원칙에 대한 설명으로 옳지 않은 것은? 22년 국가직 9급

① 「헌법」과 「형사소송법」이 정한 절차에 따르지 아니하고 수집한 증거는 물론 이를 기초로 하여 획득한 2차적 증거 역시 기본적 인권보장을 위해 마련된 적법한 절차에 따르지 않은 것으로 원칙적으로 유죄 인정의 증거로 삼을 수 없다.

② 검사와 피고인 쌍방이 항소한 경우에 제1심 선고형기 경과 후 제2심 공판이 개정되었다면 이는 위법으로서 신속한 재판을 받을 권리를 박탈한 것이다.

③ 신속한 재판을 받을 권리는 주로 피고인의 이익을 보호하기 위하여 인정된 기본권이지만 동시에 실체적 진실 발견, 소송경제, 재판에 대한 국민의 신뢰와 형벌목적의 달성과 같은 공공의 이익에도 근거가 있기 때문에 어느 면에서는 이중적 성격을 갖고 있다고 할 수 있다.

④ 실체진실주의는 형사소송의 지도이념이며, 이를 공판절차에서 구현하기 위하여 「형사소송법」은 법원이 직권에 의한 증거조사를 할 수 있도록 하고 있다.

정답 ②

영역 서론 > 형사소송법의 기초

[정답의 이유]

② 검사와 피고인 쌍방이 항소한 경우에 제1심 선고형기 경과 후 제2심 공판이 개정되었다고 하여 이를 위법이라고 할 수 없고, 신속한 재판을 받을 권리를 박탈한 것이라고 할 수 없다(대판 1972.5.23., 72도840).

[오답의 이유]

① 형사소송법 제308조의2는 "적법한 절차에 따르지 아니하고 수집한 증거는 증거로 할 수 없다."고 규정하고 있는바, 수사기관이 헌법과 형사소송법이 정한 절차에 따르지 아니하고 수집한 증거는 물론, 이를 기초로 하여 획득한 2차적 증거 역시 유죄 인정의 증거로 삼을 수 없는 것이 원칙이다(대판 2009.3.12., 2008도11437).

③ 신속한 재판을 받을 권리는 주로 피고인의 이익을 보호하기 위하여 인정된 기본권이지만 동시에 실체적 진실 발견, 소송경제, 재판에 대한 국민의 신뢰와 형벌목적의 달성과 같은 공공의 이익에도 근거가 있기 때문에 어느 면에서는 이중적인 성격을 갖고 있다고 할 수 있어, 형사사법체제 자체를 위하여서도 아주 중요한 의미를 갖는 기본권이다(헌재 1995.11.30., 92헌마44).

④ 실체진실주의는 수사절차 공판절차에 모두 적용되는 최고의 이념이며 이를 구현하기 위하여, 형사소송법 제295조에서는 '법원은 제294조 및 제294조의2의 증거신청에 대하여 결정을 하여야 하며 직권으로 증거조사를 할 수 있다.'라고 규정하고 있다.

02 제척과 기피에 대한 설명으로 옳지 않은 것은?

24년 국가직 9급

① 공소제기 전에 검사의 증거보전 청구에 의하여 증인 신문을 한 법관이 공소제기 후 제1심 법관으로 관여한 경우, 이는 「형사소송법」상 제척사유에 해당한다.

② 약식명령을 한 법관이 그 정식재판 절차의 항소심 판결에 관여한 경우, 이는 「형사소송법」상 제척사유에 해당한다.

③ 법관에 대한 기피신청이 소송의 지연을 목적으로 함이 명백한 경우에는 그 신청 자체가 부적법한 것이므로 신청을 받은 법관은 이를 결정으로 기각할 수 있고, 소송지연을 목적으로 함이 명백한 기피신청 인지의 여부는 기피신청인이 제출한 소명방법만에 의하여 판단할 것은 아니고, 당해 법원에 현저한 사실이거나 당해 사건기록에 나타나 있는 제반 사정들을 종합하여 판단할 수 있다.

④ 「형사소송법」은 전문심리위원의 중립성·공평성을 확보하기 위하여 법관의 제척 및 기피에 관한 「형사소송법」 제17조부터 제20조까지 및 제23조를 전문심리위원에 대하여 준용하도록 규정하고 있다.

정답 ①

영역 서론 > 소송주체와 소송관계인

[정답의 이유]
① 공소제기 전에 검사의 증거보전 청구에 의하여 증인 신문을 한 법관은 형사소송법 제17조 제7호에 이른바 전심재판 또는 기초되는 조사, 심리에 관여한 법관이라고 할 수 없다(대판 1971.7.6., 71도974).

[오답의 이유]
② 약식명령을 한 판사가 그 정식재판 절차의 항소심 판결에 관여함은 형사소송법 제17조 제7호 소정의 "법관이 사건에 관하여 전심재판 또는 그 기초되는 조사, 심리에 관여한 때"에 해당하여 제척의 원인이 된다(대판 2011.4.28., 2011도17).

③ 대결 2001.3.21., 2001모2

④ 대판 2019.5.30., 2018도19051

(((·))) **더 알아보기**

제척의 원인(형사소송법 제17조)

법관은 다음 경우에는 직무집행에서 제척된다.

1. 법관이 피해자인 때
2. 법관이 피고인 또는 피해자의 친족 또는 친족관계가 있었던 자인 때
3. 법관이 피고인 또는 피해자의 법정대리인, 후견감독인인 때
4. 법관이 사건에 관하여 증인, 감정인, 피해자의 대리인으로 된 때
5. 법관이 사건에 관하여 피고인의 대리인, 변호인, 보조인으로 된 때
6. 법관이 사건에 관하여 검사 또는 사법경찰관의 직무를 행한 때
7. 법관이 사건에 관하여 전심재판 또는 그 기초되는 조사, 심리에 관여한 때
8. 법관이 사건에 관하여 피고인의 변호인이거나 피고인·피해자의 대리인인 법무법인, 법무법인(유한), 법무조합, 법률사무소, 「외국법자문사법」 제2조 제9호에 따른 합작법무법인에서 퇴직한 날부터 2년이 지나지 아니한 때
9. 법관이 피고인인 법인·기관·단체에서 임원 또는 직원으로 퇴직한 날부터 2년이 지나지 아니한 때

03 피고인 특정과 관련하여 아래의 괄호 안에 들어갈 적절한 용어를 모두 고른 것은? (다툼이 있는 경우 판례에 의함) 24년 경찰승진

> 공판심리 중 성명모용사실이 밝혀지면 검사는
> (㉠) 절차에 의해 피고인의 표시를 바로 잡아야
> 한다. 만약 검사가 그 모용관계를 바로 잡지 아니한
> 경우, 이는 (㉡)에 해당하므로 법원은 (㉢)(으)
> 로 공소를 기각하여야 한다.

① ㉠ 공소장정정
　㉡ 피고인에 대한 재판권이 없는 경우
　㉢ 결정
② ㉠ 공소장변경
　㉡ 적법한 공소제기가 없는 경우
　㉢ 판결
③ ㉠ 공소장변경
　㉡ 피고인에 대한 재판권이 없는 경우
　㉢ 결정
④ ㉠ 공소장정정
　㉡ 적법한 공소제기가 없는 경우
　㉢ 판결

정답 ④

영역 서론 > 소송주체와 소송관계인

정답의 이유

④ 형사소송법 제248조에 의하여 공소는 검사가 피고인으로 지정한 이외 다른 사람에게 그 효력이 미치지 아니하는 것이므로 공소제기의 효력은 검사가 피고인으로 지정한 자에 대하여만 미치는 것이고, 따라서 피의자가 다른 사람의 성명을 모용한 탓으로 공소장에 피모용자가 피고인으로 표시되었다 하더라도 이는 당사자의 표시상의 착오일 뿐이고 검사는 모용자에 대하여 공소를 제기한 것이므로, 모용자가 피고인이 되고 피모용자에게 공소의 효력이 미친다고 할 수는 없을 것이다. 그러므로 이와 같은 경우 검사는 공소장의 인적 사항의 기재를 정정하여 피고인의 표시를 바로 잡아야 하는 것인바, 이는 피고인의 표시상의 착오를 정정하는 것이지 공소장을 변경하는 것이 아니므로, 공소장변경의 절차를 밟을 필요는 없고 법원의 허가도 필요로 하지 아니한다. 그러나 검사가 이와 같은 피고인의 표시를 정정하여 그 모용관계를 바로잡지 아니한 경우에는 외형상 피모용자 명의로 공소가 제기된 것으로 되어 있고, 이는 공소제기의 방식이 형사소송법 제254

조의 규정에 위반하여, 무효라 할 것이므로 법원은 공소기각의 판결을 선고하여야 한다(대판 1993.1.19., 92도2554).

---

04 형사소송법상 당사자능력에 관한 다음 설명 중 가장 옳지 않은 것은? (다툼이 있는 경우 판례에 의함) 17년 경찰간부후보생

① 자연인은 연령이나 책임능력의 여하를 불문하고 언제나 당사자능력을 가진다.
② 법인에 대한 형사처분이 양벌규정을 통하여 인정되는 경우, 법인도 형사절차의 당사자능력이 인정된다.
③ 법인세 체납 등으로 공소제기되어 그 피고사건의 공판 계속 중에 그 법인의 청산종결의 등기가 경료되었다면 법인의 당사자능력이 소멸하므로 법원은 공소기각결정을 하여야 한다.
④ 유죄의 선고를 받아 확정된 자가 사망하였더라도 그 배우자, 직계친족 또는 형제자매는 재심을 청구할 수 있고, 이 경우 재심개시결정에 따라 열리게 되는 재심사건의 공판절차에서는 사망자에 대한 공소기각결정이 인정되지 않는다.

정답 ③

영역 서론 > 소송주체와 소송관계인

정답의 이유

③ 피고인 법인의 법인세 체납은 피고인 법인의 존속 중에 있었던 일이고 이러한 법인세 체납이 완전히 정리되지 아니하여 공소 제기되어 그 피고사건의 법원공판계속 중에 비록 피고인 법인의 청산종료의 등기가 경료되었다고 하더라도 그 피고사건이 종결되지 아니하는 동안 피고인 법인의 청산사무는 종료된 것이라 할 수 없고 형사소송법상 법인의 당사자능력도 그대로 존속한다고 해석함이 상당하다(대판 1986.10.28., 84도693). 법원은 실체재판을 하여야 하고, 공소기각결정을 할 수는 없다.

오답의 이유

①, ② 통설의 입장이다. 당사자능력이란 형사소송법상 당사자가 될 수 있는 '일반적·추상적' 능력을 말하기 때문이다.
④ 형사소송법 제424조 제4호, 제438조 제2항 제2호

---

05 송달에 관한 다음 설명 중 가장 옳지 않은 것은?

17년 법원직 9급

① 검사에 대한 송달은 서류를 소속 검찰청에 송부하여야 한다.

② 교도소에 신체를 구속당한 자에 대한 송달은 교도소의 장에게 한다.

③ 사형, 무기 또는 장기 10년이 넘는 징역이나 금고에 해당하는 사건의 제1심 공판절차에서는 피고인에 대한 송달불능보고서가 접수된 때부터 6개월이 지나도록 피고인이 소재불명이더라도 피고인 불출석 재판을 진행할 수 없다.

④ 최초의 공시송달은 법원게시장에 공시를 한 날로부터 2주일을 경과하면 그 효력이 생기고, 제2회 이후의 송달은 공시를 한 날로부터 1주일을 경과하면 그 효력이 생긴다.

정답 ④

영역 서론 > 소송행위와 소송조건

정답의 이유

④ 최초의 공시송달은 제2항의 공시를 한 날로부터 2주일을 경과하면 그 효력이 생긴다. 단, 제2회 이후의 공시송달은 5일을 경과하면 그 효력이 생긴다(형사소송법 제64조 제4항).

오답의 이유

① 형사소송법 제62조

② 민사소송법 제182조, 형사소송법 제65조

③ 소송촉진 등에 관한 특례법 제23조

---

06 수사의 적법성에 대한 설명으로 옳지 않은 것은? (다툼이 있는 경우 판례에 의함)

18년 국가직 9급

① 법원으로부터 감정처분허가장이 아닌 혈액에 대한 압수영장을 발부받아 피의자의 신체로부터 혈액을 채취하는 행위는 위법한 강제수사이다.

② 검찰수사관이 피의자신문에 참여한 변호인에게 피의자 후방에 앉으라고 요구한 행위는 이를 정당화할 특별한 사정이 없는 한 변호인의 변호권을 침해하므로 「헌법」에 위배된다.

③ 응급구호가 필요한 자살기도자를 영장 없이 24시간을 초과하지 아니하는 범위에서 경찰서에 설치되어 있는 보호실에 유치한 것은 위법한 강제수사가 아니다.

④ 수사기관이 범행 중 또는 직후에 증거보전의 필요성, 긴급성이 있어서 상당한 방법으로 사진을 촬영한 경우라면 영장 없는 사진촬영도 위법한 수사가 아니다.

정답 ①

영역 수사와 공소 > 수사

정답의 이유

① 수사기관이 범죄 증거를 수집할 목적으로 피의자의 동의 없이 피의자의 혈액을 취득·보관하는 행위는 법원으로부터 감정처분허가장을 받아 형사소송법 제221조의4 제1항, 제173조 제1항에 의한 '감정에 필요한 처분'으로도 할 수 있지만, 형사소송법 제219조, 제106조 제1항에 정한 압수의 방법으로도 할 수 있고, 압수의 방법에 의하는 경우 혈액의 취득을 위하여 피의자의 신체로부터 혈액을 채취하는 행위는 혈액의 압수를 위한 것으로서 형사소송법 제219조, 제120조 제1항에 정한 '압수영장의 집행에 있어 필요한 처분'에 해당한다(대판 2012.11.15., 2011도15258).

오답의 이유

② 헌재결 2017.11.30., 2016헌마503

③ 경찰관직무집행법상 정신착란자, 주취자, 자살기도자 등 응급의 구호를 요하는 자를 24시간을 초과하지 아니하는 범위 내에서 경찰관서에 보호조치할 수 있는 시설로 제한적으로 운영되는 경우를 제외하고는 구속영장을 발부받음이 없이 피의자를 보호실에 유치함은 영장주의에 위배되는 위법한 구금으로서 적법한 공무수행이라고 볼 수 없다(대판 1994.3.11., 93도958).

④ 수사기관이 범죄를 수사함에 있어 현재 범행이 행하여지고

있거나 행하여진 직후이고, 증거보전의 필요성 및 긴급성이 있으며, 일반적으로 허용되는 상당한 방법에 의하여 촬영을 한 경우라면 위 촬영이 영장 없이 이루어졌다 하여 이를 위법하다고 단정할 수 없다(대판 1999.9 3., 99도2317).

07 반의사불벌죄에 대한 설명으로 옳은 것은?

23년 국가직 9급

① 반의사불벌죄의 피해자는 피의자나 피고인 및 그들의 변호인에게 자신을 대리하여 수사기관이나 법원에 자신의 처벌불원의사를 표시할 수 있는 권한을 수여할 수 없다.

② 항소심에 이르러 반의사불벌죄가 아닌 죄에서 반의사불벌죄로 공소장이 변경된 경우에는 예외적으로 항소심에서도 처벌을 희망하는 의사표시를 철회할 수 있다.

③ 반의사불벌죄에서 피고인 또는 피의자의 처벌을 희망하지 않는다는 의사표시 또는 처벌희망 의사표시철회의 유무나 그 효력 여부에 관한 사실은 엄격한 증명의 대상이다.

④ 반의사불벌죄의 경우에 처벌불원의 의사표시는 의사능력이 있는 피해자가 단독으로 할 수 있는 것이고, 피해자가 사망한 후 그 상속인이 피해자를 대신하여 처벌불원의 의사표시를 할 수는 없다.

정답 ④

영역 수사와 공소 > 수사

정답의 이유

④ 폭행죄는 피해자의 명시한 의사에 반하여 공소를 제기할 수 없는 반의사불벌죄로서 처벌불원의 의사표시는 의사능력이 있는 피해자가 단독으로 할 수 있는 것이고, 피해자가 사망한 후 그 상속인이 피해자를 대신하여 처벌불원의 의사표시를 할 수는 없다고 보아야 한다(대판 2010.5.27., 2010도2680).

오답의 이유

① 반의사불벌죄의 피해자는 피의자나 피고인 및 그들의 변호인에게 자신을 대리하여 수사기관이나 법원에 자신의 처벌불원 의사를 표시할 수 있는 권한을 수여할 수 있다(대판 2017.9.7., 2017도8989).

② 형사소송법 제232조 제1항, 제3항의 취지는 국가형벌권의 행사가 피해자의 의사에 의하여 좌우되는 현상을 장기간 방치할 것이 아니라 제1심판결선고 이전까지로 제한하는 데 그 목적이 있다 할 것이므로 비록 항소심에 이르러 비로소 반의사불벌죄가 아닌 죄에서 반의사불벌죄로 공소장변경이 있었다 하여 항소심인 제2심을 제1심으로 볼 수는 없다(대판 1988.3.8., 85도2518).

③ 반의사불벌죄에서 피고인 또는 피의자의 처벌을 희망하지 않는다는 의사표시 또는 처벌희망 의사표시 철회의 유무나 그 효력 여부에 관한 사실은 엄격한 증명의 대상이 아니라 증거능력이 없는 증거나 법률이 규정한 증거조사 방법을 거치지 아니한 증거에 의한 증명, 이른바 자유로운 증명의 대상이다 (대판 2010.10.14., 2010도5610, 2010전도31).

08 구속제도에 대한 설명으로 옳은 것은?

24년 국가직 9급

① 구속기간의 만료로 피고인에 대한 구속의 효력이 상실된 후 항소법원이 피고인에 대한 판결을 선고하면서 피고인을 구속하였다면 이는 「형사소송법」 제208조의 규정에 위배되는 재구속 또는 이중구속에 해당한다.

② 구속기간이 만료될 무렵에 종전 구속영장에 기재된 범죄사실과는 다른 범죄사실로 피고인을 구속하였다는 사정만으로도 이는 위법한 구속이다.

③ 구속전피의자심문에서 피의자에게 변호인이 없는 때에는 지방법원판사는 직권으로 변호인을 선정하여야 하고, 이 경우 변호인의 선정은 피의자에 대한 구속영장 청구가 기각되어 효력이 소멸한 경우를 제외하고는 제1심까지 효력이 있다.

④ 「형사소송법」 제70조 제2항이 정한 범죄의 중대성, 재범의 위험성, 피해자 및 중요 참고인 등에 대한 위해우려는 동법 제70조 제1항에서 정한 주거부정, 증거인멸의 염려, 도망 또는 도망할 염려 등의 구속 사유에 새로운 구속사유를 추가한 것이다.

정답 ③

영역 수사와 공소 > 강제처분과 강제수사

정답의 이유

③ 심문할 피의자에게 변호인이 없는 때에는 지방법원판사는 직권으로 변호인을 선정하여야 한다. 이 경우 변호인의 선정은 피의자에 대한 구속영장 청구가 기각되어 효력이 소멸한 경우를 제외하고는 제1심까지 효력이 있다(형사소송법 제201조의2 제8항).

오답의 이유

① 구속기간의 만료로 피고인에 대한 구속의 효력이 상실된 후 항소법원이 피고인에 대한 판결을 선고하면서 피고인을 구속하였다 하여 위 법 제208조의 규정에 위배되는 재구속 또는 이중구속이라 할 수 없다(대결 1985.7.23., 85모12).

② 구속기간이 만료될 무렵에 종전 구속영장에 기재된 범죄사실과 다른 범죄사실로 피고인을 구속하였다는 사정만으로는 피고인에 대한 구속이 위법하다고 할 수 없다(대결 2000.11.10., 2000모134).

④ 형사소송법 제70조 제2항은 제70조 제1항에서 정한 구속사유에 새로운 구속사유를 추가한 것이 아니라 구속사유를 심사할 때 고려해야 할 사항에 대해 규정하고 있다.

> **((∙)) 더 알아보기**
>
> **구속의 사유(형사소송법 제70조)**
> ① 법원은 피고인이 죄를 범하였다고 의심할 만한 상당한 이유가 있고 다음 각 호의 1에 해당하는 사유가 있는 경우에는 피고인을 구속할 수 있다.
> 1. 피고인이 일정한 주거가 없는 때
> 2. 피고인이 증거를 인멸할 염려가 있는 때
> 3. 피고인이 도망하거나 도망할 염려가 있는 때
> ② 법원은 제1항의 구속사유를 심사함에 있어서 범죄의 중대성, 재범의 위험성, 피해자 및 중요 참고인 등에 대한 위해우려 등을 고려하여야 한다.

09 체포 · 구속적부심사제도에 대한 설명으로 옳지 않은 것은?

18년 국가직 9급

① 체포적부심을 신청한 피의자에 대하여 법원은 직권으로 보증금납입조건부 석방결정을 할 수 있다.

② 심사청구 후 검사가 전격 기소한 경우에도 법원은 심사청구에 대한 판단을 해야 한다.

③ 구속영장을 발부한 법관도 구속적부심사의 심문, 조사, 결정에 관여할 수 있는 경우가 있다.

④ 법원은 공동피의자의 연속적인 심사청구가 수사 방해의 목적임이 명백한 경우에는 심문 없이 기각할 수 있다.

정답 ①

영역 수사와 공소 > 강제처분과 강제수사

정답의 이유

① 형사소송법은 수사단계에서의 체포와 구속을 명백히 구별하고 있고 이에 따라 체포와 구속의 적부심사를 규정한 같은 법 제214조의2에서 체포와 구속을 서로 구별되는 개념으로 사용하고 있는바, 형사소송법 제214조의2 제4항에 기소 전 보증금 납입을 조건으로 한 석방의 대상자가 '구속된 피의자'라고 명시되어 있고, 같은 법 제214조의3 제2항의 취지를 체포된 피의자에 대하여도 보증금 납입을 조건으로 한 석방이 허용되어야 한다는 근거로 보기는 어렵다 할 것이어서 현행법상 체포된 피의자에 대하여는 보증금 납입을 조건으로 한 석방이 허용되지 않는다(대결 1997.8.27., 97모21).

오답의 이유

② 심사청구를 받은 법원은 청구서가 접수된 때부터 48시간 이내에 체포되거나 구속된 피의자를 심문하고 수사 관계 서류와 증거물을 조사하여 그 청구가 이유 없다고 인정한 경우에는 결정으로 기각하고, 이유 있다고 인정한 경우에는 결정으로 체포되거나 구속된 피의자의 석방을 명하여야 한다. 심사청구 후 피의자에 대하여 공소제기가 있는 경우에도 또한 같다(형사소송법 제214조의2 제4항).

③ 체포영장이나 구속영장을 발부한 법관은 제4항부터 제6항까지의 심문 · 조사 · 결정에 관여할 수 없다. 다만, 체포영장이나 구속영장을 발부한 법관 외에는 심문 · 조사 · 결정할 판사가 없는 경우에는 그러하지 아니하다(형사소송법 제214조의2 제12항).

④ 형사소송법 제214조의2 제3항 제2호

10 수사기관의 압수·수색에 대한 설명으로 옳지 않은 것은? 25년 국가직 9급

① 압수·수색의 방법으로 소변을 채취하는 경우 압수 대상물인 피의자의 소변을 확보하기 위한 수사기관의 노력에도 불구하고, 피의자가 인근 병원 응급실 등 소변 채취에 적합한 장소로 이동하는 것에 동의하지 않거나 저항하는 등 임의동행을 기대할 수 없는 사정이 있는 때에는 수사기관으로서는 소변 채취에 적합한 장소로 피의자를 데려가기 위해서 필요 최소한의 유형력을 행사하는 것이 허용된다.

② 소유자, 소지자 또는 보관자가 아닌 자로부터 제출받은 물건을 영장없이 압수한 경우 그 '압수물' 및 '압수물을 찍은 사진'은 피고인이나 변호인이 이를 증거로 함에 동의하였다고 하더라도 유죄 인정의 증거로 사용할 수 없다.

③ 검사는 증거에 사용할 압수물에 대하여 가환부의 청구가 있는 경우 가환부를 거부할 수 있는 특별한 사정이 없는 한 가환부에 응하여야 한다.

④ 수사기관이 압수·수색에 착수하면서 그 장소의 관리책임자에게 영장을 제시하였다면, 그 장소에서 물건을 소지하고 있는 다른 사람으로부터 이를 압수하고자 하는 경우라도 그 사람에게 따로 영장을 제시할 필요는 없다.

정답 ④

영역 수사와 공소 > 강제처분과 강제수사

정답의 이유

④ 수사기관이 압수·수색에 착수하면서 그 장소의 관리책임자에게 영장을 제시하였다고 하더라도, 물건을 소지하고 있는 다른 사람으로부터 이를 압수하고자 하는 때에는 그 사람에게 따로 영장을 제시하여야 한다(대판 2009.3.12., 2008도763).

오답의 이유

① 대판 2018.7.12., 2018도6219

② 형사소송법 제218조는 '사법경찰관은 소유자, 소지자 또는 보관자가 임의로 제출한 물건을 영장없이 압수할 수 있다'고 규정하고 있는바, 위 규정을 위반하여 소유자, 소지자 또는 보관자가 아닌 자로부터 제출받은 물건을 영장없이 압수한 경우 그 압수물 및 압수물을 찍은 사진은 이를 유죄 인정의 증거로 사용할 수 없는 것이고, 헌법과 형사소송법이 선언한

영장주의의 중요성에 비추어 볼 때 피고인이나 변호인이 이를 증거로 함에 동의하였다고 하더라도 달리 볼 것은 아니다(대판 2010.1.28., 2009도10092).

③ 대결 2017.9.29., 2017모236

---

11 아래 [사안의 전제]를 참고할 때, 전자정보 압수·수색에 관한 [문제 사례]에서 사법경찰관 P의 조치 중 적법하지 않은 것은 모두 몇 개인가? (다툼이 있는 경우 판례에 의함) 25년 경찰승진

[사안의 전제]

※ 전제 외 특별한 사정은 고려하지 않음

사법경찰관 P는 피의자 甲의 기부금품의 모집 및 사용에 관한 법률 위반 혐의를 수사하던 중 '압수할 물건'을 '정보처리장치(컴퓨터, 노트북, 태블릿 등) 및 정보저장매체(USB, 외장하드 등)에 저장되어 있는 본건 범죄사실을 해당하는 회계, 회의 관련 전자정보'로 하는 압수·수색영장을 발부받아 甲의 참여권을 보장한 상태에서 사무실에 대한 압수·수색에 착수하였다.

[문제 사례]

P는 책상 위에서 甲의 노트북을 발견하고 ㉠ 전자정보를 탐색하고자 전원을 눌렀으나 노트북이 켜지지 않고 이미징도 되지 않아 봉인하여 반출하였고, 甲이 소지하고 있던 ㉡ 휴대전화도 압수하면서 甲이 휴대전화의 잠금을 해제해 주지 않아 봉인하여 반출하였다. 甲은 압수·수색 중 변호인을 선임하였다는 사실과 이후 자신은 압수·수색 과정에는 불참하겠다는 의사를 밝혔고, ㉢ P는 甲과 변호인에 대한 별도 통지없이 피의자 측의 참여가 없는 상태에서 디지털포렌식 과정을 거쳐 전자정보를 탐색하던 중 ㉣ 여고생들에 대한 불법 촬영 동영상 30개와 사진 등을 발견하고 출력한 뒤 보충 조사를 통해 범행 사실을 인지하고 압수·수색영장을 발부받아 증거물로 압수하였다.

① 1개   ② 2개
③ 3개   ④ 4개

정답 ③

영역 수사와 공소 > 강제처분과 강제수사

정답의 이유

ⓒ 압수·수색영장에 기재된 '압수할 물건'에 휴대전화에 저장된 전자정보가 포함되어 있지 않다면, 특별한 사정이 없는 한 그 영장으로 휴대전화에 저장된 전자정보를 압수할 수는 없다고 보아야 한다(대결 2024.9.25, 2024모2020).

ⓒ 형사소송법 제219조, 제121조가 규정한 변호인의 참여권은 피압수자의 보호를 위하여 변호인에게 주어진 고유권이다. 따라서 설령 피압수자가 수사기관에 압수·수색영장의 집행에 참여하지 않는다는 의사를 명시하였다고 하더라도, 특별한 사정이 없는 한 그 변호인에게는 형사소송법 제219조, 제122조에 따라 미리 집행의 일시와 장소를 통지하는 등으로 압수·수색영장의 집행에 참여할 기회를 별도로 보장하여야 한다(대판 2020.11.26, 2020도10729).

ⓔ 수사기관이 범죄 혐의사실과 관련 있는 정보를 선별하여 압수한 후에도 그와 관련이 없는 나머지 정보를 삭제·폐기·반환하지 아니한 채 그대로 보관하고 있다면 범죄 혐의사실과 관련이 없는 부분에 대하여는 압수의 대상이 되는 전자정보의 범위를 넘어서는 전자정보를 영장 없이 압수·수색하여 취득한 것이어서 위법하고, 사후에 법원으로부터 압수·수색영장이 발부되었다거나 피고인이나 변호인이 이를 증거로 함에 동의하였다고 하여 그 위법성이 치유된다고 볼 수 없다(대결 2022.1.14, 2021모1586).

오답의 이유

ⓐ 법원은 압수의 목적물이 컴퓨터용디스크, 그 밖에 이와 비슷한 정보저장매체인 경우에는 기억된 정보의 범위를 정하여 출력하거나 복제하여 제출받아야 한다. 다만, 범위를 정하여 출력 또는 복제하는 방법이 불가능하거나 압수의 목적을 달성하기에 현저히 곤란하다고 인정되는 때에는 정보저장매체 등을 압수할 수 있다(형사소송법 제106조 제3항).

12 공소시효에 대한 설명으로 옳지 않은 것은?

23년 국가직 7급

① 범죄 후 법률의 개정에 의하여 법정형이 가벼워진 경우에는 「형법」 제1조 제2항에 의하여 당해 범죄사실에 적용될 가벼운 법정형인 신법의 법정형이 공소시효기간의 기준이 된다.

② 1개의 행위가 「형법」상 사기죄와 변호사법위반죄에 해당하고 양 죄가 상상적 경합관계에 있는 경우, 변호사법위반죄의 공소시효가 완성되었다면 사기죄의 공소시효도 완성된 것으로 보아야 한다.

③ 공범의 1인으로 기소된 자가 범죄의 증명이 없다는 이유로 무죄의 확정판결을 선고받은 경우, 그는 공범이라고 할 수 없으므로 그에 대하여 제기된 공소는 진범에 대한 공소시효를 정지시키는 효력이 없다.

④ 공범의 1인에 대한 공소시효정지는 다른 공범자에게 대하여 그 효력이 미치는데, 여기의 '공범'에는 뇌물공여죄와 뇌물수수죄 사이와 같은 대향범 관계에 있는 자는 포함되지 않는다.

정답 ②

영역 수사와 공소 > 수사의 종결과 공소의 제기

정답의 이유

② 1개의 행위가 여러 개의 죄에 해당하는 경우 형법 제40조는 이를 과형상 일죄로 처벌한다는 것에 지나지 아니하고, 공소시효를 적용함에 있어서는 각 죄마다 따로 따져야 할 것인바, 공무원이 취급하는 사건에 관하여 청탁 또는 알선을 할 의사와 능력이 없음에도 청탁 또는 알선을 한다고 기망하여 금품을 교부받은 경우에 성립하는 사기죄와 변호사법 위반죄는 상상적 경합의 관계에 있으므로, 변호사법 위반죄의 공소시효가 완성되었다고 하여 그 죄와 상상적 경합관계에 있는 사기죄의 공소시효까지 완성되는 것은 아니다(대판 2006.12.8., 2006도6356).

오답의 이유

① 대판 2008.12.11., 2008도4376

③ 공범의 1인으로 기소된 자가 구성요건에 해당하는 위법행위를 공동으로 하였다고 인정되기는 하나 책임조각을 이유로 무죄로 되는 경우와는 달리 범죄의 증명이 없다는 이유로 공범 중 1인이 무죄의 확정판결을 선고받은 경우에는 그를 공범이라고 할 수 없어 그에 대하여 제기된 공소로써는 진범에 대한 공소시효정지의 효력이 없다(대판 1999.3.9., 98도4621).

④ 형사소송법 제253조 제2항에서 말하는 '공범'에는 뇌물공여죄와 뇌물수수죄 사이와 같은 대향범 관계에 있는 자는 포함되지 않는다(대판 2015.2.12., 2012도4842).

13 공소장일본주의에 관한 설명으로 가장 적절하지 않은 것은? (다툼이 있는 경우 판례에 의함)

24년 경찰승진

① 공소장일본주의는 검사가 공소를 제기할 때에는 원칙적으로 공소장 하나만을 제출하여야 하고 그 밖에 사건에 관하여 법원에 예단을 생기게 할 수 있는 서류 기타 물건을 첨부하거나 그 내용을 인용하여서는 아니된다는 원칙이다.
② 공소장일본주의에 위반하여 공소가 제기된 때에는 그 절차가 법률의 규정을 위반하여 무효인 때에 해당하는 것으로 보아 공소기각의 판결을 선고하는 것이 원칙이다.
③ 공소장 기재의 방식에 관하여 피고인 측의 유효한 이의제기가 있었더라도 법원이 공판절차 초기 쟁점정리 과정에서 범죄구성요건과 상관이 없어 심리하지 않겠다고 고지하고 증거조사 등의 공판절차를 진행하였다면 공소장 기재 방식의 하자는 치유된 것으로 본다.
④ 살인, 방화 등의 경우 범죄의 직접적인 동기 또는 공소범죄사실과 밀접불가분의 관계에 있는 동기를 공소사실에 기재하는 것이 공소장일본주의 위반이 아님은 명백하고, 설사 범죄의 직접적인 동기가 아닌 경우에도 동기의 기재는 공소장의 효력에 영향을 미치지 아니한다.

정답 ③
영역 수사와 공소 > 수사의 종결과 공소의 제기
정답의 이유
③ 공소장 기재의 방식에 관하여 피고인 측으로부터 이의가 유효하게 제기되어 있는 이상 공판절차가 진행되어 법관의 심증형성의 단계에 이르렀다고 하여 공소장일본주의 위배의 하자가 치유된다고 볼 수 없다(대판 2015.1.29., 2012도2957).

오답의 이유
① 대판 2015.1.29., 2012도2957, 행정소송규칙 제118조 제2항 참조
② 공소장일본주의에 위배된 공소제기라고 인정되는 때에는, 그 절차가 법률의 규정에 위반하여 무효인 때에 해당하는 것으로 보아 공소기각의 판결을 선고하는 것이 원칙이다(대판 2015.1.29., 2012도2957).
④ 대판 2007.5.11., 2007도748

14 공판준비절차에 대한 설명으로 옳지 않은 것은?

24년 국가직 9급

① 국민참여재판에서는 공판준비기일이 필수적 절차이지만, 일반형사재판에서는 공판준비기일이 필수적 절차가 아니다.
② 공판준비기일에는 피고인의 출석이 필수적인 요건이 아니다.
③ 공판준비기일이 지정된 사건에 관해 피고인에게 변호인이 없어도 법원이 직권으로 국선변호인을 선정할 필요는 없다.
④ 재판장은 공판준비기일에 출석한 피고인에게 진술을 거부할 수 있음을 알려주어야 한다.

정답 ③
영역 공판 > 공판절차
정답의 이유
③ 법원은 공판준비기일이 지정된 사건에 관하여 변호인이 없는 때에는 직권으로 변호인을 선정하여야 한다(형사소송법 제266조의8 제4항).

오답의 이유
① 공판준비기일이 일반형사재판과 달리 국민참여재판에서는 필수적 절차이다.
• 국민참여재판 : 법원은 주장과 증거를 정리하고 심리계획을 수립하기 위하여 공판준비기일을 지정하여야 한다(국민의 형사재판 참여에 관한 법률 제37조 제1항).
• 일반형사재판 : 법원은 검사, 피고인 또는 변호인의 의견을 들어 공판준비기일을 지정할 수 있다(형사소송법 제266조의7 제1항).

② 법원은 필요하다고 인정하는 때에는 피고인을 소환할 수 있으며, 피고인은 법원의 소환이 없는 때에도 공판준비기일에 출석할 수 있다(형사소송법 제266조의8 제5항).

④ 재판장은 출석한 피고인에게 진술을 거부할 수 있음을 알려주어야 한다(형사소송법 제266조의8 제6항).

15 증인신문과 증언거부권에 대한 설명으로 옳지 않은 것은?
25년 국가직 9급

① 「형사소송법」 제297조의 규정에 따라 재판장은 증인이 피고인의 면전에서 충분한 진술을 할 수 없다고 인정한 때에는 피고인을 퇴정하게 하고 증인신문을 진행함으로써 피고인의 직접적인 증인 대면을 제한할 수 있지만, 이러한 경우에도 피고인의 반대신문권을 배제하는 것은 허용되지 않는다.

② 공무원이었던 자가 그 직무에 관하여 알게 된 사실에 관하여 본인 또는 당해 공무소가 직무상 비밀에 속한 사항임을 신고한 때에는 그 소속공무소 또는 감독관공서의 승낙 없이는 증인으로 신문하지 못하고, 그 소속공무소 또는 당해 감독관공서는 국가에 중대한 이익을 해하는 경우를 제외하고는 승낙을 거부하지 못한다.

③ 「형사소송법」에서 증언거부권의 대상으로 규정한 '공소제기를 당하거나 유죄판결을 받을 사실이 드러날 염려가 있는 증언'에 자신이 범행을 한 사실은 포함되지만 자신이 범행을 한 것으로 오인되어 유죄 판결을 받을 우려가 있는 사실은 포함되지 않는다.

④ 「형사소송법」 제148조에서 '형사소추'는 증인이 이미 저지른 범죄사실에 대한 것을 의미한다고 할 것이므로, 증인이 증언에 의하여 비로소 범죄가 성립하는 경우에는 「형사소송법」 제160조, 제148조 소정의 증언거부권 고지 대상이 된다고 할 수 없다.

정답 ③

영역 공판 > 공판절차

[정답의 이유]

③ 형사소송법에서 위와 같이 증언거부권의 대상으로 규정한 '공소제기를 당하거나 유죄판결을 받을 사실이 발로될 염려 있는 증언'에는 자신이 범행을 한 사실뿐 아니라 범행을 한 것으로 오인되어 유죄판결을 받을 우려가 있는 사실 등도 포함된다고 할 것이다(대판 2012.12.13., 2010도10028).

[오답의 이유]

① 대판 2010.1.14., 2009도9344

② 형사소송법 제147조 제1항, 제2항

④ 대판 2011.12.8., 2010도2816

(•)) 더 알아보기

형사소송법 제147조(공무상 비밀과 증인자격)

① 공무원 또는 공무원이었던 자가 그 직무에 관하여 알게 된 사실에 관하여 본인 또는 당해 공무소가 직무상 비밀에 속한 사항임을 신고한 때에는 그 소속공무소 또는 감독관공서의 승낙 없이는 증인으로 신문하지 못한다.

② 그 소속공무소 또는 당해 감독관공서는 국가에 중대한 이익을 해하는 경우를 제외하고는 승낙을 거부하지 못한다.

16 전문증거에 대한 설명으로 가장 적절하지 않은 것은? (다툼이 있는 경우 판례에 의함)

18년 경찰공무원 3차

① 구속적부심문절차에서 구속된 피의자의 진술 등을 기재한 구속적부심문조서는 「형사소송법」 제311조의 법관면전조서로서 당연히 증거능력이 인정된다.

② 검사 또는 사법경찰관이 검증의 결과를 기재한 조서는 적법한 절차와 방식에 따라 작성된 것으로서 공판준비 또는 공판기일에서의 작성자의 진술에 따라 그 성립의 진정함이 증명된 때에는 증거로 할 수 있다.

③ 공소제기 전에 피고인을 피의자로 조사한 자의 법정진술이 피고인의 진술을 그 내용으로 하는 때에는 그 진술이 특히 신빙할 수 있는 상태하에서 행하여졌음이 증명되면 증거로 할 수 있다.

④ 피의자의 진술을 영상녹화하기 위해서는 미리 피의자에게 영상녹화사실을 알려주어야 하는 반면, 피의자 아닌 자의 진술을 영상녹화하기 위해서는 그의 동의가 필요하다.

정답 ①

영역 공판 > 증거

[정답의 이유]

① 구속된 피의자를 심문하고 그에 대한 피의자의 진술 등을 기재한 구속적부심문조서는 형사소송법 제311조가 규정한 문서에는 해당하지 않는다 할 것이나, 특히 신용할 만한 정황에 의하여 작성된 문서라고 할 것이므로 특별한 사정이 없는 한, 피고인이 증거로 함에 부동의하더라도 형사소송법 제315조 제3호에 의하여 당연히 그 증거능력이 인정된다(대판 2004.1.16., 2003도5693).

[오답의 이유]

② 형사소송법 제312조 제6항

③ 형사소송법 제316조 제1항

④ 형사소송법 제244조의2 제1항, 제221조 제1항

17 자유심증주의에 대한 설명으로 옳지 않은 것은?

25년 국가직 9급

① 자유심증주의를 규정한 「형사소송법」 제308조가 증거의 증명력을 법관의 자유판단에 의하도록 한 것은 그것이 실체적 진실발견에 적합하기 때문이지 법관의 자의적인 판단을 인용한다는 것은 아니므로, 증거판단에 관한 전권을 가지고 있는 사실심 법관은 사실인정에 있어 공판절차에서 획득된 인식과 조사된 증거를 남김없이 고려하여야 한다.

② 공동피고인 중의 1인이 다른 공동피고인들과 공동하여 범행을 하였다고 자백한 경우, 반드시 그 자백을 전부 믿어 공동피고인들 전부에 대하여 유죄를 인정하거나 그 전부를 배척하여야 하는 것은 아니고, 자유심증주의의 원칙상 법원으로서는 자백한 피고인 자신의 범행에 관한 부분만을 취신하고, 다른 공동피고인들이 범행에 관여하였다는 부분을 배척할 수 있다.

③ 살인죄와 같이 법정형이 무거운 범죄의 경우에도 직접증거 없이 간접증거만으로도 유죄를 인정할 수 있는데, 그 경우 주요사실의 전제가 되는 간접사실의 인정은 합리적 의심을 허용하지 않을 정도의 증명이 있어야 하는 것은 아니다.

④ 참고인 A에 대한 경찰에서의 진술조서의 기재와 당해사건의 공판정에서 이루어진 증인으로서의 A의 진술이 상반되는 경우 반드시 공판정에서의 증언에 따라야 한다는 법칙은 없고 그중 어느 것을 채용하여 사실인정의 자료로 할 것인가는 오로지 사실심 법원의 자유심증에 속하는 것이다.

정답 ③

영역 공판 > 증거

[정답의 이유]

③ 살인죄와 같이 법정형이 무거운 범죄의 경우에도 직접증거 없이 간접증거만으로 유죄를 인정할 수 있으나, 그러한 유죄 인정에는 공소사실과 관련성이 깊은 간접증거들에 의하여 신중한 판단이 요구되므로, 주요사실의 전제가 되는 간접사실의 인정은 합리적인 의심을 허용하지 않을 정도의 증명이 있어야 하고, 그 하나하나의 간접사실이 상호 모순, 저촉되지 않아야 함은 물론 논리와 경험칙, 과학법칙에 의하여 뒷받침되어야 한다(대판 2023.7.27., 2023도3477).

① 자유심증주의를 규정한 형사소송법 제308조가 증거의 증명력을 법관의 자유판단에 의하도록 한 것은 그것이 실체적 진실발견에 적합하기 때문이라 할 것이므로, 증거판단에 관한 전권을 가지고 있는 사실심 법관은 사실인정에 있어 공판절차에서 획득된 인식과 조사된 증거를 남김없이 고려하여야 한다(대판 2004.6.25., 2004도2221).

② 대판 1995.12.8., 95도2043

④ 경찰에서의 진술조서의 기재와 당해사건의 공판정에서의 같은 사람의 증인으로서의 진술이 상반되는 경우 반드시 공판정에서의 증언에 따라야 한다는 법칙은 없고 그중 어느 것을 채용하여 사실인정의 자료로 할 것인가는 오로지 사실심법원의 자유심증에 속하는 것이다(대판 1987.6.9., 87도691, 87감도63).

18 공소장변경에 관한 설명 중 가장 옳지 않은 것은? (다툼이 있는 경우 판례에 의함) 20년 경찰간부후보생

① 검사가 단순일죄로 기소한 후 포괄일죄인 상습범행을 추가로 기소하였으나 그 심리과정에서 전후에 기소된 범죄사실이 포괄일죄를 구성하는 것으로 밝혀진 경우, 검사는 원칙적으로 먼저 기소한 사건의 범죄사실에 추가로 기소한 범죄사실을 추가하여 전체를 상습범행으로 변경하는 공소장변경 신청을 하고, 추가기소한 사건에 대하여는 공소취소를 하는 것이 「형사소송법」의 규정에 충실한 조치이다.

② 「형사소송규칙」은 '공소장변경허가신청서가 제출된 경우 법원은 그 부본을 피고인 또는 변호인에게 즉시 송달하여야 한다'라고 규정하고 있는데, 이는 피고인과 변호인 모두에게 부본을 송달하여야 한다는 취지가 아니므로 공소장변경신청서 부본을 피고인과 변호인 중 어느 한쪽에 내해시만 송달하였다고 하여 절차상 잘못이 있다고 할 수 없다.

③ 검사가 구술로 공소장변경허가신청을 하면서 변경하려는 공소사실의 일부만 진술하고 나머지는 전자적 형태의 문서로 저장한 저장매체를 제출하였다면, 공소사실의 내용을 구체적으로 진술한 부분에 한하여 공소장변경허가신청이 된 것으로 볼 수 있다.

④ 제1심에서 합의부 관할사건에 관하여 단독판사 관할사건으로 죄명과 적용 법조를 변경하는 공소장변경허가신청서가 제출된 경우, 사건을 배당받은 합의부가 공소장변경을 허가하는 결정을 하였다면 합의부는 결정으로 관할권이 있는 단독판사에게 사건을 이송하여야 한다.

정답 ④

영역 공판 > 공판절차

④ 사건을 배당받은 합의부는 공소장변경허가결정을 하였는지에 관계없이 사건의 실체에 들어가 심판하였어야 하고 사건을 단독판사에게 재배당할 수 없다(대판 2013.4.25., 2013도1658).

① 대판 1999.11.26., 99도3929

② 대판 2013.7.12., 2013도5165

③ 대판 2016.12.29., 2016도11138

19 전문증거의 증거능력에 대한 설명으로 옳지 않은 것은?

21년 국가직 9급

① 「형사소송법」 제312조 제4항에서 '적법한 절차와 방식에 따라 작성'한다는 것은 「형사소송법」이 피고인 아닌 사람의 진술에 대한 조서 작성 과정에서 지켜야 한다고 정한 여러 절차를 준수하고 조서의 작성 방식에도 어긋나지 않아야 한다는 것을 의미한다.

② 「형사소송법」 제313조에 따르면 피고인이 작성한 진술서는 공판준비나 공판기일에서의 피고인의 진술에 의하여 그 성립의 진정함이 증명된 때에만 증거로 할 수 있고, 피고인이 그 성립의 진정을 부인한 경우에는 증거로 할 수 있는 방법은 없다.

③ 「형사소송법」 제314조의 '외국거주'는 진술을 하여야 할 사람이 외국에 있다는 사정만으로는 부족하고, 가능하고 상당한 수단을 다하더라도 그 사람을 법정에 출석하게 할 수 없는 사정이 있어야 예외적으로 그 요건이 충족될 수 있다.

④ 「형사소송법」 제316조 제2항에서 '그 진술이 특히 신빙할 수 있는 상태하에서 행하여졌음'이란 진술내용에 허위가 개입할 여지가 거의 없고, 진술내용의 신빙성이나 임의성을 담보할 구체적이고 외부적인 정황이 있는 경우를 의미한다.

정답 ②

영역 공판 > 증거

[정답의 이유]

② 형사소송법 제313조 제1항 본문에도 불구하고 진술서의 작성자가 공판준비나 공판기일에서 그 성립의 진정을 부인하는 경우에는 과학적 분석결과에 기초한 디지털포렌식 자료, 감정 등 객관적 방법으로 성립의 진정함이 증명되는 때에는 증거로 할 수 있다. 다만, 피고인 아닌 자가 작성한 진술서는 피고인 또는 변호인이 공판준비 또는 공판기일에 그 기재 내용에 관하여 작성자를 신문할 수 있었을 것을 요한다(형사소송법 제313조 제2항).

[오답의 이유]

① 형사소송법 제312조 제4항은 검사 또는 사법경찰관이 피고인이 아닌 자의 진술을 기재한 조서의 증거능력이 인정되려면 '적법한 절차와 방식에 따라 작성된 것'이어야 한다고 규정하고 있다. 여기서 적법한 절차와 방식이라 함은 피의자 또는 제3자에 대한 조서 작성 과정에서 지켜야 할 진술거부권의 고지 등 형사소송법이 정한 제반 절차를 준수하고 조서의 작성방식에도 어긋남이 없어야 한다는 것을 의미한다(대판 2012.5.24., 2011도7757).

③ 형사소송법 제314조에 의하여 같은 법 제312조의 조서나 같은 법 제313조의 진술서, 서류 등을 증거로 하기 위하여는 진술을 요할 자가 사망, 질병, 외국거주 기타 사유로 인하여 공판정에 출석하여 진술을 할 수 없는 경우이어야 하고, 그 진술 또는 서류의 작성이 특히 신빙할 수 있는 상태하에서 행하여진 것이라야 한다는 두 가지 요건이 갖추어져야 할 것인바, 첫째 요건과 관련하여 '외국거주'라고 함은 진술을 요할 자가 외국에 있다는 것만으로는 부족하고, 가능하고 상당한 수단을 다하더라도 그 진술을 요할 자를 법정에 출석하게 할 수 없는 사정이 있어야 예외적으로 그 적용이 있다고 할 것인데, 통상적으로 그 요건의 충족 여부는 소재의 확인, 소환장의 발송과 같은 절차를 거쳐 확정되는 것이기는 하지만 항상 그와 같은 절차를 거쳐야만 위 요건이 충족될 수 있는 것은 아니고, 경우에 따라서는 비록 그와 같은 절차를 거치지 않더라도 법원이 그 진술을 요할 자를 법정에서 신문할 것을 기대하기 어려운 사정이 있다고 인정할 수 있다면, 이로써 그 요건은 충족된다고 보아야 한다(대판 2002.3.26., 2001도5666).

④ 전문진술이나 재전문진술을 기재한 조서는 형사소송법 제310조의2의 규정에 의하여 원칙적으로 증거능력이 없는 것인데, 다만 전문진술은 형사소송법 제316조 제2항의 규정에 따라 원진술자가 사망, 질병, 외국거주 기타 사유로 인하여 진술할 수 없고 그 진술이 특히 신빙할 수 있는 상태하에서 행하여진 때에 한하여 예외적으로 증거능력이 있다고 할 것이고, 전문진술이 기재된 조서는 형사소송법 제312조 또는 제314조의 규정에 의하여 각 그 증거능력이 인정될 수 있는 경우에 해당하여야 함은 물론 나아가 형사소송법 제316조 제2항의 규정에 따른 위와 같은 요건을 갖추어야 예외적으로 증거능력이 있다고 할 것인바, 여기서 그 진술이 특히 신빙할 수 있는 상태하에서 행하여진 때라 함은 그 진술을 하였다는 것에 허위개입의 여지가 거의 없고, 그 진술내용의 신빙성이나 임의성을 담보할 구체적이고 외부적인 정황이 있는 경우를 가리킨다 할 것이다(대판 2000.3.10., 2000도159).

20 증거개시제도에 대한 설명으로 옳지 않은 것은?

22년 국가직 7급

① 피고인에게 변호인이 있는 경우, 피고인은 검사가 증거로 신청할 서류 등 공소사실의 인정 또는 양형에 영향을 미칠 수 있는 서류의 등사 또는 서면의 교부를 검사에게 신청할 수 없다.

② 피고인은 검사가 공소사실의 인정 또는 양형에 영향을 미칠 수 있는 서류의 열람·등사 또는 서면의 교부를 거부하거나 그 범위를 제한한 때에는 법원에 이를 허용하도록 할 것을 신청할 수 있다.

③ 검사는 국가안보 등 열람·등사 또는 서면의 교부를 허용하지 아니할 상당한 이유가 있다고 인정하는 때에는 공소제기된 사건에 관한 서류 또는 물건의 목록에 대하여 피고인이 신청한 열람 또는 등사를 거부할 수 있다.

④ 검사는 피고인 또는 변호인에게 서류의 열람·등사 또는 서면의 교부를 허용할 것을 명하는 법원의 결정을 지체 없이 이행하지 아니하는 때에는 해당 증인 및 서류에 대한 증거신청을 할 수 없다.

정답 ③

영역 공판 > 공판절차

[정답의 이유]

③ 검사는 국가안보, 증인보호의 필요성 등 열람·등사 또는 서면의 교부를 허용하지 아니할 상당한 이유가 있다고 인정하는 때에는 열람 등사 또는 서면의 교부를 거부하거나 그 범위를 제한할 수 있다(형사소송법 제266조의3 제2항). 검사는 이 경우에도 서류 등의 목록에 대하여는 열람 또는 등사를 거부할 수 없다(형사소송법 제266조의3 제5항).

[오답의 이유]

① 형사소송법 제266조의3 제1항

② 형사소송법 제266조의4 제1항

④ 형사소송법 제266조의4 제5항

21 공판준비절차에 대한 설명으로 옳은 것은?

23년 국가직 7급

① 검사, 피고인 또는 변호인은 법원에 대하여 공판준비기일의 지정을 신청할 수 있으며, 이 신청에 관한 법원의 결정에 대하여는 불복할 수 있다.

② 공판준비기일에는 검사 및 변호인이 출석하여야 하지만, 피고인은 법원의 소환이 없는 때에는 공판준비기일에 출석할 수 없다.

③ 공판준비기일에서 신청하지 못한 증거라도 공판기일에 증거신청으로 인하여 소송을 현저히 지연시키지 아니하는 때에는 증거신청을 할 수 있다.

④ 법원은 공판준비기일을 종료한 때에는 쟁점 및 증거에 관한 정리결과를 공판조서에 기재하여야 한다.

정답 ③

영역 공판 > 공판절차

[정답의 이유]

③ 형사소송법 제266조의13 제1항

[오답의 이유]

① 검사, 피고인 또는 변호인은 법원에 대하여 공판준비기일의 지정을 신청할 수 있다. 이 경우 당해 신청에 관한 법원의 결정에 대하여는 불복할 수 없다(형사소송법 제266조의7 제2항).

② 공판준비기일에는 검사 및 변호인이 출석하여야 한다(형사소송법 제266조의8 제1항). 그러나 법원은 필요하다고 인정하는 때에는 피고인을 소환할 수 있으며, 피고인은 법원의 소환이 없는 때에도 공판준비기일에 출석할 수 있다(형사소송법 제266조의8 제5항).

④ 법원은 공판준비기일을 종료하는 때에는 검사, 피고인 또는 변호인에게 쟁점 및 증거에 관한 정리결과를 고지하고, 이에 대한 이의의 유무를 확인하여야 하며, 쟁점 및 증거에 관한 정리결과를 공판준비기일조서에 기재하여야 한다(형사소송법 제266조의10).

더 알아보기

공판준비기일 종결의 효과(형사소송법 제266조의13)

① 공판준비기일에서 신청하지 못한 증거는 다음의 어느 하나에 해당하는 경우에 한하여 공판기일에 신청할 수 있다.

1. 그 신청으로 인하여 소송을 현저히 지연시키지 아니하는 때
2. 중대한 과실 없이 공판준비기일에 제출하지 못하는 등 부득이한 사유를 소명한 때

② 제1항에도 불구하고 법원은 직권으로 증거를 조사할 수 있다.

---

22 「형사소송법」 제345조에서 상소권회복의 청구요건으로 규정하고 있는 '자기 또는 대리인이 책임질 수 없는 사유'에 해당하는 경우가 아닌 것은? (다툼이 있는 경우 판례에 의함) 18년 국가직 7급

① 피고인이 당해 사건의 공동피고인의 기망에 의하여 항소권을 포기하였음을 항소제기 기간이 도과한 뒤에야 비로소 알게 된 경우

② 교도소장이 형집행유예취소결정정본을 송달받고 1주일이 지난 뒤에 그 사실을 구속된 피고인에게 알렸기 때문에 피고인이나 그 배우자가 항고제기 기간 내에 항고장을 제출할 수 없게 된 경우

③ 공시송달로 피고인을 소환하였으나 피고인이 불출석한 가운데 공판절차가 진행되고 제1심판결이 선고되었지만, 피고인으로서는 공소장부본 등을 송달받지 못한 관계로 공소가 제기된 사실은 물론이고 판결선고 사실에 대하여 알지 못한 나머지 항소제기 기간 내에 항소를 제기하지 못한 경우

④ 피고인이 출석한 가운데 제1심 형사재판이 변론종결되어 판결선고기일이 고지되었지만 그 선고기일에 피고인이 불출석하자, 「소송촉진 등에 관한 특례법」에 의하여 공시송달로 피고인을 소환한 최초의 공판기일에 곧바로 피고인의 불출석 상태에서 판결을 선고하였으나 피고인이 그 선고 사실을 알지 못하여 항소제기 기간을 도과한 경우

정답 ①

영역 상소 · 비상구제절차 · 특별절차 > 상소

정답의 이유

① 상소권 포기가 비록 기망에 의한 것이라도 형사소송법 제354조에 의하여 다시 상소를 할 수 없으며, 상소권 회복은 자기가 책임질 수 없는 사유로 인하여 상소제기 기간 내에 상소를 하지 못한 사람이 이를 청구하는 것이므로 재항고인이 상피고인의 기망에 의하여 항소권을 포기하였음을 항소제기 기간이 도과한 뒤에야 비로소 알게 되었다 하더라도 이러한 사정은 재항고인이 책임질 수 없는 사유에 해당한다고 볼 수 없다(대결 1984.7.11., 84모40).

오답의 이유

② 대결 1991.5.6., 91모32

③ 대결 2007.1.12., 2006모691

④ 대결 1991.12.17., 91모23

23 항소심 재판에 관한 다음 설명 중 가장 옳지 않은 것은? 20년 법원직 9급

① 피고인이 항소이유서를 제출하지 않았다고 하더라도 항소장에 '양형부당'이라고 기재되어 있는 경우에는, 항소심법원은 항소이유서 미제출을 이유로 항소기각결정을 할 수 없다.

② 당사자의 재판받을 권리는 보장되어야 하므로, 항소이유 없음이 명백하다고 하더라도 변론 없이 판결로써 항소를 기각할 수 없다.

③ 항소이유가 있다고 인정한 때에는 원심판결을 파기하고 다시 판결을 하여야 한다.

④ 「형사소송법」 제364조의2는 '피고인을 위하여 원심판결을 파기하는 경우에 파기의 이유가 항소한 공동피고인에게 공통되는 때에는 그 공동피고인에게 대하여도 원심판결을 파기하여야 한다.'라고 규정하고 있는데, 위 규정은 공동피고인 사이에서 파기의 이유가 공통되는 해당 범죄사실이 동일한 소송절차에서 병합심리된 경우에만 적용되어야 한다.

정답 ②

영역 상소 · 비상구제절차 · 특별절차 > 상소

[정답의 이유]

② 항소이유 없음이 명백한 때에는 항소장, 항소이유서 기타의 소송기록에 의하여 변론없이 판결로써 항소를 기각할 수 있다(형사소송법 제364조 세5항).

[오답의 이유]

① 항소인이나 변호인이 전조 제1항의 기간 내에 항소이유서를 제출하지 아니한 때에는 결정으로 항소를 기각하여야 한다. 단, 직권조사사유가 있거나 항소장에 항소이유의 기재가 있는 때에는 예외로 한다(형사소송법 제361조의4 제1항).

③ 항소이유가 있다고 인정한 때에는 원심판결을 파기하고 다시 판결을 하여야 한다(형사소송법 제364조 제6항).

④ 형사소송법 제364조의2는 "피고인을 위하여 원심판결을 파기하는 경우에 파기의 이유가 항소한 공동피고인에게 공통되는 때에는 그 공동피고인에게 대하여도 원심판결을 파기하여야 한다."라고 정하고 있고, 이는 공동피고인 상호 간의 재판의 공평을 도모하려는 취지이다. 위와 같은 형사소송법 제364조의2의 규정 내용과 입법 목적을 고려하면, 위 규정은 공동피고인 사이에서 파기의 이유가 공통되는 해당 범죄사실이 동일한 소송절차에서 병합심리된 경우에만 적용된다고 보는 것이 타당하다(대판 2019.8.29., 2018도14303 전합)

---

24 약식절차에 대한 설명으로 가장 적절하지 않은 것은? (다툼이 있는 경우 판례에 의함) 21년 경찰승진

① 약식명령으로 과할 수 있는 형은 벌금, 과료, 몰수에 한정된다.

② 약식명령의 청구는 공소의 제기와 동시에 서면으로 하여야 한다.

③ 약식명령에 대한 정식재판의 청구는 제1심판결이 확정되기 전까지 취하할 수 있다.

④ 약식명령에 대한 정식재판의 청구기간은 피고인에 대한 약식명령 고지일을 기준으로 하여 기산하여야 한다.

정답 ③

영역 상소 · 비상구제절차 · 특별절차 > 특별절차

[정답의 이유]

③ 약식명령에 대한 정식재판의 청구는 제1심판결 선고 전까지 취하할 수 있다(형사소송법 제454조).

[오답의 이유]

① 지방법원은 그 관할에 속한 사건에 대하여 검사의 청구가 있는 때에는 공판절차없이 약식명령으로 피고인을 벌금, 과료 또는 몰수에 처할 수 있다(형사소송법 제448조 제1항).

② 형사소송법 제449조

④ 형사소송법 제452조에서 약식명령의 고지는 검사와 피고인에 대한 재판서의 송달에 의하도록 규정하고 있으므로, 약식명령은 그 재판서를 피고인에게 송달함으로써 효력이 발생하고, 변호인이 있는 경우라도 반드시 변호인에게 약식명령 등본을 송달해야 하는 것은 아니다. 따라서 정식재판 청구기간은 피고인에 대한 약식명령 고지일을 기준으로 하여 기산하여야 한다(대결 2017.7.27., 2017모1557).

25 배상명령에 관한 설명으로 가장 적절한 것은? (다툼이 있는 경우 판례에 의함) 24년 경찰승진

① 피해자는 약식절차 또는 즉결심판절차에서 배상신청을 할 수 있다.

② 재산상 이익을 침해당한 피해자가 그 재산상 피해의 회복에 관한 채무명의(집행권원)를 이미 가지고 있는 경우라 하더라도, 이와 별도로 배상신청을 할 이익이 없는 것은 아니다.

③ 피고인이 재판과정에서 배상신청인과 민사적으로 합의하였다는 내용의 합의서를 제출하였다면, 그 합의서 기재 내용만으로는 배상신청인이 변제를 받았는지 여부 등 피고인의 민사책임에 관한 구체적인 합의 내용을 알 수 없다 하더라도 사실심법원은 배상신청인이 처음 신청한 금액을 바로 인용하여야 한다.

④ 법원은 배상신청이 있을 때에는 신청인에게 공판기일에 알려야 하고, 신청인이 공판기일을 통지받고도 출석하지 않은 경우에는 신청인의 진술없이 재판할 수 있다.

정답 ④

영역 상소 · 비상구제절차 · 특별절차 > 특별절차

[정답의 이유]
④ 소송촉진법 제29조 제1항, 제2항

[오답의 이유]
① 피해자는 제1심 또는 제2심 공판의 변론이 종결될 때까지 사건이 계속된 법원에 배상명령에 따른 피해배상을 신청할 수 있다(소송촉진법 제26조 제1항). 즉, 약식절차 또는 즉결심판절차에서 배상신청을 할 수 없다.

② 배상명령제도는 범죄행위로 인하여 재산상 이익을 침해당한 피해자로 하여금 당해 형사소송절차내에서 신속히 그 피해를 회복하게 하려는데 그 주된 목적이 있으므로 피해자가 이미 그 재산상 피해의 회복에 관한 채무명의를 가지고 있는 경우에는 이와 별도로 배상명령 신청을 할 이익이 없다(대판 1982.7.27., 82도1217).

③ 피고인이 재판과정에서 배상신청인과 민사적으로 합의하였다는 내용의 합의서를 제출하였고, 합의서 기재 내용만으로는 배상신청인이 변제를 받았는지 여부 등 피고인의 민사책임에 관한 구체적인 합의 내용을 알 수 없다면, 사실심법원으로서는 배상신청인이 처음 신청한 금액을 바로 인용할 것이 아니라 구체적인 합의 내용에 관하여 심리하여 피고인의 배상책임의 유무 또는 그 범위에 관하여 살펴보는 것이 합당하다(대판 2013.10.11., 2013도9616).

형사소송법 4회

01 「대한민국 헌법」에서 형사절차와 관련하여 명시적으로 규정하고 있는 것만을 모두 고르면?

21년 국가직 9급

> ㉠ 누구든지 체포 또는 구속을 당한 때에는 적부의 심사를 법원에 청구할 권리를 가진다.
> ㉡ 적법한 절차에 따르지 아니하고 수집한 증거는 증거로 할 수 없다.
> ㉢ 형사피의자 또는 형사피고인으로서 구금되었던 자가 법률이 정하는 불기소처분을 받거나 무죄판결을 받은 때에는 법률이 정하는 바에 의하여 국가에 정당한 보상을 청구할 수 있다.
> ㉣ 피고인의 자백이 고문·폭행·협박·구속의 부당한 장기화 또는 기망 기타의 방법에 의하여 자의로 진술된 것이 아니라고 인정될 때 또는 정식재판에 있어서 피고인의 자백이 그에게 불리한 유일한 증거일 때에는 이를 유죄의 증거로 삼거나 이를 이유로 처벌할 수 없다.
> ㉤ 영장에 의한 체포·긴급체포 또는 현행범인의 체포에 따라 체포된 피의자에 대하여 구속영장을 청구받은 판사는 지체 없이 피의자를 심문하여야 한다.

① ㉠, ㉡, ㉢
② ㉠, ㉢, ㉣
③ ㉡, ㉢, ㉣
④ ㉡, ㉣, ㉤

정답 ②

영역 서론 > 형사소송법의 기초

[정답의 이유]
㉠ 헌법 제12조 제6항
㉢ 헌법 제28조
㉣ 헌법 제12조 제7항

[오답의 이유]
㉡ 적법한 절차에 따르지 아니하고 수집한 증거는 증거로 할 수 없다(형사소송법 제308조의2).
㉤ 제200조의2·제200조의3 또는 제212조에 따라 체포된 피의자에 대하여 구속영장을 청구받은 판사는 지체 없이 피의자를 심문하여야 한다. 이 경우 특별한 사정이 없는 한 구속영장이 청구된 날의 다음 날까지 심문하여야 한다(형사소송법 제201조의2 제1항).

02 법원의 관할에 대한 설명으로 옳지 않은 것은?

25년 국가직 9급

① 「형사소송법」 제15조 제1호에 따르면 관할법원이 법률상의 이유 또는 특별한 사정으로 재판권을 행할 수 없는 때 피고인은 관할이전의 신청을 할 수 있지만, 항소심에서 유죄판결을 선고받고 이에 불복하여 상고를 제기한 피고인을 교도소 소장이 검사의 이송지휘 없이 다른 교도소로 이송 처분한 경우에는 피고인은 이에 대하여 관할이전신청을 할 수 없다.

② 항소심에서 공소장변경에 따라 단독판사 관할사건이 합의부 관할사건으로 변경된 경우, 그 합의부 관할사건에 대한 관할권이 있는 법원은 고등법원이라고 보아야 한다.

③ 제1심에서 합의부 관할사건이 공소장변경에 따라 단독판사 관할사건으로 변경된 경우, 사건을 배당받은 합의부는 이를 단독판사에게 재배당해야 한다.

④ 「형사소송법」 제5조에 따르면 토지관할을 달리하는 여러 개의 사건이 관련된 때에는 1개의 사건에 관하여 관할권 있는 법원은 다른 사건까지 관할할 수 있는바, 이에 따른 관련 사건의 관할은, 이른바 고유 관할사건 및 그 관련 사건이 반드시 병합기소되거나 병합되어 심리될 것을 전제 요건으로 하는 것은 아니다.

정답 ③

영역 서론 > 소송주체와 소송관계인

[정답의 이유]

③ 제1심에서 합의부 관할사건에 관하여 단독판사 관할사건으로 죄명, 적용법조를 변경하는 공소장변경허가신청서가 제출되자, 합의부가 사건을 단독판사에게 재배당한 사안에서, 사건을 배당받은 합의부는 사건의 실체에 들어가 심판하였어야 하고 사건을 단독판사에게 재배당할 수 없다(대판 2013.4.25., 2013도1658).

[오답의 이유]

① 관할법원이 법률상의 이유 또는 특별한 사정으로 재판권을 행할 수 없는 때에는 피고인도 직근 상급법원에 관할이전을 신청할 수 있다(형사소송법 제15조 제1호). 그러나 항소심에서 유죄판결을 선고받고 이에 불복하여 상고를 제기한 피고

인을 교도소 소장이 검사의 이송지휘도 없이 다른 교도소로 이송처분한 경우 피고인은 이에 대하여 형사소송법 제15조 제1호 소정의 관할이전신청이나 동법 제489조 소정의 이의신청을 할 수 없다(대결 1983.7.5., 83초20).

② 항소심에서 공소장변경에 의하여 단독판사의 관할사건이 합의부 관할사건으로 된 경우에도 법원은 사건을 관할권이 있는 법원에 이송하여야 하고, 항소심에서 변경된 위 합의부 관할사건에 대한 관할권이 있는 법원은 고등법원이라고 봄이 상당하다(대판 1997.12.12., 97도2463).

④ 토지관할을 달리하는 수개의 사건이 관련된 때에는 1개의 사건에 관하여 관할권 있는 법원은 다른 사건까지 관할할 수 있는바(형사소송법 제5조 참조) 이에 따른 관련 사건의 관할은 이른바 고유관할사건 및 그 관련 사건이 반드시 병합기소되거나 병합되어 심리될 것을 전제요건으로 하는 것은 아니고, 고유관할 사건 계속 중 고유관할 법원에 관련 사건이 계속된 이상 그 후 양 사건이 병합되어 심리되지 아니한 채 고유사건에 대한 심리가 먼저 종결되었다 하더라도 관련 사건에 대한 관할권은 여전히 유지된다(대판 2008.6.12., 2006도8568).

🔊 더 알아보기

재판권과 관할권

구분	재판권	관할권
성질	대한민국의 법원이 특정 사건에 대하여 심판을 행할 수 있는가 하는 일반적·추상적인 권리(국법상의 개념)	재판권이 인정됨을 전제로, 그 사건을 국내의 법원 중 어느 법원에서 심판할 것인가의 문제(소송법상의 개념)
불비시 효과	재판권이 없으면 공소기각 판결(형사소송법 제327조 제1호)	관할권이 없으면 관할위반의 판결(형사소송법 제319조)
양자의 관계	법원에 재판권이 있는 경우에 한하여 관할권이 문제되는바, 재판권이 없는 경우에는 관할권의 문제는 발생하지 아니한다.	

03 무죄추정의 원칙에 관한 다음 설명 중 가장 옳지 않은 것은? (다툼이 있으면 판례에 의함)

18년 경찰간부후보생

① 파기환송을 받은 법원이 피고인 구속을 계속할 사유가 있어 결정으로 구속기간을 갱신하여 피고인을 계속 구속하는 것은 무죄추정의 원칙에 반하지 않는다.
② 피고인은 유죄의 판결이 확정될 때까지는 무죄로 추정된다.
③ 형사사건으로 공소가 제기되었다는 사실 자체만으로 공무원에 대한 직위해제처분을 행하는 것은 무죄추정의 원칙에 반한다. 그러나 공소제기의 기초를 이루는 공무원의 비위사실을 토대로 구체적인 사정을 고려하여 직위해제처분을 내리는 것은 무죄추정의 원칙에 위배되지 않는다.
④ 공소장의 공소사실 첫머리에 피고인 특정을 위해 피고인이 전에 받은 소년부송치처분을 기재한 것은 무죄추정의 원칙에 반한다.

정답 ④

영역 서론 > 소송주체와 소송관계인

[정답의 이유]

④ 공소장의 공소사실 첫머리에 피고인이 전에 받은 소년부송치처분과 직업 없음을 기재하였다 하더라도 이는 형사소송법 제254조 제3항 제1호에서 말하는 피고인을 특정할 수 있는 사항에 속하는 것이어서 그와 같은 내용의 기재가 있다 하여 공소제기의 절차가 법률의 규정에 위반된 것이라고 할 수 없고 또 헌법상의 형상피고인에 대한 무죄추정조항이나 평등조항에 위배되지 않는다(대판 1990.10.16., 90도1813).

[오답의 이유]

① 대법원의 파기환송 판결에 의하여 사건을 환송받은 법원은 형사소송법 제92조 제1항에 따라 2월의 구속기간이 만료되면 특히 계속할 필요가 있는 경우에는 2차(대법원이 형사소송규칙 제57조 제2항에 의하여 구속기간을 갱신한 경우에는 1차)에 한하여 결정으로 구속기간을 갱신할 수 있는 것이고, 한편 무죄추정을 받는 피고인이라고 하더라도 그에게 구속의 사유가 있어 구속영장이 발부, 집행된 이상 신체의 자유가 제한되는 것은 당연한 것이므로, 이러한 조치가 무죄추정의 원칙에 위배되는 것이라고 할 수는 없다(대판 2001.11.30., 2001도5225).
② 헌법 제27조 제4항, 형사소송법 제275조의2

③ 헌재 1998.5.28., 96헌가12 전원; 헌재 2006.5.25., 2004헌바12 전원

---

04 변호인에 대한 설명으로 옳은 것은?

23년 국가직 9급

① 피고인이 법인일 때는 법인의 대표자가 제삼자에게 변호인 선임을 위임하여 그로 하여금 법인을 위한 변호인을 선임하도록 할 수 있다.
② 변호인이 되려는 자가 변호인 선임서를 제출하지 않은 채 상고이유서만을 제출하고 상고이유서 제출기간이 지난 후에 변호인 선임서를 제출하였더라도 그 상고이유서는 적법·유효하다.
③ 필요적 변호사건에서 변호인 없이 개정하여 심리를 진행한 다음 무죄판결을 한 경우, 이는 소송절차의 법령위반에 해당하므로 당해 판결은 무효이다.
④ 구속된 피고인에 대한 변호인이 여러 명인 경우, 변호인의 접견교통권 행사가 그 한계를 일탈한 것인지의 여부는 해당 변호인을 기준으로 하여 개별적으로 판단하여야 한다.

정답 ④

영역 서론 > 소송주체와 소송관계인

[정답의 이유]

④ 대결 2007.1.31., 2006모657

[오답의 이유]

① 형사소송에 있어서 변호인을 선임할 수 있는 자는 피고인 및 피의자와 형사소송법 제30조 제2항에 규정된 사에 한정되는 것이고, 피고인 및 피의자로부터 그 선임권을 위임받은 자가 피고인이나 피의자를 대리하여 변호인을 선임할 수는 없는 것이므로, 피고인이 법인인 경우에는 형사소송법 제27조 제1항 소정의 대표자가 피고인인 당해 법인을 대표하여 피고인을 위한 변호인을 선임하여야 하며, 대표자가 제3자에게 변호인 선임을 위임하여 제3자로 하여금 변호인을 선임하도록 할 수는 없다(대결 1994.10.28., 94모25).
② 변호인의 선임은 심급마다 변호인과 연명 날인한 서면으로 제출하여야 한다(형사소송법 제32조 제1항). 따라서 변호인 선임서를 제출하지 않은 채 상고이유서만을 제출하고 상고이유서 제출 기간이 지난 후에 변호인 선임서를 제출하였다면 그 상고이유서는 적법·유효한 변호인의 상고이유서가 될 수 없다(대판 2015.2.26., 2014도12737).

③ 필요적 변호사건에서 변호인 없이 개정하여 심리를 진행하고 판결한 것은 소송절차의 법령위반에 해당하지만 피고인의 이익을 위하여 만들어진 필요적 변호의 규정 때문에 피고인에게 불리한 결과를 가져오게 할 수는 없으므로 그와 같은 법령위반은 무죄판결에 영향을 미친 것으로는 되지 아니한다(대판 2003.3.25., 2002도5748).

05 소송서류의 송달에 대한 설명으로 옳은 것만을 모두 고르면?
23년 국가직 7급

> ㉠ 「소송촉진 등에 관한 특례규칙」에 따르면 제1심 공판절차에서 공시송달의 방법으로 소환한 피고인이 불출석하는 경우, 사형·무기 또는 장기 10년이 넘는 징역이나 금고에 해당하는 사건이 아니라면, 다시 공판기일을 지정하고 공시송달의 방법으로 피고인을 재소환한 후 그 기일에도 피고인이 불출석하여야 비로소 피고인의 불출석상태에서 재판절차를 진행할 수 있다.
> ㉡ 형사소송절차에서도 보충송달이 허용되나, 이 경우 피고인의 동거가족에게 서류가 교부되고 그 동거가족이 사리를 변별할 지능이 있더라도 피고인이 그 서류의 내용을 알지 못한 경우에는 송달의 효력이 없다.
> ㉢ 소재탐지불능보고서의 경우는 경찰관이 직접 송달주소를 방문하여 거주자나 인근 주민 등에 대한 탐문 등의 방법으로 피고인의 소재 여부를 확인하므로 송달불능보고서보다 더 정확하게 피고인의 소재 여부를 확인할 수 있기 때문에 송달불능보고서와 동일한 기능을 한다고 볼 수 있으므로, 소재탐지불능보고서의 접수는 소송촉진 등에 관한 특례법이 정한 '송달불능보고서의 접수'로 볼 수 있다.
> ㉣ 송달명의인이 체포 또는 구속된 날 소송기록접수통지서 등의 송달서류가 송달명의인의 종전 주·거소에 송달되었다면 송달의 효력 발생 여부는 체포 또는 구속된 시각과 송달된 시각의 선·후에 의하여 결정하되, 선·후관계가 명백하지 않다면 송달의 효력은 발생하지 않는다.

① ㉠, ㉣

② ㉡, ㉣

③ ㉠, ㉡, ㉢

④ ㉠, ㉢, ㉣

정답 ④

영역 서론 > 소송행위와 소송조건

[정답의 이유]

㉠ 대판 2011.5.13., 2011도1094

㉢ 대결 2014.10.16., 2014모1557

㉣ 대결 2017.11.7., 2017모2162

[오답의 이유]

㉡ 형사소송절차에서도 형사소송법 제65조에 의하여 보충송달에 관한 민사소송법 제186조 제1항이 준용되므로, 피고인의 동거 가족에게 서류가 교부되고 그 동거 가족이 사리를 변식할 지능이 있는 이상 피고인이 그 서류의 내용을 알지 못한 경우에도 송달의 효력이 있다(대결 2000.2.14., 99모225).

06 피의자신문에 대한 설명으로 옳지 않은 것은? (다툼이 있는 경우 판례에 의함)
19년 국가직 9급

① 적법한 구속영장이 발부된 이상 수사기관으로서는 피의자신문을 위해 그 구속영장의 효력에 의하여 구금된 피의자를 조사실로 구인할 수 있다.

② 수사기관이 진술자의 성명을 가명으로 기재하여 조서를 작성하였다고 해서 그 이유만으로 그 조서가 '적법한 절차와 방식'에 따라 작성되지 않았다고 할 것은 아니다.

③ 검사가 피고인의 공판절차에서 이미 증언을 마친 증인에게 수사기관에 출석할 것을 요구하여 그 증인을 상대로 위증의 혐의를 조사한 내용을 담은 피의자신문조서는 그 피고인이 증거로 함에 동의하더라도 증거능력이 인정되지 않는다.

④ 피의자의 진술을 영상녹화하는 경우 미리 그 사실을 알려주어야 하며, 조사의 개시부터 종료까지의 전 과정 및 객관적 정황을 영상녹화하여야 한다.

정답 ③

영역 수사와 공소 > 수사

[정답의 이유]

③ 진술조서는 피고인이 증거로 할 수 있음에 동의하지 아니하는 한 증거능력이 없고, 그 후 원진술자인 종전 증인이 다시 법정에 출석하여 증언을 하면서 그 진술조서의 성립의 진정함을 인정하고 피고인 측에 반대신문의 기회가 부여되었다고 하더라도 그 증언 자체를 유죄의 증거로 할 수 있음은 별론으로 하고 위와 같은 진술조서의 증거능력이 없다는 결론은 달리 할 것이 아니다. 이는 검사가 공판준비 또는 공판기일에서 이미 증언을 마친 증인에게 수사기관에 출석할 것을 요구하여 그 증인을 상대로 위증의 혐의를 조사한 내용을 담은 피의자신문조서의 경우도 마찬가지이다(대판 2013.8.14., 2012도13665).

[오답의 이유]

① 준항고인들에 대하여 적법한 구속영장이 발부된 이상 수사기관으로서는 피의자신문을 위하여 준항고인들을 조사실로 구인할 수 있다고 할 것이다(대결 2013.7.1., 2013모160).

② 대판 2012.5.24., 2011도7757

④ 형사소송법 제244조의2 제1항

07 소송조건에 대한 설명으로 옳지 않은 것은?
21년 국가직 9급

① 친고죄에서 고소취소의 의사표시는 공소제기 전에는 고소사건을 담당하는 수사기관에, 공소제기 후에는 고소사건의 수소법원에 대하여 이루어져야 한다.

② 고소를 함에 있어서 고소인은 범죄사실을 특정하여 신고하면 족하며, 범인이 누구인지, 나아가 범인 중 처벌을 구하는 자가 누구인지를 적시할 필요는 없다.

③ 친고죄의 공범 중 그 일부에 대하여 제1심판결이 선고된 후에는 제1심판결선고 전의 다른 공범자에 대하여는 그 고소를 취소할 수 없고, 그 고소의 취소가 있다 하더라도 그 효력을 발생할 수 없으며, 이러한 법리는 필요적 공범과 임의적 공범 모두에 적용된다.

④ 친고죄에서 고소는 제1심판결 선고 전까지 취소할 수 있으므로, 상소심에서 제1심 공소기각판결을 파기하고 이 사건을 제1심법원에 환송함에 따라 다시 제1심 절차가 진행된 때에는 환송 후의 제1심판결 선고 전이라도 고소를 취소할 수 없다.

정답 ④

영역 수사와 공소 > 수사

[정답의 이유]

④ 형사소송법 제232조 제1항은 고소를 제1심판결 선고 전까지 취소할 수 있도록 규정하여 친고죄에서 고소취소의 시한을 한정하고 있다. 그런데 상소심에서 형사소송법 제366조 또는 제393조 등에 의하여 법률 위반을 이유로 제1심 공소기각판결을 파기하고 사건을 제1심법원에 환송함에 따라 다시 제1심 절차가 진행된 경우, 종전의 제1심판결은 이미 파기되어 효력을 상실하였으므로 환송 후의 제1심판결 선고 전에는 고소취소의 제한사유가 되는 제1심판결 선고가 없는 경우에 해당한다(대판 2011.8.25., 2009도9112).

[오답의 이유]

① 대판 2012.2.23., 2011도17264

② 대판 1996.3.12., 94도2423

③ 대판 1985.11.12., 85도1940

08 구속에 대한 설명으로 옳은 것은? (다툼이 있는 경우 판례에 의함) 20년 국가직 9급

① 구속기간의 만료로 피고인에 대한 구속의 효력이 상실된 후 항소법원이 판결을 선고하면서 피고인을 구속한 것은 실질적으로 재구속 또는 이중구속에 해당되므로 위법하다.

② 법원이 구속된 피고인의 구속집행정지의 결정을 함에 있어서 급속을 요하는 경우가 아닌 한 검사의 의견을 물어야 하지만, 구속집행정지결정에 대한 검사의 즉시항고는 허용되지 않는다.

③ 구속의 사유가 소멸된 때에는 법원은 직권 또는 검사, 피고인, 변호인 등의 청구에 의하여 결정으로 구속을 취소하여야 하므로, 구속 중인 피고인에 대하여 자유형(실형)의 판결이 확정된 때에는 법원은 구속의 취소 결정을 하여야 한다.

④ 수사 당시 긴급체포되었다가 수사기관의 조치로 석방된 피의자를 동일한 범죄사실에 관하여 법원이 발부한 구속영장에 의하여 수사기관이 다시 구속하는 것은 위법하다.

정답 ②

영역 수사와 공소 > 강제처분과 강제수사

[정답의 이유]
② 헌재 2012.6.27., 2011헌가36 전원

[오답의 이유]
① 항소법원은 항소피고사건의 심리 중 또는 판결선고 후 상고제기 또는 판결확정에 이르기까지 수소법원으로서 형사소송법 제70조 제1항 각호의 사유 있는 불구속 피고인을 구속할 수 있고 또 수소법원의 구속에 관하여는 검사 또는 사법경찰관이 피의자를 구속함을 규율하는 형사소송법 제208조의 규정은 적용되지 아니하므로 구속기간의 만료로 피고인에 대한 구속의 효력이 상실된 후 항소법원이 피고인에 대한 판결을 선고하면서 피고인을 구속하였다 하여 위 법 제208조의 규정에 위배되는 재구속 또는 이중구속이라 할 수 없다(대결 1985.7.23., 85모12).

③ 구속 중인 피고인에 대하여 자유형(실형)의 판결이 확정된 때에는 구속영장은 실효되므로, 위 경우 자유형이 선고된 유죄부분이 확정되면 그때에 구속영장은 실효되고(따라서 피고인을 계속 구금하기 위하여는 확정된 유죄 부분에 대한 형집행의 절차를 취하여야 한다), 구속영장이 이미 실효된 이상 법원이 형사소송법 제93조에 의한 구속의 취소 결정을 할 수는

없다(대결 1999.9.7., 99초355, 99도3454).

④ 긴급체포나 현행범으로 체포되었다가 사후영장발부 전에 석방된 경우는 포함되지 않는다 할 것이므로, 피고인이 수사 당시 긴급체포되었다가 수사기관의 조치로 석방된 후 법원이 발부한 구속영장에 의하여 구속이 이루어진 경우 위법한 구속이라고 볼 수 없다(대판 2001.9.28., 2001도4291).

---

09 영장에 의한 체포에 관한 설명으로 가장 적절하지 않은 것은? 25년 경찰승진

① 피의자가 죄를 범하였다고 의심할 만한 상당한 이유가 있고 정당한 이유없이 수사기관의 출석요구에 응하지 아니하더라도 명백히 체포의 필요가 인정되지 아니하는 경우 체포영장의 청구를 받은 지방법원판사는 체포영장의 청구를 기각하여야 한다.

② 지방법원판사가 체포영장을 발부하지 아니할 때에는 청구에 그 취지 및 이유를 기재하고 서명날인하여야 한다.

③ 변호인 및 「형사소송법」 제30조 제2항에서 정하는 피의자의 법정대리인, 배우자, 직계친족과 형제자매가 없는 경우 사법경찰관은 그 외 피의자가 지정한 사람에게 서면으로 체포의 통지를 하여야 한다.

④ 사법경찰관은 구속영장을 청구하지 아니하는 때에는 체포한 피의자를 즉시 석방하고 지체 없이 검사에게 석방사실을 통보하여야 하며, 사법경찰관이 구속영장의 청구를 신청하였으나 검사가 그 신청을 기각함에 따라 석방하게 된 경우에도 그러하다.

정답 ③

영역 수사와 공소 > 강제처분과 강제수사

[정답의 이유]
③ 변호인 및 「형사소송법」 제30조 제2항에 따른 사람이 없어서 체포의 통지를 하지 못한 경우 사법경찰관은 그 취지를 기재한 서면을 기록에 철하여야 한다(형사소송규칙 제100조, 제1항, 제51조 제2항).

[오답의 이유]
① 형사소송법 제200조의2 제1항·제2항
② 형사소송법 제200조의2 제3항

④ 검사와 사법경찰관의 상호협력과 일반적 수사준칙에 관한 규정 제36조 제2항 제1호

피의자의 석방(검사와 사법경찰관의 상호협력과 일반적 수사준칙에 관한 규정 제36조)

① 검사 또는 사법경찰관은 법 제200조의2 제5항 또는 제200조의4 제2항에 따라 구속영장을 청구하거나 신청하지 않고(사법경찰관이 구속영장의 청구를 신청하였으나 검사가 그 신청을 기각한 경우를 포함한다) 체포 또는 긴급체포한 피의자를 석방하려는 때에는 다음 각 호의 구분에 따른 사항을 적은 피의자 석방서를 작성해야 한다.

1. 체포한 피의자를 석방하려는 때 : 체포 일시·장소, 체포 사유, 석방 일시·장소, 석방 사유 등
2. 긴급체포한 피의자를 석방하려는 때 : 법 제200조의4 제4항 각 호의 사항

② 사법경찰관은 제1항에 따라 피의자를 석방한 경우 다음 각 호의 구분에 따라 처리한다.

1. 체포한 피의자를 석방한 때 : 지체 없이 검사에게 석방사실을 통보하고, 그 통보서 사본을 사건기록에 편철한다.
2. 긴급체포한 피의자를 석방한 때 : 즉시 검사에게 석방 사실을 보고하고, 그 보고서 사본을 사건기록에 편철한다.

10 압수·수색에 대한 설명으로 옳은 것은?

21년 국가직 9급

① 증거물을 압수하였을 때에는 압수조서 및 압수목록을 작성하여야 하지만, 수색한 결과 증거물이 없는 경우에는 그 취지의 증명서를 교부할 필요는 없다.

② 수사기관이 압수·수색영장을 제시하고 압수·수색을 실시하여 그 집행을 종료하였다 하더라도 영장의 유효기간이 남아있다면 아직 그 영장의 효력이 상실되지 않았으므로, 동일한 장소에 대하여 다시 압수·수색할 수 있다.

③ 수사기관이 압수·수색영장 집행과정에서 영장발부의 사유인 범죄혐의사실과 무관한 별개의 증거를 압수하였다가 피압수자에게 환부하고 후에 이를 다시 임의제출받아 압수한 경우, 검사가 위 압수물 제출의 임의성을 합리적인 의심을 배제할 수 있을 정도로 증명하여 임의성이 인정된다면 이를 유죄 인정의 증거로 사용할 수 있다.

④ 압수·수색할 전자정보가 영장에 기재된 수색장소에 있는 정보처리장치에 있지 않고 그 정보처리장치와 정보통신망으로 연결되어 제3자가 관리하고 있는 원격지의 저장매체에 저장되어 있는 경우, 수사기관이 압수·수색영장에 기재되어 있는 압수할 물건을 적법한 절차와 집행방법에 따라 수색장소의 정보처리장치를 이용하여 원격지의 저장매체에 접속하였다 하더라도 이와 같은 압수·수색은 형사소송법에 위반된다.

정답 ③

영역 수사와 공소 > 강제처분과 강제수사

정답의 이유

③ 수사기관이 별개의 증거를 피압수자 등에게 환부하고 후에 임의제출받아 다시 압수하였다면 증거를 압수한 최초의 절차 위반행위와 최종적인 증거수집 사이의 인과관계가 단절되었다고 평가할 수 있으나, 환부 후 다시 제출하는 과정에서 수사기관의 우월적 지위에 의하여 임의제출 명목으로 실질적으로 강제적인 압수가 행하여질 수 있으므로, 제출에 임의성이 있다는 점에 관하여는 검사가 합리적 의심을 배제할 수 있을 정도로 증명하여야 하고, 임의로 제출된 것이라고 볼 수 없는 경우에는 증거능력을 인정할 수 없다(대판 2016.3.10., 2013도11233).

① 수색한 경우에 증거물 또는 몰취할 물건이 없는 때에는 그 취지의 증명서를 교부하여야 한다(형사소송법 제128조).

② 수사기관이 압수·수색영장을 제시하고 집행에 착수하여 압수·수색을 실시하고 그 집행을 종료하였다면 이미 그 영장은 목적을 달성하여 효력이 상실되는 것이고, 동일한 장소 또는 목적물에 대하여 다시 압수·수색할 필요가 있는 경우라면 그 필요성을 소명하여 법원으로부터 새로운 압수·수색영장을 발부받아야 하는 것이지, 앞서 발부받은 압수·수색영장의 유효기간이 남아 있다고 하여 이를 제시하고 다시 압수·수색을 할 수는 없다(대결 1992.12.1. 99모161).

④ 수사기관이 인터넷서비스이용자인 피의자를 상대로 피의자의 컴퓨터 등 정보처리장치 내에 저장되어 있는 이메일 등 전자정보를 압수·수색하는 것은 전자정보의 소유자 내지 소지자를 상대로 해당 전자정보를 압수·수색하는 대물적 강제처분으로 형사소송법의 해석상 허용된다. 나아가 압수·수색할 전자정보가 압수·수색영장에 기재된 수색장소에 있는 컴퓨터 등 정보처리장치 내에 있지 아니하고 그 정보처리장치와 정보통신망으로 연결되어 제3자가 관리하는 원격지의 서버 등 저장매체에 저장되어 있는 경우에도, 수사기관이 피의자의 이메일 계정에 대한 접근권한에 갈음하여 발부받은 영장에 따라 영장 기재 수색장소에 있는 컴퓨터 등 정보처리장치를 이용하여 적법하게 취득한 피의자의 이메일 계정 아이디와 비밀번호를 입력하는 등 피의자가 접근하는 통상적인 방법에 따라 원격지의 저장매체에 접속하고 그곳에 저장되어 있는 피의자의 이메일 관련 전자정보를 수색장소의 정보처리장치로 내려받거나 그 화면에 현출시키는 것 역시 피의자의 소유에 속하거나 소지하는 전자정보를 대상으로 이루어지는 것이므로 그 전자정보에 대한 압수·수색을 위와 달리 볼 필요가 없다(대판 2017.11.29., 2017도9747).

11 유류물 및 임의제출물 압수에 관한 설명으로 가장 적절하지 않은 것은? (다툼이 있는 경우 판례에 의함)
25년 경찰승진

① 임의제출에 있어 피의자가 일부 범행을 부인하는 등 제출의 임의성을 엄격히 심사해야 하는 상황에서 경찰관이 임의제출의 의미, 절차와 효과에 대하여 고지하였음을 인정할 자료가 없고 피의자가 임의제출할 경우 나중에 번의하더라도 되돌려받지 못한다는 사정을 인식하고 있었다고 단정하기 어렵다면, 현행범 체포 시 임의제출 형식으로 압수한 휴대전화 및 그에 저장된 전자정보의 증거능력은 인정되지 않는다.

② 임의제출물 압수의 경우에도 압수 직후 현장에서 압수목록을 바로 작성하여 교부하는 것이 원칙이지만, 예외적으로 압수물의 수량·종류·특성 기타의 사정상 압수 직후 현장에서 압수목록을 작성·교부하지 않을 수 있다는 취지가 영장에 명시되어 있고, 이와 같은 특수한 사정이 실제로 존재하는 경우에는 압수영장을 집행한 후 일정한 기간이 경과하고서 압수목록을 작성·교부할 수도 있다.

③ 임의제출된 증거물을 압수한 경우 압수 경위 등을 구체적으로 기재한 압수조서를 작성하여야 하지만, 피의자신문조서 등에 압수의 취지를 기재하여 압수조서를 갈음하더라도 위법하지 않다.

④ 피의자가 SSD 카드 등이 든 신발주머니를 거주지 바깥으로 투척하였고 경찰관들이 이 신발주머니를 수거한 후 SSD 카드의 소유자가 맞는지 질문하자 소유권을 부인하여 경찰관들이 SSD카드를 유류물로 압수한 경우에도 압수의 대상이나 범위는 해당 사건과 관계가 있다고 인정할 수 있는 것에 한정된다.

정답 ④

영역 수사와 공소 > 강제처분과 강제수사

④ 수사기관이 형사소송법 제218조에 따라 피의자 기타 사람이 유류한 정보저장매체를 영장 없이 압수할 때 해당 사건과 관계가 있다고 인정할 수 있는 것에 압수의 대상이나 범위가 한

정된다거나, 참여권자의 참여가 필수적이라고 볼 수는 없다 (대판 2024.7.25., 2021도1181).

① 경찰서로 연행되어 변호인의 조력을 받지 못한 상태에서 피의자로 조사받으면서 일부 범행에 대하여 부인하고 있던 상황이었으므로, 피고인이 자발적으로 휴대전화를 수사기관에 제출하였는지를 엄격히 심사해야 하는 점, 수사기관이 임의제출자인 피고인에게 임의제출의 의미, 절차와 임의제출할 경우 피압수물을 임의로 돌려받지는 못한다는 사정 등을 고지하였음을 인정할 자료가 없는 점, 피고인은 당시 "경찰관으로부터 '휴대전화를 반환할 수 있다.'는 말을 들었다."라고 진술하는 등 휴대전화를 임의제출할 경우 나중에 번의하더라도 되돌려받지 못한다는 사정을 인식하고 있었다고 단정하기 어려운 점 등에 비추어 볼 때, 휴대전화 제출에 관하여 검사가 임의성의 의문점을 없애는 증명을 다하지 못하였으므로 휴대전화 및 그에 저장된 전자정보는 위법수집증거에 해당하여 증거능력이 없다(대판 2024.3.12., 2020도9431).

② 압수물의 수량·종류·특성 기타의 사정상 압수 직후 현장에서 압수목록을 작성·교부하지 않을 수 있다는 취지가 영장에 명시되어 있고, 이와 같은 특수한 사정이 실제로 존재하는 경우에는 압수영장을 집행한 후 일정한 기간이 경과하고서 압수목록을 작성·교부할 수도 있다(대결 2024.1.5., 2021모385).

③ 검사 또는 사법경찰관은 증거물 또는 몰수할 물건을 압수했을 때에는 압수의 일시·장소, 압수 경위 등을 적은 압수조서와 압수물건의 품종·수량 등을 적은 압수목록을 작성해야 한다. 다만, 피의자신문조서, 진술조서, 검증조서에 압수의 취지를 적은 경우에는 그렇지 않다(검사와 사법경찰관의 상호협력과 일반적 수사준칙에 관한 규정 제40조).

12 공소의 제기에 대한 설명으로 옳지 않은 것은?
(다툼이 있는 경우 판례에 의함) 20년 국가직 5급 일반승진

① 「형사소송법」이 공소의 제기에 관하여 서면주의와 엄격한 요식주의를 채용한 것은 심판을 구하는 대상을 명확하게 하고 피고인의 방어권을 보장하기 위한 것이다.

② 공소장의 기재가 불명확한 경우 법원이 검사에게 공소사실 특정에 관한 석명에 이르지 아니한 채 곧바로 공소사실의 불특정을 이유로 공소기각 판결한 것만으로는 공소사실 특정에 관한 법리를 오해하였거나 심리를 미진한 위법이 있다고 할 수 없다.

③ 상습범에 있어서 공소제기의 효력은 공소가 제기된 범죄사실과 동일성이 인정되는 범죄사실 전체에 미친다.

④ 공소제기의 효력이 미치는 시적 범위는 사실심리의 가능성이 있는 최후의 시점인 판결선고시를 기준으로 삼아야 한다.

정답 ②

영역 수사와 공소 > 수사의 종결과 공소의 제기

② 공소장의 기재가 불명확한 경우 법원은 형사소송규칙 제141조의 규정에 의하여 검사에게 석명을 구한 다음, 그래도 검사가 이를 명확하게 하지 않은 때에야 공소사실의 불특정을 이유로 공소를 기각함이 상당하다고 할 것이므로(대법원 1983.6.14. 선고 82도293 판결 참조), 원심이 **검사에게 공소사실 특정에 관한 석명에 이르지 아니한 채 곧바로** 위와 같이 **공소사실의 불특정을 이유로 공소기각의 판결을 한 데에는, 공소사실의 특정에 관한 법리를 오해하였거나 심리를 미진한 위법이 있다고 할 것이다**(대판 2006.5.11., 2004도5972).

① 형사소송법이 공소의 제기에 관하여 서면주의와 엄격한 요식행위를 채용한 것은 공소의 제기에 의해서 법원의 심판이 개시되므로 심판을 구하는 대상을 명확하게 하고 피고인의 방어권을 보장하기 위한 것이다(대판 2009.2.26., 2008도11813).

③·④ 상습범에 있어서 공소제기의 효력은 공소가 제기된 범죄사실과 동일성이 인정되는 범죄사실 전체에 미치는 것이며, 또한 공소제기의 효력이 미치는 시적 범위는 사실심리이 가능성이 있는 최후의 시점인 판결선고시를 기준으로 삼아야 할 것이다(대판 1999.11.26., 99도3929, 99감도97).

13 재정신청에 관한 다음 설명 중 가장 옳지 않은 것은? (다툼이 있는 경우 판례에 의함) 25년 법원직 9급

① 검사의 불기소처분에 대하여 고소권자의 경우 재정신청을 할 수 있는 대상 범죄에 제한이 없으나, 기소유예처분에 대하여는 재정신청을 할 수 없다.

② 재정신청이 있으면 재정결정이 확정될 때까지 공소시효의 진행이 정지된다.

③ 재정신청을 취소한 자는 다시 재정신청을 할 수 없다.

④ 재정신청 제기기간이 경과된 후에 재정신청보충서를 제출하면서 원래의 재정신청에 재정신청 대상으로 포함되어 있지 않은 고발사실을 재정신청의 대상으로 추가한 경우, 그 재정신청보충서에서 추가한 부분에 관한 재정신청은 법률상 방식에 어긋난 것으로서 부적법하다.

정답 ①

영역 수사와 공소 > 수사의 종결과 공소의 제기

정답의 이유

① 검사의 공소를 제기하지 아니하는 처분에 대한 당부에 관한 재정신청에 당하는 법원은 검사의 무혐의 불기소처분이 위법하다 하더라도 기록에 나타난 제반사정을 고려하여 기소유예의 불기소처분을 할만한 사건이라고 인정되는 경우에는 재정신청을 기각할 수 있다(대결 1995.6.24., 94모33).

오답의 이유

② 형사소송법 제262조의4 제1항

③ 형사소송법 제264조 제2항

④ 대결 1997.4.22., 97모30

14 공판에 대한 설명으로 옳지 않은 것은? 21년 국가직 9급

① 피고인이 출석하지 아니하면 개정하지 못하는 경우에는 구속된 피고인이 정당한 사유 없이 공판정 출석을 거부하고, 교도관에 의한 인치가 불가능하거나 현저히 곤란하다고 인정되는 때에도 피고인의 출석 없이 공판절차를 진행하였다면 위법하다.

② 항소심 공판기일에 증거조사가 종료되자 변호인이 피고인을 신문하겠다는 의사를 표시하였으나, 재판장이 일체의 피고인신문을 불허하고 변호인에게 주장할 내용을 변론요지서로 제출할 것을 명령하면서 변론을 종결한 것은 위법하다.

③ 검사가 공판기일의 통지를 2회 이상 받고 출석하지 아니하거나 판결만을 선고하는 때에는 검사의 출석 없이 개정할 수 있다.

④ 법원은 공소의 제기가 있는 때에는 지체 없이, 늦어도 제1회 공판기일 전 5일까지 공소장부본을 피고인 또는 변호인에게 송달하여야 한다.

정답 ①

영역 공판 > 공판절차

정답의 이유

① 피고인이 출석하지 아니하면 개정하지 못하는 경우에 구속된 피고인이 정당한 사유 없이 출석을 거부하고, 교도관에 의한 인치가 불가능하거나 현저히 곤란하다고 인정되는 때에는 피고인의 출석 없이 공판절차를 진행할 수 있다(형사소송법 제277조의2 제1항).

오답의 이유

② 재판장은 변호인이 피고인을 신문하겠다는 의사를 표시한 때에는 피고인을 신문할 수 있도록 조치하여야 하고, 변호인이 피고인을 신문하겠다는 의사를 표시하였음에도 변호인에게 일체의 피고인신문을 허용하지 않은 것은 변호인의 피고인신문권에 관한 본질적 권리를 해하는 것으로서 소송절차의 법령위반에 해당한다(대판 2020.12.24., 2020도10778).

③ 형사소송법 제278조

④ 형사소송법 제266조

15 공개주의원칙에 관한 다음 설명 중 옳지 않은 것은 모두 몇 개인가? (다툼이 있으면 판례에 의함)

19년 경찰간부후보생

> ⓐ 재판장은 공공의 이익을 위하여 상당한 이유가 있는 경우라도 피고인의 동의가 있는 경우에 한하여 법정 안에서 녹화, 촬영, 중계방송 등의 행위를 허가할 수 있다.
>
> ⓑ 선량한 풍속을 보호하거나 국가의 안전보장을 위하여 필요하다고 인정할 때에는 판결을 비공개할 수 있다.
>
> ⓒ 공판의 공개에 관한 규정을 위반한 경우는 절대적 항소 이유에 해당한다.
>
> ⓓ 소년에 대한 형사사건의 심리는 공개하지 아니하나, 법원은 적당하다고 인정하는 자에게 참석을 허가할 수 있다.
>
> ⓔ 재판장이 법정의 질서유지를 위하여 필요한 때에 방청석 수만큼 방청권을 발행하여 그 소지자에 한하여 방청을 허용하거나 위험물 등을 가진 자의 입정을 금지하는 것은 공개 주의에 위반되지 않는다.

① 1개   ② 2개
③ 3개   ④ 4개

정답 ③

영역 공판 > 공판절차

정답의 이유

ⓐ 재판장은 피고인(또는 법정에 출석하는 원. 피고)의 동의가 있는 때에 한하여 촬영 등의 신청에 대한 허가를 할 수 있다. 다만, 피고인(또는 법정에 출석하는 원. 피고)의 동의 여부에 불구하고 촬영 등 행위를 허가함이 공공의 이익을 위하여 상당하다고 인정되는 경우에는 그러하지 아니하다(법정 방청 및 촬영 등에 관한 규칙 제4조 제2항).

ⓑ 재판의 심리와 판결은 공개한다. 다만, 심리는 국가의 안전보장, 안녕질서 또는 선량한 풍속을 해칠 우려가 있는 경우에는 결정으로 공개하지 아니할 수 있다(법원조직법 제57조 제1항). 판결의 선고는 비공개할 수 없다.

ⓓ 소년보호사건의 심리는 공개하지 아니한다. 다만, 소년부 판사는 적당하다고 인정하는 자에게 참석을 허가할 수 있다(소년법 제24조 제2항).

오답의 이유

ⓒ 형사소송법 제361조의5 제9호

ⓔ 법정 방청 및 촬영 등에 관한 규칙 제2조

---

16 간이공판절차에 대한 설명으로 옳은 것은?

25년 국가직 9급

① 법원은 간이공판절차의 결정을 한 사건에 대하여 간이공판절차로 심판하는 것이 현저히 부당하다고 인정할 때에는 피고인 또는 변호인의 의견을 들어 그 결정을 취소하여야 한다.

② 제1심법원에서 간이공판절차에 의하여 심판하기로 하여「형사소송법」제318조의3 규정에 따라 증거능력이 있는 증거는, 항소심에 이르러 피고인이 범행을 부인하면 증거능력이 유지되지 않으므로 다시 증거조사를 해야 한다.

③ 간이공판절차의 결정이 취소된 때에는 공판절차를 갱신하여야 한다. 단, 검사, 피고인 또는 변호인이 이의가 없는 때에는 그러하지 아니하다.

④ 피고인이 공소사실에 대하여 검사가 신문할 때에 공소사실을 모두 사실과 다름없다고 진술하였다면 변호인이 신문할 때는 범의나 공소사실을 부인하더라도 그 공소사실은 간이공판절차에 의하여 심판할 대상에 해당한다.

정답 ③

영역 공판 > 공판절차

정답의 이유

③ 형사소송법 제301조의2

오답의 이유

① 법원은 간이공판절차의 결정을 한 사건에 대하여 피고인의 자백이 신빙할 수 없다고 인정되거나 간이공판절차로 심판하는 것이 현저히 부당하다고 인정할 때에는 검사의 의견을 들어 그 결정을 취소하여야 한다(형사소송법 제286조의3).

② 피고인이 제1심법원에서 공소사실에 대하여 자백하여 제1심법원이 이에 대하여 간이공판절차에 의하여 심판할 것을 결정하고, 이에 따라 제1심법원이 제1심판결 명시의 증거들을 증거로 함에 피고인 또는 변호인의 이의가 없어 형사소송법 제318조의3의 규정에 따라 증거능력이 있다고 보고, 상당하다고 인정하는 방법으로 증거조사를 한 이상, 가사 항소심에 이르러 범행을 부인하였다고 하더라도 제1심법원에서 증거로 할 수 있었던 증거는 항소법원에서도 증거로 할 수 있는 것이므로 제1심법원에서 이미 증거능력이 있었던 증거는 항소심에서도 증거능력이 그대로 유지되어 심판의 기초가 될 수 있고 다시 증거조사를 할 필요가 없다(대판 1998.2.27., 97도3421).

④ 피고인이 공소사실에 대하여 검사가 신문을 할 때에는 공소사실을 모두 사실과 다름없다고 진술하였으나 변호인이 신문을 할 때에는 범의나 공소사실을 부인하였다면 그 공소사실은 간이공판절차에 의하여 심판할 대상이 아니고, 따라서 피고인의 법정에서의 진술을 제외한 나머지 증거들은 간이공판절차가 아닌 일반절차에 의한 적법한 증거조사를 거쳐 그에 관한 증거능력이 부여되지 아니하는 한 그 공소사실에 대한 유죄의 증거로 삼을 수 없다(대판 1998.2.27., 97도3421).

17 수사기관 작성의 피의자신문조서의 증거능력에 관한 다음 설명 중 가장 옳은 것은? (다툼이 있으면 판례에 의함)

① 검사가 작성한 피의자신문조서의 일부에 대하여만 피고인이 성립의 진정을 인정하는 것은 허용되지 않는다.
② 「형사소송법」 제312조 제4항의 '특히 신빙할 수 있는 상태'란 그 진술내용이나 조서의 작성에 허위개입의 여지가 거의 없고, 그 진술내용의 신용성이나 임의성을 담보할 구체적이고 외부적인 정황이 있는 경우를 말하며, 이는 검사가 엄격한 증명을 통해 증명하여야 한다.
③ 사법경찰관이 작성한 피의자신문조서는 적법한 절차와 방식에 따라 작성된 것으로서 피고인이 진술한 내용과 동일하게 기재되어 있음이 공판준비 또는 공판기일에서의 피고인 진술에 의하여 인정되고, 그 조서에 기재된 진술이 특히 신빙할 수 있는 상태에서 행하여졌음이 증명된 때에 한하여 증거로 할 수 있다.
④ 「형사소송법」 제312조 제3항은 검사 이외의 수사기관이 작성한 당해 피고인과 공범관계에 있는 다른 피고인이나 피의자에 대한 피의자 신문조서를 당해 피고인에 대한 유죄의 증거로 채택할 경우에도 적용된다.

정답 ④
영역 공판 > 증거
정답의 이유
④ 대판 2008.9.25., 2008도5189

시대에듀 | 교정승진

오답의 이유
① 피고인이 피의자신문조서 중 일부에 관하여만 실질적 진정성립을 인정하는 경우에는 법원은 진술한 대로 기재되어 있다고 하는 부분에 한하여 증거능력을 인정하여야 하고, 그밖에 실질적 진정성립이 인정되지 않는 부분에 대해서는 증거능력을 부정하여야 한다(대판 2013.3.14., 2011도8325).
② 형사소송법 제312조 제4항에서 '특히 신빙할 수 있는 상태'는 증거능력의 요건에 해당하므로 검사가 그 존재에 대하여 구체적으로 주장·증명하여야 하지만, 이는 소송상의 사실에 관한 것이므로 엄격한 증명을 요하지 아니하고 자유로운 증명으로 족하다(대판 2012.7.26., 2012도2937).
③ 검사 이외의 수사기관이 작성한 피의자신문조서는 적법한 절차와 방식에 따라 작성된 것으로서 공판준비 또는 공판기일에 그 피의자였던 피고인 또는 변호인이 그 내용을 인정할 때에 한하여 증거로 할 수 있다(형사소송법 제312조 제3항).

(( )) 더 알아보기
증거능력이 부정되는 피의자신문조서
- 조서말미에 피고인의 서명만이 있고 그 날인(무인 포함)이나 간인이 없는 검사 작성의 피의자신문조서는 증거능력이 없다(대판 1999.4.13., 99도237).
- 피고인의 서명·날인 및 간인이 없는 검사 작성의 피고인에 대한 피의자신문조서는 증거능력이 없다(대판 1992.6.23., 92도954).
- 피고인의 기명만이 있고 그 날인이나 무인이 없는 검사 작성의 피의자신문조서는 증거능력이 없다(대판 1981.10.27., 81도1370).
- 검사 작성의 피의자신문조서에 작성자인 검사의 서명·날인이 되어 있지 아니한 경우 그 피의자신문조서는 공무원이 작성하는 서류로서의 요건을 갖추지 못한 것으로서 형사소송법 제57조 제1항에 위반되어 무효이고 따라서 이에 대하여 증거능력을 인정할 수 없다고 보아야 할 것이며, 그 피의자신문조서에 진술인 피고인의 서명·날인이 되어 있다거나 피고인이 법정에서 그 피의자신문조서에 대하여 진정성립과 임의성을 인정하였다고 하여 달리 볼 것은 아니다(대판 2001.9.28., 2001도4091).

18 증거동의에 대한 설명으로 옳지 않은 것은?

22년 국가직 9급

① 변호인은 피고인의 명시한 의사에 반하지 않는 한 피고인을 대리하여 증거로 함에 동의할 수 있다.
② 증거동의의 효력은 당해 심급에만 미치므로 공판절차의 갱신이 있거나 심급을 달리하면 그 효력이 상실된다.
③ 서류의 기재내용이 가분적인 경우에는 서류의 일부에 대한 증거동의도 가능하다.
④ 필요적 변호사건에서 피고인과 변호인이 무단퇴정하여 수소법원이 피고인이나 변호인이 출석하지 않은 상태에서 증거조사를 하는 경우, 피고인의 진의와 관계없이 증거로 함에 동의가 있는 것으로 간주한다.

정답 ②

영역 공판 > 공판절차

[정답의 이유]
② 사법경찰관 및 검사 작성의 갑에 대한 각 피의자신문조서는 제1심 공판기일에서 피고인이 증거로 함에 동의하였다면 제2심 공판기일에서 피고인이 이를 번복하여 증거로 함에 부동의하였더라도 이미 적법하게 부여된 위 조서들의 증거능력이 상실되지는 않는다(대판 1991.1.11., 90도2525).

[오답의 이유]
① 증거로 함에 대한 동의의 주체는 소송주체인 당사자라 할 것이지만 변호인은 피고인의 명시한 의사에 반하지 아니하는 한 피고인을 대리하여 이를 할 수 있음은 물론이므로 피고인이 증거로 함에 동의하지 아니한다고 명시적인 의사표시를 한 경우 이외에는 변호인은 서류나 물건에 대하여 증거로 함에 동의할 수 있고 이 경우 변호인의 동의에 대하여 피고인이 즉시 이의하지 아니하는 경우에는 변호인의 동의로 증거능력이 인정되고 증거조사 완료 전까지 앞서의 동의가 취소 또는 철회하지 아니한 이상 일단 부여된 증거능력은 그대로 존속한다(대판 1999.8.20., 99도2029).
③ 피고인들이 제1심 법정에서 경찰의 검증조서 가운데 범행부분만 부동의하고 현장상황 부분에 대해서는 모두 증거로 함에 동의하였다면, 위 검증조서 중 범행상황 부분만을 증거로 채용한 제1심판결에 잘못이 없다(대판 1990.7.24., 90도1303). 원칙적으로 동의의 효력은 동의의 대상으로 특정된 서류 또는 물건의 전체에 미치며 일부에 대한 동의는 허용되지 않으나, 이와 같이 동의한 서류(조서)의 내용이 가분적인 경우에는 그 일부에 대하여도 동의할 수 있다.

④ 필요적 변호사건이라 하여도 피고인이 재판거부의 의사를 표시하고 재판장의 허가 없이 퇴정하고 변호인마저 이에 동조하여 퇴정해 버린 것은 모두 피고인측의 방어권의 남용 내지 변호권의 포기로 볼 수밖에 없는 것이므로 수소법원으로서는 형사소송법 제330조에 의하여 피고인이나 변호인의 재정 없이도 심리판결할 수 있고, 피고인과 변호인들이 출석하지 않은 상태에서 증거조사를 할 수밖에 없는 경우에는 형사소송법 제318조 제2항의 규정상 피고인의 진의와는 관계없이 형사소송법 제318조 제1항의 동의가 있는 것으로 간주하게 되어 있다(대판 1991.6.28., 91도865).

19 위법수집증거배제법칙에 대한 설명으로 옳은 것만을 모두 고른 것은? (다툼이 있는 경우 판례에 의함)

17년 국가직 7급

> ㉠ 수사기관이 압수·수색영장에 기하여 피의자의 주거지에서 증거물 A를 압수하고, 며칠 후 영장 유효기간이 도과하기 전에 위 영장으로 다시 같은 장소에서 증거물 B를 압수한 경우, 증거물 B는 위법수집증거이다.
>
> ㉡ 수사기관이 영장을 발부받지 아니한 채 교통사고로 의식 불명인 피의자의 동의 없이 그의 아버지의 동의를 받아 피의자의 혈액을 채취하고 사후에도 지체 없이 영장을 발부받지 않았다면 그 혈액에 대한 혈중 알코올농도에 관한 감정의뢰회보는 위법수집증거이다.
>
> ㉢ 甲이 휴대전화기로 乙과 통화한 후 예우차원에서 바로 전화를 끊지 않고 기다리던 중 그 휴대전화기로부터 乙과 丙이 대화하는 내용이 들리자 이를 그 휴대전화기로 녹음한 경우, 이 녹음은 위법하다고 할 수 없다.
>
> ㉣ 수사기관이 범행현장에서 지문채취 대상물인 유리컵에서 지문을 채취한 후, 그 유리컵을 적법한 절차에 의하지 아니한 채 압수하였다면 채취된 지문도 위법수집증거이다.

① ㉠, ㉡　　　　② ㉠, ㉣

③ ㉡, ㉢　　　　④ ㉢, ㉣

정답 ①

영역 공판 > 증거

정답의 이유

㉠ 대결 1999.12.1., 99모161 참고

㉡ 수사기관의 강제처분에 관하여 상세한 절차조항을 규정하고 있는 형사소송법의 취지에 비추어 볼 때, 수사기관이 법원으로부터 영장 또는 감정처분허가장을 발부받지 아니한 채 피의자의 동의 없이 피의자의 신체로부터 혈액을 채취하고 사후에도 지체 없이 영장을 발부받지 아니한 채 그 혈액 중 알코올농도에 관한 감정을 의뢰하였다면, 이러한 과정을 거쳐 얻은 감정의뢰회보 등은 형사소송법상 영장주의 원칙을 위반하여 수집하거나 그에 기초하여 획득한 증거로서, 그 절차위반행위가 적법절차의 실질적인 내용을 침해하여 피고인이나 변호인의 동의가 있더라도 유죄의 증거로 사용할 수 없다(대판 2014.11.13., 2013도1228).

오답의 이유

㉢ 원심은 그 판시와 같은 이유를 들어, 피고인이 ㅇㅇㅇ신문사 빌딩에서 휴대폰의 녹음기능을 작동시킨 상태로 공소외 1 재단법인(이하 '공소외 1 재단법인'라고 한다)의 이사장실에서 집무 중이던 공소외 1 재단법인 이사장인 공소외 2의 휴대폰으로 전화를 걸어 공소외 2와 약 8분간의 전화통화를 마친 후 상대방에 대한 예우차원에서 바로 전화통화를 끊지 않고 공소외 2가 전화를 먼저 끊기를 기다리던 중, 평소 친분이 있는 △△방송 기획홍보본부장 공소외 3이 공소외 2와 인사를 나누면서 △△방송 전략기획부장 공소외 4를 소개하는 목소리가 피고인의 휴대폰을 통해 들려오고, 때마침 공소외 2가 실수로 휴대폰의 통화종료 버튼을 누르지 아니한 채 이를 이사장실 내의 탁자 위에 놓아두자, 공소외 2의 휴대폰과 통화연결상태에 있는 자신의 휴대폰 수신 및 녹음기능을 이용하여 이 사건 대화를 몰래 청취하면서 녹음한 사실을 인정한 다음, 피고인은 이 사건 대화에 원래부터 참여하지 아니한 제3자이므로, 통화연결상태에 있는 휴대폰을 이용하여 이 사건 대화를 청취·녹음하는 행위는 작위에 의한 구 통신비밀보호법 제3조의 위반행위로서 같은 법 제16조 제1항 제1호에 의하여 처벌된다고 판단하였다. 원심판결 이유를 앞서 본 법리와 적법하게 채택된 증거들에 비추어 살펴보면, 원심의 위와 같은 판단은 정당하고, 거기에 상고이유 주장과 같이 구 통신비밀보호법 제3조 제1항에 정한 '공개되지 아니한 타인간의 대화'의 의미와 같은 법 제16조 제1항 제1호의 처벌대상 및 형법상 작위와 부작위의 구별에 관한 법리를 오해하는 등의 잘못이 없다(대판 2016.5.12., 2013도15616).

㉣ 범행 현장에서 지문채취 대상물에 대한 지문채취가 먼저 이루어진 이상, 수사기관이 그 이후에 지문채취 대상물을 적법한 절차에 의하지 아니한 채 압수하였다고 하더라도(한편, 이 사건 지문채취 대상물인 맥주컵, 물컵, 맥주병 등은 피해자 공소외 1이 운영하는 주점 내에 있던 피해자 공소외 1의 소유로서 이를 수거한 행위가 피해자 공소외 1의 의사에 반한 것이라고 볼 수 없으므로, 이를 가리켜 위법한 압수라고 보기도 어렵다). 위와 같이 채취된 지문은 위법하게 압수한 지문채취 대상물로부터 획득한 2차적 증거에 해당하지 아니함이 분명하여, 이를 가리켜 위법수집증거라고 할 수 없으므로, 원심이 이를 증거로 채택한 것이 위법하다고 할 수 없다(대판 2008.10.23., 2008도7471).

20 위법수집 증거배제법칙에 대한 설명 중 가장 적절하지 않은 것은? (다툼이 있는 경우 판례에 의함)

20년 경찰공무원 1차

① 적법한 절차를 따르지 않고 수집한 증거를 예외적으로 유죄인정의 증거로 사용할 수 있는 구체적이고 특별한 사정이 존재한다는 점에 대한 입증책임은 검사에게 있다.

② 적법절차에 위배되는 행위의 영향이 차단되거나 소멸되었다고 볼 수 있는 상태에서 수집한 증거는 그 증거능력을 인정하더라도 적법절차의 실질적 내용에 대한 침해가 일어나지는 않았기 때문에 그 증거능력을 부정할 이유는 없다.

③ 위법수집증거 배제법칙은 「헌법」 제12조의 적법절차를 보장하기 위한 성격을 가지기 때문에, 자신의 기본권을 침해당한 사람만이 위법수집증거 배제법칙을 주장할 수 있다. 따라서 수사기관이 피고인 아닌 자를 상대로 적법한 절차에 따르지 아니하고 수집한 증거는 원칙적으로 피고인에 대한 유죄인정의 증거로 삼을 수 있다.

④ 위법하게 수집된 증거에서 파생하는 2차적 증거는 원칙적으로 증거능력이 배제되어야 하지만, 절차에 따르지 않은 증거수집과 2차적 증거수집 사이의 인과관계의 희석 또는 단절 여부를 중심으로 2차적 증거수집과 관련된 모든 사정을 전체적 종합적으로 고려하여 예외적인 경우에는 2차적 증거의 증거능력을 인정할 수 있다.

정답 ③

영역 공판 > 증거

정답의 이유

③ 형사소송법 제308조의2는 "적법한 절차에 따르지 아니하고 수집한 증거는 증거로 할 수 없다."고 규정하고 있는데, 수사기관이 헌법과 형사소송법이 정한 절차에 따르지 아니하고 수집한 증거는 유죄인정의 증거로 삼을 수 없는 것이 원칙이므로, 수사기관이 피고인 아닌 자를 상대로 적법한 절차에 따르지 아니하고 수집한 증거는 원칙적으로 피고인에 대한 유죄인정의 증거로 삼을 수 없다(대판 2011.6.30., 2009도6717).

오답의 이유

① 대판 2009.3.12., 2008도763

② 대판 2013.3.14., 2010도2094

④ 대판 2007.11.15., 2007도3061 전합

---

21 증거능력에 대한 다음의 설명(㉠~㉣) 중 옳고 그름의 표시(○, ×)가 바르게 된 것은? (다툼이 있는 경우 판례에 의함)

20년 경찰공무원 1차

㉠ 대화 내용을 녹음한 파일 등의 전자매체는 성질상 작성자나 진술자의 서명 혹은 날인이 없을 뿐만 아니라, 녹음자의 의도나 특정한 기술에 의하여 내용이 편집·조작될 위험성이 있음을 고려하여 대화 내용을 녹음한 원본이거나 혹은 원본으로부터 복사한 사본일 경우에는 복사과정에서 편집되는 등 인위적 개작 없이 원본의 내용 그대로 복사된 사본임이 입증되어야만 하고, 그러한 입증이 없는 경우에는 쉽게 그 증거능력을 인정할 수 없다.

㉡ 수사기관이 참고인을 조사하는 과정에서 「형사소송법」 제221조 제1항에 따라 작성한 영상녹화물은 다른 법률에서 달리 규정하고 있는 등의 특별한 사정이 없는 한, 공소사실을 직접 증명할 수 있는 독립적인 증거로 사용될 수 있다고 해석함이 타당하다.

㉢ 정보통신망을 통하여 공포심이나 불안감을 유발하는 글을 반복적으로 상대방에게 도달하게 하는 행위를 하였다는 공소사실에 대하여 휴대전화기에 저장된 문자정보가 그 증거가 되는 경우 「형사소송법」 제310조의2에서 정한 전문법칙이 적용되지 않는다.

㉣ 수사기관이 甲으로부터 피고인의 「마약류관리에 관한 법률」 위반(향정) 범행에 대한 진술을 듣고 추가적인 증거를 확보할 목적으로, 구속수감되어 있던 甲에게 그의 압수된 휴대전화를 제공하여 피고인과 통화하고 위 범행에 관한 통화 내용을 녹음하게 하여 작성된 녹취록 첨부 수사보고는 피고인이 동의하는 한 증거능력이 있다.

① ㉠ (○) ㉡ (×) ㉢ (×) ㉣ (○)

② ㉠ (○) ㉡ (×) ㉢ (○) ㉣ (×)

③ ㉠ (×) ㉡ (○) ㉢ (○) ㉣ (○)

④ ㉠ (○) ㉡ (×) ㉢ (×) ㉣ (×)

정답 ②

영역 공판 > 증거

[정답의 이유]

㉠ 대판 2012.9.13., 2012도7461

㉢ 대판 2008.11.13., 2006도2556

[오답의 이유]

㉡ 2007. 6. 1. 법률 제8496호로 개정되기 전의 형사소송법에는 없던 수사기관에 의한 피의자 아닌 자(이하 '참고인'이라 한다) 진술의 영상녹화를 새로 정하면서 그 용도를 참고인에 대한 진술조서의 실질적 진정성립을 증명하거나 참고인의 기억을 환기시키기 위한 것으로 한정하고 있는 현행 형사소송법의 규정 내용을 영상물에 수록된 성범죄 피해자의 진술에 대하여 독립적인 증거능력을 인정하고 있는 성폭력범죄의 처벌 등에 관한 특례법 제30조 제6항 또는 아동·청소년의 성보호에 관한 법률 제26조 제6항의 규정과 대비하여 보면, 수사기관이 참고인을 조사하는 과정에서 형사소송법 제221조 제1항에 따라 작성한 영상녹화물은, 다른 법률에서 달리 규정하고 있는 등의 특별한 사정이 없는 한, 공소사실을 직접 증명할 수 있는 독립적인 증거로 사용될 수는 없다고 해석함이 타당하다(대판 2014.7.10., 2012도5041).

㉣ 수사기관이 갑으로부터 피고인의 마약류관리에 관한 법률 위반(향정) 범행에 대한 진술을 듣고 추가적인 증거를 확보할 목적으로, 구속수감되어 있던 갑에게 그의 압수된 휴대전화를 제공하여 피고인과 통화하고 위 범행에 관한 통화 내용을 녹음하게 한 행위는 불법감청에 해당하므로, 그 녹음 자체는 물론 이를 근거로 작성된 녹취록 첨부 수사보고는 피고인의 증거동의에 상관없이 그 증거능력이 없다(대판 2010.10.14., 2010도9016).

22 일부상소에 대한 설명으로 옳지 않은 것은?

24년 국가직 9급

① 상소는 재판의 일부에 대하여 할 수 있으며, 일부에 대한 상소는 그 일부와 불가분의 관계에 있는 부분에 대하여도 효력이 미친다.

② 포괄일죄에 대하여 일부유죄, 일부무죄의 판결이 선고된 경우에 검사만이 무죄부분에 대하여 상고를 하고 피고인은 상고하지 않은 경우, 유죄부분도 상고심에 이전되어 심판의 대상이 된다.

③ 포괄일죄의 일부만이 유죄로 된 경우 그 유죄부분에 대하여 피고인만이 항소하고 공소기각으로 판단된 부분에 대하여 검사는 항소하지 않은 경우, 공소기각으로 판단된 부분도 항소심의 심판대상이 되므로 항소심은 그 부분에까지 나아가 판단해야 한다.

④ 제1심이 경합범에 대하여 일부무죄·일부유죄로 판결한 것에 대하여 검사만이 무죄부분에 대하여 항소한 경우, 피고인과 검사가 항소하지 아니한 유죄 부분은 항소기간이 지남에 따라 확정되어 무죄부분만이 항소심의 심판대상이 되므로 항소심에서 파기할 때에는 무죄부분만을 파기하여야 한다.

정답 ③

영역 상소·비상구제절차·특별절차 > 상소

[정답의 이유]

③ 환송 전 항소심에서 포괄일죄의 일부만이 유죄로 인정된 경우 그 유죄부분에 대하여 피고인만이 상고하였을 뿐 무죄부분에 대하여 검사가 상고를 하지 않았다면 상소불가분의 원칙에 의하여 무죄부분도 상고심에 이심되기는 하나 그 부분은 이미 당사자 간의 공격방어의 대상으로부터 벗어나 사실상 심판대상에서부터도 벗어나게 되어 상고심으로서도 그 무죄부분에까지 나아가 판단할 수 없는 것이고, 따라서 상고심으로부터 위 유죄부분에 대한 항소심판결이 잘못되었다는 이유로 사건을 파기환송받은 항소심은 그 무죄부분에 대하여 다시 심리판단하여 유죄를 선고할 수 없다(대판 1991.3.12., 90도2820).

[오답의 이유]

① 형사소송법 제342조 제1항, 제2항

② 포괄적 일죄의 관계에 있는 공소사실 중 일부 유죄, 나머지 무죄의 판결에 대하여 검사만이 무죄부분에 대한 상고를 하고 피고인은 상고하지 아니하더라도 상소불가분의 원칙상 검

사의 상고는 그 판결의 유죄부분과 무죄부분 전부에 미치는 것이므로 유죄부분도 상고심에 이전되어 그 심판대상이 된다(대판 1989.4.11., 86도1629).

④ 형법 제37조 전단의 경합범으로 같은 법 제38조 제1항 제2호에 해당하는 경우 하나의 형으로 처벌하여야 함은 물론이지만 위 규정은 이를 동시에 심판하는 경우에 관한 규정인 것이고 경합범으로 동시에 기소된 사건에 대하여 일부 유죄, 일부 무죄의 선고를 하거나 일부의 죄에 대하여 징역형을, 다른 죄에 대하여 벌금형을 선고하는 등 판결주문이 수개일 때에는 그 1개의 주문에 포함된 부분을 다른 부분과 분리하여 일부상소를 할 수 있는 것이고 당사자 쌍방이 상소하지 아니한 부분은 분리 확정된다고 볼 것이므로, 경합범 중 일부에 대하여 무죄, 일부에 대하여 유죄를 선고한 제1심판결에 대하여 검사만이 무죄 부분에 대하여 항소를 한 경우 피고인과 검사가 항소하지 아니한 유죄판결 부분은 항소기간이 지남으로써 확정되어 항소심에 계속된 사건은 무죄판결 부분에 대한 공소뿐이라 할 것이고, 그에 따라 항소심에서 이를 파기할 때에는 무죄 부분만을 파기할 수밖에 없다(대판 2000.2.11., 99도4840).

23 다음 중 불이익변경금지 원칙에 반하지 않는 경우에 해당하는 것은 모두 몇 개인가? (다툼이 있으면 판례에 의함) 19년 경찰간부후보생

> 가. 제1심에서 별개의 사건으로 징역 1년에 집행유예 2년과 추징금 1천만 원 및 징역 1년 6월과 추징금 1백만 원의 형을 선고받고 항소한 피고인에 대하여, 항소심에서 사건을 병합 심리한 후 경합범으로 처단하면서 제1심의 각 형량보다 중한 형인 징역 2년과 추징금 1,100만 원을 선고한 경우
> 나. 500만 원의 벌금형을 선고한 약식명령에 불복하여 피고인이 정식재판을 청구한 사건에서, 정식재판을 통해 벌금 700만 원을 선고한 경우
> 다. 피고인과 검사 쌍방이 항소하였으나 검사가 항소 부분에 대한 항소이유서를 제출하지 아니하여 결정으로 항소를 기각하면서 원심보다 중한 형을 선고하는 경우
> 라. 피고인만이 항소한 경우 벌금형은 감경되었으나 그 환형 유치기간만이 길어진 경우

① 1개
② 2개
③ 3개
④ 4개

정답 ③

영역 상소 · 비상구제절차 · 특별절차 > 상소

정답의 이유

③ 불이익변경금지 원칙에 반하지 않는 경우는 가, 나, 라 3개이다.

가. 대판 2001.9.18., 2001도3448

나. 벌금형이 고지된 약식명령에 대해 피고인만이 정식재판을 청구한 경우 법원은 벌금액을 상향하여 선고할 수 있다(형사소송법 제457조의2 참고).

라. 피고인에 대한 벌금형이 제1심보다 감경되었다면 비록 그 벌금형에 대한 노역장유치기간이 제1심보다 더 길어졌다고 하더라도 전체적으로 보아 형이 불이익하게 변경되었다고 할 수는 없다 할 것이고, 피고인에 대한 벌금형이 제1심보다 감경되었을 뿐만 아니라 그 벌금형에 대한 노역장유치기간도 줄어든 경우라면 노역장 유치 환산의 기준 금액이 제1심의 그것보다 낮아졌다 하여도 형이 불이익하게 변경되었다고 할 수는 없다(대판 2000.11.24., 2000도3945).

오답의 이유

다. 피고인과 검사 쌍방이 항소하였으나 검사가 항소 부분에 대한 항소이유서를 제출하지 아니하여 결정으로 항소를 기각하여야 하는 경우에는 실질적으로 피고인만이 항소한 경우와 같게 되므로 항소심은 불이익변경금지의 원칙에 따라 제1심 판결의 형보다 중한 형을 선고하지 못한다(대판 1998.9.25., 98노2111).

24 항고에 관한 다음 설명 중 가장 옳지 않은 것은?

① 법원이 사건을 국민참여재판으로 진행하기로 하는 결정 또는 배제하기로 하는 결정에 대하여는 즉시항고를 할 수 있다.
② 검사의 체포영장 또는 구속영장 청구에 대한 지방법원판사의 재판은 항고나 준항고의 대상이 되지 않는다.
③ 재정신청에 관한 법원의 공소제기결정에 대하여 재항고가 허용되지 않으므로, 공소제기결정에 대하여 재항고가 제기되면 결정으로 이를 기각하여야 한다.
④ 국선변호인선임청구 기각결정에 대하여는 보통항고를 할 수 없다.

정답 ①

영역 상소 · 비상구제절차 · 특별절차 > 상소

정답의 이유
① 국민의 형사재판 참여에 관한 법률에 의하면 제1심법원이 국민참여재판 대상사건을 피고인의 의사에 따라 국민참여재판으로 진행함에 있어 별도의 국민참여재판 개시결정을 할 필요는 없고, 그에 관한 이의가 있어 제1심법원이 국민참여재판으로 진행하기로 하는 결정에 이른 경우 이는 판결 전의 소송절차에 관한 결정에 해당하며, 그에 대하여 특별히 즉시항고를 허용하는 규정이 없으므로 위 결정에 대하여는 항고할 수 없다(대결 2009.10.23., 2009모1032).

오답의 이유
② 검사의 체포영장 또는 구속영장 청구에 대한 지방법원판사의 재판은 형사소송법 제402조의 규정에 의하여 항고의 대상이 되는 '법원의 결정'에 해당하지 아니하고, 제416조 제1항의 규정에 의하여 준항고의 대상이 되는 '재판장 또는 수명법관의 구금 등에 관한 재판'에도 해당하지 아니한다(대결 2006.12.18., 2006모646).
③ 대결 2012.10.29., 2012모1090
④ 국선변호인선임청구를 기각한 결정은 판결 전의 소송절차이므로, 그 결정에 대하여 즉시항고를 할 수 있는 근거가 없는 이상 그 결정에 대하여는 재항고도 할 수 없다(대결 1993.12.3., 92모49).

25 약식절차와 즉결심판절차에 관한 설명으로 가장 적절하지 않은 것은? (다툼이 있는 경우 판례에 의함)

① 약식명령에 대한 정식재판의 청구는 제1심판결 선고 전까지 취하할 수 있다.
② 약식명령에 대한 정식재판의 청구기간은 피고인에 대한 약식명령 고지일을 기준으로 하여 기산하여야 한다.
③ 즉결심판절차에서는 공소장일본주의가 적용된다.
④ 즉결심판에 불복하는 피고인은 즉결심판의 선고 · 고지를 받은 날부터 7일 이내에 정식재판청구서를 경찰서장에게 제출하여야 한다.

정답 ③

영역 상소 · 비상구제절차 · 특별절차 > 특별절차

정답의 이유
③ 즉결심판에 관한 절차법이 즉결심판의 청구와 동시에 판사에게 증거서류 및 증거물을 제출하도록 한 것은 즉결심판이 범증이 명백하고 죄질이 경미한 범죄사건을 신속 · 적정하게 심판하기 위한 입법적 고려에서 공소장일본주의가 배제되도록 한 것이라고 보아야 한다(대판 2011.1.27., 2008도7375).

오답의 이유
① 형사소송법 제454조
② 대결 2017.7.27., 2017모1557
④ 즉결심판법 제14조 제1항

174 시대에듀 | 교정승진

형사소송법 5회

01 실체적 진실주의에 대한 설명으로 옳은 것은?

24년 국가직 7급

① 실체적 진실주의란 법원이 당사자의 사실상의 주장, 사실의 인부 또는 제출한 증거만을 기초로 사안의 진상을 밝혀 진실한 사실을 인정하여야 한다는 형사소송법상의 원리를 의미한다.

② 소극적 실체진실주의는 죄 있는 사람을 빠짐없이 처벌할 것을 요구하고, 적극적 실체진실주의는 죄 없는 사람이 처벌받는 일이 없도록 할 것을 요구한다.

③ 소극적 실체진실주의는 입법정책의 차원에서 입법형성권의 행사로 선택된 것에 불과하다.

④ 형사소송법에서 적극적 실체진실주의의 요구와 소극적 실체진실주의의 요구가 충돌하는 경우에는 소극적 실체진실주의가 우선한다.

정답 ④

영역 서론 > 형사소송법의 기초

정답의 이유

④ 무죄추정의 원칙을 규정하고 있는 헌법 제27조 제4항을 종합하면, 형사재판절차에는 소극적 진실주의가 헌법적으로 보장되어 있음을 인정할 수 있다(헌재 1998.12.24., 94헌바46 전원).

오답의 이유

① 실체적 진실주의란 소송의 실체에 관하여 객관적 진실을 발견하여 사안의 진상을 명백히 하자는 주의를 말한다.

② 적극적 실체진실주의는 범죄사실을 명백히 하여 죄 있는 자를 빠짐없이 처벌할 것을 요구하는 것이며, 소극적 실체진실주의는 죄 없는 사람이 처벌받는 일이 없도록 할 것을 요구하는 것이다.

③ 형사소송의 지도원리로 되어 있는 소극적 실체진실주의는 단순히 입법정책의 차원에서 입법형성권의 행사로 선택된 것에 지나지 않는 것이 아니라, 헌법이 보장하고 있는 적법절차의 원칙이 형사증거법에 반영된 필연적인 결과이다(헌재 1996.12.26., 94헌바1 전원).

02 관할에 관한 다음 설명 중 가장 옳지 않은 것은?

25년 법원직 9급

① 형사소송법 제4조 제1항은 토지관할을 범죄지, 피고인의 주소, 거소 또는 현재지로 정하고 있으므로, 제1심법원이 피고인의 현재지인 이상, 그 범죄지나 주소지가 아니더라도 그 판결에 토지관할을 위반한 위법은 없다.

② 사물관할을 달리하는 수개의 관련 항소사건이 각각 고등법원과 지방법원본원합의부에 계속된 때에는 고등법원은 결정으로 지방법원본원합의부에 계속한 사건을 병합하여 심리할 수 있으나, 수개의 관련 항소사건이 토지관할을 달리하는 경우에는 그러하지 아니하다.

③ 형사소송법 제6조는 "토지관할이 다른 여러 개의 관련 사건이 각각 다른 법원에 계속된 때에는 공통되는 바로 위의 상급법원은 검사나 피고인의 신청에 의하여 결정으로 한 개 법원으로 하여금 병합심리하게 할 수 있다."라고 규정하나, 사건이 각각 지방법원항소부와 고등법원에 계속된 경우에는 사물관할을 달리하므로 위 조항에 의한 병합심리는 할 수 없다.

④ 검사는 범죄의 성질, 지방의 민심, 소송의 상황 기타 사정으로 재판의 공평을 유지하기 어려운 염려가 있는 때에는 직근 상급법원에 관할이전을 신청하여야 하나, 관할 이전 신청을 기각한 결정에 대하여는 즉시항고를 할 수 있다는 규정이 없으므로 불복할 수 없다.

정답 ②

영역 서론 > 소송주체와 소송관계인

정답의 이유

② 사물관할을 달리하는 수개의 관련 항소사건이 각각 고등법원과 지방법원본원합의부에 계속된 때에는 고등법원은 결정으로 지방법원본원합의부에 계속한 사건을 병합하여 심리할 수 있다. 수 개의 관련 항소사건이 토지관할을 달리하는 경우에도 같다(형사소송규칙 제4조의2 제1항).

오답의 이유

① 대판 1984.2.28., 83도3333

③ 형사소송법 제6조는 "토지관할을 달리하는 수개의 관련 사건이 각각 다른 법원에 계속된 때에는 공통되는 직근 상급법원은 검사 또는 피고인의 신청에 의하여 결정으로 1개 법원으로 하여금 병합심리하게 할 수 있다."고 규정하고 있는데 여기서 말하는 "각각 다른 법원"이란 사물관할은 같으나 토지관할을 달리하는 동종. 동등의 법원을 말하는 것이므로 사건이 각각 계속된 마산지방법원 항소부와 부산고등법원은 심급은 같을지언정 사물관할을 같이 하지 아니하여 여기에 해당하지 아니하고 그밖에는 이 사건과 같은 경우에 직근 상급법원으로 하여금 병합심리를 하게 할 근거가 없다(대결 1990.5.23., 90초56).

④ 검사는 범죄의 성질. 지방의 민심. 소송의 상황 기타 사정으로 재판의 공평을 유지하기 어려운 염려가 있는 때에는 직근 상급법원에 관할이전을 신청하여야 하나(형사소송법 제15조 제2호). 법원의 관할 또는 판결 전의 소송절차에 관한 결정에 대하여는 특히 즉시항고를 할 수 있는 경우 외에는 항고를 하지 못한다(형사소송법 제403조 제1항).

03 무죄추정의 원칙에 대한 설명으로 옳지 않은 것은?

24년 국가직 9급

① 무죄추정의 원칙은 형사절차뿐만 아니라 기타 일반법 생활영역에서의 기본권 제한과 같은 경우에도 적용된다.

② 「형사소송법」상의 구속기간은 헌법상의 무죄추정의 원칙에서 파생되는 불구속수사원칙에 대한 예외로서 설정된 기간이다.

③ 구금시설의 소장이 마약류사범인 미결수용자에 대하여 시설의 안전과 질서유지를 위하여 필요한 범위에서 계호를 엄중히 하는 등 다른 미결수용자와 달리 관리할 수 있도록 한 「형의 집행 및 수용자의 처우에 관한 법률」 규정은 무죄추정의 원칙에 반하지 않는다.

④ 법무부장관이 형사사건으로 공소가 제기된 변호사에 대하여 그 판결이 확정될 때까지 업무정지를 명할 수 있도록 하는 구 「변호사법」 규정은 무죄추정의 원칙에 반하지 않는다.

정답 ④

영역 서론 > 소송주체와 소송관계인

정답의 이유

④ 법무부장관이 형사사건으로 공소가 제기된 변호사에 대하여 그 판결이 확정될 때까지 업무정지를 명할 수 있도록 하는 구 변호사법 제15조는 직업선택의 자유를 규정한 헌법 제15조, 무죄추정의 원칙을 규정한 동 제27조 제4항에 위반된 것이 명백하다(헌재 1990.11.19., 90헌가48 전원).

오답의 이유

① 헌재 2006.5.25., 2004헌바12 전원

② 헌재 1992.4.14., 90헌마82 전원

③ '형의 집행 및 수용자의 처우에 관한 법률'(2007. 12. 21. 법률 제8728호로 개정된 것. 이하 '법'이라 한다) 제104조 제1항 중 마약류사범에 관한 부분은 마약류사범인 수용자에 대하여서는 그가 미결수용자인지 또는 수형자인지 여부를 불문하고 마약류에 대한 중독성 및 높은 재범률 등 마약류사범의 특성을 고려한 처우를 할 수 있음을 규정한 것일 뿐, 마약류사범인 미결수용자에 대하여 범죄사실의 인정 또는 유죄판결을 전제로 불이익을 가하는 것이 아니므로 무죄추정원칙에 위반되지 아니한다(헌재 2013.7.25., 2012헌바63 전원).

04 필요적 변호사건에 대한 설명으로 옳은 것만을 모두 고르면? (다툼이 있는 경우 판례에 의함)

20년 국가직 9급

> ㉠ 필요적 변호사건과 다른 사건을 병합하여 심리하는 경우에 변호인의 관여 없이 공판절차를 진행한 위 법은 필요적 변호사건이 아닌 다른 사건 부분에는 미치지 않는다.
>
> ㉡ 필요적 변호사건에서 항소법원이 국선변호인을 선정하고 피고인과 그 변호인에게 소송기록접수통지를 한 다음 피고인이 새로이 사선변호인을 선임함에 따라 국선변호인의 선정을 취소한 경우, 항소법원은 사선변호인에게 소송기록접수통지를 다시 하여야 한다.
>
> ㉢ 필요적 변호사건의 항소심에서는, 원심법원이 피고인 본인의 항소이유서 제출기간 경과 후 국선변호인을 선정하고 그에게 소송기록접수통지를 하였으나 국선변호인이 법정기간 내에 항소이유서를 제출하지 아니한 경우, 국선변호인의 항소이유서 불제출에 대하여 피고인의 귀책사유가 밝혀지지 아니한 이상 피고인의 항소를 기각할 것이 아니라 국선변호인의 선정을 취소하고 새로운 국선변호인을 선정하는 조치를 취하여야 한다.
>
> ㉣ 필요적 변호사건이라 하여도 피고인이 재판거부 의사를 표시하고 재판장의 허가 없이 퇴정한 후 변호인마저 이에 동조하여 퇴정해 버린 경우, 피고인과 변호인이 출석하지 않은 상태에서 증거조사를 할 수밖에 없는 때에는 피고인의 증거동의가 있는 것으로 간주한다.

① ㉠, ㉡
② ㉡, ㉢
③ ㉢, ㉣
④ ㉠, ㉢, ㉣

정답 ③

영역 서론 > 소송주체와 소송관계인

[정답의 이유]

㉢ 피고인을 위하여 선정된 국선변호인이 법정기간 내에 항소이유서를 제출하지 아니하면 이는 피고인을 위하여 요구되는 충분한 조력을 제공하지 아니한 것으로 보아야 하고, 이런 경우에 피고인에게 책임을 돌릴 만한 아무런 사유가 없는데도 항소법원이 형사소송법 제361조의4 제1항 본문에 따라 피고

인의 항소를 기각한다면, 이는 피고인에게 국선변호인으로부터 충분한 조력을 받을 권리를 보장하고 이를 위한 국가의 의무를 규정하고 있는 헌법의 취지에 반하는 조치이다. 따라서 피고인과 국선변호인이 모두 법정기간 내에 항소이유서를 제출하지 아니하였더라도, 국선변호인이 항소이유서를 제출하지 아니한 데 대하여 피고인에게 귀책사유가 있음이 특별히 밝혀지지 않는 한, 항소법원은 종전 국선변호인의 선정을 취소하고 새로운 국선변호인을 선정하여 다시 소송기록접수통지를 함으로써 새로운 국선변호인으로 하여금 그 통지를 받은 때로부터 형사소송법 제361조의3 제1항의 기간 내에 피고인을 위하여 항소이유서를 제출하도록 하여야 한다(대결 2012.2.16., 2009모1044 전합).

㉣ 필요적 변호사건이라 하여도 피고인이 재판거부의 의사를 표시하고 재판장의 허가 없이 퇴정하고 변호인마저 이에 동조하여 퇴정해 버린 것은 모두 피고인측의 방어권의 남용 내지 변호권의 포기로 볼 수밖에 없는 것이므로 수소법원으로서는 형사소송법 제330조에 의하여 피고인이나 변호인의 재정 없이도 심리판결 할 수 있다. 위와 같이 피고인과 변호인들이 출석하지 않은 상태에서 증거조사를 할 수 밖에 없는 경우에는 형사소송법 제318조 제2항의 규정상 피고인의 진의와는 관계없이 형사소송법 제318조 제1항의 동의가 있는 것으로 간주하게 되어 있다(대판 1991.6.28., 91도865).

[오답의 이유]

㉠ 필요적 변호사건에 있어 변호인의 관여 없는 공판절차에서 이루어진 소송행위는 무효이고, 원심이 위 두 사건을 병합하여 심리를 진행하여 하나의 판결을 선고한 이상, 원심의 위와 같은 위법은 병합심리된 사기죄 부분에 대하여도 미친다고 할 것이며, 이는 필요적 변호사건이 아닌 사기죄 부분에 대하여 별개의 벌금형을 선택하여 선고하였다고 하더라도 마찬가지라고 하겠다. 결국 원심판결에는 그 소송절차가 법률에 위배되어 그대로 유지될 수 없는 위법이 있어 파기를 면할 수 없다(대판 2011.4.28., 2011도2279).

㉡ 결국, 형사소송법이나 그 규칙을 개정하여 명시적인 근거규정을 두지 않는 이상 현행 법규의 해석론으로는 필요적 변호사건에서 항소법원이 국선변호인을 선정하고 피고인과 국선변호인에게 소송기록접수통지를 한 다음 피고인이 사선변호인을 선임함에 따라 국선변호인의 선정을 취소한 경우 항소법원은 사선변호인에게 다시 소송기록접수통지를 할 의무가 없다고 보아야 한다(대결 2018.11.22., 2015도10651 전합).

05 송달에 관한 다음 설명 중 가장 옳지 않은 것은? (다툼이 있으면 판례에 의함) 19년 경찰간부후보생

① 검사에 대한 송달은 서류를 소속 검찰청에 송부하여야 한다.

② 교도소 또는 구치소에 구속된 자에 대한 송달은 그 소장에게 송달하면 구속된 자에게 전달되었는지 여부와 관계없이 효력이 생긴다.

③ 피고인이 제1심판결에 항소를 제기한 후 타처로 전입하여 주민등록상 신고를 하였는데, 법원이 종전의 주거지로 소송기록접수 통지서를 송달하였더라도 피고인의 母가 이를 수령한 바 있다면 위 송달은 유효하다.

④ 주소, 사무소 또는 송달영수인의 선임을 신고하여야 할 자가 그 신고를 하지 아니하는 때에는 법원사무관 등은 서류를 우체에 부칠 수 있고, 서류를 우체에 부친 경우에는 도달된 때에 송달된 것으로 간주한다.

정답 ③

영역 서론 > 소송행위와 소송조건

[정답의 이유]

③ 피고인이 제1심판결에 항소를 제기한 후 타처로 전입하여 주민등록상 신고를 하였는데, 법원이 종전의 주거지로 소송기록접수통지서를 송달하여 피고인의 모가 이를 수령한 경우, 피고인이 주민등록상의 신고와 같이 주거지를 변경한 것이라면 피고인의 종전 주거지는 형사소송법 제65조에 의하여 준용되는 민사소송법 제170조 소정의 적법한 송달장소라고 할 수 없고, 피고인의 모를 같은 민사소송법 제172조 제1항 소정의 동거자라고도 할 수 없으므로, 위 송달은 그 효력이 없다(대판 1997.6.10., 96도2814).

[오답의 이유]

① 형사소송법 제62조

② 대판 1995.1.12., 94도2687

④ 형사소송법 제61조 제1항 · 제2항

---

06 검사와 사법경찰관의 상호협력과 일반적 수사준칙에 관한 규정상 심야조사 및 장시간 조사에 대한 설명으로 가장 적절하지 않은 것은? 22년 경찰승진

① 검사 또는 사법경찰관은 조사, 신문, 면담 등 그 명칭을 불문하고 피의자나 사건관계인을 조사하는 경우에는 원칙적으로 대기시간, 휴식시간, 식사시간 등 모든 시간을 합산한 조사시간이 12시간을 초과하지 않도록 해야 한다.

② 검사 또는 사법경찰관은 피의자나 사건관계인에 대해 원칙적으로 오후 9시부터 오전 6시까지 사이에 심야조사를 해서는 안 되지만, 이미 작성된 조서의 열람을 위한 절차는 예외적으로 오후 9시부터 오전 6시까지 사이에 진행할 수 있다.

③ 검사 또는 사법경찰관은 피의자를 체포한 후 48시간 이내에 구속영장의 청구 또는 신청 여부를 판단하기 위해 불가피한 경우 오후 9시부터 오전 6시까지 사이에 심야조사를 할 수 있다.

④ 검사 또는 사법경찰관은 사건의 성질 등을 고려할 때 심야조사가 불가피하다고 판단되는 경우 등 법무부장관, 경찰청장 또는 해양경찰청장이 정하는 경우로서 검사 또는 사법경찰관의 소속기관의 장이 지정하는 인권보호 책임자의 허가 등을 받은 때에는 오후 9시부터 오전 6시까지 사이에 심야조사를 할 수 있다.

정답 ②

영역 수사와 공소 > 수사

[정답의 이유]

② 이미 작성된 조서의 열람을 위한 절차는 자정 이전까지 진행할 수 있다(검사와 사법경찰관의 상호협력과 일반적 수사준칙에 관한 규정 제21조 제1항 단서).

[오답의 이유]

① 검사 또는 사법경찰관은 조사, 신문, 면담 등 그 명칭을 불문하고 피의자나 사건관계인을 조사하는 경우에는 대기시간, 휴식시간, 식사시간 등 모든 시간을 합산한 조사시간(이하 "총조사시간"이라 한다)이 12시간을 초과하지 않도록 해야 한다(검사와 사법경찰관의 상호협력과 일반적 수사준칙에 관한 규정 제22조 제1항 본문).

③ · ④ 검사와 사법경찰관의 상호협력과 일반적 수사준칙에 관한 규정 제21조 제2항 제1호, 제4호

심야조사 제한(검사와 사법경찰관의 상호협력과 일반적 수사준칙에 관한 규정 제21조)

① 검사 또는 사법경찰관은 조사, 신문, 면담 등 그 명칭을 불문하고 피의자나 사건관계인에 대해 오후 9시부터 오전 6시까지 사이에 조사(이하 "심야조사"라 한다)를 해서는 안 된다. 다만, 이미 작성된 조서의 열람을 위한 절차는 자정 이전까지 진행할 수 있다.

② 제1항에도 불구하고 다음 각 호의 어느 하나에 해당하는 경우에는 심야조사를 할 수 있다. 이 경우 심야조사의 사유를 조서에 명확하게 적어야 한다.

　1. 피의자를 체포한 후 48시간 이내에 구속영장의 청구 또는 신청 여부를 판단하기 위해 불가피한 경우

　2. 공소시효가 임박한 경우

　3. 피의자나 사건관계인이 출국, 입원, 원거리 거주, 직업상 사유 등 재출석이 곤란한 구체적인 사유를 들어 심야조사를 요청한 경우(변호인이 심야조사에 동의하지 않는다는 의사를 명시한 경우는 제외한다)로서 해당 요청에 상당한 이유가 있다고 인정되는 경우

　4. 그 밖에 사건의 성질 등을 고려할 때 심야조사가 불가피하다고 판단되는 경우 등 법무부장관, 경찰청장 또는 해양경찰청장이 정하는 경우로서 검사 또는 사법경찰관의 소속 기관의 장이 지정하는 인권보호 책임자의 허가 등을 받은 경우

07 친고죄의 고소에 대한 설명으로 옳은 것만을 모두 고르면? (다툼이 있는 경우 판례에 의함)

20년 국가직 9급

㉠ 친고죄가 아닌 범죄로 기소되었으나 항소심에서 공소장의 변경에 의하여 친고죄로 인정된 경우, 고소인이 공소제기 전에 행한 고소를 항소심에서 취소하면 법원은 공소기각의 판결을 선고하여야 한다.

㉡ 수사기관이 고소권이 있는 자를 증인 또는 피해자로서 신문한 경우에는 그 진술에 범인의 처벌을 요구하는 의사표시가 포함되어 있고 그 의사표시가 조서에 기재되어 있더라도 이는 고소로서 유효하지 않다.

㉢ 수사가 장차 고소나 고발의 가능성이 없는 상태 하에서 행해졌다는 등의 특단의 사정이 없는 한, 고소나 고발이 있기 전에 수사를 하였다는 이유만으로 그 수사가 위법하게 되는 것은 아니다.

㉣ 친고죄에 있어서 피해자의 고소권은 공법상의 권리로서 법이 특히 명문으로 인정하는 경우를 제외하고는 고소 전에 고소권을 포기할 수 없다.

① ㉠, ㉡　　　　　　　② ㉡, ㉢

③ ㉢, ㉣　　　　　　　④ ㉠, ㉢, ㉣

정답 ③

영역 수사와 공소 > 수사

[정답의 이유]

㉢ 법률에 의하여 고소나 고발이 있어야 논할 수 있는 죄에 있어서 고소 또는 고발은 이른바 소추조건에 불과하고 당해 범죄의 성립요건이나 수사의 조건은 아니므로, 위와 같은 범죄에 관하여 고소나 고발이 있기 전에 수사를 하였더라도, 그 수사가 장차 고소나 고발의 가능성이 없는 상태하에서 행해졌다는 등의 특단의 사정이 없는 한, 고소나 고발이 있기 전에 수사를 하였다는 이유만으로 그 수사가 위법하게 되는 것은 아니다(대판 2011.3.10., 2008도7724).

㉣ 친고죄에 있어서의 피해자의 고소권은 공법상의 권리라고 할 것이므로 법이 특히 명문으로 인정하는 경우를 제외하고는 자유처분을 할 수 없고 따라서 일단 한 고소는 취소할 수 있으나 고소 전에 고소권을 포기할 수 없다고 함이 상당할 것이다(대판 1967.5.23., 67도 471).

[오답의 이유]

㉠ 항소심에서 공소장의 변경에 의하여 또는 공소장변경절차를 거치지 아니하고 법원 직권에 의하여 친고죄가 아닌 범죄를 친고죄로 인정하였더라도 항소심을 제1심이라 할 수는 없는 것이므로, 항소심에 이르러 비로소 고소인이 고소를 취소하였다면 이는 친고죄에 대한 고소취소로서의 효력은 없다(대판 1999.4.15., 96도1922 전합).

㉡ 친고죄에서 고소는, 고소권 있는 자가 수사기관에 대하여 범죄사실을 신고하고 범인의 처벌을 구하는 의사표시로서 서면뿐만 아니라 구술로도 할 수 있고, 다만 구술에 의한 고소를 받은 검사 또는 사법경찰관은 조서를 작성하여야 하지만 그 조서가 독립된 조서일 필요는 없으며, 수사기관이 고소권자를 증인 또는 피해자로서 신문한 경우에 그 진술에 범인의 처벌을 요구하는 의사표시가 포함되어 있고 그 의사표시가 조서에 기재되면 고소는 적법하다(대판 2011.6.24., 2011도4451, 2011전도76).

08 다음 설명 중 가장 옳지 않은 것은?

20년 법원직 9급

① 반의사불벌죄의 공범 중 일부에 대하여 제1심 판결이 선고된 후에는 제1심 판결선고 전의 다른 공범자에 대하여 처벌을 희망하지 아니하는 의사표시나 처벌을 희망하는 의사표시의 철회를 할 수 없고, 이를 하더라도 그 효력이 발생하지 않는다.

② 친고죄에서 처벌을 구하는 의사표시의 철회는 수사기관이나 법원에 대한 공법상의 의사표시로서 절차적 확실성을 해하는 조건부 고소나 조건부 고소취소는 허용되지 않는다.

③ 반의사불벌죄에 있어서 미성년자인 피해자의 피고인 또는 피의자에 대한 처벌을 희망하지 않는다는 의사표시 또는 처벌을 희망하는 의사표시의 철회는, 의사능력이 있는 한 피해자가 단독으로 할 수 있고, 거기에 법정대리인의 동의가 있어야 한다거나 법정대리인에 의해 대리되어야 하는 것은 아니다.

④ 항소심에서 공소장의 변경에 의하여 또는 공소장 변경절차를 거치지 아니하고 법원 직권에 의하여 친고죄가 아닌 범죄를 친고죄로 인정하였더라도 항소심을 제1심이라 할 수는 없는 것이므로, 항소심에 이르러 비로소 고소인이 고소를 취소하였더라도 이는 친고죄에 대한 고소취소로서의 효력이 없다.

정답 ①

영역 수사와 공소 > 수사

정답의 이유

① 친고죄의 공범 중 그 일부에 대하여 제1심판결이 선고된 후에는 제1심 판결선고 전의 다른 공범자에 대하여는 그 고소를 취소할 수 없고 그 고소의 취소가 있다 하더라도 그 효력을 발생할 수 없으며, 이러한 법리는 필요적 공범이나 임의적 공범이나를 구별함이 없이 모두 적용된다(대판 1985.11.12., 85도1940).

오답의 이유

② 고소인 공소외인은 이 사건 공소제기 전에 검사에게 친고죄인 저작권법위반의 점에 대한 피고인의 처벌을 구하는 의사표시를 철회하는 의사표시를 한 것이고, 그 의사표시 당시 고소인에게 앞에서 인정한 것과 같은 내심의 진정한 의사가 있

었다 하더라도 친고죄에서 처벌을 구하는 의사표시의 철회는 수사기관이나 법원에 대한 공법상의 의사표시로서 내심의 조건부 의사표시는 허용되지 않는다(대판 2007.4.13., 2007도425).

③ 반의사불벌죄에 있어서 피해자의 피고인 또는 피의자에 대한 처벌을 희망하지 않는다는 의사표시 또는 처벌을 희망하는 의사표시의 철회는, 위와 같은 형사소송절차에 있어서의 소송능력에 관한 일반원칙에 따라, 의사능력이 있는 피해자가 단독으로 이를 할 수 있고, 거기에 법정대리인의 동의가 있어야 한다거나 법정대리인에 의해 대리되어야만 한다고 볼 것은 아니다(대판 2009.11.19., 2009도6058 전합).

④ 대판 1999.4.15., 96도1922 전합

---

09 구속에 관한 다음 설명 중 가장 옳지 않은 것은? (다툼이 있는 경우 판례에 의함)

25년 법원직 9급

① 구속영장 발부에 의하여 적법하게 구금된 피의자가 피의자신문을 위한 출석요구에 응하지 아니하면서 수사기관 조사실에의 출석을 거부하면 수사기관은 그 구속영장의 효력에 의하여 피의자를 조사실로 구인할 수 있다.

② 검사의 구속영장 청구에 대한 지방법원판사의 재판은 형사소송법 제402조의 규정에 의하여 항고의 대상이 되는 '법원의 결정'에 해당한다.

③ 피고인은 수소법원의 구속영장발부에 대하여 보통항고로 불복할 수 있다.

④ 구속기간이 만료될 무렵에 종전 구속영장에 기재된 범죄사실과 다른 범죄사실로 피고인을 구속하였다는 사정만으로는 피고인에 대한 구속이 위법하다고 할 수 없다.

정답 ②

영역 수사와 공소 > 강제처분과 강제수사

정답의 이유

② 검사의 체포영장 또는 구속영장 청구에 대한 지방법원판사의 재판은 형사소송법 제402조의 규정에 의하여 항고의 대상이 되는 '법원의 결정'에 해당하지 아니한다(대결 2006.12.18., 2006모646).

① 대결 2013.7.1., 2013모160

③ 형사소송법 제403조 제1항은 법원의 결정에 대해 즉시항고 할 수 있는 경우 외에는 항고할 수 없다고 규정되어 있지만, 피고인에 대한 구속영장발부는 즉시항고 대상이 아니고, 수 소법원의 결정이므로 보통항고의 대상이 된다.

④ 대결 2000.11.10., 2000모134

더 알아보기

기간의 계산(형사소송법 제66조)

① 기간의 계산에 관하여는 시(時)로 계산하는 것은 즉시(卽時)부터 기산하고 일(日), 월(月) 또는 연(年)으로 계산하는 것은 초일을 산입하지 아니한다. 다만, 시효(時效)와 구속기간의 초일은 시간을 계산하지 아니하고 1일로 산정한다.

② 연 또는 월로 정한 기간은 연 또는 월 단위로 계산한다.

③ 기간의 말일이 공휴일이거나 토요일이면 그날은 기간에 산입하지 아니한다. 다만, 시효와 구속기간에 관하여는 예외로 한다.

10 「형법」의 강도죄를 범한 자와 관련하여 「형사소송법」의 기간의 적용에 대한 설명으로 옳지 않은 것은? (기간 연장은 고려하지 않음) 20년 국가직 9급

① 2020년 6월 1일(월) 23시에 피의자를 구속한 경찰관은 2020년 6월 10일(수) 24시까지 피의자를 검사에게 인치하여야 한다.

② 2020년 6월 2일(화) 17시에 공소가 제기된 피고인에 대한 제1심의 구속기간은 2020년 8월 1일(토) 24시까지이다.

③ 2020년 6월 2일(화) 14시에 제1심 공판정에 출석하여 유죄판결을 선고받은 피고인은 2020년 6월 8일(월) 24시까지 항소를 제기할 수 있다.

④ 2020년 6월 1일(월) 14시에 항소장을 받은 원심법원은 항소를 기각하는 경우가 아닌 한 2020년 6월 15일(월) 24시까지 소송기록과 증거물을 항소법원에 송부하여야 한다.

정답 ③

영역 수사와 공소 > 강제처분과 강제수사

정답의 이유

③ 항소제기기간은 7일이므로(형사소송법 제358조), 2020년 6월 3일부터 기산하여 2020년 6월 9일 24시까지 항소를 제기할 수 있다.

11 대물적 강제처분에 대한 설명으로 옳지 않은 것은? 24년 국가직 9급

① 「통신비밀보호법」에 따라 검사 또는 사법경찰관은 수사를 위해 필요한 경우 법원의 허가를 받아 정보통신망에 접속된 정보통신기기의 위치를 확인할 수 있는 발신기지국의 위치추적자료의 제공을 요청할 수 있다.

② 전자정보가 담긴 저장매체 또는 하드카피·이미징 등 형태를 수사기관 사무실 등으로 옮겨 복제·탐색·출력을 통하여 압수·수색영장을 집행하는 경우에도 그 과정에서 피압수자 또는 변호인에게 참여의 기회를 보장하여야 한다.

③ 압수·수색영장에 기재된 '압수할 물건'에 별도로 원격지 서버 저장 전자정보가 특정되어 있지 않은 채 컴퓨터 등 정보처리장치 저장 전자정보만 기재되어 있더라도 컴퓨터 등 정보처리장치를 이용하여 원격지 서버 저장 전자정보를 압수할 수 있다.

④ 피해자 등 제3자가 피의자의 소유·관리에 속하는 정보저장매체를 영장에 의하지 않고 피의자의 동의 없이 임의제출한 경우에는 실질적 피압수자인 피외자가 수사기관으로 하여금 그 전자정보 전부를 무제한 탐색하는 데 동의한 것으로 보기 어렵다.

정답 ③

영역 수사와 공소 > 강제처분과 강제수사

정답의 이유

③ 수사기관이 압수·수색영장에 적힌 '수색할 장소'에 있는 컴퓨터 등 정보처리장치에 저장된 전자정보 외에 원격지 서버에 저장된 전자정보를 압수·수색하기 위해서는 압수·수색영장에 적힌 '압수할 물건'에 별도로 원격지 서버 저장 전자정보가 특정되어 있어야 한다. 압수·수색영장에 적힌 '압수할 물건'에 컴퓨터 등 정보처리장치 저장 전자정보만 기재되어 있다면 컴퓨터 등 정보 처리장치를 이용하여 원격지 서버 저장 전자정보를 압수할 수는 없다(대판 2022.6.30., 2022도1452).

오답의 이유

① 검사 또는 사법경찰관은 수사 또는 형의 집행을 위하여 필요한 경우 전기통신사업법에 의한 전기통신사업자에게 통신사실 확인자료의 열람이나 제출을 요청할 수 있다(통신비밀보호법 제13조 제1항).

② 전자정보가 담긴 저장매체 또는 하드카피나 이미징 등 형태를 수사기관 사무실 등으로 옮겨 복제·탐색·출력하는 경우에도, 그와 같은 일련의 과정에서 형사소송법 제219조, 제121조에서 규정하는 피압수·수색 당사자나 변호인에게 참여의 기회를 보장하고 혐의사실과 무관한 전자정보의 임의적인 복제 등을 막기 위한 적절한 조치를 취하는 등 영장주의 원칙과 적법절차를 준수하여야 한다(대결 2015.7.16., 2011모1839 전합).

④ 피해자 등 제3자가 피의자의 소유·관리에 속하는 정보저장매체를 임의제출한 경우에는 실질적 피압수자인 피의자가 수사기관으로 하여금 그 전자정보 전부를 무제한 탐색하는 데 동의한 것으로 보기 어렵다(대판 2023.9.18., 2022도7453 전합).

12 긴급체포에 관한 다음 설명 중 가장 옳지 않은 것은?

24년 법원직 9급

① 검사가 형사소송법 제200조의4 제4항에 따른 석방통지를 법원에 하지 아니하였더라도 긴급체포 당시의 상황과 경위, 긴급체포 후 조사과정 등에 특별한 위법이 있다고 볼 수 없는 이상, 단지 사후에 석방통지가 법에 따라 이루어지지 않았다는 사정만으로 그 긴급체포에 의한 유치 중에 작성된 피의자신문조서들의 작성이 소급하여 위법하게 된다고 볼 수는 없다.

② 검사 또는 사법경찰관은 피의자를 긴급체포하는 경우에 필요한 때에는 영장 없이 타인의 주거나 타인이 간수하는 가옥, 건조물, 항공기, 선차 내에서의 피의자 수색, 체포현장에서의 압수, 수색, 검증을 할 수 있고, 긴급체포된 피의자가 소유·소지 또는 보관하는 물건에 대하여 긴급히 압수할 필요가 있는 경우에는 체포한 때부터 48시간 이내에 한하여 영장 없이 압수·수색 또는 검증을 할 수 있다.

③ 검사 또는 사법경찰관은 구속영장을 청구하거나 신청하지 않고 긴급체포한 피의자를 석방하려는 때에는 긴급체포 후 석방된 자의 인적사항, 긴급체포의 일시·장소와 긴급체포하게 된구체적 이유, 석방의 일시·장소 및 사유, 긴급체포 및 석방한 검사 또는 사법경찰관의 성명을 적은 피의자 석방서를 작성해야 한다.

④ 사법경찰관은 긴급체포한 피의자에 대하여 구속영장을 신청하지 아니하고 석방한 경우에는 즉시 검사에게 보고하여야 하나, 사전에 석방 건의서를 작성·제출하여 검사의 지휘를 받을 필요는 없다.

정답 ②

영역 수사와 공소 > 강제처분과 강제수사

정답의 이유

② 검사 또는 사법경찰관은 긴급체포된 자가 소유·소지 또는 보관하는 물건에 대하여 긴급히 압수할 필요가 있는 경우에는 체포한 때부터 24시간 이내에 한하여 영장 없이 압수·수색 또는 검증을 할 수 있다(형사소송법 제217조 제1항).

오답의 이유

① 검사가 형사소송법 제200조의4에 따른 석방통지를 법원에

하지 아니한 사실을 알 수 있으나, 공소 외 7에 대한 긴급체포 당시의 상황과 경위, 긴급체포 후 조사과정 등에 특별한 위법이 있다고 볼 수 없는 이상, 단지 사후에 석방통지가 법에 따라 이루어지지 않았다는 사정만으로 그 긴급체포에 의한 유치 중에 작성된 공소 외 7에 대한 피의자신문조서들의 작성이 소급하여 위법하게 된다고 볼 수는 없다(대판 2014.8.26., 2011도6035).

③ 검사와 사법경찰관의 상호협력과 일반적 수사준칙에 관한 규정 제36조 제1항 제2호, 형사소송법 제200조의4 제4항

④ 사법경찰관은 긴급체포한 피의자를 석방한 때는 즉시 검사에게 석방 사실을 보고하고, 그 보고서 사본을 사건기록에 편철한다(검사와 사법경찰관의 상호협력과 일반적 수사준칙에 관한 규정 제36조 제2항 제2호).

---

13 사법경찰관의 사건 송치, 불송치에 관한 설명으로 옳지 않은 것은? (다툼이 있는 경우 판례에 의함)

25년 경찰간부후보생

① 경찰서장은 20만원 이하의 벌금, 구류 또는 과료에 처할 범죄사건에 대하여 즉결심판을 청구할 수 있으나, 촉법소년과 우범소년에 대하여는 직접 소년부송치를 할 수 없다.

② 공소시효 임박 사건이나 중요사건에 대하여 검사와 사법경찰관은 송치 전에 수사할 사항, 증거수집 대상, 법령 적용 등에 관하여 상호 의견을 제시 · 교환할 것을 요청할 수 있다.

③ 사법경찰관이 불송치결정을 한 때에는 서류와 증거를 검사에게 송부한 날부터 7일 이내에 서면으로 고소인, 고발인, 피해자 등에게 사건을 검사에게 송치하지 않는 취지와 그 이유를 통지해야 한다.

④ 경찰관이 고소사건을 처리하지 아니하였음에도 경찰범죄정보시스템에 그 사건을 검찰에 송치한 것으로 허위사실을 입력한 경우에는 공전자기록 위작죄에서 말하는 위작에 해당한다.

정답 ①

영역 수사와 공소 > 수사의 종결과 공소의 제기

정답의 이유

① 경찰서장은 촉법소년과 우범소년이 있을 때에는 직접 관할 소년부에 송치하여야 한다(소년법 제4조 제2항).

오답의 이유

② 검사와 사법경찰관의 상호협력과 일반적 수사준칙에 관한 규정 제7조 제1항

③ 사법경찰관은 불송치결정을 하는 경우에는 그 송부한 날부터 7일 이내에 서면으로 고소인 · 고발인 · 피해자 또는 그 법정대리인(피해자가 사망한 경우에는 그 배우자 · 직계친족 · 형제자매를 포함한다)에게 사건을 검사에게 송치하지 아니하는 취지와 그 이유를 통지하여야 한다(형사소송법 제245조의6).

④ 대판 2005.6.9., 2004도6132

---

14 국민참여재판에 관한 다음 설명 중 가장 옳지 않은 것은? (다툼이 있는 경우 판례에 의함)

25년 법원직 9급

① 국민참여재판으로 진행하기로 하는 법원의 결정에 대하여는 항고할 수 없다.

② 국민참여재판은 간이공판절차에 의한 증거능력과 증거조사의 특칙을 적용하기에 부적합한 재판이기 때문에 간이공판 절차에 관한 규정을 적용하지 아니한다.

③ 국민참여재판을 진행하던 중 공소사실의 변경으로 대상사건에 해당하지 않게 된 경우에는 국민참여재판으로 진행할 수 없다.

④ 배심원은 만 20세 이상의 대한민국 국민 중에서 「국민의 형사재판 참여에 관한 법률」로 정하는 바에 따라 선정된다.

정답 ③

영역 공판 > 공판절차

정답의 이유

③ 법원은 공소사실의 일부 철회 또는 변경으로 인하여 대상사건에 해당하지 아니하게 된 경우에도 국민참여재판법에 따른 재판을 계속 진행한다(국민의 형사재판 참여에 관한 법률 제6조 제1항 본문).

오답의 이유

① 대결 2009.10.23., 2009모1032

② 국민의 형사재판 참여에 관한 법률 제43조

④ 국민의 형사재판 참여에 관한 법률 제16조

15 전문심리위원의 공판준비 및 공판기일 등 소송절차 참여에 대한 설명으로 옳지 않은 것은? (다툼이 있는 경우 판례에 의함) 　　20년 국가직 7급

① 법원은 검사, 피고인 또는 변호인의 신청이 있는 경우에는 전문심리위원을 지정하여 소송절차에 참여하게 하여야 한다.

② 전문심리위원은 소송절차에 참여하여 전문적인 지식에 의한 설명 또는 의견을 기재한 서면을 제출하거나 공판기일에 전문적인 지식에 의하여 설명이나 의견을 진술할 수 있지만 재판의 합의에는 참여할 수 없다.

③ 법원은 전문심리위원과 관련된 절차 진행 등에 관한 사항을 당사자에게 적절한 방법으로 적시에 통지하여 당사자의 참여기회가 실질적으로 보장될 수 있도록 세심한 배려를 하여야 한다.

④ 검사와 피고인 또는 변호인이 합의하여 전문심리위원의 소송절차 참여 결정을 취소할 것을 신청한 때에는 법원은 그 결정을 취소하여야 한다.

정답 ①.

영역 공판 > 공판절차

[정답의 이유]

① 법원은 소송관계를 분명하게 하거나 소송절차를 원활하게 진행하기 위하여 필요한 경우에는 직권으로 또는 검사, 피고인 또는 변호인의 신청에 의하여 결정으로 전문심리위원을 지정하여 공판준비 및 공판기일 등 소송절차에 참여하게 할 수 있다(형사소송법 제279조의2 제1항).

[오답의 이유]

② 형사소송법 제279조의2 제2항

③ 대판 2019.5.30., 2018도19051

④ 형사소송법 제279조의3 제2항

16 전문법칙 예외요건에 대한 설명으로 가장 적절하지 않은 것은? (다툼이 있는 경우 판례에 의함) 　　18년 경찰공무원 2차

① 피고인 甲이 공판정에서 공동피고인인 공범 乙에 대한 사법경찰관 작성 피의자신문조서의 내용을 부인하면 乙이 법정에서 그 조서의 내용을 인정하더라도 그 조서를 피고인 甲의 공소사실에 대한 증거로 사용할 수 없다.

② 참고인과의 전화 대화내용을 문답형식으로 기재한 사법경찰리 작성의 수사보고서는 진술자의 서명 또는 날인이 없으므로 「형사소송법」 제313조의 진술기재서류가 아니지만, 피고인이 증거로 함에 동의한 경우에는 증거로 사용할 수 있다.

③ 「형사소송법」 제314조에 규정된 '특히 신빙할 수 있는 상태'란 그 진술 내용이나 조서의 작성에 허위개입의 여지가 거의 없고, 그 진술 내용의 신용성이나 임의성을 담보할 구체적이고 외부적인 정황이 있는 경우를 말하며, 검사가 자유로운 증명을 통하여 증명하여야 한다.

④ 검사 또는 사법경찰관이 검증의 결과를 기재한 조서는 적법한 절차와 방식에 따라 작성된 것으로서 공판준비 또는 공판기일에서의 원진술자의 진술에 따라 그 성립의 진정함이 증명된 때에는 증거로 할 수 있다.

정답 ④

영역 공판 > 증거

[정답의 이유]

④ 검사 또는 사법경찰관이 검증의 결과를 기재한 조서는 적법한 절차와 방식에 따라 작성된 것으로서 공판준비 또는 공판기일에서의 작성자의 진술에 따라 그 성립의 진정함이 증명된 때에는 증거로 할 수 있다(형사소송법 제312조 제6항).

[오답의 이유]

① 대판 2009.7.9., 2009도2865

② 대판 2007.9.20., 2007도4105

③ 대판 2014.4.30., 2012도725

17 사인(私人)에 의한 위법수집증거에 대한 설명으로 옳지 않은 것은?   24년 국가직 9급

① 국민의 사생활 영역에 관계된 모든 증거의 제출이 곧바로 금지되는 것으로 볼 수는 없으므로 법원으로서는 효과적인 형사소추 및 형사소송에서 진실발견이라는 공익과 개인의 인격적 이익 등 보호이익을 비교형량하여 그 허용 여부를 결정하여야 한다.

② 택시 운전기사인 피고인이 자신의 택시에 승차한 피해자들에게 질문하여 지속적인 답변을 유도하는 등의 방법으로 피해자들과의 대화를 이어나가면서 그 대화 내용을 공개한 경우, 피해자들의 발언은 피고인에 대한 관계에서 「통신비밀보호법」 제3조 제1항에서 정한 '타인 간의 대화'에 해당한다고 할 수 없다.

③ 사문서위조·위조사문서행사 및 소송사기의 형사소추를 위해 반드시 필요한 증거인 업무일지를 제3자가 절취하였고, 이를 피해자측이 수사기관에 증거자료로 제출하기 위해 대가를 지급하고 취득한 경우라고 할지라도 그 업무일지를 증거로 제출하는 것은 허용될 수 있다.

④ 제3자가 권한 없이 비밀보호조치를 해제하는 방법으로 피고인이 공공업무용 전자문서관리시스템을 이용하여 발송한 전자우편을 수집한 후, 이를 공무원의 지위를 이용한 「공직선거법」 위반행위인 공소사실의 증거로 제출하는 것은 관련 법률에 따라 형사처벌되는 범죄행위일 뿐만 아니라 피고인의 기본권을 침해하는 행위이므로 허용될 수 없다.

정답 ④

영역 공판 > 증거

정답의 이유

④ 제3자가 권한 없이 비밀보호조치를 해제하는 방법으로 피고인이 공공업무용 전자문서관리시스템을 이용하여 발송한 전자우편을 수집한 행위는 정보통신망 이용촉진 및 정보보호 등에 관한 법률 제71조 제11호, 제49조 소정의 '정보통신망에 의하여 처리·보관 또는 전송되는 타인의 비밀을 침해 또는 누설하는 행위'로서 형사처벌되는 범죄행위에 해당할 수 있을 뿐만 아니라, 이 사건 전자우편을 발송한 피고인의 사생활의 비밀 내지 통신의 자유 등의 기본권을 침해하는 행위에 해당한다는 점에서 일응 그 증거능력을 부인하여야 할 측면도 있어 보인다. 그러나 이 사건 전자우편은 ○○시청의 업무

상 필요에 의하여 설치된 전자관리시스템에 의하여 전송·보관되는 것으로서 그 공공적 성격을 완전히 배제할 수는 없다고 할 것이다. 또한 이 사건 형사소추의 대상이 된 행위는 구 공직선거법(2010. 1. 25. 법률 제9974호로 개정되기 전의 것, 이하 '구 공직선거법'이라 한다) 제255조 제3항, 제85조 제1항에 의하여 처벌되는 공무원의 지위를 이용한 선거운동행위로서 공무원의 정치적 중립의무를 정면으로 위반하고 이른바 관권선거를 조장할 우려가 있는 중대한 범죄에 해당한다. 여기에 피고인이 제1심에서 이 사건 전자우편을 이 사건 공소사실에 대한 증거로 함에 동의한 점 등을 종합하면, 이 사건 전자우편을 이 사건 공소사실에 대한 증거로 제출하는 것은 허용되어야 할 것이고, 이로 말미암아 피고인의 사생활의 비밀이나 통신의 자유가 일정 정도 침해되는 결과를 초래한다 하더라도 이는 피고인이 수인하여야 할 기본권의 제한에 해당한다고 보아야 할 것이다(대판 2013.11.28., 2010도12244).

오답의 이유

① 대판 2013.11.28., 2010도12244

② 택시 운전기사인 피고인이 자신의 택시에 승차한 피해자들에게 질문하여 피해자들의 지속적인 답변을 유도하는 등의 방법으로 피해자들과의 대화를 이어나가면서 그 대화 내용을 공개하였다는 것인데, 피고인이 피해자들 사이의 대화에서 완전히 벗어나 있었다는 사정을 찾아볼 수 없고, 기록에 의하면 피해자들이 피고인의 질문에 응하여 답변하면서 자신들의 신상에 관련된 내용을 적극적으로 이야기한 사실을 알 수 있다. 위 사실관계를 앞서 본 법리에 비추어 살펴보면, 피고인 역시 피해자들과 함께 3인 사이에 이루어진 대화의 한 당사자로 보일 뿐 그 대화에 참여하지 않은 제3자라고 하기는 어려울 것이고, 피고인이 주로 질문을 하면서 듣는 등으로 그 발언 분량이 적었다거나 대화의 주제가 피해자들과 관련된 내용이고 피고인이 대화 내용을 공개할 의도가 있었다고 하여 달리 볼 것은 아니다. 따라서 피해자들의 발언은 피고인에 대한 관계에서 통신비밀보호법 제3조 제1항에서 정한 '타인 간의 대화'에 해당한다고 할 수 없다(대판 2014.5.16., 2013도16404).

③ 사문서위조·위조사문서행사 및 소송사기로 이어지는 일련의 범행에 대하여 피고인을 형사소추하기 위해서는 이 사건 업무일지가 반드시 필요한 증거로 보이므로, 설령 그것이 제3자에 의하여 절취된 것으로서 위 소송사기 등의 피해자측이 이를 수사기관에 증거자료로 제출하기 위하여 대가를 지급하였다 하더라도, 공익의 실현을 위하여는 이 사건 업무일지를 범죄의 증거로 제출하는 것이 허용되어야 하고, 이로 말미암아 피고인의 사생활 영역을 침해하는 결과가 초래된다 하더라도 이는 피고인이 수인하여야 할 기본권의 제한에 해당된다(대판 2008.6.26., 2008도1584).

18 「형사소송법」제312조 제3항에 대한 설명으로 옳지 않은 것은?

22년 국가직 9급

① 사법경찰관이 작성한 피고인의 공범에 대한 피의자 신문조서의 경우에 사망 등의 사유로 인하여 법정에서 진술할 수 없는 때에는 예외적으로 증거능력을 인정하는 규정인 「형사소송법」제314조가 적용된다.

② 「형사소송법」제312조 제3항의 '그 내용을 인정할 때'라 함은 피의자신문조서의 기재내용이 진술 내용대로 기재되어 있다는 의미가 아니고 그와 같이 진술한 내용이 실제 사실과 부합한다는 것을 의미한다.

③ 피고인과 공범관계에 있는 공동피고인에 대하여 수사과정에서 작성된 피의자신문조서는 그 공동피고인에 의하여 성립의 진정이 인정되더라도 해당 피고인이 공판기일에 그 조서의 내용을 부인하면 증거능력이 없다.

④ 사법경찰관이 작성한 양벌규정 위반 행위자의 피의자신문조서가 적법한 절차와 방식에 따라 작성된 것이지만, 공판기일에 양벌규정에 의해 기소된 사업주가 그 내용을 증거로 함에 동의하지 않고 그 내용을 부인하였다면 증거로 할 수 없다.

정답 ①

영역 종합

[정답의 이유]

① 당해 피고인과 공범관계가 있는 다른 피의자에 대한 검사 이외의 수사기관 작성의 피의자신문조서는 그 피의자의 법정진술에 의하여 그 성립의 진정이 인정되더라도 당해 피고인이 공판기일에서 그 조서의 내용을 부인하면 증거능력이 부정되므로 그 당연한 결과로 그 피의자신문조서에 대하여는 사망 등 사유로 인하여 법정에서 진술할 수 없는 때에 예외적으로 증거능력을 인정하는 규정인 형사소송법 제314조가 적용되지 아니한다(대판 2004.7.15., 2003도7185 전합).

[오답의 이유]

② 대판 2010.6.24., 2010도5040

③ 대판 2020.6.11., 2016도9367

④ 양벌규정에 따라 처벌되는 행위자와 행위자가 아닌 법인 또는 개인 간의 관계는, 행위자가 저지른 법규위반행위가 사업주의 법규위반행위와 사실관계가 동일하거나 적어도 중요 부분을 공유한다는 점에서 내용상 불가분적 관련성을 지닌다고

보아야 하고, 따라서 형법 총칙의 공범관계 등과 마찬가지로 인권보장적인 요청에 따라 형사소송법 제312조 제3항이 이들 사이에서도 적용된다고 보는 것이 타당하다(대판 2020.6.11., 2016도9367).

---

19 탄핵증거에 관한 다음 설명 중 가장 적절하지 않은 것은? (다툼이 있는 경우 판례에 의함)

16년 경찰공무원 1차

① 검사가 유죄의 자료로 제출한 사법경찰리 작성의 피고인에 대한 피의자신문조서는 피고인이 그 내용을 부인하는 이상 증거능력이 없으나, 그것이 임의로 작성된 것이 아니라고 의심할 만한 사정이 없는 한 피고인의 법정에서의 진술을 탄핵하기 위한 반대증거로 사용할 수 있다.

② 탄핵증거는 범죄사실을 인정하는 증거가 아니므로 엄격한 증거조사를 거쳐야 할 필요가 없음은 「형사소송법」제318조의2의 규정에 따라 명백하고 법정에서 이에 대한 탄핵증거로서의 증거조사도 필요 없다.

③ 탄핵증거의 제출에 있어서도 상대방에게 이에 대한 공격방어의 수단을 강구할 기회를 사전에 부여하여야 한다는 점에서 그 증거와 증명하고자 하는 사실과의 관계 및 입증취지 등을 미리 구체적으로 명시하여야 할 것이므로, 증명력을 다투고자 하는 증거의 어느 부분에 의하여 진술의 어느 부분을 다투려고 한다는 것을 사전에 상대방에게 알려야 한다.

④ 「형사소송법」제318조의2에 규정된 이른바 탄핵증거는 범죄사실을 인정하는 증거가 아니어서 엄격한 증거능력을 요하지 아니하는 것이다.

정답 ②

영역 공판 > 증거

[정답의 이유]

② 탄핵증거는 범죄사실을 인정하는 증거가 아니므로 엄격한 증거조사를 거쳐야 할 필요가 없음은 형사소송법 제318조의2의 규정에 따라 명백하다고 할 것이나, 법정에서 이에 대한 탄핵증거로서의 증거조사는 필요하다(대판 2005.8.19., 2005도2617).

20 자백의 보강법칙에 대한 설명으로 가장 적절한 것은? (다툼이 있는 경우 판례에 의함)

18년 경찰공무원 2차

① 피고인이 범행을 자인하는 것을 들었다는 피고인 아닌 자의 진술내용은 「형사소송법」 제310조의 피고인의 자백에 포함되지 아니하므로 피고인의 자백에 대한 보강증거가 될 수 있다.

② 즉결심판절차에는 자백의 보강법칙이 적용된다.

③ 자백에 대한 보강증거는 범죄사실의 전부 또는 중요 부분을 인정할 수 있는 정도가 되어야 하고, 피고인의 자백이 가공적인 것이 아닌 진실한 것임을 인정할 수 있는 정도만 되면 충분하다.

④ 금전출납부 등과 같이 자기에게 맡겨진 사무를 처리한 사무내역을 그때그때 계속적, 기계적으로 기재한 문서의 경우는 그 존재 자체 및 기재가 그러한 내용의 사무가 처리되었음의 여부를 판단할 수 있는 별개의 독립된 증거자료이므로, 피고인이 우연히 작성한 그 문서의 내용 중 공소사실에 일부 부합되는 사실의 기재가 있다면 피고인의 자백에 대한 보강증거가 될 수 있다.

정답 ④

영역 공판 > 증거

정답의 이유

④ 대판 1996.10.17., 94도2865 전합

오답의 이유

① "피고인이 범행을 자인하는 것을 들었다"는 피고인 아닌 자의 진술 내용은 형사소송법 제310조의 피고인의 자백에는 포함되지 아니하나 이는 피고인의 자백의 보강증거로 될 수 없다(대판 2008.2.14., 2007도10937).

② 즉결심판절차에서는 자백의 보강법칙이 적용되지 아니한다 (즉결심판에 관한 절차법 제10조).

③ 자백에 대한 보강증거는 범죄사실의 전부 또는 중요 부분을 인정할 수 있는 정도가 되지 않더라도, 피고인의 자백이 가공

적인 것이 아닌 진실한 것임을 인정할 수 있는 정도만 되면 충분하다(대판 2018.3.15., 2017도20247).

21 증명에 대한 설명으로 옳은 것만을 모두 고르면? (다툼이 있는 경우 판례에 의함)

21년 국가직 7급

㉠ 검사는 체포영장의 유효기간을 연장할 필요가 있다고 인정하는 때에는 그 사유를 증명하여 다시 체포영장을 청구하여야 하지만, 그 증명은 자유로운 증명으로 족하다.

㉡ 탄핵증거는 범죄사실을 인정하는 증거가 아니므로 엄격한 증거조사를 거쳐야 할 필요가 없다.

㉢ 친고죄에서 적법한 고소가 있었는지 여부는 자유로운 증명의 대상이 된다.

㉣ 교통사고로 인하여 업무상과실치상죄 또는 중과실치상죄를 범한 운전자에 대하여 피해자의 명시한 의사에 반하여 공소를 제기할 수 있도록 하고 있는 「교통사고처리특례법」 제3조 제2항 단서의 각 호에서 규정한 신호위반 등의 예외사유는 같은 법 제3조 제1항 위반죄의 구성요건요소에 해당하므로 엄격한 증명을 필요로 한다.

① ㉠, ㉣

② ㉡, ㉢

③ ㉡, ㉢, ㉣

④ ㉠, ㉡, ㉢, ㉣

정답 ②

영역 공판 > 증거

정답의 이유

㉡ 대판 2005.8.19., 2005도2617

㉢ 대판 2011.6.24., 2011도4451, 2011전도76

오답의 이유

㉠ 검사는 체포영장의 유효기간을 연장할 필요가 있다고 인정하는 때에는 그 사유를 소명하여 다시 체포영장을 청구하여야 한다(형사소송규칙 제96조의4). 증명의 대상이 아니라 소명의 대상이다.

㉣ 교통사고로 업무상과실치상죄 또는 중과실치상죄를 범한 운전자에 대하여 피해자의 명시한 의사에 반하여 공소를 제기할 수 있는 구 교통사고처리 특례법(2010. 1. 15. 법률 제9941호로 개정되기 전의 것) 제3조 제2항 단서 각 호에서 규정한 신호위반 등의 예외사유는 같은 법 제3조 제1항 위반죄의 구성요건요소가 아니라 공소제기의 조건에 관한 사유이므

로, 단서 각 호의 사유가 경합하더라도 하나의 교통사고처리특례법 위반죄가 성립할 뿐 각 호마다 별개의 죄가 성립하는 것은 아니다(대판 2011.7.28., 2011도3630).

22 상소권회복청구에 관한 다음 설명 중 가장 옳지 않은 것은?
18년 법원직 9급

① 상소권회복의 청구는 사유가 종지한 날로부터 상소의 제기기간에 상당한 기간 내에 서면으로 상소권회복청구를 함과 동시에 상소를 제기하여야 한다.

② 상소권회복청구에서 상소권자 또는 그 대리인이 단순히 질병으로 입원하였었기에 상소하지 못하였다는 것은 상소권회복의 사유에 해당하지 아니한다.

③ 제1심이 공시송달의 방법으로 진행되어 피고인이 공소제기 사실이나 판결선고 사실을 전혀 몰랐다면, 피고인이 제1심판결에 대한 항소를 법정기간 내에 제기하지 못한 것은 피고인이 책임질 수 없는 사유로 인한 때에 해당한다.

④ 제1심 재판 또는 항소심 재판이 소송촉진 등에 관한 특례법이나 형사소송법 등에 따라 피고인이 출석하지 않은 가운데 불출석 재판으로 진행되었다면, 제1심판결에 대하여 검사의 항소에 의한 항소심판결이 선고되었더라도 피고인은 제1심판결에 대하여 적법하게 항소권회복청구를 할 수 있다.

정답 ④

영역 상소·비상구제절차·특별절차 > 상소

정답의 이유

④ 항소심판결이 선고되면 제1심판결에 대한 항소권이 소멸되어 제1심판결에 대한 항소권 회복청구와 항소는 적법하다고 볼 수 없다. 이는 제1심 재판 또는 항소심 재판이 소송촉진 등에 관한 특례법이나 형사소송법 등에 따라 피고인이 출석하지 않은 가운데 불출석 재판으로 진행된 경우에도 마찬가지이다. 따라서 제1심판결에 대하여 검사의 항소에 의한 항소심판결이 선고된 후 피고인이 동일한 제1심판결에 대하여 항소권 회복청구를 하는 경우 이는 적법하다고 볼 수 없어 형사소송법 제347조 제1항에 따라 결정으로 이를 기각하여야 한다(대결 2017.3.30., 2016모2874).

오답의 이유

① 상소권회복을 청구할 때에는 사유가 해소된 날부터 상소 제기기간에 해당하는 기간 내에 서면으로 원심법원에 제출하여야 한다(형사소송법 제346조 제1항), 상소권의 회복을 청구한 자는 그 청구와 동시에 상소를 제기하여야 한다(형사소송법 제346조 제3항).

② 대결 1986.9.17., 86모46

③ 대결 2007.1.12., 2006모691

23 상소심에 관한 다음 설명 중 가장 옳지 않은 것은? (다툼이 있으면 판례에 의함)
19년 경찰간부후보생

① 「형법」 제37조 전단 경합범 중 일부에 대하여 무죄, 일부에 대하여 유죄를 선고한 항소심 판결에 대하여 검사만이 무죄 부분에 대하여 상고를 한 경우 피고인과 검사가 상고하지 아니한 유죄판결 부분은 상고기간이 지남으로써 확정되어 상고심에 계속된 사건은 무죄판결 부분에 대한 공소뿐이다.

② 1심이 국민참여재판으로 진행된 재판에서 배심원이 만장일치로 한 평결 결과를 받아들여 공소사실을 무죄로 판단하였다면, 항소심에서의 새로운 증거조사를 통해 그에 명백히 반대되는 충분하고도 납득할 만한 현저한 사정이 나타나지 않는 한 항소심은 1심의 판단을 한층 더 존중할 필요가 있다.

③ 「형법」 제37조 전단 경합범 관계에 있는 공소사실 중 일부에 대하여 유죄, 나머지 부분에 대하여 무죄를 선고한 제1심판결에 대하여 검사만이 항소하면서 무죄 부분에 관하여는 항소이유를 기재하고 유죄 부분에 관하여는 이를 기재하지 않았으나 항소 범위는 '전부'로 표시한 경우, 항소심에서 제1심판결 무죄 부분을 유죄로 인정하는 때에는 무죄 부분만을 파기하여야 한다.

④ 피고인이 항소이유서에 항소이유의 요지만 기재한 채 항소이유 및 정상관계에 대해서는 "추후 제출하겠습니다."라고 작성해서 제출한 경우, 항소심에서 항소이유서 제출기한 이전에 심리를 하여 판결을 선고한 것은 위법하다.

정답 ③

영역 상소 · 비상구제절차 · 특별절차 > 상소

정답의 이유

③ 형법 제37조 전단 경합범 관계에 있는 공소사실 중 일부에 대하여 유죄, 나머지 부분에 대하여 무죄를 선고한 제1심판결에 대하여 검사만이 항소하면서 무죄 부분에 관하여는 항소 이유를 기재하고 유죄 부분에 관하여는 이를 기재하지 않았으나 항소 범위는 '전부'로 표시하였다면, 이러한 경우 제1심판결 전부가 이심되어 원심의 심판대상이 되므로, 원심이 제1심판결 무죄 부분을 유죄로 인정하는 때에는 제1심판결 전부를 파기하고 경합범 관계에 있는 공소사실 전부에 대하여 하나의 형을 선고하여야 한다(대판 2014.3.27., 2014도342).

오답의 이유

① 대판 2010.11.25., 2010도10985
② 대판 2010.3.25., 2009도14065
④ 대판 2015.12.24., 2015도17051

24 재심에 관한 다음 설명 중 가장 옳지 않은 것은?

20년 법원직 9급

① 재심청구인이 재심청구를 한 후 청구에 대한 결정이 확정되기 전에 사망한 경우 재심청구 절차가 종료한다.

② 조세심판원이 재조사결정을 하고 그에 따라 과세관청이 후속처분으로 당초 부과처분을 취소하였다면 부과처분은 처분 시에 소급하여 효력을 잃게 되어 원칙적으로 그에 따른 납세의무도 없어지므로, 「형사소송법」 제420조 제5호에 정한 재심사유에 해당한다.

③ 위헌으로 결정된 법률 또는 법률의 조항이 종전의 합헌결정이 있는 날의 다음 날로 소급하여 효력을 상실하는 경우, 합헌결정이 있는 날의 다음 날 이후에 유죄판결이 선고되어 확정되었다고 하더라도 범죄행위가 그 이전에 행하여졌다면 재심을 청구할 수 없다.

④ 유죄의 확정판결에 대하여 재심개시결정이 확정되어 법원이 그 사건에 대하여 다시 심판을 한 후 재심의 판결을 선고하고 그 재심판결이 확정된 때에는 종전의 확정판결은 당연히 효력을 상실한다.

정답 ③

영역 상소 · 비상구제절차 · 특별절차 > 비상구제절차

정답의 이유

③ 헌법재판소법 제47조 제4항에 따라 재심을 청구할 수 있는 '위헌으로 결정된 법률 또는 법률의 조항에 근거한 유죄의 확정판결'이란 헌법재판소의 위헌결정으로 인하여 같은 조 제3항의 규정에 의하여 소급하여 효력을 상실하는 법률 또는 법률의 조항을 적용한 유죄의 확정판결을 의미한다. 따라서 위헌으로 결정된 법률 또는 법률의 조항이 같은 조 제3항 단서에 의하여 종전의 합헌결정이 있는 날의 다음 날로 소급하여 효력을 상실하는 경우 합헌결정이 있는 날의 다음 날 이후에 유죄판결이 선고되어 확정되었다면, 비록 범죄행위가 그 이전에 행하여졌더라도 그 판결은 위헌결정으로 인하여 소급하여 효력을 상실한 법률 또는 법률의 조항을 적용한 것으로서 '위헌으로 결정된 법률 또는 법률의 조항에 근거한 유죄의 확정판결'에 해당하므로 이에 대하여 재심을 청구할 수 있다(대결 2016.11.10., 2015모1475).

오답의 이유

① 형사소송법이나 형사소송규칙에는 재심청구인이 재심의 청구를 한 후 청구에 대한 결정이 확정되기 전에 사망한 경우에 재심청구인의 배우자나 친족 등에 의한 재심청구인 지위의 승계를 인정하거나 형사소송법 제438조와 같이 재심청구인이 사망한 경우에도 절차를 속행할 수 있는 규정이 없으므로, 재심청구절차는 재심청구인의 사망으로 당연히 종료하게 된다(대결 2014.5.30., 2014모739).

② 조세심판원이 재조사결정을 하고 그에 따라 과세관청이 후속처분으로 당초 부과처분을 취소하였다면 부과처분은 처분 시에 소급하여 효력을 잃게 되어 원칙적으로 그에 따른 납세의무도 없어지므로, 형사소송법 제420조 제5호에 정한 재심사유에 해당한다(대판 2015.10.29., 2013도14716).

④ 유죄의 확정판결에 대하여 재심개시결정이 확정되어 법원이 그 사건에 대하여 다시 심판을 한 후 재심의 판결을 선고하고 그 재심판결이 확정된 때에는 종전의 확정판결은 당연히 효력을 상실한다(대판 2017.9.21., 2017도4019).

25 즉결심판에 대한 설명으로 가장 적절하지 않은 것은? (다툼이 있는 경우 판례에 의함) 21년 경찰승진

① 즉결심판은 관할경찰서장이 관할법원에 이를 청구한다.

② 즉결심판청구서에는 피고인의 성명 기타 피고인을 특정할 수 있는 사항, 죄명, 범죄사실과 적용법조를 기재하여야 한다.

③ 즉결심판의 판결이 확정된 때에는 지체없이 즉결심판서 및 관계서류와 증거를 관할지방검찰청의 장에게 송치해야 한다.

④ 즉결심판에 있어서는 자백배제법칙은 적용되나 자백보강법칙은 적용되지 아니한다.

정답 ③

영역 상소 · 비상구제절차 · 특별절차 > 특별절차

[정답의 이유]

③ 즉결심판의 판결이 확정된 때에는 즉결심판서 및 관계서류와 증거는 관할경찰서 또는 지방해양경찰관서가 이를 보존한다 (즉결심판절차법 제13조).

[오답의 이유]

① 즉결심판절차법 제3조 제1항

② 즉결심판절차법 제3조 제2항

④ 즉결심판에는 형사소송법 제310조(자백보강법칙), 제312조 제3항(사법경찰관 작성 피의자신문조서의 증거능력 제한) 및 제313조(진술서 · 진술기재서의 증거능력 제한)의 규정은 적용되지 아니한다(즉결심판절차법 제10조). 그러나 국가소추주의, 구두변론주의, 제척 · 기피, 증거재판주의, 자유심증주의, 자백배제법칙, 위법수집증거배제법칙은 그대로 적용된다.

형사소송법 6회

01 형사소송의 이념에 대한 설명으로 옳지 않은 것은? (다툼이 있는 경우 판례에 의함) 　22년 국가직 7급

① 형사소송법이 임의성 없는 진술의 증거능력을 부정하는 취지는, 허위진술을 유발 또는 강요할 위험성이 있는 상태하에서 행하여진 진술은 그 자체가 실체적 진실에 부합하지 아니하여 오판을 일으킬 소지가 있을 뿐만 아니라 그 진위를 떠나서 진술자의 기본적 인권을 침해하는 위법·부당한 압박이 가하여지는 것을 사전에 막기 위한 것이다.

② 형사소송법이 수사기관에서 작성된 조서 등 서면증거에 대하여 일정한 요건을 충족하는 경우에 그 증거능력을 인정하는 것은 실체적 진실발견의 이념과 소송경제의 요청을 고려하여 예외적으로 허용하는 것일 뿐이므로, 그 증거능력 인정 요건에 관한 규정은 엄격하게 해석·적용하여야 한다.

③ 어느 재판에 대하여 어떠한 불복방법을 허용할 것인지의 여부는 원칙적으로 입법자의 형성의 자유에 속하는 사항이지만, 심급제도가 헌법이 규정하는 국민의 재판청구권을 보장하기 위한 하나의 수단임을 고려할 때 어느 재판에 대하여 심급제도를 통한 불복을 허용할 것인지의 여부는 입법정책에 달린 문제로 볼 수 없다.

④ 위법수집증거 배제의 원칙은 수사과정의 위법행위를 억지함으로써 국민의 기본적 인권을 보장하기 위한 것이므로, 적법절차에 위배되는 행위의 영향이 차단되거나 소멸되었다고 볼 수 있는 상태에서 수집한 증거는 그 증거능력을 인정하더라도 적법절차의 실질적 내용에 대한 침해가 일어나지는 않는다 할 것이니 그 증거능력을 부정할 이유는 없다.

정답 ③

영역 서론 > 형사소송법의 기초

[정답의 이유]

③ 어느 재판에 대하여 심급제도를 통한 불복을 허용할 것인지의 여부 또는 어떤 불복방법을 허용할 것인지 등은 원칙적으로 입법자의 형성의 자유에 속하는 사항이고, 특히 형사사법절차에서 수사 또는 공소제기 및 유지를 담당하는 주체로서 피의자 또는 피고인과 대립적 지위에 있는 검사에게 어떤 재판에 대하여 어떤 절차를 통하여 어느 범위 내에서 불복방법을 허용할 것인가 하는 점은 더욱더 입법정책에 달린 문제이다(대결 2006.12.18., 2006모646).

[오답의 이유]

① 대판 2015.9.10., 2012도9879

② 헌법 제12조 제1항이 규정한 적법절차의 원칙과 헌법 제27조에 의하여 보장된 공정한 재판을 받을 권리를 구현하기 위하여 형사소송법은 공판중심주의와 구두변론주의 및 직접심리주의를 기본원칙으로 하고 있다. 따라서 형사소송법이 수사기관에서 작성된 조서 등 서면증거에 대하여 일정한 요건을 충족하는 경우에 증거능력을 인정하는 것은 실체적 진실발견의 이념과 소송경제의 요청을 고려하여 예외적으로 허용하는 것일 뿐이므로 증거능력 인정 요건에 관한 규정은 엄격하게 해석·적용하여야 한다(대판 2022.6.16., 2022도364).

④ 대판 2013.3.14., 2010도2094

02 「형사소송법」이 명시적으로 규정하고 있는 검사의 권한에 속하지 않는 것은? 23년 국가직 9급

① 피고인의 구속취소 청구
② 피고인의 구속집행정지 신청
③ 피의자의 감정유치 청구
④ 재심의 청구

정답 ②

영역 서론 > 소송주체와 소송관계인

[정답의 이유]

② 법원은 상당한 이유가 있는 때에는 결정으로 구속된 피고인을 친족·보호단체 기타 적당한 자에게 부탁하거나 피고인의 주거를 제한하여 **구속을 집행을 정지할 수 있다**(형사소송법 제101조 제1항).

[오답의 이유]

① 구속의 사유가 없거나 소멸된 때에는 법원은 직권 또는 검사, 피고인, 변호인과 제30조 제2항에 규정한 자의 청구에 의하여 결정으로 구속을 취소하여야 한다(형사소송법 제93조).

③ 검사는 제221조의 규정에 의하여 감정을 위촉하는 경우에 제172조 제3항의 유치처분이 필요할 때에는 판사에게 이를 청구하여야 한다(형사소송법 제221조의3 제1항).

④ 검사, 유죄의 선고를 받은 자, 유죄의 선고를 받은 자의 법정대리인, 유죄의 선고를 받은 자가 사망하거나 심신장애가 있는 경우에는 그 배우자·직계친족 또는 형제자매는 재심의 청구를 할 수 있다(형사소송법 제424조).

---

03 진술거부권에 대한 설명으로 가장 적절하지 않은 것은? (다툼이 있는 경우 판례에 의함) 18년 경찰공무원 2차

① 수사기관에 의한 진술거부권 고지의 대상이 되는 피의자의 지위는 수사기관이 범죄인지서를 작성하는 등의 형식적인 사건수리절차를 거치기 전이라도 조사대상자에 대하여 범죄의 혐의가 있다고 보아 실질적으로 수사를 개시하는 행위를 한 때에 인정된다.

② 만일 법률이 범법자에게 자기의 범죄사실을 반드시 신고하도록 명시하고 그 미신고를 처벌하는 벌칙을 규정하였다면 이는 헌법상 보장된 국민의 기본권인 진술거부권을 침해하는 것이 된다.

③ 조사대상자의 진술 내용이 제3자의 피의사실뿐만 아니라 자신의 피의사실에 관한 것이기도 하여 실질이 피의자신문조서의 성격을 가지는 경우에 수사기관은 진술을 듣기 전에 미리 진술거부권을 고지하여야 한다.

④ 진술거부권의 행사가 피고인에게 보장된 방어권 행사의 범위를 넘어 객관적이고 명백한 증거가 있음에도 진실의 발견을 적극적으로 숨기거나 법원을 오도하려는 시도에 기인한 경우, 법원이 이를 가중적 양형의 조건으로 참작하는 것은 자백을 강요하는 것이 되므로 허용되지 않는다.

정답 ④

영역 서론 > 소송주체와 소송관계인

[정답의 이유]

④ 형사소송절차에서 피고인은 방어권에 기하여 범죄사실에 대하여 진술을 거부하거나 거짓 진술을 할 수 있고, 이 경우 범죄사실을 단순히 부인하고 있는 것이 죄를 반성하거나 후회하고 있지 않다는 인격적 비난 요소로 보아 가중적 양형의 조건으로 삼는 것은 결과적으로 피고인에게 자백을 강요하는 것이 되어 허용될 수 없다고 할 것이나 그러한 태도나 행위가 피고인에게 보장된 방어권 행사의 범위를 넘어 객관적이고 명백한 증거가 있음에도 진실의 발견을 적극적으로 숨기거나 법원을 오도하려는 시도에 **기인한 경우에는 가중적 양형의 조건으로 참작될 수 있다**(대판 2012.1.12., 2011도14083).

[오답의 이유]

①·③ 피의자의 진술을 기재한 서류 또는 문서가 수사기관에서의 조사 과정에서 작성된 것이라면, 그것이 '진술조서, 진술서, 자술서'라는 형식을 취하였다고 하더라도 피의자신문조서와 달리 볼 수 없고, 수사기관에 의한 진술거부권 고지의 대상이 되는 피의자의 지위는 수사기관이 범죄인지서를 작성하는 등의 형식적인 사건수리 절차를 거치기 전이라도 조사대상자에 대하여 범죄의 혐의가 있다고 보아 실질적으로 수사를 개시하는 행위를 한 때에 인정된다. 특히 조사대상자의 진술 내용이 단순히 제3자의 범죄에 관한 경우가 아니라 자신과 제3자에게 공동으로 관련된 범죄에 관한 것이거나 제3자의 피의사실뿐만 아니라 자신의 피의사실에 관한 것이기도 하여 실질이 피의자신문조서의 성격을 가지는 경우에 수사기관은 진술을 듣기 전에 미리 진술거부권을 고지하여야 한다(대판 2015.10.29., 2014도5939).

② 대판 2015.5.28., 2015도3136

04 국선변호인에 대한 설명으로 옳지 않은 것은? (다툼이 있는 경우 판례에 의함)

20년 국가직 5급 승진

① 형사소송법 제33조 제1항 제1호에서는 '피고인이 구속된 때'를 국선변호인 선정사유로 규정하고 있는데, 동 규정은 법원이 불구속상태의 피고인에 대해 판결을 선고한 다음 법정구속한 경우 그 피고인이 구속되기 이전까지도 적용된다.

② 피고인 또는 피의자 수인 사이에 이해가 상반되지 않을 때에는 그 수인의 피고인 또는 피의자를 위하여 동일한 국선변호인을 선정할 수 있다.

③ 회복불가능한 심신장애인을 위하여 재심을 청구한 자가 재심심판절차에서 변호인을 선임하지 않은 때에는 재판장은 직권으로 변호인을 선임하여야 한다.

④ 형사소송법 제282조에 규정된 필요적 변호사건에 해당하는 사건의 제1심 공판절차에서 변호인 없이 증거조사와 피고인신문 등의 심리가 이루어진 경우 그 소송행위는 무효로 된다.

정답 ①

영역 서론 > 소송주체와 소송관계인

정답의 이유

① 형사소송법 제33조 제1항 제1호는 피고인에게 변호인이 없는 때에 법원이 직권으로 변호인을 선정하여야 할 사유(이하 '필요적 국선변호인 선정사유'라고 한다) 중 하나로 '피고인이 구속된 때'를 정하고 있다(대판 2024.5.23., 2021도6357). 그러므로 판결 전의 상황이 아닌 '구속'이라는 처분 시점 이후에 적용된다.

오답의 이유

② 형사소송규칙 제15조 제2항

③ 형사소송법 제438조 제4항

④ 대판 1995.4.25., 94도2347

05 소송행위에 관한 설명 중 옳은 것(○)과 옳지 않은 것(×)을 올바르게 조합한 것은? (다툼이 있는 경우 판례에 의함)

15년 경찰간부후보생

㉠ 공시송달은 법원사무관 등이 송달할 서류를 보관하고 그 사유를 법원게시장에 공시하여야 한다. 최초의 공시송달은 공시를 한 날로부터 2주일을 경과하면 그 효력이 생긴다. 단, 제2회 이후의 공시송달은 5일을 경과하면 그 효력이 생긴다.

㉡ 약식명령에 대한 정식재판청구권자가 자신이 책임질 수 없는 사유로 정식재판청구기간 내에 정식재판청구를 하지 못한 때에는 정식재판청구권 회복의 청구를 할 수 있다.

㉢ 친고죄는 피해자의 고소가 있어야 공소를 제기할 수 있고 공소제기 이후 고소의 추완은 허용되지 아니하고, 이는 비친고죄로 기소되었다가 제1심 공판진행 중 친고죄로 공소장이 변경된 경우에도 동일하며, 어느 경우이든 법원은 검사의 공소제기절차가 법률의 규정에 위반하여 무효임을 이유로 공소기각 판결을 선고하여야 한다.

㉣ 변호인선임신고서를 제출하지 아니한 변호인이 변호인 명의로 정식재판청구서만 제출하고, 형사소송법 제453조 제1항이 정하는 정식재판청구기간 경과 후에 비로소 변호인선임신고서를 제출한 경우, 변호인 명의로 제출한 위 정식재판청구서는 적법·유효한 정식재판청구로서의 효력이 없다.

① ㉠ (○), ㉡ (○), ㉢ (○), ㉣ (○)

② ㉠ (×), ㉡ (○), ㉢ (×), ㉣ (○)

③ ㉠ (○), ㉡ (×), ㉢ (○), ㉣ (×)

④ ㉠ (○), ㉡ (○), ㉢ (×), ㉣ (×)

정답 ①

영역 서론 > 소송행위와 소송조건

정답의 이유

㉠ 형사소송법 제64조 제2항, 제4항

㉡ 형사소송법 제458조 제1항, 제345조

㉢ 대판 1982.9.14., 82도1504

㉣ 대결 2005.1.20., 2003모429

06 피의자신문에 대한 설명 중 가장 적절하지 않은 것은?(다툼이 있는 경우 판례에 의함)

20년 경찰공무원 1차

① 변호인의 수사방해나 수사기밀의 유출에 대한 우려가 없고 조사실의 장소적 제약 등과 같은 특별한 사정이 없는 상황에서 수사관 A가 피의자신문에 참여한 변호인 B에게 피의자 후방에 앉으라고 요구하는 행위는 목적의 정당성과 수단의 적절성뿐만 아니라 침해의 최소성과 법익 균형성도 충족하지 못하므로 B의 변호권을 침해한다.

② 피의자신문에 참여한 변호인은 원칙적으로 신문 후 의견을 진술할 수 있다. 다만 신문 중이더라도 부당한 신문방법에 대하여 이의를 제기할 수 있고, 검사 또는 사법경찰관의 승인을 얻어 의견을 진술할 수 있다.

③ 검사 또는 사법경찰관은 피의자가 신체적 또는 정신적 장애로 사물을 변별하거나 의사를 결정 · 전달할 능력이 미약한 때와 피의자의 연령 · 성별 · 국적 등의 사정을 고려하여 그 심리적 안정의 도모와 원활한 의사소통을 위하여 필요한 경우 직권 또는 피의자, 법정대리인의 신청에 따라 피의자와 신뢰관계인을 동석시킬 수 있다. 이 경우 동석한 신뢰관계인이 피의자를 대신하여 진술할 수 있으며 진술한 부분이 조서에 기재되어 있다면 이를 유죄인정의 증거로 사용할 수 있다.

④ 인지절차를 밟기 전에 수사를 하였다고 하더라도 그 수사가 장차 인지의 가능성이 전혀 없는 상태하에서 행해졌다는 등의 특별한 사정이 없는 한 인지절차가 이루어지기 전에 수사를 하였다는 이유만으로 그 수사가 위법하다고 볼 수는 없고, 따라서 그 수사과정에서 작성된 피의자신문조서나 진술조서 등의 증거능력도 이를 부인할 수 없다.

정답 ③

영역 수사와 공소 > 수사

정답의 이유

③ 형사소송법 제244조의5는 검사 또는 사법경찰관은 피의자를 신문하는 경우 피의자가 신체적 또는 정신적 장애로 사물을 변별하거나 의사를 결정 · 전달할 능력이 미약한 때나 피의자

의 연령 · 성별 · 국적 등의 사정을 고려하여 그 심리적 안정의 도모와 원활한 의사소통을 위하여 필요한 경우에는, 직권 또는 피의자 · 법정대리인의 신청에 따라 피의자와 신뢰관계에 있는 자를 동석하게 할 수 있도록 규정하고 있다. 구체적인 사안에서 위와 같은 동석을 허락할 것인지는 원칙적으로 검사 또는 사법경찰관이 피의자의 건강 상태 등 여러 사정을 고려하여 재량에 따라 판단하여야 할 것이나, 이를 허락하는 경우에도 동석한 사람으로 하여금 피의자를 대신하여 진술하도록 하여서는 안 된다. 만약 동석한 사람이 피의자를 대신하여 진술한 부분이 조서에 기재되어 있다면 그 부분은 피의자의 진술을 기재한 것이 아니라 동석한 사람의 진술을 기재한 조서에 해당하므로, 그 사람에 대한 진술조서로서의 증거능력을 취득하기 위한 요건을 충족하지 못하는 한 이를 유죄 인정의 증거로 사용할 수 없다(대판 2009.6.23., 2009도1322).

오답의 이유

① 이 사건에서 변호인의 수사방해나 수사기밀의 유출에 대한 우려가 없고, 조사실의 장소적 제약 등과 같이 이 사건 후방착석요구행위를 정당화할 그 외의 특별한 사정도 없으므로, 이 사건 후방착석요구행위는 침해의 최소성 요건을 충족하지 못한다. 이 사건 후방착석요구행위로 얻어질 공익보다는 변호인의 피의자신문참여권 제한에 따른 불이익의 정도가 크므로, 법익의 균형성 요건도 충족하지 못한다. 따라서 이 사건 후방착석요구행위는 변호인인 청구인의 변호권을 침해한다(헌재결 2017.11.30., 2016헌마503).

② 형사소송법 제243조의2 제3항

④ 대판 2001.10.26., 2000도2968

07 고소 등에 대한 다음의 설명(㉠~㉤) 중 옳고 그름의 표시(○, ×)가 바르게 된 것은?(다툼이 있는 경우 판례에 의함) 20년 경찰공무원 1차

> ㉠ 고소능력은 피해를 입은 사실을 이해하고 고소에 따른 사회생활상의 이해관계를 알아차릴 수 있는 사실상의 의사능력으로 충분하므로, 민법상 행위능력이 없는 사람이라도 위와 같은 능력을 갖추었다면 고소능력이 인정된다.
>
> ㉡ 고소권자가 비친고죄로 고소한 사건이더라도 검사가 사건을 친고죄로 구성하여 공소를 제기하였다면, 공소장 변경절차를 거쳐 공소사실이 비친고죄로 변경되지 아니하는 한, 법원으로서는 친고죄에서 소송조건이 되는 고소가 유효하게 존재하는지를 직권으로 조사·심리하여야 한다.
>
> ㉢ 법정대리인의 고소권은 무능력자의 보호를 위하여 법정대리인에게 주어진 고유권이어서 피해자의 고소권 소멸여부에 관계없이 고소할 수 있는 것이며, 그 고소기간은 법정대리인 자신이 범인을 알게 된 날로부터 진행한다.
>
> ㉣ 형사소송법 제236조의 대리인에 의한 고소의 경우, 대리권이 정당한 고소권자에 의하여 수여되었음을 증명하기 위해 반드시 위임장을 제출한다거나 '대리'라는 표시를 하여야 한다.
>
> ㉤ 친고죄에 관한 고소의 주관적 불가분 원칙을 규정한 형사소송법 제233조는 공정거래법상 공정거래위원회의 고발에 준용된다.

① ㉠ (○) ㉡ (×) ㉢ (○) ㉣ (○) ㉤ (×)
② ㉠ (○) ㉡ (○) ㉢ (×) ㉣ (×) ㉤ (×)
③ ㉠ (×) ㉡ (×) ㉢ (×) ㉣ (○) ㉤ (○)
④ ㉠ (○) ㉡ (○) ㉢ (○) ㉣ (×) ㉤ (×)

정답 ④

영역 수사와 공소 > 수사

정답의 이유

㉠ 대판 1999.2.9., 98도2074

㉡ 대판 2015.11.17., 2013도7987

㉢ 대판 1987.6.9., 87도857

㉣ 형사소송법 제236조의 대리인에 의한 고소의 경우, 대리권이 정당한 고소권자에 의하여 수여되었음이 실질적으로 증명되면 충분하고, 그 방식에 특별한 제한은 없으므로, 고소를 할

때 반드시 위임장을 제출한다거나 '대리'라는 표시를 하여야 하는 것은 아니고, 또 고소기간은 대리고소인이 아니라 정당한 고소권자를 기준으로 고소권자가 범인을 알게 된 날부터 기산한다(대판 2001.9.4., 2001도3081).

㉤ 형사소송법도 제233조에서 친고죄에 관한 고소의 주관적 불가분 원칙을 규정하고 있을 뿐 고발에 대하여 그 주관적 불가분의 원칙에 관한 규정을 두고 있지 않고, 또한 형사소송법 제233조를 준용하고 있지도 아니하다. 이와 같이 명문의 근거 규정이 없을 뿐만 아니라 소추요건이라는 성질상의 공통점 외에 그 고소·고발의 주체와 제도적 취지 등이 상이함에도, 친고죄에 관한 고소의 주관적 불가분 원칙을 규정하고 있는 형사소송법 제233조가 공정거래위원회의 고발에도 유추적용된다고 해석한다면 이는 공정거래위원회의 고발이 없는 행위자에 대해서까지 형사처벌의 범위를 확장하는 것으로서, 결국 피고인에게 불리하게 형벌법규의 문언을 유추해석한 경우에 해당하므로 죄형법정주의에 반하여 허용될 수 없다(대판 2010.9.30., 2008도4762).

08 강제수사에 대한 설명으로 옳은 것만을 모두 고르면?

23년 국가직 9급

> ㉠ 현행범인 체포의 요건을 갖추었는지 여부는 체포 당시의 상황을 기초로 판단하여야 하고, 체포 당시의 상황으로 볼 때 그 요건의 충족 여부에 관한 검사나 사법경찰관 등의 판단이 경험칙에 비추어 현저히 합리성을 잃은 경우에는 그 체포는 위법하다.
> ㉡ 구속기간연장허가결정이 있는 경우에 그 연장기간은 구속기간이 만료된 날로부터 기산한다.
> ㉢ 피의자, 피의자의 변호인·법정대리인·배우자·직계친족·형제자매·가족·동거인 또는 고용주는 구속된 피의자의 보석을 법원에 청구할 수 있다.
> ㉣ 수사기관이 압수·수색영장에 적힌 '수색할 장소'에 있는 컴퓨터 등 정보처리장치에 저장된 전자정보 외에 원격지 서버에 저장된 전자정보를 압수·수색하기 위해서는 압수·수색영장에 적힌 '압수할 물건'에 별도로 원격지 서버 저장 전자정보가 특정되어 있어야 한다.

① ㉠, ㉡
② ㉠, ㉣
③ ㉡, ㉢
④ ㉢, ㉣

정답 ②

영역 수사와 공소 > 강제처분과 강제수사

[정답의 이유]
㉠ 대판 2011.5.26. 2011도3682
㉣ 대결 2022.6.30. 2020모735

[오답의 이유]
㉡ 구속기간연장허가결정이 있는 경우에 그 연장기간은 형사소송법 제203조의 규정에 의한 구속기간만료 다음 날로부터 기산한다(형사소송규칙 제98조).
㉢ 피고인, 피고인의 변호인·법정대리인·배우자·직계친족·형제자매·가족·동거인 또는 고용주는 법원에 구속된 피고인의 보석을 청구할 수 있다(형사소송법 제94조).

09 구속에 관한 설명으로 가장 적절하지 않은 것은? (다툼이 있는 경우 판례에 의함)

25년 경찰승진

① 구속기간이 만료될 무렵 종전 구속영장에 기재된 횡령죄의 범죄사실과 범행일시 및 장소, 범행의 목적물과 행위의 내용은 같으나 그 영득행위에 대한 법적 평가가 다른 사기죄의 범죄사실로 재차 구속하였다면 피의자에 대한 구속은 위법하다.
② [2025. 1. 1.(수) 23:00 사법경찰관의 피의자 체포 → 1. 2.(목) 17:00 법원에 구속영장 청구서 및 수사기록의 접수 → 1. 3.(금) 16:00 판사의 피의자 심문 후 검찰청에 구속영장 및 수사기록 반환 → 1. 3.(금) 18:00 구속]의 경우 피의자의 구속기간은 1. 12.(일) 16:00까지이다.
③ 검사 또는 사법경찰관에 의하여 구속되었다가 석방된 자일지라도 다른 중요한 증거를 발견한 경우에는 동일한 범죄사실에 관하여 재차 구속할 수 있다.
④ 구속 적부심사결정에 의하여 석방된 피의자가 도망하거나 범죄의 증거를 인멸하는 경우에는 동일한 범죄사실로 재차 구속할 수 있다.

정답 ②

영역 수사와 공소 > 강제처분과 강제수사

[정답의 이유]
② 사법경찰관이 피의자를 구속할 수 있는 기간은 2025. 1. 1.~2025. 1. 10. 24:00이 된다. 그러나 구속 전 피의자심문의 경우, 법원이 관계서류를 접수한 날부터 구속영장을 발부하여 검찰청에 반환한 날까지의 기간은 수사기관의 구속기간에 산입하지 아니하므로(형사소송법 제201조의2 제7항 참조), 피의자심문에 의한 2025. 1. 2.와 2025. 1. 3.은 구속기간에 포함되지 않아 피의자를 구속할 수 있는 기간은 2025. 1. 12. 24:00까지이다.

[오답의 이유]
① 구속영장에 기재된 횡령죄의 범죄사실과 공소장에 기재된 사기죄의 공소사실이 범행일시 및 장소, 범행의 목적물과 그 행위의 내용에 있어서는 같으나 그 영득행위에 대한 법적인 평가만이 다를 뿐이므로 그 기본적인 사실관계는 동일하다는 이유로 구속영장의 효력이 공소사실에 미친다(대결 2001.5.25., 2001모85).
③ 검사 또는 사법경찰관에 의하여 구속되었다가 석방된 자는 다른 중요한 증거를 발견한 경우를 제외하고는 동일한 범죄

사실에 관하여 재차 구속하지 못한다(형사소송법 제208조 제1항).

④ 체포 또는 구속 적부심사결정에 의하여 석방된 피의자가 도망하거나 범죄의 증거를 인멸하는 경우를 제외하고는 동일한 범죄사실로 재차 체포하거나 구속할 수 없다(형사소송법 제214조의 3 제1항).

10 「통신비밀보호법」이 규정하는 통신제한조치에 대한 설명으로 옳은 것은?
22년 국가직 9급

① 「통신비밀보호법」에서 보호하는 타인 간의 '대화'에는 원칙적으로 현장에 있는 당사자들이 말을 주고 받는 육성과 의사소통 과정에서 사물에서 발생하는 음향이 포함된다.

② 「통신비밀보호법」이 규정하는 감청에는 실시간으로 전기통신의 내용을 지득·채록하는 행위, 통신의 송·수신을 직접적으로 방해하는 행위, 이미 수신이 완료된 전기통신에 관하여 남아 있는 기록이나 내용을 열어보는 행위 등이 포함된다.

③ 통신의 당사자 일방이 수사기관에 제출할 의도로 상대방의 동의 없이 전자장치나 기계장치를 사용하여 통신의 음향·문언·부호·영상을 청취하는 것은 「통신비밀보호법」이 정한 감청에 해당하지 아니한다.

④ 사법경찰관은 인터넷 회선을 통하여 송신·수신하는 전기통신을 대상으로 통신제한조치를 집행한 후 그 전기통신의 보관 등을 하고자 하는 때에는 집행 종료일부터 14일 이내에 보관 등이 필요한 전기통신을 선별하여 검사에게 보관 등의 승인을 청구하고, 검사는 청구가 이유 있다고 인정하는 경우에는 보관 등을 승인하여야 한다.

정답 ③

영역 수사와 공소 > 강제처분과 강제수사

[정답의 이유]

③ 전기통신의 감청은 제3자가 전기통신의 당사자인 송신인과 수신인의 동의를 받지 아니하고 전기통신 내용을 녹음하는 등의 행위를 하는 것만을 말한다고 해석함이 타당하므로, 전기통신에 해당하는 전화통화 당사자의 일방이 상대방 모르게 통화 내용을 녹음하는 것은 여기의 감청에 해당하지 않는다(대판 2019.3.14., 2015도1900).

[오답의 이유]

① 통신비밀보호법 제1조, 제3조 제1항 본문, 제4조, 제14조 제1항, 제2항의 문언, 내용, 체계와 입법 취지 등에 비추어 보면, 통신비밀보호법에서 보호하는 타인 간의 '대화'는 원칙적으로 현장에 있는 당사자들이 육성으로 말을 주고받는 의사소통행위를 가리킨다. 따라서 사람의 육성이 아닌 사물에서 발생하는 음향은 타인 간의 '대화'에 해당하지 않는다. 또한 사람의 목소리라고 하더라도 상대방에게 의사를 전달하는 말이 아닌 단순한 비명소리나 탄식 등은 타인과 의사소통을 하기 위한 것이 아니라면 특별한 사정이 없는 한 타인 간의 '대화'에 해당한다고 볼 수 없다(대판 2017.3.15., 2016도19843).

② 통신비밀보호법 제2조 제3호 및 제7호에 의하면 같은 법상 '감청'은 전자적 방식에 의하여 모든 종류의 음향·문언·부호 또는 영상을 송신하거나 수신하는 전기통신에 대하여 당사자의 동의 없이 전자장치·기계장치 등을 사용하여 통신의 음향·문언·부호·영상을 청취·공독하여 그 내용을 지득 또는 채록하거나 전기통신의 송·수신을 방해하는 것을 말한다. 즉 통신비밀보호법상 '감청'이란 대상이 되는 전기통신의 송·신과 동시에 이루어지는 경우만을 의미하고, 이미 수신이 완료된 전기통신의 내용을 지득하는 등의 행위는 포함되지 않는다(대판 2012.10.25., 2012도4644).

④ 사법경찰관은 인터넷 회선을 통하여 송신·수신하는 전기통신을 대상으로 제6조 또는 제8조(제5조 제1항의 요건에 해당하는 사람에 대한 긴급통신제한조치에 한정)에 따른 통신제한조치를 집행한 경우 그 전기통신의 보관 등을 하고자 하는 때에는 집행종료일부터 14일 이내에 보관 등이 필요한 전기통신을 선별하여 검사에게 보관 등의 승인을 신청하고, 검사는 신청일부터 7일 이내에 통신제한조치를 허가한 법원에 그 승인을 청구할 수 있다(통신비밀보호법 제12조의2 제2항).

11 압수·수색 시 참여권 보장에 관한 설명으로 가장 적절하지 않은 것은? (다툼이 있는 경우 판례에 의함) 25년 경찰승진

① 「형사소송법」 제123조 제2항 및 제3항에 따라 주거주 등 또는 이웃 등이 참여하였다고 하더라도 그 참여자에게 최소한 압수·수색절차의 의미를 이해할 수 있는 정도의 능력이 없거나 부족한 경우에는, 주거주 등이나 이웃 등의 참여 없이 이루어진 것과 마찬가지로 위법하다.

② 피해자 등 제3자가 피의자의 소유·관리에 속하는 정보저장매체를 임의제출한 경우에는 특별한 사정이 없는 한 피의자에게 참여권을 보장하고 압수한 전자정보 목록을 교부하는 등 피의자의 절차적 권리를 보장하기 위한 적절한 조치가 이루어져야 한다.

③ 증거은닉범이 본범으로부터 "수사가 끝날 때까지 숨겨 놓으라."라는 취지로 지시를 받고 본범의 정보저장매체를 소지·보관하던 중 수사기관으로부터 증거은닉혐의 피의자로 입건되자 본범의 정보저장매체를 임의제출한 경우 증거은닉범 외 본범에게도 참여권이 인정된다.

④ 과거 정보저장매체의 이용 내지 개별 전자정보의 생성·이용 등에 관여한 사실이 있다거나 그 과정에서 생성된 전자정보에 의해 식별되는 정보주체에 해당한다는 사정만으로 참여권 보장의 대상이 된다고 보기는 어렵다.

정답 ③

영역 수사와 공소 > 강제처분과 강제수사

[정답의 이유]

③ 피고인이 허위의 인턴십 확인서를 작성한 후 갑의 자녀 대학원 입시에 활용하도록 하는 방법으로 갑 등과 공모하여 대학원 입학담당자들의 입학사정업무를 방해하였다는 공소사실과 관련하여, 갑 등이 주거지에서 사용하던 컴퓨터 내 정보저장매체(하드디스크)에 인턴십 확인서 등 증거들이 저장되어 있고, 갑은 자신 등의 혐의에 대한 수사가 본격화되자 을에게 지시하여 하드디스크를 은닉하였는데, 이후 수사기관이 을을 증거은닉혐의 피의자로 입건하자 을이 이를 임의제출하였고, 수사기관은 하드디스크 임의제출 및 그에 저장된 전자정보에 관한 탐색·복제·출력 과정에서 을 측에 참여권을 보장한

반면 갑 등에게는 참여 기회를 부여하지 않아 그 증거능력이 문제 된 사안에서, 증거은닉범행의 피의자로서 하드디스크를 임의제출한 을에 더하여 임의제출자가 아닌 갑 등에게도 참여권이 보장되어야 한다고 볼 수 없다(대판 2023.9.18., 2022도7453 전합).

[오답의 이유]

① 주거주 등 또는 이웃 등이 참여하였다고 하더라도 그 참여자에게 최소한 압수·수색절차의 의미를 이해할 수 있는 정도의 능력(참여능력)이 없거나 부족한 경우에는, 주거주 등이나 이웃 등의 참여 없이 이루어진 것과 마찬가지로 형사소송법 제123조 제2항, 제3항에서 정한 압수·수색절차의 적법요건이 갖추어졌다고 볼 수 없으므로 그러한 압수·수색영장의 집행도 위법하다(대판 2024.10.8., 2020도11223).

② 대판 2023.12.14., 2020도1669

④ 정보저장매체의 외형적·객관적 지배·관리 등 상태와 별도로 단지 피의자나 그 밖의 제3자가 과거 그 정보저장매체의 이용 내지 개별 전자정보의 생성·이용 등에 관여한 사실이 있다거나 그 과정에서 생성된 전자정보에 의해 식별되는 정보주체에 해당한다는 사정만으로 그들을 실질적으로 압수·수색을 받는 당사자로 취급하여야 하는 것은 아니다(대판 2022.1.27., 2021도11170).

12 사법경찰관의 수사종결에 대한 설명으로 가장 적절하지 않은 것은? 22년 경찰승진

① 사법경찰관은 고소 · 고발사건을 포함하여 범죄를 수사한 때에는 범죄의 혐의가 있다고 인정되는 경우에는 지체 없이 검사에게 사건을 송치하고, 관계 서류와 증거물을 검사에게 송부하여야 한다.

② 사법경찰관은 고소 · 고발사건을 포함하여 범죄를 수사한 때에는 범죄의 혐의가 있다고 인정되는 경우를 제외한 그 밖의 경우에는 그 이유를 명시한 서면과 함께 관계 서류와 증거물을 지체 없이 검사에게 송부하여야 한다.

③ 사법경찰관은 고소 · 고발사건을 포함하여 범죄를 수사한 때에는 범죄의 혐의가 있다고 인정되는 경우를 제외한 그 밖의 경우에는 그 이유를 명시한 서면과 함께 관계 서류와 증거물을 지체 없이 검사에게 송부하여야 하고, 그 송부한 날부터 7일 이내에 서면으로 고소인 · 고발인 · 피해자 또는 그 법정대리인(피해자가 사망한 경우에는 그 배우자 · 직계친족 · 형제자매를 포함한다)에게 사건을 검사에게 송치하지 아니하는 취지와 그 이유를 통지하여야 한다.

④ 사법경찰관으로부터 사건을 검사에게 송치하지 아니하는 취지와 그 이유를 통지받은 사람은 통지를 받은 날로부터 30일 이내에 해당 사법경찰관의 소속 관서의 장에게 이의를 신청하여야 한다.

정답 ④

영역 수사와 공소 > 수사의 종결과 공소의 제기

정답의 이유

④ 고소인 등에 대한 송부통지를 받은 사람(고발인을 제외한다)은 해당 사법경찰관의 소속 관서의 장에게 이의를 신청할 수 있으며, 이러한 이의신청 기간 제한에 대한 명시적인 규정은 없다(형사소송법 제245조의7 참고).

오답의 이유

① · ② 형사소송법 제245조의5 제1호 · 제2호

③ 형사소송법 제245조의6

---

13 공소제기에 관한 설명으로 가장 적절한 것은? (다툼이 있는 경우 판례에 의함) 24년 경찰승진

① 공소사실의 특정은 공소제기의 유효조건이므로 공소장의 기재가 불명확한 경우는 공소제기의 절차가 법률의 규정을 위반하여 무효일 때에 해당하여 법원은 즉시 공소기각의 판결을 선고해야 한다.

② 동일한 사실관계에 대하여 서로 양립할 수 없는 적용법조의 적용을 주위적 · 예비적으로 구하는 경우 예비적 공소사실만 유죄로 인정되고 그 부분에 대하여 피고인만 상소하였다면 예비적 공소사실만 상소심의 심판대상에 포함되고 주위적 공소사실은 상소심의 심판대상에 포함되지 않는다.

③ 공소장에 적용법조의 오기나 누락이 피고인의 방어에 실질적인 불이익을 주더라도 법원은 공소장변경 없이 공소장에 기재되어 있지 않은 법조를 적용할 수 있다.

④ 공소장에 검사의 간인이 없더라도 그 공소장의 형식과 내용이 연속된 것으로 일체성이 인정되고 동일한 검사가 작성하였다고 인정되는 한, 이러한 공소장 제출에 의한 공소제기는 그 절차가 법률의 규정에 위반하여 무효인 때에 해당한다고 할 수 없다.

정답 ④

영역 수사와 공소 > 수사의 종결과 공소의 제기

정답의 이유

④ 공소상에 검사의 간인이 없더라도 그 공소장의 형식과 내용이 연속된 것으로 일체성이 인정되고 동일한 검사가 작성하였다고 인정되는 한 그 공소장을 형사소송법 제57조 제2항에 위반되어 효력이 없는 서류라고 할 수 없다. 이러한 공소장 제출에 의한 공소제기는 그 절차가 법률의 규정에 위반하여 무효인 때(형사소송법 제327조 제2호)에 해당한다고 할 수 없다(대판 2021.12.30., 2019도16259).

오답의 이유

① 공소장의 기재가 불명확한 경우 법원은 형사소송규칙 제141조의 규정에 의하여 검사에게 석명을 구한 다음, 그래도 검사가 이를 명확하게 하지 않은 때에야 공소사실의 불특정을 이유로 공소를 기각함이 상당하다고 할 것이므로(대법원 1983.6.14., 82도293 판결 참고). 원심이 검사에게 공소사실 특정에 관한 석명에 이르지 아니한 채 곧바로 위와 같이 공소

사실의 불특정을 이유로 공소기각의 판결을 한 데에는, 공소
사실의 특정에 관한 법리를 오해하였거나 심리를 미진한 위
법이 있다(대판 2006.5.11., 2004도5972).

② 동일한 사실관계에 대하여 서로 양립할 수 없는 적용법조의
적용을 주위적 · 예비적으로 구하는 경우에는 예비적 공소사
실만 유죄로 인정되고 그 부분에 대하여 피고인만 상소하였
다고 하더라도 주위적 공소사실까지 함께 상소심의 심판대상
에 포함된다(대판 2006.5.25., 2006도1146).

③ 공소장에 적용법조를 기재하는 이유는 공소사실의 법률적 평
가를 명확히 하여 피고인의 방어권을 보장하고자 함에 있으
므로, 적용법조의 기재에 오기나 누락이 있는 경우라 할지라
도 이로 인하여 피고인의 방어에 실질적인 불이익을 주지 않
는 한 공소제기의 효력에는 영향이 없고, 법원으로서도 공소
장 변경의 절차를 거치지 않고 곧바로 공소장에 기재되어 있
지 않은 법조를 적용할 수 있다(대판 2012.11.15., 2010도
11382).

③ 피고인이 법원에 국민참여재판을 신청하였음에도 불구하고
법원이 이에 대한 배제결정도 하지 않은 채 통상의 공판절차
로 재판을 진행하는 것은 피고인의 국민참여재판을 받을 권
리 및 법원의 배제결정에 대한 항고권 등의 중대한 절차적 권
리를 침해한 것으로서 위법하다 할 것이고, 앞서 본 국민참여
재판제도의 도입 취지나 배제결정에 대한 즉시항고권을 보장
한 취지 등에 비추어 이와 같이 위법한 공판절차에서 이루어
진 소송행위는 무효라고 보아야 할 것이다(대판 2011.9.8.,
2011도7106).

---

14 국민참여재판에 대한 설명으로 옳지 않은 것은?

22년 국가직 9급

① 배심원의 평결과 의견은 법원을 기속하지 아니
한다.

② 국민참여재판에 관하여 변호인이 없는 때에는 법
원은 직권으로 변호인을 선정하여야 한다.

③ 피고인이 법원에 국민참여재판을 신청하였음에도
불구하고 법원이 이에 대한 배제결정도 하지 않은
채 통상의 공판절차로 재판을 진행하는 것은 피고
인의 국민참여재판을 받을 권리 및 법원의 배제결
정에 대한 항고권 등의 중대한 절차적 권리를 침
해한 것으로 위법하다.

④ 배심원은 만 19세 이상의 대한민국 국민 중에서
선정된다.

정답 ④

영역 공판 > 공판절차

정답의 이유
④ 배심원은 만 20세 이상의 대한민국 국민 중에서 선정된다(국
민의 형사재판 참여에 관한 법률 제16조).

오답의 이유
① 국민의 형사재판 참여에 관한 법률 제46조 제5항
② 국민의 형사재판 참여에 관한 법률 제7조

---

15 피고인의 공판정출석에 대한 설명으로 옳지 않
은 것은?

24년 국가직 9급

① 피고인의 출정없이 증거조사를 할 수 있는 경우,
대리인 또는 변호인이 출정하였더라도 피고인이
출정하지 아니하였다면 증거로 할 수 있음에 동의
한 것으로 간주된다.

② 피고인이 공판기일에 출석하지 아니한 때에는 특
별한 규정이 없으면 개정하지 못하나, 피고인이
법인인 경우에는 대리인을 출석하게 할 수 있다.

③ 다액 500만 원 이하의 벌금 또는 과료에 해당하는
사건인 경우, 피고인의 출석을 요하지 아니하고
피고인은 대리인을 출석하게 할 수 있다.

④ 피고인이 질병으로 출정할 수 없는 경우에도 무
죄, 면소, 형의 면제 또는 공소기각의 재판을 할
것으로 명백한 때에는 피고인의 출정없이 재판할
수 있다.

정답 ①

영역 공판 > 공판절차

정답의 이유
① 피고인의 출정없이 증거조사를 할 수 있는 경우에 피고인이
출정하지 아니하였다면 증거로 할 수 있음에 동의가 있는 것
으로 간주한다. 단, 대리인 또는 변호인이 출정한 때에는 예
외로 한다(형사소송법 제318조 제2항).

오답의 이유
② 형사소송법 제276조
③ 형사소송법 제277조 제1호
④ 형사소송법 제306조 제4항

경미사건 등과 피고인의 불출석(형사소송법 제277조)

다음 각 호의 어느 하나에 해당하는 사건에 관하여는 피고인의 출석을 요하지 아니한다. 이 경우 피고인은 대리인을 출석하게 할 수 있다.

1. 다액 500만 원 이하의 벌금 또는 과료에 해당하는 사건
2. 공소기각 또는 면소의 재판을 할 것이 명백한 사건
3. 장기 3년 이하의 징역 또는 금고, 다액 500만 원을 초과하는 벌금 또는 구류에 해당하는 사건에서 피고인의 불출석허가신청이 있고 법원이 피고인의 불출석이 그의 권리를 보호함에 지장이 없다고 인정하여 이를 허가한 사건. 다만, 제284조에 따른 절차를 진행하거나 판결을 선고하는 공판기일에는 출석하여야 한다.
4. 제453조 제1항에 따라 피고인만이 정식재판의 청구를 하여 판결을 선고하는 사건

공판절차의 정지(형사소송법 제306조)

① 피고인이 사물의 변별 또는 의사의 결정을 할 능력이 없는 상태에 있는 때에는 법원은 검사와 변호인의 의견을 들어서 결정으로 그 상태가 계속하는 기간 공판절차를 정지하여야 한다.
② 피고인이 질병으로 인하여 출정할 수 없는 때에는 법원은 검사와 변호인의 의견을 들어서 결정으로 출정할 수 있을 때까지 공판절차를 정지하여야 한다.
③ 전2항의 규정에 의하여 공판절차를 정지함에는 의사의 의견을 들어야 한다.
④ 피고사건에 대하여 무죄, 면소, 형의 면제 또는 공소기각의 재판을 할 것으로 명백한 때에는 제1항, 제2항의 사유있는 경우에도 피고인의 출정없이 재판할 수 있다.

16 자백의 보강증거에 관한 설명 중 가장 적절하지 않은 것은? (다툼이 있는 경우 판례에 의함)

20년 경찰승진

① 공동피고인의 자백은 원칙적으로 피고인의 자백에 대한 보강증거가 될 수 있으나 피고인들 간에 이해관계가 상반되는 경우에는 그 진실성을 담보할 수 없으므로 공동피고인의 자백이 피고인의 자백에 대한 보강증거가 될 수 없다.
② 뇌물공여의 상대방이 뇌물을 수수한 사실을 부인하면서도 그 일시경에 뇌물공여자를 만났던 사실 및 공무에 관한 청탁을 받기도 한 사실 자체는 시인하였다면, 이는 뇌물을 공여하였다는 뇌물공여자의 자백에 대한 보강증거가 될 수 있다.
③ 피고인의 자백을 내용으로 하는 피고인 아닌 자의 진술은 피고인의 자백에 대한 보강증거가 될 수 없다.
④ 전과에 관한 사실은 엄격한 의미에서의 범죄사실과는 구별되는 것으로서 피고인의 자백만으로서도 이를 인정할 수 있다.

정답 ①

영역 공판 > 증거

정답의 이유

① 형사소송법 제310조 소정의 "피고인의 자백"에 공범인 공동피고인의 진술은 포함되지 아니하므로 공범인 공동피고인의 진술은 다른 공동피고인에 대한 범죄사실을 인정하는 증거로 할 수 있는 것일 뿐만 아니라 **공범인 공동피고인들의 각 진술은 상호간에 서로 보강증거가 될 수 있다**(대판 1990.10.30., 90도1939).

오답의 이유

② 대판 1995.6.30., 94도993
③ 피고인이 범행을 자인하는 것을 들었다는 피고인 아닌 자의 진술내용은 형사소송법 제310조의 피고인의 자백에는 포함되지 아니하나 이는 피고인의 자백의 보강증거로 될 수 없다(대판 2008.2.14., 2007도10937).
④ 대판 1979.8.21., 79도1528

17 위법수집증거배제법칙에 대한 설명으로 옳지 않은 것은?

① 사인이 위법하게 수집한 증거에 대해서는 효과적인 형사소추 및 형사소송에서의 진실발견이라는 공익과 개인의 인격적 이익 등의 보호이익을 비교형량하여 그 허용 여부를 결정하여야 한다.

② '악'과 같은 대화가 아닌 사람의 목소리를 녹음하거나 청취하는 행위가 개인의 사생활의 비밀과 자유 또는 인격권을 중대하게 침해하여 사회통념상 허용되는 한도를 벗어난 것이 아니라면 위와 같은 목소리를 들었다는 진술을 형사절차에서 증거로 사용할 수 있다.

③ 압수·수색영장의 집행과정에서 별건 범죄혐의와 관련된 증거를 우연히 발견하여 압수한 경우에는 별건 범죄혐의에 대해 별도의 압수·수색영장을 발부받지 않았다 하더라도 위법한 압수·수색에 해당하지 않는다.

④ 위법수집증거배제법칙에 대한 예외를 인정하기 위해서는 예외적인 경우에 해당한다고 볼 만한 구체적이고 특별한 사정이 존재한다는 점을 검사가 증명하여야 한다.

정답 ③

영역 공판 > 증거

[정답의 이유]

③ 전자정보에 대한 압수·수색이 종료되기 전에 혐의사실과 관련된 전자정보를 적법하게 탐색하는 과정에서 별도의 범죄혐의와 관련된 전자정보를 우연히 발견한 경우라면, 수사기관은 더 이상의 추가 탐색을 중단하고 법원에서 별도의 범죄혐의에 대한 압수·수색영장을 발부받은 경우에 한하여 그러한 정보에 대하여도 적법하게 압수·수색을 할 수 있다. 나아가 이러한 경우에도 별도의 압수·수색 절차는 최초의 압수·수색 절차와 구별되는 별개의 절차이고, 별도 범죄혐의와 관련된 전자정보는 최초의 압수·수색영장에 의한 압수·수색의 대상이 아니어서 저장매체의 원래 소재지에서 별도의 압수·수색영장에 기해 압수·수색을 진행하는 경우와 마찬가지로 피압수·수색 당사자(이하 '피압수자'라 한다)는 최초의 압수·수색 이전부터 해당 전자정보를 관리하고 있던 자라 할 것이므로, 특별한 사정이 없는 한 피압수자에게 형사소송법 제219조, 제121조, 제129조에 따라 참여권을 보장하고 압수한 전자정보목록을 교부하는 등 피압수자의 이익을 보호하기 위한 적절한 조치가 이루어져야 한다(대결 2015.7.16., 2011모1839 전합).

[오답의 이유]

① 국민의 인간으로서의 존엄과 가치를 보장하는 것은 국가기관의 기본적인 의무에 속하는 것이고 이는 형사절차에서도 당연히 구현되어야 하는 것이지만, 국민의 사생활 영역에 관계된 모든 증거의 제출이 곧바로 금지되는 것으로 볼 수는 없으므로 법원으로서는 효과적인 형사소추 및 형사소송에서의 진실발견이라는 공익과 개인의 인격적 이익 등의 보호이익을 비교형량하여 그 허용 여부를 결정하여야 한다(대판 2013.11.28., 2010도12244).

② 통신비밀보호법에서 보호하는 타인 간의 '대화'는 원칙적으로 현장에 있는 당사자들이 육성으로 말을 주고받는 의사소통행위를 가리킨다. 따라서 사람의 육성이 아닌 사물에서 발생하는 음향은 타인 간의 '대화'에 해당하지 않는다. 또한 사람의 목소리라고 하더라도 상대방에게 의사를 전달하는 말이 아닌 단순한 비명소리나 탄식 등은 타인과 의사소통을 하기 위한 것이 아니라면 특별한 사정이 없는 한 타인 간의 '대화'에 해당한다고 볼 수 없다. 한편 통신비밀보호법에서 말하는 타인 간의 '대화'에는 해당하지 않더라도, 형사절차에서 그러한 증거를 사용할 수 있는지 여부는 개별적인 사안에서 효과적인 형사소추와 형사절차상 진실발견이라는 공익과 개인의 인격적 이익 등의 보호이익을 비교형량하여 결정하여야 한다. 대화에 속하지 않는 사람의 목소리를 녹음하거나 청취하는 행위가 개인의 사생활의 비밀과 자유 또는 인격권을 중대하게 침해하여 사회통념상 허용되는 한도를 벗어난 것이 아니라면 위와 같은 목소리를 들었다는 진술을 형사절차에서 증거로 사용할 수 있다(대법 2017.3.15., 2016도19843).

④ 수사기관의 절차 위반행위에도 불구하고 이를 유죄인정의 증거로 사용할 수 있는 예외적인 경우에 해당한다고 볼 수 있으려면, 그러한 예외적인 경우에 해당한다고 볼 만한 구체적이고 특별한 사정이 존재한다는 것을 검사가 증명하여야 한다(대판 2011.4.28., 2009도10412).

18 공판조서의 증거능력과 증명력에 대한 설명으로 옳지 않은 것은?

① 동일한 사항에 관하여 두 개의 서로 다른 내용이 기재된 공판조서가 병존하는 경우 어느 쪽이 진실한 것으로 볼 것인지는 법관의 자유로운 심증에 따를 수밖에 없다.

② 공판조서의 기재가 명백한 오기인 경우를 제외하고 공판기일의 소송절차로서 공판조서에 기재된 것은 조서만으로써 증명이 되지만, 그 증명력은 공판조서 이외의 자료에 의한 반증이 허용되지 않는 절대적인 것은 아니다.

③ 공판조서의 기재가 소송기록상 명백한 오기인 경우에는 공판조서는 그 올바른 내용에 따라 증명력을 가진다.

④ 공판조서에 기재되지 않은 소송절차의 존재는 공판조서에 기재된 다른 내용이나 공판조서 이외의 자료로 증명될 수 있고, 이는 자유로운 증명의 대상이 된다.

정답 ②

영역 공판 > 증거

[정답의 이유]

② 공판조서의 기재가 명백한 오기인 경우를 제외하고는, 공판기일의 소송절차로서 공판조서에 기재된 것은 조서만으로써 증명하여야 하고 그 증명력은 공판조서 이외의 자료에 의한 반증이 허용되지 않는 절대적인 것이다(대판 1996.4.9., 96도173).

[오답의 이유]

① 동일한 사항에 관하여 두 개의 서로 다른 내용이 기재된 공판조서가 병존하는 경우 양자는 동일한 증명력을 가지는 것으로서 그 증명력에 우열이 있을 수 없다고 보아야 할 것이므로 그 중 어느 쪽이 진실한 것으로 볼 것인지는 공판조서의 증명력을 판단하는 문제로서 법관의 자유로운 심증에 따를 수밖에 없다(대판 1988.11.8., 86도1646).

③ 대판 1995.4.14., 95도110

④ 대판 2023.6.15., 2023도3038

19 증인신문에 대한 설명으로 가장 적절하지 않은 것은? (다툼이 있는 경우 판례에 의함)

① 재판장은 증인이 피고인의 면전에서 충분한 진술을 할 수 없다고 인정한 때에는 피고인을 퇴정하게 하고 증인신문을 진행함으로써 피고인의 직접적인 증인 대면을 제한할 수 있지만, 이러한 경우에도 피고인의 반대신문권을 배제하는 것은 허용되지 않는다.

② 증인에 대한 감치재판절차를 개시한 후 감치결정 전에 그 증인이 증언을 하거나 그 밖에 감치에 처하는 것이 상당하지 아니하다고 인정되는 때에는 법원은 불처벌결정을 하여야 하며, 이에 대하여는 불복할 수 있다.

③ 피고인이 신청한 증인에 대하여 재판장이 먼저 신문하였다고 하여 이를 잘못이라 할 수 없다.

④ 공판기일에 증인을 채택하여 다음 공판기일에 증인신문을 하기로 피고인에게 고지하였는데 그 다음 공판기일에 증인은 출석하였으나 피고인이 정당한 사유없이 출석하지 아니한 경우, 이미 출석하여 있는 증인에 대하여 공판기일 외의 신문으로서 증인신문을 하고 다음 공판기일에 그 증인신문조서에 대한 서증조사를 하는 것은 증거조사절차로서 적법하다.

정답 ②

영역 공판 > 공판절차

[정답의 이유]

② 감치재판절차를 개시한 후 감치결정 전에 그 증인이 증언을 하거나 그 밖에 감치에 처하는 것이 상당하지 아니하다고 인정되는 때에는 법원은 불처벌결정을 하여야 하며, 감치재판개시결정과 불처벌결정에 대하여는 불복할 수 없다(형사소송규칙 제68조의4 제2항, 제3항).

[오답의 이유]

① 대판 2010.1.14., 2009도9344

③ 대판 1971.9.28., 71도1496

④ 대판 2000.10.13., 2000도3265

20 증언거부권에 대한 설명으로 가장 적절하지 않은 것은? (다툼이 있는 경우 판례에 의함)

18년 경찰공무원 2차

① 법정에 증인으로 출석한 변호사가 증언할 내용이 「형사소송법」 제149조에서 정한 업무상 위탁을 받은 관계로 알게 된 사실로서 타인의 비밀에 관한 것에 해당하여 증언을 거부한 경우는 「형사소송법」 제314조의 '그 밖에 이에 준하는 사유로 인하여 진술할 수 없는 때'에 해당하지 아니한다.

② 피고인들이 증·수뢰사건으로 기소되어 공동피고인으로 함께 재판을 받으면서 서로 뇌물을 주고받은 사실이 없다고 다투던 중, 증·수뢰의 상대방인 공동피고인에 대한 사건이 변론 분리되어 뇌물공여 또는 뇌물수수의 증인으로 채택된 경우, 그 증인에게는 증언거부권이 인정되지 않는다.

③ 증언거부권자에게 증언거부권을 고지하지 아니하고 증언하게 한 경우, 증인이 침묵하지 아니하고 진술한 것이 자신의 진정한 의사에 의한 것이 아니라면, 그 진술은 위증죄의 구성요건으로 규정한 '법률에 의하여 선서한 증인'의 진술이 아니므로 그 진술내용이 허위라 하더라도 위증죄로 처벌할 수 없다.

④ 재판장은 증언거부권이 있는 자에게는 신문 전에 증언거부권을 고지하여야 하며, 선서한 증인에게 증언거부권을 고지하지 않고 신문한 경우에도 증언의 증거능력은 인정된다.

정답 ②

영역 공판 > 공판절차

정답의 이유

② 피고인들은 뇌물증·수뢰사건으로 공소제기되어 공동피고인으로 함께 재판을 받으면서 서로 뇌물을 주고받은 사실이 없다고 주장하며 다투던 중 증·수뢰의 상대방인 공동피고인에 대한 사건이 변론분리되면서 뇌물공여 또는 뇌물수수의 증인으로 채택되어 검사로부터 신문받게 되었고, 이러한 경우 피고인들로서는 증인신문과정에서 그들 자신의 뇌물공여 또는 뇌물수수 여부에 관하여 신문을 받게 됨에 따라 유죄판결을 받을 수 있는 범죄사실이 발각될 염려가 있어 증언거부사유가 발생하게 되었음에도, **재판장으로부터 증언거부권을 고지 받지 못한 상태에서 그들의 종전 주장을 그대로 되풀이함에**

따라 결국 거짓 진술에 이르게 된 경우 이를 위증죄로 처벌할 수 없다(대판 2012.3.29., 2009도11249).

오답의 이유

① 대판 2012.5.17., 2009도6788

③ 대판 2010.1.21., 2008도942

④ 증인신문에 당하여 증언거부권 있음을 설명하지 아니한 경우라 할지라도 증인이 선서하고 증언한 이상 그 증언의 효력에 관하여는 역시 영향이 없고 유효하다고 해석함이 타당하다(대판 1957.3.8., 4290형상23).

21 재판에 대한 설명으로 옳지 않은 것은?

21년 국가직 9급

① 공소가 취소된 경우 법원은 결정으로 공소를 기각하여야 한다.

② 항고의 제기가 법률상의 방식에 위반하거나 항고권 소멸 후인 것이 명백한 때에는 원심법원은 결정으로 항고를 기각하여야 한다.

③ 판결 선고 전 미결구금일수는 그 전부가 법률상 당연히 본형에 산입되므로 판결에서 별도로 미결구금 일수산입에 관한 사항을 판단할 필요가 없다.

④ 상습범으로서 포괄적 일죄의 관계에 있는 여러 개의 범죄사실 중 일부에 대하여 유죄판결이 확정된 경우에, 그 확정판결의 사실심판결 선고 전에 저질러진 나머지 범죄에 대하여 새로이 공소가 제기되었다면 판결로 공소를 기각하여야 한다.

정답 ④

영역 공판 > 재판

정답의 이유

④ 상습범으로서 포괄적 일죄의 관계에 있는 여러 개의 범죄사실 중 일부에 대하여 유죄판결이 확정된 경우에, 그 확정판결의 사실심판결 선고 전에 저질러진 나머지 범죄에 대하여 새로이 공소가 제기되었다면 그 새로운 공소는 확정판결이 있었던 사건과 동일한 사건에 대하여 다시 제기된 데 해당하므로 이에 대하여는 판결로써 면소의 선고를 하여야 한다(대판 2004.9.16., 2001도3206 전합).

오답의 이유

① 형사소송법 제328조 제1항 제1호

② 형사소송법 제407조 제1항

③ 대판 2009.12.10., 2009도11448

22 일부상소에 관한 설명 중 가장 옳은 것은? (다툼이 있는 경우 판례에 의함)   20년 경찰간부후보생

① 상상적 경합관계에 있는 수죄에 대하여 모두 무죄가 선고되었고, 검사가 그 전부에 대하여 상고하였으나, 그중 일부에 대하여는 상고이유로 삼지 않았다고 하더라도 상고심에 전부 이심되며 상고심으로서는 그 무죄부분까지 나아가 판단하여야 한다.

② 수개의 마약류 관리에 관한 법률 위반의 경합범으로 기소된 사안에서 선고된 일부유죄, 일부 무죄의 제1심 법원 판결에 대하여 검사만 무죄 부분에 대해서 항소한 경우, 항소심에서 이를 파기할 때에는 유죄로 확정된 부분까지 심리하여 위 무죄 부분과 함께 형을 선고하여야 한다.

③ 피고사건의 판결 중 몰수 또는 추징에 관한 부분만을 불복대상으로 삼아 상소가 제기된 경우, 상소의 효력은 그 부분과 불가분의 관계에 있는 본안에 관한 판단 부분에까지 미쳐 그 전부가 상소심으로 이심된다.

④ 포괄일죄의 일부만이 유죄로 인정된 경우 그 유죄 부분에 대하여 피고인만이 항소하였을 뿐 공소기각으로 판단된 부분에 대하여 검사가 항소를 하지 않은 때에는, 유죄 이외의 부분도 이심되므로 항소심은 공소기각 부분도 판단할 수 있다.

정답 ③

영역 상소 · 비상구제절차 · 특별절차 > 상소

[정답의 이유]

③ 대판 2008.11.20., 2008도5596 전합

[오답의 이유]

① 환송 전 원심에서 상상적 경합 관계에 있는 수죄에 대하여 모두 무죄가 선고되었고, 이에 검사가 무죄 부분 전부에 대하여 상고하였으나 그중 일부 무죄 부분(A)에 대하여는 이를 상고이유로 삼지 않은 경우, 비록 A도 상고심에 이심되지만 그 부분은 이미 당사자 간의 공격방어의 대상으로부터 벗어나 사실상 심판대상에서 이탈하게 되므로, 상고심으로서도 그 무죄 부분에까지 나아가 판단할 수 없다(대판 2008.12.11., 2008도8922).

② 수개의 마약류관리에 관한 법률 위반(향정)으로 기소된 피고인에 대한 제1심 판결의 유죄 부분에 대해서 피고인은 항소

하지 아니하고 무죄 부분에 대한 검사의 항소만 있는 사안에서, 위 유죄 부분은 확정되고 무죄 부분만이 원심에 계속되게 되었으므로 위 무죄 부분만을 심리 · 판단하여야 한다(대판 2010.11.25., 2010도10985).

④ 포괄일죄의 일부만이 유죄로 인정된 경우 그 유죄 부분에 대하여 피고인만이 항소하였을 뿐 공소기각으로 판단된 부분에 대하여 검사가 항소를 하지 않았다면, 상소불가분의 원칙에 의하여 유죄 이외의 부분도 항소심에 이심되기는 하나 그 부분은 이미 당사자 간의 공격 · 방어의 대상으로부터 벗어나 사실상 심판대상에서부터도 이탈하게 되므로 항소심으로서도 그 부분에까지 나아가 판단할 수 없다(대판 2010.1.14., 2009도12934).

---

23 상소제기에 관한 설명 중 가장 적절하지 않은 것은? (다툼이 있는 경우 판례에 의함)   20년 경찰승진

① 상소의 제기기간은 판결등본이 송달된 날부터 진행되며 항소와 상고의 제기기간은 7일이다.

② 교도소 또는 구치소에 있는 피고인이 상소의 제기기간 내에 상소장을 교도소장 또는 구치소장 또는 그 직무를 대리하는 자에게 제출한 때에는 상소의 제기기간 내에 상소한 것으로 간주한다.

③ 상소의 제기기간은 기간계산의 일반원칙에 따라 초일을 산입하지 아니하고, 기간의 말일이 공휴일 또는 토요일에 해당하는 날은 기간에 산입하지 아니하나.

④ 피고인의 배우자, 직계친족, 형제자매 또는 원심의 대리인이나 변호인은 피고인을 위하여 상소할 수 있으나 피고인의 명시한 의사에 반하여 하지 못한다.

정답 ①

영역 상소 · 비상구제절차 · 특별절차 > 상소

[정답의 이유]

① 형사소송법 제343조 제2항에서는, "상소의 제기기간은 재판을 선고 또는 고지한 날로부터 진행한다."고 규정하고 있으므로, 형사소송에 있어서는 판결등본이 당사자에게 송달되는 여부에 관계없이 공판정에서 판결이 선고된 날로부터 상소기간이 기산되며, 이는 피고인이 불출석한 상태에서 재판을 하는 경우에도 마찬가지이다(대결 2002.9.27., 2002모6).

24 재심에 대한 설명으로 옳지 않은 것은? (다툼이 있는 경우 판례에 의함)   20년 국가직 7급

① 「형사소송법」상 재심청구는 형의 집행을 정지하는 효력이 없지만, 관할법원에 대응한 검찰청 검사는 재심청구에 대한 재판이 있을 때까지 형의집행을 정지할 수 있다.

② 경합범 관계에 있는 수개의 범죄사실을 유죄로 인정하여 1개의 형을 선고한 불가분의 확정판결에서 그중 일부의 범죄사실에 대하여만 재심청구의 이유가 있는 것으로 인정된 경우, 그 판결 전부에 대하여 재심개시결정을 할 수밖에 없지만 재심사유가 없는 범죄사실에 대하여는 이를 다시 심리하여 유죄인정을 파기할 수 없고, 그 부분에 관하여는 양형을 위하여 필요한 범위에 한하여만 심리할 수 있을 뿐이다.

③ 특별사면으로 형 선고의 효력이 상실된 유죄의 확정판결은 「형사소송법」 제420조의 '유죄의 확정판결'에 해당하므로 재심청구의 대상이 될 수 있다.

④ 재심청구인이 재심청구를 한 후 그 청구에 대한 결정이 확정되기 전에 사망하더라도 재심청구절차가 재심청구인의 사망으로 종료하지 않는다.

정답 ④

영역 상소 · 비상구제절차 · 특별절차 > 비상구제절차

정답의 이유

④ 형사소송법이나 형사소송규칙에는 재심청구인이 재심의 청구를 한 후 청구에 대한 결정이 확정되기 전에 사망한 경우에 재심청구인 배우자나 친족 등에 의한 재심청구인 지위의 승계를 인정하거나 형사소송법 제438조와 같이 재심청구인이 사망한 경우에도 절차를 속행할 수 있는 규정이 없으므로, 재심청구절차는 재심청구인의 사망으로 당연히 종료하게 된다(대결 2014.5.30., 2014모739).

25 다음 설명 중 가장 옳지 않은 것은?   20년 법원직 9급

① 약식명령청구의 대상이 되려면 법정형에 벌금, 과료, 몰수가 선택적으로 규정되어 있으면 족하고, 여기에 해당하는 이상 지방법원 합의부의 사물관할에 속하더라도 약식명령을 청구할 수 있다.

② 즉결심판이 확정된 때에는 확정판결과 동일한 효력이 생긴다. 따라서 재판의 확정력과 일사부재리의 효력이 부여된다.

③ 약식명령에 불복하여 정식재판을 청구한 피고인이 정식재판절차에서 2회 불출석하여 법원이 피고인의 출석 없이 증거조사를 하는 경우 피고인의 증거동의가 간주된다.

④ 즉결심판절차에서는 별도의 규정이 마련되어 있지 않은 한 공판절차에 관한 규정이 준용되므로, 사법경찰관이 작성한 피의자신문조서에 대하여 피고인이 그 내용을 인정하지 아니하였다면 이는 유죄의 증거로 사용할 수 없다.

정답 ④

영역 상소 · 비상구제절차 · 특별절차 > 특별절차

정답의 이유

④ 즉결심판절차에 있어서는 형사소송법 제310조(불이익한 자백의 증거능력), 제312조 제3항(검사 이외의 수사기관이 작성한 피의자신문조서는 적법한 절차와 방식에 따라 작성된 것으로서 공판준비 또는 공판기일에 그 피의자였던 피고인 또는 변호인이 그 내용을 인정할 때에 한하여 증거로 할 수 있다) 및 제313조(진술서)의 규정은 적용하지 아니한다(즉결심판에 관한 절차법 제10조 참고).

오답의 이유

① 지방법원은 그 관할에 속한 사건에 대하여 검사의 청구가 있는 때에는 공판절차없이 약식명령으로 피고인을 벌금, 과료 또는 몰수에 처할 수 있다(형사소송법 제448조 제1항).

② 즉결심판은 정식재판의 청구기간의 경과, 정식재판청구권의 포기 또는 그 청구의 취하에 의하여 확정판결과 동일한 효력이 생긴다. 정식재판청구를 기각하는 재판이 확정된 때에도 같다(즉결심판에 관한 절차법 제16조 참고).

③ 약식명령에 불복하여 정식재판을 청구한 피고인이 정식재판 절차에서 2회 불출정하여 법원이 피고인의 출정 없이 증거조사를 하는 경우에 위 법 제318조 제2항에 따른 피고인의 증거동의가 간주된다(대판 2010.7.15., 2007도5776).

형사소송법 7회

01 당사자주의 및 직권주의에 대한 설명으로 옳지 않은 것은?
25년 국가직 9급

① 「형사소송규칙」에 따르면 공소장에는 소정의 서류 외에 사건에 관하여 법원에 예단이 생기게 할 수 있는 서류 기타 물건을 첨부하거나 그 내용을 인용하여서는 안 되는바, 이는 당사자주의 소송구조의 표지이다.

② 「치료감호 등에 관한 법률」에 따르면 법원은 공소제기된 사건의 심리 결과 치료감호를 할 필요가 있다고 인정할 때에는 검사에게 치료감호 청구를 요구할 수 있는바, 이는 치료감호사건의 절차에 관해 직권주의적 요소를 가미한 것이다.

③ 형사소송의 구조를 당사자주의와 직권주의 중 어느 것으로 할 것인가는 입법정책의 문제다.

④ 검사가 공소를 제기한 후 참고인을 소환하여 피고인에게 불리한 진술을 기재한 진술조서를 작성하여 이를 공판절차에 증거로 제출할 수 있게 하더라도 당사자주의에 반하지 않는다.

정답 ④

영역 서론 > 형사소송법의 기초

[정답의 이유]

④ 검사가 공소를 제기한 후 참고인을 소환하여 피고인에게 불리한 진술을 기재한 진술조서를 작성하여 이를 공판절차에 증거로 제출할 수 있게 한다면, 피고인과 대등한 당사자의 지위에 있는 검사가 수사기관으로서의 권한을 이용하여 일방적으로 법정 밖에서 유리한 증거를 만들 수 있게 하는 것이므로 당사자주의 · 공판중심주의 · 직접심리주의에 반하고 피고인의 공정한 재판을 받을 권리를 침해하기 때문이다(대판 2019.11.28., 2013도6825).

[오답의 이유]

① 공소장에는 제1항(변호인선임서, 보조인신고서, 특별대리인 선임결정등본, 체포영장, 긴급체포서, 구속영장 기타 구속에 관한 서류)에 규정한 서류 외에 사건에 관하여 법원에 예단이 생기게 할 수 있는 서류 기타 물건을 첨부하거나 그 내용을 인용하여서는 아니 된다(형사소송규칙 제118조 제2항 참조).

② 법원은 공소제기된 사건의 심리 결과 치료감호를 할 필요가 있다고 인정할 때에는 검사에게 치료감호청구를 요구할 수 있다고 규정한다(치료감호 등에 관한 법률 제4조 제7항). 이는 검사가 공소제기 당시 피고인의 치료감호 사유에 대한 의견을 달리하거나 그 판단에 필요한 고려요소를 간과하고 치료감호를 청구하지 않았으나 공소제기 후 재판과정에서 치료감호의 필요성이 충분히 드러나게 된 경우, 법원으로 하여금 검사에게 치료감호청구를 요구할 수 있도록 함으로써 검사가 치료감호청구 권한을 독점함에 따라 나타날 수 있는 폐해를 보완하고 치료감호대상자의 재범 방지를 위한 실질적인 조치가 가능할 수 있도록 직권주의적 요소를 가미한 것이다(대판 2024.12.26., 2024도9537).

③ 형사소송의 구조를 당사자주의와 직권주의 중 어느 것으로 할 것인가의 문제는 입법정책의 문제로서 우리나라 형사소송법은 그 해석상 소송절차의 전반에 걸쳐 기본적으로 당사자주의 소송구조를 취하고 있는 것으로 이해되는바, 당사자주의에 충실하려면 제1심 법원에서 항소법원으로 소송기록을 바로 송부함이 바람직하다(헌재 1995.11.30., 92헌마44).

02 법원의 관할에 관한 설명으로 가장 적절한 것은? (다툼이 있는 경우 판례에 의함) 25년 경찰승진

① 관할은 각 법원에 대한 재판권의 분배로 특정법원이 특정사건을 재판할 수 있는 권한이며, 관할권은 재판권과 구별되는 개념으로 재판권이 없을 때에는 공소기각의 판결을 해야 하지만 관할권이 없는 경우에는 공소기각의 결정을 해야 한다.

② 제1심에서 합의부 관할사건에 관하여 단독판사 관할사건으로 공소장변경허가신청서가 제출된 경우, 사건을 배당받은 합의부는 사건의 실체에 들어가 심판해야 하고, 사건을 단독판사에게 재배당할 수 없다.

③ 형사사건의 관할은 심리의 편의와 사건의 능률적 처리라는 절차적 요구뿐만 아니라 피고인의 출석과 방어권 행사의 편의라는 방어상의 이익도 충분히 고려하여 결정하여야 하고, 특히 자의적 사건처리를 방지하기 위하여 법률에 규정된 구체적 기준에 따라 개별적으로 결정하여야 한다.

④ 제1심 형사사건에 관하여 지방법원 본원과 지방법원 지원 사이의 관할의 분배는 소송법상 토지관할의 분배에 해당하지 않는다.

정답 ②

영역 서론 > 소송주체와 소송관계인

[정답의 이유]

② 제1심에서 합의부 관할사건에 관하여 단독판사 관할사건으로 죄명, 적용법조를 변경하는 공소장변경허가신청서가 제출되자, 합의부가 사건을 단독판사에게 재배당한 사안에서, 사건을 배당받은 합의부는 사건의 실체에 들어가 심판하였어야 하고 사건을 단독판사에게 재배당할 수 없다(대판 2013.4.25., 2013도1658).

[오답의 이유]

① 관할은 각 법원에 대한 재판권의 분배로 특정법원이 특정사건을 재판할 수 있는 권한이며, 관할권은 재판권과 구별되는 개념으로 재판권이 없을 때에는 공소기각의 판결을, 관할권이 없는 경우에는 관할위반판결을 해야 한다(형사소송법 제327조 제1항, 제319조).

③ 형사사건의 관할은 심리의 편의와 사건의 능률적 처리라는 절차적 요구뿐만 아니라 피고인의 출석과 방어권 행사의 편의라는 방어상의 이익도 충분히 고려하여 결정하여야 하고, 특히 자의적 사건처리를 방지하기 위하여 **법률에 규정된 추**

상적 기준에 따라 획일적으로 결정하여야 한다(대판 2015.10.15., 2015도1803).

④ **지방법원 본원과 지방법원 지원 사이의 관할의 분배도** 지방법원 내부의 사법행정사무로서 행해진 지방법원 본원과 지원 사이의 단순한 사무분배에 그치는 것이 아니라 **소송법상 토지관할의 분배에 해당한다.** 그러므로 형사소송법 제4조에 의하여 지방법원 본원에 제1심 토지관할이 인정된다고 볼 특별한 사정이 없는 한, 지방법원 지원에 제1심 토지관할이 인정된다는 사정만으로 당연히 지방법원 본원에도 제1심 토지관할이 인정된다고 볼 수는 없다(대판 2015.10.15., 2015도1803).

---

03 피의자 및 피고인의 진술거부권에 대한 설명으로 옳지 않은 것은? 24년 국가직 7급

① 진술거부권은 피의자나 피고인으로서 수사 또는 공판절차에 계속 중인 자뿐만 아니라 장차 피의자나 피고인이 될 자에게도 보장되며, 형사절차뿐만 아니라 행정절차나 국회에서의 조사절차 등에서도 보장된다.

② 사법경찰관이 피의자에게 진술거부권을 행사할 수 있음을 알려 주고 그 행사 여부를 질문하였다면, 피의자신문조서 중 진술거부권 행사 여부에 대한 피의자의 답변 부분에 피의자의 기명날인 또는 서명이 되어 있지 아니하였다고 하더라도 그 피의자신문조서의 증거능력이 배제되는 것은 아니다.

③ 형사소송절차에서 피고인은 방어권에 기하여 범죄사실에 대한 진술을 거부하거나 거짓 진술도 할 수 있지만, 그러한 태도나 행위가 피고인에게 보장된 방어권 행사의 범위를 넘어 객관적이고 명백한 증거가 있음에도 진실의 발견을 적극적으로 숨기거나 법원을 오도하려는 시도에 기인한 경우에는 가중적 양형의 조건으로 참작될 수 있다.

④ 수사기관에 의한 진술거부권 고지의 대상이 되는 피의자의 지위는 수사기관이 범죄인지서를 작성하는 등의 형식적인 사건수리 절차를 거치기 전이라도 조사대상자에 대하여 범죄의 혐의가 있다고 보아 실질적으로 수사를 개시하는 행위를 한 때에 인정된다.

영역 서론 > 소송주체와 소송관계인

정답의 이유

② 사법경찰관이 피의자에게 진술거부권을 행사할 수 있음을 알려 주고 그 행사 여부를 질문하였다 하더라도, 형사소송법 제244조의3 제2항에 규정한 방식에 위반하여 진술거부권 행사 여부에 대한 피의자의 답변이 자필로 기재되어 있지 아니하거나 그 답변 부분에 피의자의 기명날인 또는 서명이 되어 있지 아니한 사법경찰관 작성의 피의자신문조서는 특별한 사정이 없는 한 형사소송법 제312조 제3항에서 정한 '적법한 절차와 방식'에 따라 작성된 조서라 할 수 없으므로 그 증거능력을 인정할 수 없다(대판 2014.4.10., 2014도1779).

오답의 이유

① 헌재 1997.3.27., 96헌가11 전원

③ 형사소송절차에서 피고인은 방어권에 기하여 범죄사실에 대하여 진술을 거부하거나 거짓 진술을 할 수 있고, 이 경우 범죄사실을 단순히 부인하고 있는 것이 죄를 반성하거나 후회하고 있지 않다는 인격적 비난 요소로 보아 가중적 양형의 조건으로 삼는 것은 결과적으로 피고인에게 자백을 강요하는 것이 되어 허용될 수 없다고 할 것이나, 그러한 태도나 행위가 피고인에게 보장된 방어권 행사의 범위를 넘어 객관적이고 명백한 증거가 있음에도 진실의 발견을 적극적으로 숨기거나 법원을 오도하려는 시도에 기인한 경우에는 가중적 양형의 조건으로 참작될 수 있다고 할 것이다(대판 2001.3.9., 2001도192).

④ 대판 2015.10.29., 2014도5939

04 국선변호인에 대한 설명으로 옳은 것만을 모두 고르면?

25년 국가직 9급

> ㉠ 단기 3년 이상의 징역에 해당하는 사건으로 기소된 피고인에게 변호인이 없으면 법원은 직권으로 변호인을 선정해야 하며, 이에 따라 변호인이 선정된 사건에 관하여는 변호인 없이는 개정할 수 없고 이는 판결만을 선고하는 경우에도 마찬가지이다.
> ㉡ 법원은 피고인이 빈곤이나 그 밖의 사유로 변호인을 선임할 수 없는 경우에 피고인이 청구하면 변호인을 선정하여야 한다.
> ㉢ 구속 전 피의자심문에서 심문할 피의자에게 변호인이 없는 때에는 지방법원판사는 직권으로 변호인을 선정하여야 하며, 이 경우 변호인의 선정은 피의자에 대한 구속영장 청구가 기각되어 효력이 소멸한 경우를 제외하고는 제1심까지 효력이 있다.
> ㉣ 이해가 상반된 피고인 甲, 乙 중 甲이 법무법인을 변호인으로 선임하고, 법무법인이 담당 변호사를 지정하였을 때, 법원이 그 담당 변호사 중 1인을 乙을 위한 국선변호인으로 선정하는 것은 국선변호인의 조력을 받을 乙의 권리를 침해하는 것이다.

① ㉢

② ㉠, ㉡

③ ㉠, ㉣

④ ㉡, ㉢, ㉣

정답 ④

영역 서론 > 소송주체와 소송관계인

정답의 이유

㉡ 형사소송법 제33조 제2항

㉢ 심문할 피의자에게 변호인이 없는 때에는 지방법원판사는 직권으로 변호인을 선정하여야 한다. 이 경우 변호인의 선정은 피의자에 대한 구속영장 청구가 기각되어 효력이 소멸한 경우를 제외하고는 제1심까지 효력이 있다(형사소송법 제201조의2 제8항).

㉣ 이해가 상반된 피고인들 중 어느 피고인이 법무법인을 변호인으로 선임하고, 법무법인이 담당 변호사를 지정하였을 때, 법원이 담당 변호사 중 1인 또는 수인을 다른 피고인을 위한 국선변호인으로 선정한다면, 국선변호인으로 선정된 변호사는 이해가 상반된 피고인들 모두에게 유리한 변론을 하기 어

렵다. 결국 이로 인하여 다른 피고인은 국선변호인의 실질적 조력을 받을 수 없게 되고, 따라서 국선변호인 선정은 국선변호인의 조력을 받을 피고인의 권리를 침해하는 것이다(대판 2015.12.23., 2015도9951).

[오답의 이유]

㉠ 피고인이 사형, 무기 또는 단기 3년 이상의 징역이나 금고에 해당하는 사건으로 기소된 경우 변호인이 없는 때에 법원은 국선변호인을 선정해야 하며(형사소송법 제33조 제1항 제6호), 이에 따라 변호인이 선정된 사건에 관하여는 변호인 없이 개정하지 못한다. 단, 판결만을 선고할 경우에는 예외로 한다(형사소송법 제282조).

> **더 알아보기**
>
> **국선변호인(형사소송법 제33조)**
> ① 다음 각 호의 어느 하나에 해당하는 경우에 변호인이 없는 때에는 법원은 직권으로 변호인을 선정하여야 한다.
> 　1. 피고인이 구속된 때
> 　2. 피고인이 미성년자인 때
> 　3. 피고인이 70세 이상인 때
> 　4. 피고인이 듣거나 말하는 데 모두 장애가 있는 사람인 때
> 　5. 피고인이 심신장애가 있는 것으로 의심되는 때
> 　6. 고인이 사형, 무기 또는 단기 3년 이상의 징역이나 금고에 해당하는 사건으로 기소된 때
> ② 법원은 피고인이 빈곤이나 그 밖의 사유로 변호인을 선임할 수 없는 경우에 피고인이 청구하면 변호인을 선정하여야 한다.
> ③ 법원은 피고인의 나이·지능 및 교육 정도 등을 참작하여 권리 보호를 위하여 필요하다고 인정하면 피고인의 명시적 의사에 반하지 아니하는 범위에서 변호인을 선정하여야 한다.

05 소송행위에 대한 설명으로 옳지 않은 것은? (다툼이 있는 경우 판례에 의함)
20년 국가직 5급 승진

① 피고인이 교도관이 내어 주는 상소권포기서를 항소장으로 잘못 믿은 나머지 이를 확인하여 보지도 않고 서명·무인한 경우, 그 항소 포기는 유효하다.

② 공소장일본주의에 위배된 공소제기에 대하여 피고인 측으로부터 아무런 이의가 제기되지 아니하였고 법원 역시 범죄사실의 실체를 파악하는 데 지장이 없다고 판단하여 그대로 공판절차를 진행한 결과 증거조사 절차가 마무리되어 법관의 심증형성이 이루어진 단계에서는 더 이상 공소장일본주의 위배를 주장하여 이미 진행된 소송절차의 효력을 다툴 수는 없다.

③ 법정 외에서 증인신문을 실시함에 있어서 피고인에 대하여 통지하지 아니하여 참여 기회를 주지 않은 잘못이 있다고 하더라도 그 후 속개된 공판기일에서 피고인과 변호인이 그 증인신문조사에 대하여 별 의견이 없다고 진술하였다면 그 잘못은 책문권의 포기로 치유된다.

④ 교도소·구치소에 구속된 사람에게 할 송달은 교도소·구치소의 장에게 하는데, 다만 그 소장에게 송달하였으나 구속된 자에게 전달되지 않은 경우에는 송달의 효력이 생기지 않는다.

정답 ④

영역 서론 > 소송행위와 소송조건

[정답의 이유]

④ 교도소 또는 구치소에 구속된 자에 대한 송달은 그 소장에게 송달하면 구속된 자에게 전달된 여부와 관계없이 효력이 생기는 것이다(대판 1995.1.12., 94도2687).

[오답의 이유]

① 대결 1995.8.17., 95모49

② 공소장 기재의 방식에 관하여 피고인 측으로부터 아무런 이의가 제기되지 아니하였고 법원 역시 범죄사실의 실체를 파악하는 데 지장이 없다고 판단하여 그대로 공판절차를 진행한 결과 증거조사절차가 마무리되어 법관의 심증형성이 이루어진 단계에서는 소송절차의 동적 안정성 및 소송경제의 이념 등에 비추어 볼 때 이제는 더 이상 공소장일본주의 위배를 주장하여 이미 진행된 소송질서의 효력을 다툴 수는 없다고 보아야 한다(대판 2009.10.22., 2009도7436 전합).

③ 법원이 피고인에게 증인신문의 시일과 장소를 미리 통지함이 없이 증인들의 신문을 시행하였음은 위법이나 그 후 동 증인 등신문결과를 동 증인등신문조서에 의하여 소송관계인에게 고지하였던 바, 피고인이나 변호인이 이의를 하지 않았다면 위의 하자는 책문권의 포기로 치유된다(대판 1974.1.15., 73도2967).

06 사법경찰관 작성 피의자신문조서의 증거능력에 대한 설명 중 가장 적절하지 않은 것은? (다툼이 있는 경우 판례에 의함) 20년 경찰공무원 1차

① 검사 이외의 수사기관이 작성한 피의자신문조서는 적법한 절차와 방식에 따라 작성된 것으로서 공판준비 또는 공판기일에 그 피의자였던 피고인 또는 변호인이 그 내용을 인정할 때에 한하여 증거로 할 수 있다.

② 피고인이 제1심 제4회 공판기일부터 공소사실을 일관되게 부인하여 경찰 작성 피의자신문조서의 진술 내용을 인정하지 않는 경우, 제1심 제4회 공판기일에 피고인이 그 서증의 내용을 인정한 것으로 공판조서에 기재된 것은 착오기재 등으로 보아 피의자신문조서의 증거능력을 부정하여야 한다.

③ 사법경찰관이 피의자에게 진술거부권을 행사할 수 있음을 알려주고 그 행사 여부를 질문하였다면, 비록 「형사소송법」 제244조의3 제2항에 규정한 방식에 위반하여 진술거부권 행사 여부에 대한 피의자의 답변이 자필로 기재되어 있지 않더라도 사법경찰관 작성의 피의자신문조서는 특별한 사정이 없는 한 그 증거능력을 인정할 수 있다.

④ 당해 피고인과 공범관계에 있는 공동피고인에 대하여 검사 이외의 수사기관이 작성한 피의자신문조서는 그 공동피고인의 법정진술에 의하여 성립의 진정이 인정되더라도 당해 피고인이 공판기일에서 그 조서의 내용을 부인하면 증거능력이 부정된다.

정답 ③

영역 수사와 공소 > 수사

정답의 이유

③ 헌법 제12조 제2항, 형사소송법 제244조의3 제1항, 제2항, 제312조 제3항에 비추어 보면, 비록 사법경찰관이 피의자에게 진술거부권을 행사할 수 있음을 알려주고 그 행사 여부를 질문하였다 하더라도, 형사소송법 제244조의3 제2항에 규정한 방식에 위반하여 진술거부권 행사 여부에 대한 피의자의 답변이 자필로 기재되어 있지 아니하거나 그 답변 부분에 피의자의 기명날인 또는 서명이 되어 있지 아니한 사법경찰관 작성의 피의자신문조서는 특별한 사정이 없는 한 형사소송법 제312조 제3항에서 정한 '적법한 절차와 방식'에 따라 작성된 조서라 할 수 없으므로 그 증거능력을 인정할 수 없다(대판 2013.3.28., 2010도3359).

오답의 이유

① 형사소송법 제312조 제3항

② 피고인이 제1심 제4회 공판기일부터 공소사실을 일관되게 부인하여 경찰 작성 피의자신문조서의 진술 내용을 인정하지 않는 경우, 제1심 제4회 공판기일에 피고인이 위 서증의 내용을 인정한 것으로 공판조서에 기재된 것은 착오기재 등으로 보아 위 피의자신문조서의 증거능력을 부정하여야 하고, 이와 반대되는 원심판단에 법리오해의 위법이 있다(대판 2010.6.24., 2010도5040).

④ 당해 피고인과 공범관계에 있는 공동피고인에 대해 검사 이외의 수사기관이 작성한 피의자신문조서는 그 공동피고인의 법정진술에 의하여 성립의 진정이 인정되더라도 당해 피고인이 공판기일에서 그 조서의 내용을 부인하면 증거능력이 부정된다(대판 2009.10.15., 2009도1889).

07 고소에 관한 다음 설명 중 가장 옳지 않은 것은?

23년 법원직 9급

① 법원이 선임한 부재자 재산관리인이 그 관리대상인 부재자의 재산에 대한 범죄행위에 관하여 법원으로부터 고소권 행사에 관한 허가를 얻은 경우 부재자 재산관리인은 「형사소송법」 제225조 제1항에서 정한 법정대리인으로서 적법한 고소권자에 해당한다고 보아야 한다.

② 법원은 고소권자가 비친고죄로 고소한 사건이더라도 검사가 사건을 친고죄로 구성하여 공소를 제기하였다면 공소장변경절차를 거쳐 공소사실이 비친고죄로 변경되지 아니하는 한, 법원으로서는 친고죄에서 소송조건이 되는 고소가 유효하게 존재하는지를 직권으로 조사 · 심리하여야 한다.

③ 고소는 제1심판결 선고 전까지 취소할 수 있으나, 항소심에서 공소장의 변경에 의하여 또는 공소장변경절차를 거치지 아니하고 법원 직권에 의하여 친고죄가 아닌 범죄를 친고죄로 인정하였다면, 항소심이 실질적으로 제1심이라 할 것이므로, 항소심에서 고소인이 고소를 취소하였다면 이는 친고죄에 대한 고소취소로서의 효력이 있다.

④ 고소의 취소나 처벌을 희망하는 의사표시의 철회는 수사기관 또는 법원에 대한 법률행위적 소송행위이므로 공소제기 전에는 고소사건을 담당하는 수사기관에, 공소제기 후에는 고소사건의 수소법원에 대하여 이루어져야 한다

정답 ③

영역 수사와 공소 > 수사

정답의 이유

③ 항소심에서 공소장의 변경에 의하여 또는 공소장변경절차를 거치지 아니하고 법원 직권에 의하여 친고죄가 아닌 범죄를 친고죄로 인정하였더라도 항소심을 제1심이라 할 수는 없는 것이므로, 항소심에 이르러 비로소 고소인이 고소를 취소하였다면 이는 친고죄에 대한 고소취소로서의 효력은 없다(대판 1999.4.15., 96도1922 전합).

오답의 이유

① 대판 2022.5.26., 2021도2488
② 대판 2015.11.17., 2013도7987
④ 대판 2012.2.23., 2011도17264

08 현행범 체포에 관한 설명으로 가장 적절하지 않은 것은? (다툼이 있는 경우 판례에 의함)

25년 경찰승진

① 검사 또는 사법경찰관리는 사인으로부터 현행범인을 인도받은 경우 피의사실의 요지, 체포의 이유와 변호인을 선임할 수 있음을 말하고 변명할 기회를 주어야 한다.

② 수사기관이 2024. 5. 29.경 피의자가 바지선을 타고 밀입국하면서 필로폰을 밀수한다는 제보를 받고 6. 1.경 항구에 도착한 위 바지선을 수색하여 숨어 있던 피의자를 발견한 뒤 바지선 내 다른 장소에서 필로폰이 발견되자 곧바로 피의자를 현행범 체포한 경우 이러한 수사기관의 체포는 위법하다.

③ 현행범 체포의 요건을 갖추었는지에 관한 수사주체의 판단에는 상당한 재량의 여지가 있으므로 체포 당시의 상황에서 보아 그 요건에 관한 수사주체의 판단이 경험칙에 비추어 현저히 합리성이 없다고 인정되지 않는 한 수사주체의 현행범인 체포를 위법하다고 단정할 것은 아니다.

④ 피의자는 주취 상태에서 야밤에 전혀 알지 못하는 사람을 일방적으로 폭행하였는데, 경찰관이 출동한 이후 CCTV 영상과 달리 자신의 범행을 부인하였고 피의자가 제시한 신분증의 주소지(거제시)와 범행 현장(안양시)이 멀리 떨어져 있어 추가적인 거소확인이 필요하다는 등의 사정이 있다면 피의자에게 도망 또는 증거인멸의 염려가 없다고 단정하기 어렵다.

정답 ②

영역 수사와 공소 > 강제처분과 강제수사

정답의 이유

② 피고인이 바지선에 승선하여 밀입국하면서 필로폰을 밀수입하는 범행을 실행 중이거나 실행한 직후에 검찰수사관이 바지선 내 피고인을 발견한 장소 근처에서 필로폰이 발견되자 곧바로 피고인을 체포하였으므로 이는 현행범 체포로서 적법하고, 체포 당시 상황에서 피고인이 밀입국하면서 필로폰을 밀수한 현행범인에 해당하지 않는다거나 그에 관한 검찰수사관의 판단이 경험칙에 비추어 현저히 합리성이 없다고 볼 수는 없다(대판 2016.2.18., 2015도13726).

① 검사 또는 사법경찰관은 피의자를 체포하는 경우에는 피의사실의 요지, 체포의 이유와 변호인을 선임할 수 있음을 말하고 변명할 기회를 주어야 한다(형사소송법 제200조의5, 제213조의2 참고).

③ 현행범인으로 체포하려면 행위의 가벌성, 범죄의 현행성·시간적 접착성, 범인·범죄의 명백성 외에 체포의 필요성, 즉 도망 또는 증거인멸의 염려가 있어야 하는데(대법원 1999.1.26., 98도3029 판결 등 참조), 이러한 현행범인 체포의 요건을 갖추었는지는 체포 당시의 상황을 기초로 판단하여야 하고, 이에 관한 수사주체의 판단에는 상당한 재량의 여지가 있다고 할 것이다. 따라서 체포 당시의 상황에서 보아 그 요건에 관한 수사주체의 판단이 경험칙에 비추어 현저히 합리성이 없다고 인정되지 않는 한 수사주체의 현행범인 체포를 위법하다고 단정할 것은 아니다(대판 2018.3.29., 2017도21537).

④ 피고인이 술에 취한 상태에서 늦은 밤에 식당에서 전혀 알지 못하는 사람에게 시비를 걸어 일방적으로 폭행에 이른 범행 경위에 비추어 볼 때 사안 자체가 경미하다고 보기 어렵다. 또한 피고인은 경찰관이 출동한 이후 CCTV 영상으로 확인되는 폭행상황과는 달리 자신의 범행은 부인하면서 피해자로부터 폭행을 당하였다고 주장하였고, 피고인이 제시한 신분증의 주소지는 거제시로서 사건 현장인 안양시와는 멀리 떨어져 있는 곳이어서 위와 같은 폭행에 이르게 된 범행경위를 고려할 때 추가적인 거소 확인이 필요하다고 보이는 등으로 피고인에게 도망 또는 증거인멸의 염려가 없다고 단정하기 어렵다(대판 2022.2.11., 2021도12213).

09 접견교통권에 관한 설명으로 가장 적절하지 않은 것은? (다툼이 있는 경우 판례에 의함) 24년 경찰승진

① 미결수용자가 가지는 변호인과의 접견교통권은 그와 표리관계인 변호인의 접견교통권과 함께 헌법상 기본권으로 보장되고 있다.

② 미결수용자의 변호인이 교도관에게 변호인 접견을 신청하는 경우 미결수용자의 형사사건에 관하여 변호인이 실제 변호를 할 의사가 있는지 여부는 교도관의 심사대상이 된다.

③ 임의동행의 형식으로 수사기관에 연행된 피의자에게도 변호인 또는 변호인이 되려는 자와의 접견교통권은 당연히 인정되고, 이는 임의동행의 형식으로 연행된 피혐의자의 경우에도 마찬가지이다.

④ 변호인의 접견교통권이 제한된 위법한 상태에서 얻어진 피의자의 자백은 그 증거능력을 부인하여 유죄의 증거에서 배제하여야 하며, 이러한 위법증거의 배제는 실질적이고 완전하게 증거에서 제외함을 뜻하는 것이다.

정답 ②

영역 수사와 공소 > 강제처분과 강제수사

정답의 이유

② 미결수용자의 변호인이 교도관에게 변호인 접견을 신청하는 경우 미결수용자의 형사사건에 관하여 변호인이 구체적으로 어떠한 변호 활동을 하는지, 실제 변호를 할 의사가 있는지 여부 등은 교도관의 심사대상이 되지 않는다(대판 2022.6.30., 2021도244).

오답의 이유

① 대판 2022.6.30., 2021도244

③ 대판 1996.6.3., 96모18 참조

④ 변호인의 접견교통권 제한은 헌법이 보장한 기본권을 침해하는 것으로서 그러한 위법한 상태에서 얻어진 피의자의 자백은 그 증거능력을 부인하여 유죄의 증거에서 배제하여야 하며, 이러한 위법증거의 배제는 실질적이고 완전하게 증거에서 제외함을 뜻하는 것이다(대판 2007.12.13., 2007도7257).

10 압수와 수색에 대한 설명으로 옳지 않은 것은? (다툼이 있는 경우 판례에 의함) 20년 국가직 9급

① 압수의 대상은 압수·수색영장의 범죄사실 자체와 직접적으로 연관된 물건에 한정되지 않으므로, 압수·수색영장의 범죄사실과 기본적 사실관계가 동일한 범행 또는 동종·유사의 범행과 관련된다고 의심할 만한 상당한 이유가 있는 범위 내에서는 압수를 실시할 수 있다.

② 압수·수색영장의 집행에 있어서 여관, 음식점 기타 야간에 공중이 출입할 수 있는 장소는 공개한 시간 내에 한하여 야간집행의 제한을 받지 않는다.

③ 전자정보에 대한 압수·수색이 종료되기 전에 혐의사실과 관련된 전자정보를 적법하게 탐색하는 과정에서 별도의 범죄혐의와 관련된 전자정보를 우연히 발견한 경우라면, 수사기관은 더 이상의 추가 탐색을 중단하고 법원에서 별도의 범죄혐의에 대한 압수·수색영장을 발부받은 경우에 한하여 그 정보에 대하여 적법하게 압수·수색을 할 수 있다.

④ 검사 또는 사법경찰관은 현행범 체포현장이나 범죄 장소에서 소지자 등이 임의로 제출하는 물건을 영장 없이 압수할 수 있다. 다만, 이 경우에 검사나 사법경찰관은 사후에 영장을 받아야 한다.

정답 ④

영역 수사와 공소 > 강제처분과 강제수사

정답의 이유

④ 검사 또는 사법경찰관은 현행범 체포 현장이나 범죄 장소에서도 소지자 등이 임의로 제출하는 물건은 영장 없이 압수할 수 있고, 이 경우에는 검사나 사법경찰관이 사후에 영장을 받을 필요가 없다(대판 2016.2.18., 2015도13726).

오답의 이유

① 대판 2018.10.12., 2018도6252
② 형사소송법 제126조 제2호
③ 대결 2015.7.16., 2011모1839 전합

11 수사상 증거보전절차에 대한 설명으로 가장 적절하지 않은 것은? (다툼이 있는 경우 판례에 의함) 23년 경찰승진

① 증거보전의 청구권자는 검사, 피고인, 피의자 또는 변호인이며, 형사입건되기 전의 자는 피의자가 아니므로 증거보전을 청구할 수 없다.

② 범죄의 수사에 없어서는 아니될 사실을 안다고 명백히 인정되는 자가 「형사소송법」 제221조에 의한 출석 또는 진술을 거부한 경우에는 검사는 제1회 공판기일 전에 한하여 판사에게 그에 대한 증인신문을 청구할 수 있다.

③ 증거보전은 제1심 제1회 공판기일 전에 한하여 허용되는 것이므로 재심청구사건에서는 증거보전절차는 허용되지 아니한다.

④ 증거보전절차에서 피고인과 공동피고인이 뇌물을 주고받은 사이로 필요적 공범관계에 있는 경우 검사는 판사에게 공동피고인을 증인으로 신문할 것을 청구할 수 없다.

정답 ④

영역 수사와 공소 > 강제처분과 강제수사

정답의 이유

④ 공동피고인과 피고인이 뇌물을 주고받은 사이로 필요적 공범관계에 있다고 하더라도 검사는 수사단계에서 피고인에 대한 증거를 미리 보전하기 위하여 필요한 경우에는 판사에게 공동피고인을 증인으로 신문할 것을 청구할 수 있다(대판 1988.11.8., 86도1646).

오답의 이유

① 형사소송법 제184조에 의한 증거보전은 피고인 또는 피의자가 형사입건도 되기 전에는 청구할 수 없고, 또 피의자신문에 해당하는 사항을 증거보전의 방법으로 청구할 수 없다(대판 1979.6.12., 79도792).

② 형사소송법 221조의2 제1항

③ 증거보전이란 장차 공판에 있어서 사용하여야 할 증거가 멸실되거나 또는 그 사용하기 곤란한 사정이 있을 경우에 당사자의 청구에 의하여 공판전에 미리 그 증거를 수집보전하여 두는 제도로서 제1심 제1회 공판기일 전에 한하여 허용되는 것이므로 재심청구사건에서는 증거보전절차는 허용되지 아니한다(대판 1984.3.29., 84모15).

12 공소제기 후의 수사에 대한 설명으로 가장 적절하지 않은 것은? (다툼이 있는 경우 판례에 의함)

22년 경찰승진

① 검사 작성의 피고인에 대한 진술조서가 공소제기 후에 작성된 것이라는 이유만으로는 곧 그 증거능력이 없다고 할 수 없다.

② 제1심에서 피고인에 대하여 무죄판결이 선고되어 검사가 항소한 후, 수사기관이 항소심 공판기일에 증인으로 신청하여 신문할 수 있는 사람을 특별한 사정없이 미리 수사기관에 소환하여 작성한 진술조서는 피고인이 증거로 할 수 있음에 동의하지 않는 한 증거능력이 없다.

③ 공판준비 또는 공판기일에서 이미 증언을 마친 증인을 검사가 소환한 후 피고인에게 유리한 증언 내용을 추궁하여 이를 일방적으로 번복시키는 방식으로 작성한 진술조서는 피고인이 증거로 할 수 있음에 동의하더라도 증거능력이 없다.

④ 검사 또는 사법경찰관이 피고인에 대한 구속영장을 집행하는 경우에 필요한 때에는 영장없이 구속현장에서 압수·수색·검증을 할 수 있다.

정답 ③

영역 수사와 공소 > 수사의 종결과 공소의 제기

정답의 이유

③ 공판준비 또는 공판기일에서 이미 증언을 마친 증인을 검사가 소환한 후 피고인에게 유리한 그 증언 내용을 추궁하여 이를 일방적으로 번복시키는 방식으로 작성한 진술조서를 유죄의 증거로 삼는 것은 **피고인이 증거로 할 수 있음에 동의하지 아니하는 한 그 증거능력이 없다**(대판 2008.9.25., 2008도6985).

오답의 이유

① 대판 1984.9.25., 84도1646
② 대판 2019.11.28., 2013도6825
④ 형사소송법 제216조 제2항 참조

((•))) 더 알아보기

영장에 의하지 아니한 강제처분(형사소송법 제216조)

① 검사 또는 사법경찰관은 제200조의2·제200조의3·제201조 또는 제212조의 규정에 의하여 피의자를 체포 또는 구속하는 경우에 필요한 때에는 영장없이 다음 처분을 할 수 있다.
  2. 체포현장에서의 압수, 수색, 검증

② 전항 제2호의 규정은 검사 또는 사법경찰관이 피고인에 대한 구속영장의 집행의 경우에 준용한다.

---

13 공소시효에 관한 다음 설명 중 가장 옳지 않은 것은? (다툼이 있는 경우 판례에 의함)

25년 법원직 9급

① 공소시효를 정지·연장·배제하는 특례조항을 신설하면서 소급적용에 관한 명시적인 경과규정을 두지 않은 경우 그 조항을 소급하여 적용할 수 있는지에 관해서는 보편타당한 일반원칙이 존재하지 않고, 적법절차원칙과 소급금지원칙을 천명한 헌법 제12조 제1항과 제13조 제1항의 정신을 바탕으로 하여 법적 안정성과 신뢰보호원칙을 포함한 법치주의 이념을 훼손하지 않는 범위에서 신중히 판단해야 한다.

② 공소시효 정지에 관한 형사소송법 제253조 제3항의 입법 취지는 범인이 우리나라의 사법권이 실질적으로 미치지 못하는 국외에 체류한 것이 도피의 수단으로 이용된 경우에 체류기간 동안 공소시효 진행을 저지하여 범인을 처벌할 수 있도록 하고 형벌권을 적정하게 실현하는 데 있다.

③ 범인이 국외에 있는 것이 형사처분을 면하기 위한 방편이었다면 '형사처분을 면할 목적'이 있었다고 볼 수 있고, 위 '형사처분을 면할 목적'과 양립할 수 없는 범인의 주관적 의사가 명백히 드러나는 객관적 사정이 존재하더라도 국외체류기간 동안 '형사처분을 면할 목적'은 계속 유지된다.

④ 국외여행허가의무 위반으로 인한 병역법 위반죄는 국외여행의 허가를 받은 병역의무자가 기간만료 15일 전까지 기간연장허가를 받지 않고 정당한 사유 없이 허가된 기간 내에 귀국하지 않은 때

에 성립함과 동시에 완성되는 이른바 즉시범으로서, 그 이후에 귀국하지 않은 상태가 계속되고 있더라도 위 규정이 정한 범행을 계속하고 있다고 볼 수 없다. 따라서 이 사건 범죄의 공소시효는 범행종료일인 국외여행 허가기간 만료일부터 진행한다.

정답 ③

영역 수사와 공소 > 수사의 종결과 공소의 제기

정답의 이유

③ 범인이 국외에 있는 것이 형사처분을 면하기 위한 방편이었다면 '형사처분을 면할 목적'이 있었다고 볼 수 있고, '형사처분을 면할 목적'과 양립할 수 없는 범인의 주관적 의사가 명백히 드러나는 객관적 사정이 존재하지 않는 한 국외체류기간 동안 '형사처분을 면할 목적'은 계속 유지된다고 볼 것이다(대판 2024.7.31., 2024도8683).

오답의 이유

① 대판 2015.5.28., 2015도1362, 2015전도19

② 형사소송법 제253조 제3항의 입법 취지는 범인이 우리나라의 사법권이 실질적으로 미치지 못하는 국외에 체류한 것이 도피의 수단으로 이용된 경우에 그 체류기간 동안은 공소시효가 진행되는 것을 저지하여 범인을 처벌할 수 있도록 하여 형벌권을 적정하게 실현하고자 하는 데 있다(대판 2022.9.29., 2020도13547).

④ 대판 2022.12.1., 2019도5925

14 공소제기와 법원의 심판대상에 대한 설명으로 옳은 것은? 24년 국가직 9급

① 공소장일본주의에 위반되는 공소제기에 대하여 피고인 측으로부터 유효한 이의가 제기되어 있더라도 법원이 그대로 공판절차를 진행한 결과 증거조사절차가 마무리되어 법관의 심증형성이 이루어진 단계에서는 공소장일본주의 위배를 주장하여 이미 진행된 소송절차의 효력을 다툴 수 없다.

② 항소법원은 항소이유에 포함된 사유에 관하여 심판하여야 하므로 판결에 영향을 미친 사유에 해당하더라도 항소이유서에 포함되지 아니한 경우에는 심판할 수 없다.

③ 하나의 형이 확정된 경합범 중 일부 범죄사실에 대해 재심사유가 있는 경우 재심개시결정의 효력은 재심사유가 없는 범죄사실을 형식적으로 심판의 대상에 포함시키는 것에 불과하므로 재심법원으로서는 재심사유가 없는 범죄사실을 다시 심리하여 유죄 인정을 파기할 수 없고, 양형을 위하여 필요한 범위에 한하여만 심리할 수 있다.

④ 동일한 사실관계에 대하여 서로 양립할 수 없는 적용법조의 적용을 주위적·예비적으로 구하는 경우, 예비적 공소사실만 유죄로 인정되고 그 부분에 대하여 피고인만 상소하였다면, 주위적 공소사실은 상소심의 심판대상에 포함되지 않는다.

정답 ③

영역 공판 > 공판절차

정답의 이유

③ 경합범 관계에 있는 수개의 범죄사실을 유죄로 인정하여 한 개의 형을 선고한 불가분의 확정판결에서 그 중 일부의 범죄사실에 대하여만 재심청구의 이유가 있는 것으로 인정된 경우에는 형식적으로는 1개의 형이 선고된 판결에 대한 것이어서 그 판결 전부에 대하여 재심개시의 결정을 할 수밖에 없지만, 비상구제수단인 재심제도의 본질상 재심사유가 없는 범죄사실에 대하여는 재심개시결정의 효력이 그 부분을 형식적으로 심판의 대상에 포함시키는 데 그치므로 재심법원은 그 부분에 대하여는 이를 다시 심리하여 유죄인정을 파기할 수 없고 다만 그 부분에 관하여 새로이 양형을 하여야 하므로 양형을 위하여 필요한 범위에 한하여만 심리를 할 수 있을 뿐이다(대판 1996.6.14., 96도477).

① 공소장일본주의에 위배된 공소제기라고 인정되는 때에는, 그 절차가 법률의 규정에 위반하여 무효인 때에 해당하는 것으로 보아 공소기각의 판결을 선고하는 것이 원칙이다(형사소송법 제327조 제2호). 다만 공소장 기재의 방식에 관하여 피고인 측으로부터 아무런 이의가 제기되지 아니하였고 법원 역시 범죄사실의 실체를 파악하는 데 지장이 없다고 판단하여 그대로 공판절차를 진행한 결과 증거조사절차가 마무리되어 법관의 심증형성이 이루어진 단계에 이른 경우에는 소송절차의 동적 안정성 및 소송경제의 이념 등에 비추어 볼 때 더 이상 공소장일본주의 위배를 주장하여 이미 진행된 소송절차의 효력을 다툴 수 없다고 보아야 하나, 피고인 측으로부터 이의가 유효하게 제기되어 있는 이상 공판절차가 진행되어 법관의 심증형성의 단계에 이르렀다고 하여 공소장일본주의 위배의 하자가 치유된다고 볼 수 없다(대판 2015.1.29., 2012도2957).

② 항소법원은 항소이유에 포함된 사유에 관하여 심판하여야 하나, 판결에 영향을 미친 사유에 관하여는 항소이유서에 포함되지 아니한 경우에도 직권으로 심판할 수 있다(형사소송법 제364호 제1항 · 제2항).

④ 원래 주위적 · 예비적 공소사실의 일부에 대한 상소제기의 효력은 나머지 공소사실 부분에 대하여도 미치는 것이고, 동일한 사실관계에 대하여 서로 양립할 수 없는 적용법조의 적용을 주위적 · 예비적으로 구하는 경우에는 예비적 공소사실만 유죄로 인정되고 그 부분에 대하여 피고인만 상소하였다고 하더라도 주위적 공소사실까지 함께 상소심의 심판대상에 포함된다(대판 2006.5.25., 2006도1146).

15 공소장변경에 대한 설명으로 가장 적절하지 않은 것은? (다툼이 있는 경우 판례에 의함)

17년 경찰공무원 2차

① 검사가 공소사실 중 임차권 양도계약 중개수수료 교부자를 甲에서 乙로 변경하는 공소장변경신청을 하고 원심이 이를 허가한 사안에서, 그와 같이 공소장을 변경하더라도 피고인이 공소사실 기재 일시 장소에서 위 계약을 중개한 후 법정 수수료 상한을 초과한 중개수수료를 교부받았다는 사실에는 변함이 없으므로, 공소사실의 동일성이 인정되어 공소장변경이 허용된다.

② 피고인이 이적표현물을 제작 · 반포한 사실은 부인하면서 이를 취득 · 소지한 것에 대하여는 자백하는 취지로 진술한다고 하여도 법원이 검사에게 공소장의 변경을 요구할 것인지 여부는 법원의 재량에 속하는 것이므로, 법원이 검사에게 그 표현물을 취득 · 소지한 것으로 공소장변경을 요구하지 아니하였다 하여 위법하다고 할 수 없다.

③ 검사는 법원의 허가를 얻어 공소장에 기재한 공소사실 또는 적용법조의 추가, 철회 또는 변경을 할 수 있다. 이 경우에 법원은 공소사실의 동일성을 해하지 아니하는 한도에서 허가하여야 한다.

④ 법원은 공소사실 또는 적용법조의 추가, 철회 또는 변경이 피고인의 불이익을 증가할 염려가 있다고 인정한 때에는 직권 또는 피고인이나 변호인의 청구에 의하여 피고인으로 하여금 필요한 방어의 준비를 하게 하기 위하여 결정으로 필요한 기간 공판절차를 정지하여야 한다.

정답 ④

영역 공판 > 공판절차

④ 법원은 공소장변경의 규정에 의한 공소사실 또는 적용법조의 추가, 철회 또는 변경이 피고인의 불이익을 증가할 염려가 있다고 인정한 때에는 직권 또는 피고인이나 변호인의 청구에 의하여 피고인으로 하여금 필요한 방어의 준비를 하게 하기 위하여 결정으로 필요한 기간 공판절차를 정지할 수 있다(형사소송법 제298조 제4항).

① 대판 2010.6.24., 2009도9593
② 대판 1997.8.22., 97도1516
③ 형사소송법 제298조 제1항

📻 더 알아보기

공소장변경 허용 판례
검사가 공소사실 중 임차권 양도계약 중개수수료 교부자를 갑에서 을로 변경하는 공소장변경신청을 하고 원심이 이를 허가한 사안에서, 그와 같이 공소장을 변경하더라도 피고인이 공소사실 기재 일시 장소에서 위 계약을 중개한 후 법정 수수료 상한을 초과한 중개수수료를 교부받았다는 사실에는 변함이 없으므로, 공소사실의 동일성이 인정된다(대판 2010.6.24., 2009도9593).

16 간이공판절차에 대한 설명으로 옳지 않은 것은?

21년 국가직 9급

① 피고인이 공판정에서 공소사실에 대하여 자백한 때에는 법원은 그 공소사실에 한하여 간이공판절차에 의하여 심판할 것을 결정할 수 있다.

② 법원은 간이공판절차에 의하여 심판할 것을 결정한 사건에 대하여 피고인의 자백이 신빙할 수 없다고 인정되거나 간이공판절차로 심판하는 것이 현저히 부당하다고 인정할 때에는 검사의 의견을 들어 그 결정을 취소하여야 한다.

③ 간이공판절차 개시결정이 있는 경우 전문법칙이 적용되는 증거에 대하여 동의가 있는 것으로 간주되므로 피고인 또는 변호인은 이를 증거로 함에 이의를 제기할 수 없다.

④ 간이공판절차 개시결정이 취소된 때에는 공판절차를 갱신하여야 하지만 검사, 피고인 또는 변호인이 이의가 없는 때에는 그러하지 아니하다.

정답 ③

영역 공판 > 공판절차

[정답의 이유]

③ 제286조의2(간이공판절차의 결정)의 결정이 있는 사건의 증거에 관하여는 제310조의2(전문증거와 증거능력의 제한), 제312조(검사 또는 사법경찰관의 조서 등) 내지 제314조(증거능력에 대한 예외) 및 제316조(전문의 진술)의 규정에 의한 증거에 대하여 형사소송법 제318조(당사자의 동의와 증거능력) 제1항의 동의가 있는 것으로 간주한다. 단, 검사, 피고인 또는 변호인이 증거로 함에 이의가 있는 때에는 그러하지 아니하다(형사소송법 제318조의3).

[오답의 이유]

① 형사소송법 제286조의2

② 형사소송법 제286조의3

④ 형사소송법 제301조의2

17 위법수집증거배제법칙에 대한 설명으로 옳지 않은 것은?

23년 국가직 9급

① 사법경찰관이 「형사소송법」 제215조 제2항을 위반하여 영장 없이 물건을 압수한 직후에 피압수자로부터 그 압수물에 대한 임의제출동의서를 받은 경우, 그 압수물은 물론 임의제출동의서도 특별한 사정이 없는 한 증거능력이 인정되지 않는다.

② 전자정보가 담긴 저장매체에 대한 압수·수색 과정에서 범위를 정하여 출력·복제하는 방법이 불가능하거나 압수의 목적을 달성하기에 현저히 곤란한 예외적인 사정이 인정되어 그 전자정보의 복제본을 수사기관 사무실 등으로 옮겨 복제·탐색·출력하는 경우, 그 과정에 피압수자나 변호인이 참여할 기회가 보장되어야 한다.

③ 범죄의 피해자인 검사가 그 사건의 수사에 관여하거나, 압수·수색영장의 집행에 참여한 검사가 다시 수사에 관여하였다면 그 자체로서 수사는 위법하고, 그에 따른 참고인이나 피의자의 진술은 임의성이 인정되지 않는다.

④ 수사기관이 구속수감된 자에게 압수된 그의 휴대전화를 제공하여 피고인과 통화하게 하고, 피고인의 범행에 관한 통화 내용을 녹음하게 한 행위는 불법감청에 해당하므로 이를 근거로 작성된 녹취록 첨부 수사보고서는 피고인의 범행에 대해 증거능력이 없다.

정답 ③

영역 공판 > 증거

[정답의 이유]

③ 범죄의 피해자인 검사가 그 사건의 수사에 관여하거나, 압수·수색영장의 집행에 참여한 검사가 다시 수사에 관여하였다는 이유만으로 바로 그 수사가 위법하다거나 그에 따른 참고인이나 피의자의 진술에 임의성이 없다고 볼 수는 없다(대판 2013.9.12., 2011도12918).

[오답의 이유]

① 대판 2010.7.22., 2009도14376

② 대결 2022.7.14., 2019모2584

④ 대판 2010.10.14., 2010도9016

18 전문증거에 대한 설명으로 옳지 않은 것은?

22년 국가직 9급

① 검사가 작성한 피의자신문조서는 적법한 절차와 방식에 따라 작성된 것으로서 공판준비, 공판기일에 그 피의자였던 피고인 또는 변호인이 그 내용을 인정할 때에 한정하여 증거로 할 수 있다.

② 상업장부, 항해일지 기타 업무상 필요로 작성한 통상문서는 당연히 증거능력 있는 서류이다.

③ 법정에 출석한 증인이 「형사소송법」 제148조, 제149조 등에서 정한 바에 따라 정당하게 증언거부권을 행사하여 증언을 거부한 경우도 「형사소송법」 제314조의 '그 밖에 이에 준하는 사유로 인하여 진술할 수 없는 때'에 해당한다.

④ 피고인의 진술을 그 내용으로 하는 전문진술이 기재된 조서는 「형사소송법」 제312조 내지 제314조의 규정에 의하여 각 그 증거능력이 인정될 수 있는 경우에 해당하여야 함은 물론, 나아가 「형사소송법」 제316조 제1항의 규정에 따라 피고인의 진술이 특히 신빙할 수 있는 상태하에서 행하여진 때에는 이를 증거로 할 수 있다.

정답 ③

영역 공판 > 증거

정답의 이유

③ 현행 형사소송법 제314조의 문언과 개정 취지, 증언거부권 관련 규정의 내용 등에 비추어 보면, 법정에 출석한 증인이 형사소송법 제148조, 제149조 등에서 정한 바에 따라 정당하게 증언거부권을 행사하여 증언을 거부한 경우는 형사소송법 제314조의 '그 밖에 이에 준하는 사유로 인하여 진술할 수 없는 때'에 해당하지 아니한다고 할 것이다(대판 2012.5.17., 2009도6788 전합).

오답의 이유

① 형사소송법 제312조 제1항

② 형사소송법 제315조 제2호

④ 대판 2007.7.27., 2007도3798

📶 더 알아보기

형사소송법 제314조(증거능력에 대한 예외)

제312조 또는 제313조의 경우에 공판준비 또는 공판기일에 진술을 요하는 자가 사망·질병·외국거주·소재불명 그 밖에 이에 준하는 사유로 인하여 진술할 수 없는 때에는 그 조서 및 그 밖의 서류(피고인 또는 피고인 아닌 자가 작성하였거나 진술한 내용이 포함된 문자·사진·영상 등의 정보로서 컴퓨터용디스크, 그 밖에 이와 비슷한 정보저장매체에 저장된 것을 포함한다)를 증거로 할 수 있다. 다만, 그 진술 또는 작성이 특히 신빙할 수 있는 상태하에서 행하여 졌음이 증명된 때에 한한다.

당연히 증거능력이 있는 서류(형사소송법 제315조)

다음에 게기한 서류는 증거로 할 수 있다.

1. 가족관계기록사항에 관한 증명서, 공정증서등본 기타 공무원 또는 외국공무원의 직무상 증명할 수 있는 사항에 관하여 작성한 문서

2. 상업장부, 항해일지 기타 업무상 필요로 작성한 통상문서

3. 기타 특히 신용할 만한 정황에 의하여 작성된 문서

---

19 증거동의에 관한 설명 중 가장 적절한 것은? (다툼이 있는 경우 판례에 의함)

20년 경찰승진

① 수사기관이 긴급체포 시 압수한 물건에 관하여 「형사소송법」 제217조 제2항, 제3항의 규정에 의한 압수수색영장을 발부받지 않고 즉시 반환도 하지 않은 경우라도 피고인이나 변호인이 이를 증거로 함에 동의하였다면 위법성이 치유되므로 유죄의 증거로 사용할 수 있다.

② 공판기일에서 피고인에게 유리한 증언을 한 증인을 검사가 소환한 후 그 증언내용을 추궁하여 이를 일방적으로 번복시키는 방식으로 작성한 조서는 공판중심주의를 형해화하는 것이므로 증거동의의 대상이 될 수 없다.

③ 피고인이나 그 변호인이 검사 작성의 당해 피고인에 대한 피의자 신문조서의 성립의 진정함을 인정하는 진술을 하였다 하더라도, 그 피의자 신문조서에 대하여 증거조사가 완료되기 전에는 최초의 진술을 번복함으로써 그 피의자 신문조서를 유죄 인정의 자료로 사용할 수 없도록 할 수 있다.

④ 약식명령에 불복하여 정식재판을 청구한 피고인이 정식재판절차에서 2회 불출석하여 법원이 피고인의 출정 없이 증거조사를 하는 경우라도 피고인의 명시적인 동의 의사가 없는 이상 증거동의가 간주될 수 없다.

정답 ③

영역 공판 > 증거

정답의 이유

③ 대판 2008.7.10., 2007도7760

오답의 이유

① 사법경찰관은 형사소송법 제200조의3(긴급체포)의 규정에 의하여 피의자를 체포하는 경우에 필요한 때에는 영장 없이 체포현장에서 압수·수색을 할 수 있고, 압수한 물건을 계속 압수할 필요가 있는 경우에는 지체 없이 압수수색영장을 청구하여야 하며, 청구한 압수수색영장을 발부받지 못한 때에는 압수한 물건을 즉시 반환하여야 한다고 규정하고 있는바, 형사소송법 제217조 제2항, 제3항에 위반하여 압수수색영장을 청구하여 이를 발부받지 아니하고도 즉시 반환하지 아니한 압수물은 이를 유죄인정의 증거로 사용할 수 없다(대판 2009.12.24., 2009도11401).

② 공판준비 또는 공판기일에서 이미 증언을 마친 증인을 검사가 소환한 후 피고인에게 유리한 그 증언 내용을 추궁하여 이를 일방적으로 번복시키는 방식으로 작성한 진술조서를 유죄의 증거로 삼는 것은 당사자주의·공판중심주의·직접주의를 지향하는 현행 형사소송법의 소송구조에 어긋나는 것일 뿐만 아니라, 헌법 제27조가 보장하는 기본권, 즉 법관의 면전에서 모든 증거자료가 조사·진술되고 이에 대하여 피고인이 공격·방어할 수 있는 기회가 실질적으로 부여되는 재판을 받을 권리를 침해하는 것이므로, 이러한 진술조서는 피고인이 증거로 할 수 있음에 동의하지 아니하는 한 그 증거능력이 없다고 하여야 할 것이다(대판 2008.9.25., 2008도6985).

④ 약식명령에 불복하여 정식재판을 청구한 피고인이 정식재판절차에서 2회 불출정하여 법원이 피고인의 출정 없이 증거조사를 하는 경우에 법 제318조 제2항에 따른 피고인의 증거동의가 간주된다고 할 것이다(대판 2010.7.15., 2007도5776).

---

20 엄격한 증명에 대한 설명으로 가장 적절한 것은? (다툼이 있는 경우 판례에 의함) 19년 경찰공무원 2차

① 대한민국 영역 외에서 대한민국 국민에 대하여 범죄를 저지른 외국인에 대하여 우리나라 형법을 적용하여 처벌함에 있어 행위지의 법률에 의하여 범죄를 구성하는지는 엄격한 증명을 요하나, 몰수 또는 추징의 대상이 되는지 여부나 추징액의 인정은 엄격한 증명을 요하지 아니한다.

② 뇌물수수죄에서 공무원의 직무에 관하여 수수하였다는 범의를 인정하기 위해서는 엄격한 증명이 요구되나, 내란선동죄에서 국헌문란의 목적은 범죄 성립을 위하여 고의 외에 요구되는 초과주관적 위법요소로서 엄격한 증명을 요하지 아니한다.

③ 횡령죄에서 목적과 용도를 정하여 금전을 위탁한 사실 및 그 목적과 용도가 무엇인지는 엄격한 증명의 대상이 되나, 횡령한 재물의 가액이 「특정경제범죄 가중처벌 등에 관한 법률」의 적용 기준이 되는 하한 금액을 초과한다는 점은 엄격한 증명을 요하지 않는다.

④ 공모공동정범에서 공모관계를 인정하기 위해서는 엄격한 증명이 요구되나, 「특정경제범죄 가중처벌 등에 관한 법률」 제5조의9 제1항 위반죄의 '보복의 목적'이 행위자에게 있었다는 점은 엄격한 증명을 요하지 아니한다.

정답 ①

영역 공판 > 증거

정답의 이유

① 대판 2011.8.25., 2011도6507, 대판 1993.6.22., 91도3346 참고

오답의 이유

② 알선수재죄의 '공무원의 직무에 속한 사항을 알선한다는 명목'으로 수수하였다는 범의는 범죄사실을 구성하는 것으로서 이를 인정하기 위해서는 엄격한 증명이 요구되며(대판 2002.3.12, 2001도2064), 내란선동죄에서 '국헌을 문란할 목적'은 범죄 성립을 위하여 고의 외에 요구되는 초과주관적 위법요소로서 엄격한 증명사항에 속하나, 확정적 인식임을 요하지 아니하며, 다만 미필적 인식이 있으면 족하다(대판 2015.1.22., 2014도10978).

③ 횡령죄에서 피해자 등이 목적과 용도를 정하여 금전을 위탁한 사실 및 그 목적과 용도가 무엇인지는 엄격한 증명의 대상이며(대판 2013.11.14., 2013도8121), 횡령한 재물의 가액이 특정경제범죄법의 적용 기준이 되는 하한 금액을 초과한다는 점도 다른 구성요건요소와 마찬가지로 엄격한 증거에 의하여 증명되어야 한다(대판 2017.5.30., 2016도9027).

④ 공모공동정범에 있어서 공모 또는 모의는 '범죄될 사실'의 주요부분에 해당하는 이상, 가능한 한 이를 구체적이고 상세하게 특정하여야 할 뿐 아니라 엄격한 증명의 대상에 해당하고(대판 2007.4.27., 2007도236), 특정범죄 가중처벌 등에 관한 법률 제5조의9 제1항 위반의 죄의 행위자에게 보복의 목적이 있었다는 점 또한 검사가 증명하여야 하고 그러한 증명은 법관으로 하여금 합리적인 의심을 할 여지가 없을 정도의 확신을 생기게 하는 엄격한 증명에 의하여야 하며 이와 같은 증명이 없다면 피고인의 이익으로 판단할 수밖에 없다(대판 2014.9.26., 2014도9030).

21 「형사소송법」의 내용으로 옳지 않은 것만을 모두 고르면?

㉠ 사법경찰관이 작성한 피의자신문조서는 적법한 절차와 방식에 따라 작성된 것으로서 공판준비 또는 공판기일에 그 피의자였던 피고인 또는 변호인이 그 내용을 인정할 때에 한하여 증거능력이 있다.

㉡ 공판기일에 검사는 공소장에 의하여 공소사실·죄명 및 적용법조를 낭독하여야 한다. 다만 재판장은 필요하다고 인정하는 때에는 검사에게 공소장의 낭독 또는 공소요지의 진술을 생략하도록 할 수 있다.

㉢ 형을 선고하는 경우 재판장은 상소할 기간뿐만 아니라 상소할 법원을 피고인에게 고지해야 한다.

㉣ 공판준비기일의 지정 신청에 관한 법원의 결정에 대해서는 항고할 수 있다.

㉤ 법원은 소송관계를 분명하게 하기 위해 직권 또는 검사, 피고인 또는 변호인의 신청으로 전문심리위원을 지정하여 소송절차에 참여하게 할 수 있으며, 이러한 전문심리위원은 재판장의 허가를 받으면 피고인, 변호인, 증인 등 소송관계인에게 필요한 사항에 관하여 직접 질문할 수 있다.

① ㉠, ㉢
② ㉡, ㉣
③ ㉡, ㉢, ㉤
④ ㉡, ㉣, ㉤

정답 ②

영역 공판 > 재판

정답의 이유

㉡ 검사는 공소장에 의하여 공소사실·죄명 및 적용법조를 낭독하여야 한다. 다만, 재판장은 필요하다고 인정하는 때에는 검사에게 공소의 요지를 진술하게 할 수 있다(형사소송법 제285조).

㉣ 검사, 피고인 또는 변호인은 법원에 대하여 공판준비기일의 지정을 신청할 수 있다. 이 경우 당해 신청에 관한 법원의 결정에 대하여는 불복할 수 없다(형사소송법 제266조의7 제2항).

오답의 이유

㉠ 형사소송법 제312조 제3항

㉢ 형사소송법 제324조

㉤ 형사소송법 제279조의2 제1항·제3항

22 상소에 대한 설명 중 옳은 것만을 모두 고르면? (다툼이 있는 경우 판례에 의함)   20년 국가직 7급

ㄱ. 수개의 공소사실이 금고 이상의 형에 처한 확정 판결 전후의 것이어서 확정판결 전의 공소사실 과 확정판결 후의 공소사실에 대하여 따로 유죄 를 선고하여 두 개의 형을 정한 제1심판결에 대 하여 피고인만이 확정판결 전의 유죄판결 부분 에 대하여 항소한 경우, 항소심에 계속된 사건 은 확정판결 전의 유죄판결 부분뿐이므로 항소 심이 심리·판단하여야 할 범위는 확정판결 전 의 유죄판결 부분에 한정된다.

ㄴ. 1죄의 관계에 있는 공소사실 중 일부 유죄, 나 머지 무죄의 판결에 대하여 검사만 무죄부분에 대하여 상고를 하고 피고인은 상고하지 아니하 였더라도 유죄 부분은 상고심에 이전되어 심판 대상이 된다.

ㄷ. 검사는 반대 당사자에게 불이익한 재판이 위법 일 때에는 그 위법을 시정하기 위하여 재판의 주문에 관한 것이 아니더라도 재판의 이유만을 다투기 위하여 상소할 수 있다.

ㄹ. 변호인의 상소취하에 피고인의 동의가 없다면 상소취하의 효력은 발생하지 아니한다.

① ㄱ, ㄴ
② ㄱ, ㄴ, ㄹ
③ ㄴ, ㄷ, ㄹ
④ ㄱ, ㄴ, ㄷ, ㄹ

정답 ②

영역 상소·비상구제절차·특별설자 > 상소

[정답의 이유]

ㄱ. 대판 2018.3.29., 2016도18553
ㄴ. 대판 1989.4.11., 86도1629
ㄹ. 대판 2015.9.10., 2015도7821

[오답의 이유]

ㄷ. 검사는 공익의 대표자로서 법령의 정당한 적용을 청구할 임 무를 가지므로 이의신청을 기각하는 등 반대당사자에게 불 이익한 재판에 대하여도 그것이 위법일 때에는 위법을 시정 하기 위하여 상소로써 불복할 수 있지만 불복은 재판의 주문 에 관한 것이어야 하고 재판의 이유만을 다투기 위하여 상소 하는 것은 허용되지 않는다(대결 1993.3.4., 92모21).

---

23 불이익변경금지원칙에 대한 설명으로 옳지 않은 것은?   21년 국가직 9급

① 피고인만 항소한 경우 제1심법원이 소송비용의 부담을 명하는 재판을 하지 않았음에도 항소심법 원이 제1심의 소송비용에 관하여 피고인에게 부 담하도록 재판을 하였다면 불이익변경금지원칙에 위배된다.

② 경합범 관계에 있는 수 개의 범죄사실을 유죄로 인정하여 한 개의 형을 선고한 불가분의 확정판결 에서 그중 일부의 범죄사실에 대하여만 재심청구 의 이유가 있는 것으로 인정되었으나 그 판결 전 부에 대하여 재심개시의 결정을 한 경우, 불이익 변경금지 원칙이 적용되어 원판결의 형보다 중한 형을 선하지 못한다.

③ 피고인이 항소심 선고 이전에 19세에 도달하여 제1심에서 선고한 부정기형을 파기하고 정기형을 선고함에 있어 불이익변경금지원칙 위반 여부를 판단하는 기준은 부정기형의 장기와 단기의 중간 형이 되어야 한다.

④ 벌금형의 환형유치기간이 징역형의 기간을 초과 한다고 하더라도, 벌금형이 징역형보다 경한 형이 라고 보아야 한다.

정답 ①

영역 상소·비상구제절차·특별절차 > 상소

[정답의 이유]

① 제1심법원이 소송비용의 부담을 면하는 재판을 하지 않았음 에도 항소심법원이 제1심의 소송비용에 관하여 피고인에게 부담하도록 재판을 한 경우, 불이익변경금지원칙에 위배되지 않는다(대판 2001.4.24., 2001도872).

[오답의 이유]

② 경합범 관계에 있는 수개의 범죄사실을 유죄로 인정하여 한 개의 형을 선고한 불가분의 확정판결에서 그중 일부의 범죄 사실에 대하여만 재심청구의 이유가 있는 것으로 인정된 경 우에는 형식적으로는 1개의 형이 선고된 판결에 대한 것이어 서 그 판결 전부에 대하여 재심개시의 결정을 할 수밖에 없지 만, 비상구제수단인 재심제도의 본질상 재심사유가 없는 범 죄사실에 대하여는 재심개시결정의 효력이 그 부분을 형식적 으로 심판의 대상에 포함시키는 데 그치므로 재심법원은 그 부분에 대하여는 이를 다시 심리하여 유죄인정을 파기할 수

없고 다만 그 부분에 관하여 새로이 양형을 하여야 하므로 양형을 위하여 필요한 범위에 한하여만 심리를 할 수 있을 뿐이다(대판 1996.6.14., 96도477).

③ 피고인이 항소심 선고 이전에 19세에 도달하여 제1심에서 선고한 부정기형을 파기하고 정기형을 선고함에 있어 불이익변경금지 원칙 위반 여부를 판단하는 기준은 부정기형의 장기와 단기의 중간형이 되어야 한다(대판 2020.10.22., 2020도4140 전합).

④ 징역형의 형기가 징역 1년에서 징역 10월로 단축되었다면 벌금형의 액수가 같고 벌금형에 대한 환형유치기간이 길어졌다 하더라도 형량이 불이익하게 변경되었다고 할 수 없다(대판 1994.1.11., 93도2894).

24 재심에 관한 설명 중 가장 적절하지 않은 것은? (다툼이 있는 경우 판례에 의함)

① 유죄의 확정판결에 대하여 재심개시결정이 확정되어 법원이 그 사건에 대하여 다시 심판을 한 후 재심의 판결을 선고하고 그 재심판결이 확정된 때에는 종전의 확정판결은 당연히 효력을 상실한다.

② 유죄의 선고를 받은 자에 대하여 무죄 또는 면소를, 형의 선고를 받은 자에 대하여 형의 면제 또는 원판결이 인정한 죄보다 경한 죄를 인정할 명백한 증거가 새로 발견된 때는 재심의 이유가 된다.

③ 경합범 관계에 있는 수개의 범죄사실을 유죄로 인정하여 한 개의 형을 선고한 불가분의 확정판결에서 그중 일부의 범죄사실에 대하여만 재심청구의 이유가 있는 것으로 인정된 경우라도 재심법원은 재심사유가 없는 범죄사실에 대하여 다시 심리하여 유죄 인정을 파기할 수 있다.

④ 피고인이 재심을 청구한 경우 재심의 대상이 되는 판결확정 전 소송절차에서 제출할 수 있던 증거를 과실로 제출하지 못한 경우에 그 증거는 「형사소송법」 제420조 제5호의 '증거가 새로 발견된 때'에 해당하지 아니한다.

정답 ③

영역 상소 · 비상구제절차 · 특별절차 > 비상구제절차

[정답의 이유]

③ 경합범 관계에 있는 수개의 범죄사실을 유죄로 인정하여 한 개의 형을 선고한 불가분의 확정판결에서 그중 일부의 범죄사실에 대하여만 재심청구의 이유가 있는 것으로 인정된 경우에는 형식적으로는 1개의 형이 선고된 판결에 대한 것이어서 그 판결 전부에 대하여 재심개시의 결정을 할 수밖에 없지만, 비상구제수단인 재심제도의 본질상 재심사유가 없는 범죄사실에 대하여는 재심개시결정의 효력이 그 부분을 형식적으로 심판의 대상에 포함시키는 데 그치므로 재심법원은 그 부분에 대하여는 이를 다시 심리하여 유죄 인정을 파기할 수 없고 다만 그 부분에 관하여 새로이 양형을 하여야 하므로 양형을 위하여 필요한 범위에 한하여만 심리를 할 수 있을 뿐이라고 할 것이다(대판 2016. 3. 24., 2016도1131).

[오답의 이유]

① 대판 2019.6.20., 2018도20698 전합
② 형사소송법 제420조 제5호
④ 대결 2009.7.16., 2005모472 전합

25 약식명령에 대한 설명으로 옳지 않은 것은? (다툼이 있는 경우 판례에 의함) 20년 5급 승진

① 피고인뿐만 아니라 검사도 약식명령에 불복하여 정식재판을 청구할 수 있다.

② 불이익변경금지원칙에 따라 피고인이 정식재판을 청구한 사건에 대하여 약식명령의 벌금형보다 중한 벌금형을 선고하지 못한다.

③ 약식명령에 대한 정식재판의 청구는 약식명령의 일부에 대해서도 할 수 있다.

④ 포괄일죄의 관계에 있는 범행의 일부에 대하여 약식명령이 확정된 경우에는 그 약식명령의 발령 시를 기준으로 하여 그 이전에 이루어진 범행에 대하여는 면소의 판결을 선고하여야 한다.

정답 ②

영역 상소 · 비상구제절차 · 특별절차 > 특별절차

[정답의 이유]

② 피고인이 정식재판을 청구한 사건에 대하여는 약식명령의 형보다 중한 종류의 형을 선고하지 못하지만, 약식명령의 형보다 중한 형은 선고할 수 있다(형사소송법 제457조의2 제1항).

[오답의 이유]

① 형사소송법 제453조 제1항

③ 형사소송법 제342조 제1항, 제458조 제1항

④ 대판 2013.6.13., 2013도4737

형사소송법 8회

01
신속한 재판을 받을 권리에 관한 다음 설명 중 가장 옳지 않은 것은? (다툼이 있는 경우 판례에 의함) 17년 경찰간부후보생

① 국가보안법 제7조(찬양·고무 등) 및 제10조(불고지)에서 형사소송법상의 수사기관에 의한 피의자 구속기간 30일보다 20일이나 많은 50일을 인정하더라도 신속한 재판을 받을 권리를 침해하는 것은 아니다.

② 판결의 선고는 제1심에서는 공소가 제기된 날부터 6개월 이내에, 항소심 및 상고심에서는 기록을 송부받은 날부터 4개월 이내에 하여야 한다.

③ 구속사건에 대해서는 법원이 구속기간 내에 재판을 하면 되는 것이고 구속만기 25일을 앞두고 제1회 공판이 있었다 하여 헌법에 정한 신속한 재판을 받을 권리를 침해하였다 할 수 없다.

④ 신속한 재판을 받을 권리는 주로 피고인의 이익을 보호하기 위하여 인정된 기본권이지만 동시에 실체적 진실발견, 소송경제, 재판에 대한 국민의 신뢰와 형벌목적의 달성과 같은 공공의 이익에도 근거가 있다.

정답 ①

영역 서론 > 형사소송법의 기초

정답의 이유

① 국가보안법 제7조(찬양·고무) 및 제10조(불고지)의 죄는 구성요건이 특별히 복잡한 것도 아니고 사건의 성질상 증거수집이 더욱 어려운 것도 아님에도 불구하고 국가보안법 제19조가 제7조 및 제10조의 범죄에 대하여서까지 형사소송법상의 수사기관에 의한 피의자 구속기간 30일보다 20일이나 많은 50일을 인정한 것은 헌법 제37조 제2항의 기본권 제한입법의 원리인 과잉금지의 원칙을 현저하게 위배하여 피의자의 신체의 자유, 무죄추정의 원칙 및 신속한 재판을 받을 권리를 침해한 것이다(헌재결 1992.4.14., 90헌마82).

오답의 이유

② 소송촉진 등에 관한 특례법 제21조

③ 대판 1990.6.12., 90도672

④ 헌재 1995.11.30., 92헌마44

02
법관에 대한 기피신청의 설명으로 옳은 것은? (다툼이 있는 경우 판례에 의함) 19년 국가직 9급

① 기피신청을 받은 법관이 소송진행 정지에 대한 예외 사유가 없음에도 불구하고 본안의 소송절차를 정지하지 않은 채 그대로 진행한 소송행위는 효력이 없지만, 그 후 기피신청에 대한 기각결정이 확정되었다면 유효하다.

② 원심 합의부원인 법관이 원심 재판장에 대한 기피신청 사건의 심리와 기각결정에 관여한 사실이 있다면, 이는 「형사소송법」 제17조 제7호 소정의 '법관이 사건에 관하여 그 기초되는 조사, 심리에 관여한 때'에 해당하여 기피사유가 인정된다.

③ 법관이 피고인의 증거신청을 채택하지 아니하거나 이미 한 증거결정을 취소한 사정만으로도 기피사유에 해당한다.

④ 법관에 대한 기피신청이 있는 경우 「형사소송법」 제22조에 따라 정지되는 소송진행에 판결의 선고는 포함되지 아니한다.

정답 ④

영역 서론 > 소송주체와 소송관계인

정답의 이유

④ 대판 2002.11.13., 2002도4893

오답의 이유

① 기피신청을 받은 법관이 형사소송법 제22조에 위반하여 본안의 소송절차를 정지하지 않은 채 그대로 소송을 진행하여

서 한 소송행위는 그 효력이 없고, 이는 그 후 그 기피신청에 대한 기각결정이 확정되었다고 하더라도 마찬가지이다(대판 2012.10.11., 2012도8544).

② 원심 합의부원인 법관이 원심 재판장에 대한 기피신청 사건의 심리와 기각결정에 관여한 사실이 있다고 하더라도, 이를 형사소송법 제17조 제7호 소정의 '법관이 사건에 관하여 그 기초되는 조사, 심리에 관여한 때'에 해당한다고 볼 수는 없다(대판 2010.12.9., 2007도10121).

③ 재판부가 당사자의 증거신청을 채택하지 아니하거나 이미 한 증거결정을 취소하였다 하더라도 그러한 사유만으로는 재판의 공평을 기대하기 어려운 객관적인 사정이 있다고 할 수 없다(대결 1995.4.3., 95모10).

03 진술거부권에 관한 다음 설명 중 가장 옳지 않은 것은?
25년 법원직 9급

① 헌법 제12조 제2항은 '모든 국민은 형사상 자기에게 불리한 진술을 강요당하지 아니한다'고 규정하고 있으므로, 별도의 입법이 없더라도 진술거부권이 보장되는 절차에서 진술거부권을 고지받을 권리가 인정된다.

② 형사소송절차에서 피고인이 방어권에 기하여 범죄사실을 단순히 부인하고 있는 것을 두고죄를 반성하거나 후회하고 있지 않다는 인격적 비난 요소로 보아 가중적 양형의 조건으로 삼는 것은 결과적으로 피고인에게 자백을 강요하는 것이 되어 허용될 수 없다.

③ 재판장은 인정 신문을 하기 전에 피고인에게 진술을 하지 아니하거나 개개의 질문에 대하여 진술을 거부할 수 있고, 이익되는 사실을 진술할 수 있음을 알려주어야 한다.

④ 진술거부권의 고지는 인정신문 전에 한번만 하면 되고 공판기일이 속행되더라도 공판기일마다 할 필요는 없으나, 공판절차를 갱신하는 경우에는 다시 진술거부권을 고지해야 한다.

정답 ①

영역 서론 > 소송주체와 소송관계인

정답의 이유

① 헌법 제12조는 제1항에서 적법절차의 원칙을 선언하고, 제2항에서 "모든 국민은 고문을 받지 아니하며, 형사상 자기에게 불리한 진술을 강요당하지 아니한다."고 규정하여 진술거부권을 국민의 기본적 권리로 보장하고 있다. 이는 형사책임과 관련하여 비인간적인 자백의 강요와 고문을 근절하고 인간의 존엄성과 가치를 보장하려는 데에 그 취지가 있다. 그러나 진술거부권이 보장되는 절차에서 진술거부권을 고지받을 권리가 헌법 제12조 제2항에 의하여 바로 도출된다고 할 수는 없고, 이를 인정하기 위해서는 입법적 뒷받침이 필요하다(대판 2014.1.16., 2013도5441).

오답의 이유

② 형사소송절차에서 피고인은 방어권에 기하여 범죄사실에 대하여 진술을 거부하거나 거짓 진술을 할 수 있고, 이 경우 범죄사실을 단순히 부인하고 있는 것이 죄를 반성하거나 후회하고 있지 않다는 인격적 비난요소로 보아 가중적 양형의 조건으로 삼는 것은 결과적으로 피고인에게 자백을 강요하는 것이 되어 허용될 수 없다고 할 것이다(대판 2012.1.12., 2011도14083).

③ 형사소송규칙 제127조

④ 형사소송규칙 제144조 제1항

🔈 더 알아보기

공판절차의 갱신절차(형사소송규칙 제144조)

① 법 제301조, 법 제301조의2 또는 제143조에 따른 공판절차의 갱신은 다음 각 호의 규정에 의한다.

1. 재판장은 제127조의 규정에 따라 피고인에게 진술거부권 등을 고지한 후 법 제284조에 따른 인정신문을 하여 피고인임에 틀림없음을 확인하여야 한다.

2. 재판장은 검사로 하여금 공소장 또는 공소장변경허가신청서에 의하여 공소사실, 죄명 및 적용법조를 낭독하게 하거나 그 요지를 진술하게 하여야 한다.

3. 재판장은 피고인에게 공소사실의 인정 여부 및 정상에 관하여 진술할 기회를 주어야 한다.

4. 재판장은 갱신전의 공판기일에서의 피고인이나 피고인이 아닌 자의 진술 또는 법원의 검증결과를 기재한 조서에 관하여 증거조사를 하여야 한다. 다만, 이 규칙 제29조에 따라 조서의 일부로 된 녹음물에 대한 녹취서가 있으면 그 녹취서를 법 제292조에서 정한 방법에 따라 조사하는 것으로 그 녹음물에 대한 증거조사를 갈음할 수 있다.

5. 재판장은 갱신전의 공판기일에서 증거조사된 서류 또는 물건에 관하여 다시 증거조사를 하여야 한다. 다만, 증거능력 없다고 인정되는 서류 또는 물건과 증거로 함이 상당하지 아니하다고 인정되고 검사, 피고인 및 변호인이 이의를 하지 아니하는 서류 또는 물건에 대하여는 그러하지 아니하다.

② 재판장은 제1항 제4호 및 제5호에 규정한 서류 또는 물건에 관하여 증거조사를 함에 있어서 검사, 피고인 및 변호인의 동의가 있는 때에는 그 전부 또는 일부에 관하여 법 제292조·제292조의2·제292조의3에 규정한 방법에 갈음하여 상당하다고 인정하는 방법으로 이를 할 수 있다.

③ 제1항 제4호 단서에 따라 녹취서를 조사할 때 검사, 피고인 또는 변호인이 녹취서의 기재가 녹음물의 내용과 불일치한다고 이의하거나 법원이 필요하다고 인정하는 경우, 법원은 녹음물의 전부 또는 일부를 청취하면서 녹취서 기재내용의 오류 여부나 녹음물과의 일치 여부를 확인할 수 있다.

04 형사절차상 변호인제도에 대한 설명 중 가장 적절하지 않은 것은? (다툼이 있는 경우 판례에 의함)

20년 경찰공무원 1차

① 형사소송법 제282조에 규정된 필요적 변호사건에 해당하는 사건에서 제1심의 공판절차가 변호인 없이 이루어진 경우 그와 같은 위법한 공판절차에서 이루어진 소송행위는 무효이므로 이러한 경우에는 항소심으로서는 변호인이 있는 상태에서 소송행위를 새로이 한 후 위법한 제1심 판결을 파기하고, 항소심에서의 진술 및 증거조사 등 심리결과에 기하여 다시 판결하여야 한다.

② 원심법원이 피고인 본인의 항소이유서 제출기간 경과 후 국선변호인을 선정하고 그에게 소송기록접수통지를 하였으나 국선변호인이 법정기간 내에 항소이유서를 제출하지 아니한 경우 항소법원은 피고인의 귀책사유를 불문하고 종전 국선변호인의 선정을 취소하고 새로운 국선변호인을 선정하는 조치를 취할 필요까지는 없다.

③ 형사소송법 제282조의 필요적 변호사건에 있어서 선임된 사선변호인에 대한 기일통지를 하지 아니함으로써 사선변호인의 출석 없이 제1회 공판기일을 진행하였더라도 그 공판기일에 국선변호인이 출석하였다면 변호인 없이 재판한 잘못이 있다 할 수 없고, 또한 사선변호인이 제2회 공판기일부터는 계속 출석하여 변호권을 행사하였다면 사선변호인으로부터의 변호를 받을 기회를 박탈하였다거나 사선변호인의 변호권을 제한하였다 할 수 없다.

④ 법원으로서는 피고인이 시각장애인인 경우 장애의 정도를 비롯하여 연령·지능·교육 정도 등을 확인한 다음 권리보호를 위하여 필요하다고 인정하는 때에는 형사소송법 제33조 제3항의 규정에 의하여 피고인의 명시적 의사에 반하지 아니하는 범위 안에서 국선변호인을 선정하여 방어권을 보장해 줄 필요가 있다.

정답 ②

영역 서론 > 소송주체와 소송관계인

정답의 이유

② 필요적 변호사건의 항소심에서, 원심법원이 피고인 본인의 항소이유서 제출기간 경과 후 국선변호인을 선정하고 그에게 소송기록접수통지를 하였으나 국선변호인이 법정기간 내에 항소이유서를 제출하지 제출하지 아니한 사안에서, 국선변호인이 항소이유서를 제출하지 아니한 데 대하여 피고인에게 책임을 돌릴 만한 사유가 특별히 밝혀지지 아니한 이상, 국선변호인의 선정을 취소하고 새로운 국선변호인을 선정하여 그에게 소송기록접수통지를 함으로써 새로운 국선변호인이 항소이유서를 제출하도록 하는 조치를 취했어야 하는데도, 위와 같은 조치를 취하지 아니한 채 피고인과 국선변호인이 모두 제출기간 내에 항소이유서를 제출하지 아니하였고 제1심판결에 직권조사사유가 없다는 등의 이유로 곧바로 항소를 기각한 원심결정에는 국선변호인의 조력을 받을 피고인의 권리에 관한 헌법 및 형사소송법상의 법리를 오해한 위법이 있다(대결 2012.2.16., 2009모1044).

오답의 이유

① 대판 2011.9.8., 2011도6325
③ 대판 1990.9.25., 90도1571
④ 대판 2014.8.28., 2014도4496

05 소송행위 또는 소송서류에 대한 설명으로 옳지 않은 것은? (다툼이 있는 경우 판례에 의함)

19년 국가직 5급 승진

① 공소의 취소와 상소의 포기·취하는 서면으로 하여야 하나, 공판정에서는 구술로써도 할 수 있다.

② 착오에 기한 절차형성적 소송행위는 통상인의 판단으로 만일 착오가 없었다면 그 소송행위를 하지 않았으리라고 인정되는 중요한 점에 관하여 착오가 있고 행위자 또는 대리인이 책임질 수 없는 사유로 인하여 착오가 발생하였으며 그 행위를 유효로 하는 것이 현저히 정의에 반하는 것으로 인정될 때에 한하여 무효로 된다.

③ 법원이 피고인이 수감된 사실을 모르고 종전 주소에 약식명령을 송달하였다면 그 송달은 무효이나, 피고인이 다른 방법으로 약식명령 고지 사실을 알았다면 그때로부터 송달의 효력이 발생한 것으로 보아야 한다.

④ 공소장의 송달이 부적법하더라도 피고인이 제1심에서 이의함이 없이 공소사실에 관하여 충분히 진술할 기회를 부여받았다면 적법한 상소이유가 될 수 없다.

정답 ③

영역 서론 > 소송행위와 소송조건

정답의 이유

③ 수소법원이 송달을 실시함에 있어 당사자 또는 소송관계인의 수감 사실을 모르고 종전이 주·거소에 하였다고 하여도 마찬가지로서 송달의 효력은 발생하지 않는다고 할 것이며, 송달 자체가 부적법한 이상 당사자가 약식명령이 고지된 사실을 다른 방법으로 알았다고 하더라도 송달의 효력은 여전히 발생하지 아니한다고 할 것이다(대결 1995.6.14., 95모14).

오답의 이유

① 형사소송법 제255조 제1항, 제352조 제1항

② 절차형성적 소송행위가 착오로 인하여 행하여진 경우, 절차의 형식적 확실성을 강조하면서도 피고인의 이익과 정의의 희생이 커서는 안 된다는 측면에서 그 소송행위의 효력을 고려할 필요가 있으므로 착오에 의한 소송행위가 무효로 되기 위하여서는 첫째 통상인의 판단을 기준으로 하여 만일 착오가 없었다면 거러한 소송행위를 하지 않았으리라고 인정되는 중요한 점(동기를 포함)에 관하여 착오가 있고, 둘째 착오가 행위자 또는 대리인이 책임질 수 없는 사유로 인하여 발생하

였으며, 셋째 그 행위를 유효로 하는 것이 현저히 정의에 반한다고 인정될 것 등 세 가지 요건을 필요로 한다(대결 1992.3.13., 92모1).

④ 대판 1992.3.10., 91도3272

---

06 수사의 조건에 대한 설명 중 가장 적절하지 않은 것은?(다툼이 있는 경우 판례에 의함)

20년 경찰공무원 1차

① 수사기관은 범죄혐의가 있다고 사료하는 때에 수사를 개시하여야 하며 여기서의 범죄혐의는 수사기관의 주관적 혐의일 뿐만 아니라 구체적 범죄혐의이다.

② 필요성과 상당성이라는 수사의 조건은 임의수사에는 적용되지 않고 강제수사에만 적용된다.

③ 친고죄나 세무공무원 등의 고발이 있어야 논할 수 있는 죄에 있어서 고소 또는 고발은 이른바 소추조건에 불과하고 당해 범죄의 성립요건이나 수사의 조건은 아니므로 위와 같은 범죄에 관하여 고소나 고발이 있기 전에 수사를 하였다고 하더라도 그 수사가 장차 고소나 고발이 있을 가능성이 없는 상태하에서 행해졌다는 등의 특단의 사정이 없는 한 고소나 고발이 있기 전에 수사를 하였다는 이유만으로 그 수사가 위법하다고 볼 수는 없다.

④ 위법한 함정수사에 해당하는지 여부는 해당 범죄의 종류와 성질, 유인자의 지위와 역할, 유인의 경위와 방법, 유인에 따른 피유인자의 반응, 피유인자의 처벌 전력 및 유인행위 자체의 위법성 등을 종합하여 판단하여야 한다.

정답 ②

영역 수사와 공소 > 수사

정답의 이유

② 임의수사는 피의자의 동의를 얻어 진행되는 수사이고, 강제수사는 법원의 영장 등을 통해 강제적으로 진행되는 수사이다. 필요성과 상당성이라는 수사의 조건은 임의수사뿐만 아니라 강제수사에도 적용된다.

① 수사기관은 범죄의 혐의가 있다고 사료하는 때에는 범인, 범죄사실과 증거를 수사하여야 하며(형사소송법 제196조), 수사의 개시를 위한 범죄의 혐의는 수사기관의 주관적 혐의를 의미한다고 해석되지만, 이는 수사기관의 자의적 혐의를 허용하는 것이 아니며 주위의 사정을 합리적으로 판단하여 그 유무를 결정하여야 하고, 구체적인 사실에 근거를 두어야 한다(대판 2006.12.7., 2004다14932).

③ 대판 1995.2.24., 94도252

④ 대판 2007.7.12., 2006도2339

07 고소에 대한 설명으로 옳은 것을 모두 고른 것은? (다툼이 있는 경우 판례에 의함) 18년 경찰공무원 1차

> ㉠「형사소송법」제236조의 대리인에 의한 고소의 경우, 대리권이 정당한 고소권자에 의하여 수여되었음이 실질적으로 증명되면 충분하고 그 방식에 특별한 제한은 없지만, 고소를 할 때 반드시 위임장을 제출하거나 '대리'라는 표시를 하여야 한다.
> ㉡ 고소장에 명예훼손죄의 죄명을 붙이고 그 죄에 관한 사실을 적었으나 그 사실이 명예훼손죄를 구성하지 않고 모욕죄를 구성하는 경우 위 고소는 모욕죄에 대한 고소로서의 효력은 갖지 않는다.
> ㉢ 친고죄의 공범 중 그 1인 또는 수인에 대한 고소 또는 그 취소는 다른 공범자에 대하여는 효력이 없다.
> ㉣ 고소능력은 피해를 입은 사실을 이해하고 고소에 따른 사회생활상의 이해관계를 알아차릴 수 있는 사실상의 의사능력으로 충분하지만, 민법상 행위능력이 없는 사람은 위와 같은 능력을 갖추었더라도 고소능력이 인정되지 않는다.

① ㉠, ㉢

② ㉡, ㉣

③ ㉡, ㉢, ㉣

④ 없음

정답 ④

영역 수사와 공소 > 수사

㉠ 대리인에 의한 고소의 경우 대리권이 정당한 고소권자에 의하여 수여되었음이 실질적으로 증명되면 충분하고 그 방식에 특별한 제한은 없으므로 고소를 할 때 반드시 위임장을 제출한다거나 '대리'라는 표시를 하여야 하는 것은 아니다(대판 2001.9.4., 2001도3081).

㉡ 고소가 어떠한 사항에 관한 것인가의 여부는 고소장에 붙인 죄명에 구애될 것이 아니라 고소의 내용에 의하여 결정하여야 할 것이므로 고소장에 명예훼손죄의 죄명을 붙이고 그 죄에 관한 사실을 적었으나 그 사실이 명예훼손죄를 구성하지 않고 모욕죄를 구성하는 경우에는 위 고소는 모욕죄에 대한 고소로서의 효력을 갖는다(대판 1981.6.23., 81도1250).

㉢ 친고죄의 공범 중 그 1인 또는 수인에 대한 고소 또는 그 취소는 다른 공범자에 대하여도 효력이 있다(형사소송법 제233조).

㉣ 고소능력은 피해를 받은 사실을 이해하고 고소에 따른 사회생활상의 이해관계를 알아차릴 수 있는 사실상의 의사능력으로 충분하므로 민법상의 행위능력이 없는 자라도 위와 같은 능력을 갖춘 자에게는 고소능력이 인정된다(대판 2011.6.24., 2011도4451, 2011전도76).

08 다음 설명 중 가장 옳지 않은 것은? (다툼이 있는 경우 판례에 의함)
25년 법원직 9급

① 수사기관이 적법한 절차와 방법에 따라 범죄를 수사하면서 현재 그 범행이 행하여지고 있거나 행하여진 직후이고, 증거보전의 필요성 및 긴급성이 있으며, 일반적으로 허용되는 상당한 방법으로 범행현장에서 현행범인 등 관련자들과 수사기관의 대화를 녹음한 경우라면, 그 녹음이 영장 없이 이루어졌다 하여 이를 위법하다고 단정할 수 없다.

② 위 ①에서 수사기관이 일반적으로 허용되는 상당한 방법으로 녹음하였는지 여부는 수사기관이 녹음장소에 통상적인 방법으로 출입하였는지, 녹음의 내용이 대화의 비밀 내지 사생활의 비밀과 자유 등에 대한 보호가 합리적으로 기대되는 영역에 속하는지 등을 종합적으로 고려하여 신중하게 판단하여야 한다.

③ 수사기관이 피의자를 신문함에 있어서 피의자에게 미리 진술거부권을 고지하지 않은 경우에도 그 진술의 임의성이 인정되는 경우에는 증거능력이 인정된다.

④ 수사기관에 의한 진술거부권 고지의 대상이 되는 피의자의 지위는 수사기관이 조사대상자에 대하여 범죄의 혐의가 있다고 보아 실질적으로 수사를 개시하는 행위를 한 때에 인정되는 것으로 봄이 상당하므로, 이러한 피의자의 지위에 있지 아니한 자에 대하여는 진술거부권이 고지되지 아니하였다 하더라도 그 진술의 승거능력을 부정할 것은 아니다.

정답 ③

영역 수사와 공소 > 수사

[정답의 이유]

③ 수사기관이 피의자를 신문함에 있어서 피의자에게 미리 진술거부권을 고지하지 않은 때에는 그 피의자의 진술은 위법하게 수집된 증거로서 진술의 임의성이 인정되는 경우라도 증거능력이 부인되어야 한다(대판 1992.6.23., 92도682).

[오답의 이유]

① · ② 대판 2024.5.30., 2020도9370

④ 수사기관에 의한 진술거부권 고지 대상이 되는 피의자 지위는 수사기관이 조사대상자에 대한 범죄혐의를 인정하여 수사

를 개시하는 행위를 한 때 인정되는 것으로 보아야 한다. 따라서 이러한 피의자 지위에 있지 아니한 자에 대하여는 진술거부권이 고지되지 아니하였더라도 진술의 증거능력을 부정할 것은 아니다(대판 2011.11.10., 2011도8125).

09 체포 · 구속적부심사에 관한 다음 설명 중 가장 옳지 않은 것은?
24년 법원직 9급

① 체포적부심사청구를 받은 법원이 그 청구가 이유 있다고 인정할 때에는 결정으로 체포된 피의자의 석방을 명하여야 하며, 검사는 이 결정에 대하여 항고하지 못한다.

② 구속영장을 발부한 법관은 구속적부심사의 심문 · 조사 · 결정에 관여하지 못하고, 이는 구속영장을 발부한 법관 외에는 심문 · 조사 · 결정을 할 판사가 없는 경우에도 마찬가지이다.

③ 체포영장에 의하여 체포된 피의자뿐만 아니라 체포영장에 의하지 아니하고 긴급체포된 피의자도 체포적부심사의 청구권자에 해당한다.

④ 구속된 피의자로부터 구속적부심사의 청구를 받은 법원이 보증금납입조건부 피의자석방결정을 내린 경우 보증금이 납입된 후에야 피의자를 석방할 수 있다.

정답 ②

영역 수사와 공소 > 강제처분과 강제수사

[정답의 이유]

체포영장이나 구속영장을 발부한 법관은 제4항부터 제6항까지의 심문 · 조사 · 결정에 관여할 수 없다. 다만, 체포영장이나 구속영장을 발부한 법관 외에는 심문 · 조사 · 결정을 할 판사가 없는 경우에는 그러하지 아니하다(형사소송법 제214조의2 제12항).

[오답의 이유]

① 형사소송법 제214조의2 제4항, 제8항

③ 형사소송법 제214조의2 제1항

④ 형사소송법 제100조 제1항, 제214조의2 제7항

체포와 구속의 적부심사(형사소송법 제214조의2)

① 체포되거나 구속된 피의자 또는 그 변호인, 법정대리인, 배우자, 직계친족, 형제자매나 가족, 동거인 또는 고용주는 관할법원에 체포 또는 구속의 적부심사(適否審査)를 청구할 수 있다.

④ 제1항의 청구를 받은 법원은 청구서가 접수된 때부터 48시간 이내에 체포되거나 구속된 피의자를 심문하고 수사 관계 서류와 증거물을 조사하여 그 청구가 이유 없다고 인정한 경우에는 결정으로 기각하고, 이유 있다고 인정한 경우에는 결정으로 체포되거나 구속된 피의자의 석방을 명하여야 한다. 심사청구 후 피의자에 대하여 공소제기가 있는 경우에도 또한 같다.

⑦ 제5항에 따라 보증금 납입을 조건으로 석방을 하는 경우에는 제99조와 제100조를 준용한다.

⑧ 제3항과 제4항의 결정에 대해서는 항고할 수 없다.

⑫ 체포영장이나 구속영장을 발부한 법관은 제4항부터 제6항까지의 심문·조사·결정에 관여할 수 없다. 다만, 체포영장이나 구속영장을 발부한 법관 외에는 심문·조사·결정을 할 판사가 없는 경우에는 그러하지 아니하다.

10 압수·수색에 관한 다음 설명 중 가장 옳지 않은 것은? (다툼이 있는 경우 판례에 의하고, 전합 판결의 경우 다수의견에 의함) *25년 법원직 9급*

① '압수할 물건'을 '정보처리장치(컴퓨터, 노트북, 태블릿 등) 및 정보저장매체(USB, 외장하드 등)에 저장되어 있는 본건 범죄사실에 해당하는 회계, 회의 관련 전자정보'로 기재된 압수·수색영장으로 휴대전화에 저장된 전자정보를 압수할 수 있다.

② 수사기관은 압수를 한 경우 압수경위를 기재한 압수조서와 압수물의 특징을 구체적으로 기재한 압수목록을 작성하고, 압수목록은 압수물의 소유자·소지자·보관자 기타 이에 준하는 사람에게 교부하여야 한다.

③ 임의제출물을 압수한 경우 압수물이 형사소송법 제218조에 따라 실제로 임의제출된 것인지에 관하여 다툼이 있을 때에는 임의제출의 임의성을 의심할 만한 합리적이고 구체적인 사실을 피고인이 증명할 것이 아니라 검사가 그 임의성의 의문점을 없애는 증명을 해야 한다.

④ 영장에 의한 압수 및 그 대상물에 대한 확인조치가 끝나면 그것으로 압수절차는 종료되고, 압수물과 혐의사실과의 관련성 여부에 관한 평가 및 그에 필요한 추가 수사는 압수절차 종료 이후의 사정에 불과하므로 이를 이유로 압수 직후 이루어져야 하는 압수목록 작성·교부의무를 해태·거부할 수는 없다.

정답 ①

영역 수사와 공소 > 강제처분과 강제수사

정답의 이유
① 압수·수색영장에 기재된 '압수할 물건'에 휴대전화에 저장된 전자정보가 포함되어 있지 않다면, 특별한 사정이 없는 한 그 영장으로 휴대전화에 저장된 전자정보를 압수할 수는 없다고 보아야 한다(대결 2024.9.25., 2024모2020).

오답의 이유
②·④ 대결 2024.1.5., 2021모385
③ 대판 2024.3.12., 2020도9431

11 증거보전에 관한 다음 설명 중 가장 옳지 않은 것은? (다툼이 있는 경우 판례에 의하고, 전합 판결의 경우 다수의견에 의함) 25년 법원직 9급

① 참고인이 수사단계에서의 진술을 공판단계에서 번복할 염려가 있으며 그의 진술이 범죄의 증명에 없어서는 아니 될 것으로 인정될 경우 제1회 공판기일 전의 증인신문을 청구할 수 있다.

② 공동피고인과 피고인이 뇌물을 주고 받은 사이로 필요적 공범관계에 있다고 하더라도 검사는 수사단계에서 피고인에 대한 증거를 미리 보전하기 위하여 필요한 경우에는 판사에게 공동피고인을 증인으로 신문할 것을 청구할 수 있다.

③ 판사가 제1회 공판기일 전의 증인신문을 실시할 경우에는 피고인·피의자 또는 변호인에게 신문기일과 장소 및 증인신문에 참여할 수 있다는 취지를 통지하여야 한다.

④ 판사가 형사소송법 제184조에 의한 증거보전절차로 증인신문을 하는 경우 검사, 피의자 또는 변호인에게 증인신문의 시일과 장소를 미리 통지하여 증인신문에 참여할 수 있는 기회를 주어야 하나, 참여의 기회를 주지 아니한 경우라도 피고인과 변호인이 증인신문조서를 증거로 할 수 있음에 동의하여 별다른 이의 없이 적법하게 증거조사를 거친 경우에는 위 증인신문조서는 증인신문절차가 위법하였는지의 여부에 관계없이 증거능력이 부여된다.

정답 ①

영역 수사와 공소 > 강제처분과 강제수사

정답의 이유

① 형사소송법 제221조의2 제2항(임의의 진술을 한 자가 공판기일에 전의 진술과 다른 진술을 할 염려가 있고 그의 진술이 범죄의 증명에 없어서는 아니될 것으로 인정될 경우에는 검사는 제1회 공판기일 전에 한하여 판사에게 그에 대한 증인신문을 청구할 수 있다)은 범인필벌의 요구만을 앞세워 과잉된 입법수단으로 증거수집과 증거조사를 허용함으로써 법관의 합리적이고 공정한 자유심증을 방해하여 헌법상 보장된 법관의 독립성을 침해할 우려가 있고, 결과적으로 적법절차의 원칙 및 공정한 재판을 받을 권리에 위배되는 것으로서 헌법에 위반된다(헌재 1996. 12. 26., 94헌바1 전합).

오답의 이유

②·④ 대판 1988.11.8., 86도1646

③ 판사는 제1항의 청구에 따라 증인신문기일을 정한 때에는 피고인·피의자 또는 변호인에게 이를 통지하여 증인신문에 참여할 수 있도록 하여야 한다(형사소송법 제221조의2 제5항).

---

12 체포절차에 대한 설명으로 가장 적절하지 않은 것은? 23년 경찰승진

① 사법경찰관은 검사에게 신청하여 검사의 청구로 관할지방법원판사의 체포영장을 발부받아 피의자를 체포할 수 있지만, 다액 50만원 이하의 벌금, 구류 또는 과료에 해당하는 사건에 관하여는 피의자가 일정한 주거가 없는 경우 또는 정당한 이유 없이 「형사소송법」 제200조의 규정에 의한 출석요구에 응하지 아니한 경우에 한한다.

② 사법경찰관이 체포영장을 집행함에는 피의자에게 이를 제시하는 것으로 충분하고, 신속히 지정된 법원 기타 장소에 인치하여야 한다.

③ 사법경찰관이 피의자를 체포한 때에는 변호인이 있는 경우에는 변호인에게, 변호인이 없는경우에는 변호인선임권자 중 피의자가 지정한 자에게 지체없이 서면으로 체포의 통지를 하여야 한다.

④ 사법경찰관리가 현행범인의 인도를 받은 때에는 체포자의 성명, 주거, 체포의 사유를 물어야 하고 필요한 때에는 체포자에 대하여 경찰관서에 동행함을 요구할 수 있다.

정답 ②

영역 수사와 공소 > 강제처분과 강제수사

정답의 이유

② 체포영장을 집행함에는 피고인에게 반드시 이를 제시하고 그 사본을 교부하여야 하며 신속히 지정된 법원 기타 장소에 인치하여야 한다(형사소송법 제85조 제1항, 제200조의6 준용).

오답의 이유

① 사법경찰관은 검사에게 신청하여 검사의 청구로 관할지방법원판사의 체포영장을 발부받아 피의자를 체포할 수 있다. 다만, 다액 50만원이하의 벌금, 구류 또는 과료에 해당하는 사건에 관하여는 피의자가 일정한 주거가 없는 경우 또는 정당한 이유없이 제200조의 규정에 의한 출석요구에 응하지 아니한 경우에 한한다(형사소송법 제200조의2 제1항 참조).

③ 형사소송법 제87조의 제1항·제2항, 제200조의6 준용

④ 형사소송법 제213조 제2항

📡 더 알아보기

구속의 통지(형사소송법 제87조)

① 피고인을 구속한 때에는 변호인이 있는 경우에는 변호인에게, 변호인이 없는 경우에는 제30조 제2항에 규정한 자 중 피고인이 지정한 자에게 피고사건명, 구속일시·장소, 범죄사실의 요지, 구속의 이유와 변호인을 선임할 수 있는 취지를 알려야 한다.

② 제1항의 통지는 지체없이 서면으로 하여야 한다.

준용규정(형사소송법 제200조의6)

제75조, 제81조 제1항 본문 및 제3항, 제82조, 제83조, 제85조 제1항·제3항 및 제4항, 제86조, 제87조, 제89조부터 제91조까지, 제93조, 제101조 제4항 및 제102조 제2항 단서의 규정은 검사 또는 사법경찰관이 피의자를 체포하는 경우에 이를 준용한다. 이 경우 "구속"은 이를 "체포"로, "구속영장"은 이를 "체포영장"으로 본다.

---

13 재정신청에 대한 설명으로 옳지 않은 것은? (다툼이 있는 경우 판례에 의함) 19년 국가직 5급 승진

① 검사의 불기소처분 당시에 당해 사건에 대한 공소시효가 완성된 경우에는 그 불기소처분에 대한 재정신청은 허용되지 않는다.

② 검사의 무혐의 불기소처분에 대한 재정신청이 있는 경우에 법원이 그 불기소처분이 위법하다고 판단하였다면 비록 기소유예 불기소처분을 할 만한 사건이라 인정하더라도 재정신청을 기각할 수 없다.

③ 재정신청이 있으면 재정결정이 확정될 때까지 공소시효의 진행이 정지되고, 공소제기결정이 있는 때에는 공소시효에 관하여 그 결정이 있는 날에 공소가 제기된 것으로 본다.

④ 재정신청서에 재정신청을 이유 있게 하는 사유가 기재되어 있지 않음에도 법원이 이를 간과한 채 공소제기결정을 하여 공소가 제기되고 본안사건에 대한 절차가 개시되었다면 특별한 사정이 없는 한 본안사건에서 그 잘못을 다툴 수 없다.

정답 ②

영역 수사와 공소 > 수사의 종결과 공소의 제기

정답의 이유

② 공소를 제기하지 아니하는 검사의 처분의 당부에 관한 재정신청이 있는 경우에 법원은 검사의 무혐의 불기소처분이 위법하다 하더라도 기록에 나타난 여러 가지 사정을 고려하여 기소유예의 불기소처분을 할 만한 사건이라고 인정되는 경우에는 재정신청을 기각할 수 있다(대결 1997.4.22., 97모30).

오답의 이유

① 검사의 불기소처분 당시에 공소시효가 완성되어 공소권이 없는 경우에는 위 불기소처분에 대한 재정신청은 허용되지 않는다(대판 1990.7.16., 90모34).

③ 형사소송법 제262조의4 제1항, 제2항

④ 법원이 재정신청서에 재정신청을 이유 있게 하는 사유가 기재되어 있지 않음에도 이를 간과한 채 형사소송법 제262조 제2항 제2호 소정의 공소제기결정을 한 관계로 그에 따른 공소가 제기되어 본안사건의 절차가 개시된 후에는, 다른 특별한 사정이 없는 한 이제 그 본안사건에서 위와 같은 잘못을 다툴 수 없다(대판 2010.11.11., 2009도224).

📡 더 알아보기

공소시효의 정지 등(형사소송법 제262조의4)

① 제260조에 따른 재정신청이 있으면 제262조에 따른 재정결정이 확정될 때까지 공소시효의 진행이 정지된다.

② 제262조 제2항 제2호의 결정이 있는 때에는 공소시효에 관하여 그 결정이 있는 날에 공소가 제기된 것으로 본다.

14 공판절차에 관한 설명 중 가장 적절하지 않은 것은? (다툼이 있는 경우 판례에 의함) 20년 경찰승진

① 「형사소송법」은 피고인이 공판기일에 출석하지 아니한 때에는 특별한 규정이 없으면 개정하지 못한다고 규정하여, 원칙적으로 피고인의 출석은 공판의 개정요건이다.

② 재판장은 피고인에게 진술하지 아니하거나 개개의 질문에 대하여 진술을 거부할 수 있음을 고지하여야 한다.

③ 검사 또는 변호인은 피고인을 신문할 수 있으나, 재판장은 소송지휘권만을 가질 뿐 직접 피고인을 신문할 수 없다.

④ 법원은 검사, 피고인 또는 변호인이 신청한 증거를 조사하고, 직권으로 결정한 증거도 조사할 수 있다.

정답 ③

영역 공판 > 공판절차

정답의 이유

③ 재판장은 필요하다고 인정하는 때에는 피고인을 신문할 수 있다(형사소송법 제296조의2 제2항).

오답의 이유

① 형사소송법 제276조

② 형사소송법 제283조의2 제1항, 제2항

④ 형사소송법 제291조의2 제1항, 제2항

---

15 공소장변경에 대한 설명으로 옳지 않은 것은? 21년 국가직 9급

① 약식명령에 대하여 피고인만 정식재판을 청구한 사건에서 법정형에 유기징역형만 있는 범죄로 공소장을 변경하는 것은 공소사실의 동일성이 인정되더라도 허용될 수 없다.

② 법원은 공소사실의 동일성이 인정되는 범위 내에서 심리의 경과 등에 비추어 피고인의 방어권 행사에 실질적인 불이익을 주는 것이 아니라면 공동정범으로 기소된 범죄 사실을 방조사실로 인정할 수 있다.

③ 공소사실의 동일성이 인정되지 않는 등의 사유로 공소장변경허가결정에 위법사유가 있는 경우에는 공소장변경허가를 한 법원 스스로 이를 취소할 수 있다.

④ 검사의 공소장변경 신청이 공소사실의 동일성을 해하지 아니하는 한 법원은 이를 허가하여야 한다.

정답 ①

영역 공판 > 공판절차

정답의 이유

① 약식명령에 대하여 피고인만이 정식재판을 청구하였는데, 검사가 당초 사문서위조 및 위조사문서행사의 공소사실로 공소제기하였다가 제1심에서 사서명위조 및 위조사서명행사의 공소사실을 예비적으로 추가하는 내용의 공소장변경을 신청한 사안에서, 두 공소사실은 기초가 되는 사회적 사실관계가 범행의 일시와 장소, 상대방, 행위 태양, 수단과 방법 등 기본적인 점에서 동일할 뿐만 아니라, 주위적 공소사실이 유죄로 되면 예비적 공소사실은 주위적 공소사실에 흡수되고 주위적 공소사실이 무죄로 될 경우에만 예비적 공소사실의 범죄가 성립할 수 있는 관계에 있어 규범적으로 보아 공소사실의 동일성이 있다고 보이고, 나아가 피고인에 대하여 사서명위조와 위조사서명행사의 범죄사실이 인정되는 경우에는 비록 사서명위조죄와 위조사서명행사죄의 법정형에 유기징역형만 있다 하더라도 형사소송법 제457조의2에서 규정한 불이익변경금지 원칙이 적용되어 벌금형을 선고할 수 있으므로, 위와 같은 불이익변경금지 원칙 등을 이유로 공소장변경을 불허할 것은 아니다(대판 2013.2.28., 2011도14986).

오답의 이유

② 대판 2004.6.24., 2002두995

③ 대판 2001.3.27., 2001도116

④ 대판 2010.4.29., 2007도6553

16 증거조사의 절차에 대한 설명으로 옳지 않은 것은? 24년 국가직 9급

① 검사, 피고인 또는 변호인은 서류나 물건을 증거로 제출할 수 있고, 증인·감정인·통역인 또는 번역인의 신문을 신청할 수 있다.

② 검사와 달리 피고인 또는 변호인이 증거신청을 하는 때에는 그 증거와 증명하고자 하는 사실과의 관계를 구체적으로 명시해야 하는 것은 아니다.

③ 증거신청의 채택 여부는 법원의 재량으로서 법원이 필요하지 않다고 인정할 때에는 이를 조사하지 않을 수 있다.

④ 법원은 증거신청에 대한 결정을 보류하는 경우, 증거신청인으로부터 당해 증거서류 또는 증거물을 제출받아서는 아니 된다.

정답 ②

영역 공판 > 재판

[정답의 이유]

② 검사, 피고인 또는 변호인이 증거신청을 함에 있어서는 그 증거와 증명하고자 하는 사실과의 관계를 구체적으로 명시하여야 한다(형사소송규칙 제132조의2 제1항).

[오답의 이유]

① 형사소송법 제294조 제1항

③ 대판 2011.1.27., 2010도7947

④ 형사소송규칙 제134조 제4항

17 증거개시에 관한 설명으로 가장 적절하지 않은 것은? (다툼이 있는 경우 판례에 의함) 25년 경찰승진

① 변호인이 있는 피고인은 공소사실의 인정이나 양형에 영향을 미칠 수 있는 검사가 증거로 신청할 서류 등의 열람·등사 또는 서면의 교부를 신청할 수 있다.

② 검사는 국가안보, 증인보호의 필요성, 증거인멸의 염려, 관련사건의 수사에 장애를 가져올 것으로 예상되는 구체적인 사유 등 열람·등사 또는 서면의 교부를 허용하지 아니할 상당한 이유가 있다고 인정하는 때에는 열람·등사 또는 서면의 교부를 거부하거나 그 범위를 제한할 수 있다.

③ 법원이 검사에게 수사서류 등의 열람·등사 또는 서면의 교부를 허용할 것을 명한 결정은 「형사소송법」에서 별도로 즉시항고에 관한 규정을 두고 있지 않으므로 동법 제402조에 의한 항고의 방법으로 불복할 수 없다.

④ 검사는 피고인 또는 변호인이 공판기일 또는 공판준비절차에서 현장부재·심신상실을 주장한 때에는 피고인 또는 변호인에게 피고인 또는 변호인이 행한 법률상·사실상의 주장과 관련된 서류 등의 열람·등사 또는 서면의 교부를 요구할 수 있다.

정답 ①

영역 공판 > 증거

[정답의 이유]

① 변호인이 있는 피고인은 공소사실의 인정이나 양형에 영향을 미칠 수 있는 검사가 증거로 신청할 서류 등의 열람만을 신청할 수 있다(형사소송법 제266조의3 제1항 단서).

[오답의 이유]

② 형사소송법 제266조의 3 제2항

③ 대결 2013.1.24., 2012모1393

④ 형사소송법 제266조의11 제1항 제4호

18 전문증거에 관한 다음 설명 중 가장 옳지 않은 것은? (다툼이 있는 경우 판례에 의함) 25년 법원직 9급

① 재전문진술이나 재전문진술을 기재한 조서는 피고인이 이를 증거로 하는 데 동의하지 않는 한 증거능력이 인정되지 않는다.

② 피고인이 증거서류의 진정성립을 묻는 검사의 질문에 대하여 진술거부권을 행사하여 진술을 거부한 경우는 「형사소송법」 제314조의 '그 밖에 이에 준하는 사유로 인하여 진술할 수 없는 때'에 해당하지 아니한다.

③ 다른 사람의 진술, 즉 원진술의 내용인 사실이 요증사실인 경우에는 전문증거이지만, 원진술의 존재 자체가 요증사실인 경우에는 본래증거이지 전문증거가 아니다.

④ 증인이 정당하게 증언거부권을 행사한 것으로 볼 수 없는 경우에는 「형사소송법」 제314조의 '그 밖에 이에 준하는 사유로 인하여 진술할 수 없는 때'에 해당한다고 보아야 한다.

정답 ④

영역 공판 > 증거

정답의 이유

④ 수사기관에서 진술한 참고인이 법정에서 증언을 거부하여 피고인이 반대신문을 하지 못한 경우에는 정당하게 증언거부권을 행사한 것이 아니라도, 피고인이 증인의 증언거부 상황을 초래하였다는 등의 특별한 사정이 없는 한 형사소송법 제314조의 '그 밖에 이에 준하는 사유로 인하여 진술할 수 없는 때'에 해당하지 않는다고 보아야 한다. 따라서 증인이 정당하게 증언거부권을 행사하여 증언을 거부한 경우와 마찬가지로 수사기관에서 그 증인의 진술을 기재한 서류는 증거능력이 없다(대판 2019.11.21., 2018도13945 전합).

오답의 이유

① 대판 2012.05.24., 2010도5948

② 대판 2013.06.13., 2012도16001

③ 대판 2021.02.25., 2020도 17109

19 면소판결에 대한 설명으로 옳지 않은 것은? 23년 국가직 7급

① 재심대상판결이 확정된 후에 형 선고의 효력을 상실케 하는 특별사면이 있었던 사건에 대하여 재심개시결정이 확정되어 재심심판절차를 진행하는 법원은 면소판결이 아니라 실체에 관한 유·무죄 등의 판단을 해야 한다.

② 법원은 범죄 후 법령의 개폐로 그 형이 폐지되었을 경우 실체적 재판에 앞서 면소판결을 선고하여야 하며, 이에 관하여 무죄로서의 실체적 재판을 하는 것은 위법이다.

③ 면소판결은 유죄의 확정판결이라고 할 수 없으므로 면소판결을 대상으로 한 재심청구는 부적법하다.

④ 공소제기 당시의 공소사실에 대한 법정형을 기준으로 하면 공소시효가 완성되지 않았던 경우, 법원은 공소장변경에 의하여 변경된 공소사실에 대하여 그 법정형을 기준으로 하면 공소제기 당시 이미 공소시효가 완성된 경우에도 공소시효의 완성을 이유로 면소판결을 선고할 수 없다.

정답 ④

영역 공판 > 재판

정답의 이유

④ 공소제기 당시의 공소사실에 대한 법정형을 기준으로 하면 공소제기 당시 아직 공소시효가 완성되지 않았으나 변경된 공소사실에 대한 법정형을 기준으로 하면 공소제기 당시 이미 공소시효가 완성된 경우에는 공소시효의 완성을 이유로 면소판결을 선고하여야 한다(대판 2001.8.24., 2001도2902).

오답의 이유

① 재심대상판결 확정 후에 형 선고의 효력을 상실케 하는 특별사면이 있었다고 하더라도, 재심개시결정이 확정되어 재심심판절차를 진행하는 법원은 그 심급에 따라 다시 심판하여 실체에 관한 유·무죄 등의 판단을 해야지, 특별사면이 있음을 들어 면소판결을 하여서는 아니 된다(대판 2015.5.21., 2011도1932 전합).

② 대판 2010.7.15., 2007도7523

③ 대결 2021.4.2., 2020모2071

20 보강증거에 대한 설명으로 옳지 않은 것은?

22년 국가직 9급

① 휴대전화기의 카메라를 이용하여 성명불상 여성 피해자의 치마 속을 몰래 촬영하다가 현행범으로 체포된 피고인이 공소사실에 대해 자백한 바, 현행범 체포 당시 임의제출 방식으로 압수된 피고인 소유 휴대전화기에 대한 압수조서의 '압수경위'란에 기재된 피고인의 범행을 직접 목격한 사법경찰관의 진술내용은 피고인의 자백을 보강하는 증거가 된다.

② '○○자동차 점거로 甲이 처벌받은 것은 학교 측의 제보 때문이라 하여 피고인이 그 보복으로 학교 총장실을 침입점거했다'는 피고인의 자백에 대해, '피고인과 공소외 甲이 ○○자동차 △△영업소를 점거했다가 甲이 처벌받았다'는 검사 제출의 증거내용은 보강증거가 될 수 없다.

③ 피고인이 甲과 합동하여 피해자 乙의 재물을 절취하려다가 미수에 그쳤다는 내용의 공소사실을 자백한 경우, 피고인을 현행범으로 체포한 피해자 乙의 수사기관에서의 진술과 현장사진이 첨부된 수사보고서는 피고인 자백에 대한 보강증거가 된다.

④ 자동차등록증에 차량의 소유자가 피고인으로 등록 · 기재된 것이 피고인이 그 차량을 운전하였다는 사실의 자백 부분에 대한 보강증거는 될 수 있지만 피고인의 무면허운전이라는 전체 범죄사실의 보강증거가 될 수는 없다.

정답 ④

영역 공판 > 증거

정답의 이유

④ 자동차등록증에 차량의 소유자가 피고인으로 등록 · 기재된 것이 피고인이 그 차량을 운전하였다는 사실의 자백 부분에 대한 보강증거가 될 수 있고 결과적으로 피고인의 **무면허운전이라는 전체 범죄사실의 보강증거로 충분하다**(대판 2000.9.26., 2000도2365).

오답의 이유

① 피고인이 지하철역 에스컬레이터에서 휴대전화기의 카메라를 이용하여 성명불상 여성 피해자의 치마 속을 몰래 촬영하다가 현행범으로 체포되어 성폭력범죄의 처벌 등에 관한 특례법 위반(카메라 등 이용촬영)으로 기소된 사안에서, 피고인

은 공소사실에 대해 자백하고 검사가 제출한 모든 서류에 대하여 증거로 함에 동의하였는데, 그 서류들 중 체포 당시 임의제출 방식으로 압수된 피고인 소유 휴대전화기에 대한 압수조서의 '압수경위'란에 기재된 내용은 피고인이 범행을 저지르는 현장을 직접 목격한 사람의 진술이 담긴 것으로서 형사소송법 제312조 제5항에서 정한 '피고인이 아닌 자가 수사과정에서 작성한 진술서'에 준하는 것으로 볼 수 있고, 이에 따라 휴대전화기에 대한 임의제출절차가 적법하였는지에 영향을 받지 않는 별개의 독립적인 증거에 해당하여, 피고인이 증거로 함에 동의한 이상 유죄를 인정하기 위한 증거로 사용할 수 있을 뿐 아니라 피고인의 자백을 보강하는 증거가 된다(대판 2019.11.14., 2019도13290).

② 검사가 보강증거로서 제출한 증거의 내용이 피고인과 공소외 갑(甲)이 현대자동차 춘천영업소를 점거했다가 갑이 처벌받았다는 것이고, 피고인의 자백내용은 현대자동차 점거로 갑이 처벌받은 것은 학교 측의 제보 때문이라 하여 피고인이 그 보복목적으로 학교 총장실을 침입 · 점거했다는 것이라면, 위 증거는 공소사실의 객관적 부분인 주거침입, 점거 사실과는 관련이 없는 범행의 침입동기에 관한 정황증거에 지나지 않으므로 위 증거와 피고인의 자백을 합쳐보아도 자백사실이 가공적인 것이 아니고 진실한 것이라 인정하기에 족하다고 볼 수 없으므로 검사 제출의 위 증거는 자백에 대한 보강증거가 될 수 없다(대판 1990.12.7., 90도2010).

③ 피고인이 甲과 합동하여 乙의 재물을 절취하려다가 미수에 그쳤다는 내용의 공소사실을 자백한 사안에서, 피고인을 현행범으로 체포한 乙의 수사기관에서의 진술과 현장사진이 첨부된 수사보고서는 피고인 자백의 진실성을 담보하기에 충분한 보강증거가 된다(대판 2011.9.29., 2011도8015).

21 재판에 대한 설명으로 옳지 않은 것은?

25년 국가직 9급

① 「형사소송법」 제328조 제1항 제4호에 규정된 '공소장에 기재된 사실이 진실하다 하더라도 범죄가 될 만한 사실이 포함되지 아니하는 때'란 공소장 기재 사실 자체에 대한 판단으로 그 사실 자체가 죄가 되지 아니함이 명백한 경우를 말한다.

② 피고인에 대하여 무죄판결을 선고하는 때에도 공소사실에 부합하는 증거를 배척하는 이유까지 일일이 설시할 필요는 없다고 하더라도, 그 증거들을 배척한 취지를 합리적인 범위 내에서 기재하여야 한다.

③ 형사판결은 국가주권의 일부분인 형벌권 행사에 기초한 것이어서 피고인이 외국에서 형사처벌을 과하는 확정판결을 받았더라도 그 외국 판결은 우리나라 법원을 기속할 수 없고 우리나라에서는 기판력도 없어 일사부재리의 원칙이 적용되지 않는다.

④ 형벌에 관한 법령의 폐지가 당초부터 헌법에 위배되어 효력이 없는 법령에 대한 것이었다면 당해 법령을 적용하여 공소가 제기된 피고사건은 「형사소송법」 제326조 제4호에서 정한 면소사유에 해당하는 것이지, 「형사소송법」 제325조 전단이 규정하는 '범죄로 되지 아니한 때'의 무죄사유에 해당한다고 할 수 없다.

정답 ④

영역 공판 > 재판

[정답의 이유]

④ 형벌에 관한 법령이 헌법재판소의 위헌결정으로 인하여 소급하여 그 효력을 상실하였거나 법원에서 위헌·무효로 선언된 경우, 당해 법령을 적용하여 공소가 제기된 피고사건에 대하여는 형사소송법 제325조에 따라 무죄를 선고하여야 한다. 나아가 재심이 개시된 사건에서 형벌에 관한 법령이 재심판결 당시 폐지되었다 하더라도 그 폐지가 당초부터 헌법에 위배되어 효력이 없는 법령에 대한 것이었다면 형사소송법 제325조 전단이 규정하는 '범죄로 되지 아니한 때'의 무죄사유에 해당하는 것이지, 형사소송법 제326조 제4호에서 정한 면소사유에 해당한다고 할 수 없다(대판 2013.5.16., 2011도2631 전합).

[오답의 이유]

① 대판 2014.5.16., 2012도12867

② 대판 2014.11.13., 2014도6341

③ 대판 2017.8.24., 2017도5977 전합

---

22 상소권회복에 대한 설명으로 옳지 않은 것은?

24년 국가직 9급

① 피고인이 질병으로 병원에 입원하였거나 기거불능이었기 때문에 상소를 하지 못하였다는 것은 상소권회복의 사유에 해당하지 않는다.

② 피고인이 형사소송이 계속 중인 사실을 알면서도 법원에 거주지 변경신고를 하지 않아서 공시송달 절차에 의하여 재판이 진행된 경우, 비록 「소송촉진 등에 관한 특례법」에 위배된 공시송달에 터 잡아 피고인의 출석없이 판결의 선고가 이루어지고 상소제기 기간이 도과하였더라도 상소권회복청구가 허용될 수는 없다.

③ 교도소 담당직원이 피고인에게 상소권회복청구를 할 수 없다고 하면서 「형사소송규칙」 제177조에 따른 편의를 제공하지 않았다고 해도, 이것은 상소권자의 책임질 수 없는 사유로 상소하지 못한 것이라고 보기 어렵다.

④ 피고인이 공동피고인의 기망에 의하여 항소권을 포기하였음을 항소제기 기간이 도과한 뒤에야 비로소 알게 되었다 하더라도 이러한 사정은 피고인이 책임질 수 없는 사유에 해당한다고 볼 수 없다.

정답 ②

영역 상소·비상구제절차·특별절차 > 상소

[정답의 이유]

② 피고인이 재판이 계속 중인 사실을 알면서도 새로운 주소지 등을 법원에 신고하는 등 조치를 하지 않아 소환장이 송달불능되었더라도, 법원은 기록에 주민등록지 이외의 주소가 나타나 있고 피고인의 집 전화번호 또는 휴대전화번호 등이 나타나 있는 경우에는 위 주소지 및 전화번호로 연락하여 송달받을 장소를 확인하여 보는 등의 시도를 해보아야 하고, 그러한 조치 없이 곧바로 공시송달 방법으로 송달하는 것은 형사소송법 제63조 제1항, 소송촉진 등에 관한 특례법 제23조에 위배되어 허용되지 아니하는데, 이처럼 허용되지 아니하는

잘못된 공시송달에 터 잡아 피고인의 진술 없이 공판이 진행되고 피고인이 출석하지 않은 기일에 판결이 선고된 경우에는, 피고인은 자기 또는 대리인이 책임질 수 없는 사유로 상소 제기기간 내에 상소를 하지 못한 것으로 봄이 타당하다(대결 2022.5.26., 2022모439).

오답의 이유

① 형사소송법 제345조에서 말하는 대리인 중에는 본인의 보조인으로서 본인의 부탁을 받아 상소에 관한 서면을 작성하여 이를 제출하는 등 본인의 상소에 필요한 사실행위를 대행하는 사람을 포함하며, 책임질 수 없는 사유란 상소를 하지 못한 사유가 상소권자 본인 또는 대리인의 고의 또는 과실에 기하지 아니함을 말한다 할 것이므로 상소권자 또는 대리인이 단순히 질병으로 입원하였다거나 기거불능하였기 때문에 상소를 하지 못하였다는 것은 상소권회복의 사유에 해당하지 아니한다(대결 1986.9.17., 86모46).

③ 상소권회복청구는 오로지 상소할 수 있는 자가 자기의사에 따라 그것을 할 것인지의 여부를 결정할 일이어서 교도소담당직원이 재항고인에게 상소권회복청구를 할 수 없다고 하면서 형사소송규칙 제177조에 따른 편의를 제공해 주지 아니하였다 하더라도 위 사유는 상소권회복청구를 이유있게 할 사유가 될 수 없다(대결 1986.9.27., 86모47).

④ 상소권 포기가 비록 기망에 의한 것이라도 형사소송법 제354조에 의하여 다시 상소를 할 수 없으며, 상소권 회복은 자기가 책임질 수 없는 사유로 인하여 상소제기 기간 내에 상소를 하지 못한 사람이 이를 청구하는 것이므로 재항고인이 상피고인의 기망에 의하여 항소권을 포기하였음을 항소제기 기간이 도과한 뒤에야 비로소 알게 되었다 하더라도 이러한 사정은 재항고인이 책임질 수 없는 사유에 해당한다고 볼 수 없다(대결 1984.7.11., 84모40).

23 상고심 절차에 대한 다음 설명 중 가장 옳지 않은 것은?

19년 법원직 9급

① 형사소송법상 상고대상인 판결은 제2심판결이지만 제1심판결에 대하여도 항소를 제기하지 않고 바로 상고할 수 있는 경우가 있다.

② 형사소송법상 상고이유서에는 소송기록과 원심법원의 증거조사에 표현된 사실을 인용하여 그 이유를 명시하여야 하므로 원심에서 제출하였던 변론요지서를 그대로 원용한 방식의 상고이유는 부적법하다.

③ 형사소송법상 항소심판결에 중대한 사실의 오인이 있어 판결에 영향을 미쳤고 현저히 정의에 반하는 때에는 그러한 내용이 상고이유서에 포함되어 있지 않더라도 상고심이 이를 직권으로 심판할 수 있도록 되어 있다.

④ 상고장 및 상고이유서에 기재된 상고이유의 주장이 형사소송법 제383조 각 호에 열거된 상고이유 중 어느 하나에 해당하지 아니함이 명백한 경우에는 결정으로 상고를 기각하여야 한다.

정답 ③

영역 상소 · 비상구제절차 · 특별절차 > 상소

정답의 이유

③ 상고법원은 상고이유서에 포함된 사유에 관하여 심판하여야 한다. 그러나 판결에 영향을 미친 헌법 · 법률 · 명령 또는 규칙의 위반이 있을 때, 판결 후 형의 폐지나 변경 또는 사면이 있는 때, 재심청구의 사유가 있는 때의 경우(형사소송법 제383조 제1호~제3호)에는 상고이유서에 포함되지 아니한 때에도 직권으로 심판할 수 있다(형사소송법 제384조).

오답의 이유

① 비약적 상고인 경우 제1심판결에 대하여 항소를 제기하지 아니하고 상고를 할 수 있다(형사소송법 제372조).

② 대판 1987.11.10., 87도1408

④ 상고장 및 상고이유서에 기재된 상고이유의 주장이 상고이유에 해당하지 아니함이 명백한 때에는 결정으로 상고를 기각하여야 한다(형사소송법 제380조 제2항).

비약적 상고(형사소송법 제372조)

다음 경우에는 제1심판결에 대하여 항소를 제기하지 아니하고 상고를 할 수 있다.

1. 원심판결이 인정한 사실에 대하여 법령을 적용하지 아니하였거나 법령의 적용에 착오가 있는 때
2. 원심판결이 있은 후 형의 폐지나 변경 또는 사면이 있는 때

상고이유(형사소송법 제383조)

다음 사유가 있을 경우에는 원심판결에 대한 상고이유로 할 수 있다.

1. 판결에 영향을 미친 헌법·법률·명령 또는 규칙의 위반이 있는 때
2. 판결 후 형의 폐지나 변경 또는 사면이 있는 때
3. 재심청구의 사유가 있는 때
4. 사형, 무기 또는 10년 이상의 징역이나 금고가 선고된 사건에 있어서 중대한 사실의 오인이 있어 판결에 영향을 미친 때 또는 형의 양정이 심히 부당하다고 인정할 현저한 사유가 있는 때

24 준항고에 대한 설명으로 옳지 않은 것은? (다툼이 있는 경우 판례에 의함) 21년 국가직 7급

① 준항고는 그 대상이 되는 재판의 고지나 수사기관의 처분이 있는 날로부터 7일 이내에 하도록 「형사소송법」에 명기하고 있다.

② 「형사소송법」제416조, 제417조의 준항고에 관한 결정에 대하여는 재판에 영향을 미친 헌법, 법률, 명령, 규칙의 위반이 있음을 이유로 하는 때에 한하여 대법원에 즉시 항고할 수 있는바, 이는 동법 제419조, 제415조에 의한 재항고에 해당한다.

③ 수사기관의 압수물의 환부에 관한 처분의 취소를 구하는 준항고는 일종의 항고소송이므로, 통상의 항고소송에서와 마찬가지로 그 이익이 있어야 하고, 소송계속 중 준항고로써 달성하고자 하는 목적이 이미 이루어졌거나 시일의 경과 또는 그 밖의 사정으로 인하여 그 이익이 상실된 경우에는 준항고는 그 이익이 없어 부적법하게 된다.

④ 수소법원을 구성하는 재판장 또는 수명법관의 재판에 대한 준항고만이 허용되고 검사의 청구에 의하여 영장을 발부하는 지방법원판사가 한 영장발부의 재판에 대하여는 준항고가 허용되지 않는다.

정답 ①

영역 상소·비상구제절차·특별절차 > 상소

[정답의 이유]

① 재판관 또는 수명법관의 재판에 대한 준항고는 그 재판의 고지있는 날로부터 7일 이내에 하여야 한다고 규정되어 있다(형사소송법 제416조 제3항). 그러나 수사기관의 처분에 대한 준항고는 그 제기기간에 관하여 형사소송법에 명문의 규정이 없다.

[오답의 이유]

② 대결 1983.5.12., 83모12
③ 대결 2015.10.15., 2013모1970
④ 대결 2006.12.18., 2006모646

25 소년범의 형사절차에 관한 설명으로 가장 적절하지 않은 것은? (다툼이 있는 경우 판례에 의함)

24년 경찰승진

① 항소심판결 선고 당시 성년이 되었음에도 불구하고 정기형을 선고함이 없이 부정기형을 선고한 제1심판결을 인용하여 항소를 기각한 것은 적법하다.

② 항소심판결 선고 당시 피고인이 소년이어서 부정기형이 선고되었다면, 그후에 피고인이 성년이 되었다고 하더라도 부정기형을 선고한 항소심판결을 파기할 사유가 되지 않는다.

③ 공소장의 공소사실 첫머리에 피고인이 전에 받은 소년부송치 처분과 직업없음을 기재한 경우, 이는 피고인을 특정할 수 있는 사항에 속하는 것이어서 그와 같은 내용의 기재가 있다 하여 공소제기의 절차가 법률의 규정에 위반된 것이라고 할 수 없다.

④ 부정기형과 실질적으로 동등하다고 평가될 수 있는 정기형은 부정기형의 장기와 단기의 정중앙에 해당하는 형이다.

정답 ①

영역 상소 · 비상구제절차 · 특별절차 > 특별절차

[정답의 이유]
① 항소심판결 선고 당시 성년이 되었음에도 불구하고 정기형을 선고함이 없이 부정기형을 선고한 제1심판결을 인용하여 항소를 기각한 것은 위법하다(대판 1990.4.24., 90도539).

[오답의 이유]
② 대판 1989.9.29., 89도1440

③ 대판 1990.10.16., 90도1813

④ 대판 2020.10.22., 2020도4140 전합

좋은 책을 만드는 길, 독자님과 함께하겠습니다.

2026 시대에듀 교정승진 교정학(개론)+형사소송법 FINAL 400제

초 판 발 행	2026년 01월 15일 (인쇄 2025년 09월 08일)
발 행 인	박영일
책 임 편 집	이해욱
편 저	시대공무원시험연구소
편 집 진 행	장민영 · 이수지
표지디자인	김경모
편집디자인	김예슬 · 이다희
발 행 처	(주)시대고시기획
출 판 등 록	제10-1521호
주 소	서울시 마포구 큰우물로 75 [도화동 538 성지 B/D] 9F
전 화	1600-3600
팩 스	02-701-8823
홈 페 이 지	www.sdedu.co.kr

I S B N	979-11-383-9939-5(13350)
정 가	25,000원

모든 자격증·공무원·취업의 합격정보

시대에듀

▶ YouTube 합격 구독 과 👍 좋아요! 정보 🔔 알림설정까지!

시대에듀 의
지텔프 최강 라인업

**1주일 만에 끝내는
지텔프 문법**

**10회 만에 끝내는
지텔프 문법 모의고사**

답이 보이는 지텔프 독해

스피드 지텔프 레벨2

※ 도서의 이미지 및 구성은 변경될 수 있습니다.

공무원 수험생이라면 주목!

9급 공무원

2026년 대비 시대에듀가 준비한

과목별 기출이 답이다 시리즈!

합격의 길! 공무원 합격은 역시 기출이 답이다!

국어
국가직 · 지방직 · 법원직 등 공무원 채용 대비

영어
국가직 · 지방직 · 법원직 등 공무원 채용 대비

한국사
국가직 · 지방직 · 법원직 등 공무원 채용 대비

행정학개론
국가직 · 지방직 등 공무원 채용 대비

행정법총론
국가직 · 지방직 등 공무원 채용 대비

교정직
교정직 9급 공무원 대비

※ 도서의 이미지 및 구성은 변경될 수 있습니다.

나는 이렇게 합격했다

자격명: 위험물산업기사
구분: 합격수기
작성자: 배*상

나는할수있다

69년생 50중반 직장인 입니다. 요즘 자격증을 2개정도는 가지고 입사하는 젊은친구들에게 일을시키고 지시하는 역할이지만 정작 제자신에게 부족한점 이많다는것을느꼈기 때문에 자격증을따야겠다고 결심했습니다. 처음 시작할때는 과연되겠냐? 하는의문과걱정 이한가득이었지만 시대에듀 인강 을 우연히접하게 되었고 잘차려 진밥상과같은커 리큘럼은뒤늦게시 작한늦깎이수험 생이었던저를 합격의길 로인도해주었습니다. 직장생활을 하면서취득했기에 더욱기뻤습니다.

합격은 시대에듀

감사합니다!

당신의 합격 스토리를 들려주세요.
추첨을 통해 선물을 드립니다.